法国哲学

第二辑

身与心

冯俊　主编

商务印书馆
The Commercial Press
创于1897

2017年·北京

主办：中国法国哲学专业委员会

主　编：冯　俊
常务主编：方向红　刘　哲

法国哲学专业委员会理事

本期集刊由中山大学哲学系（珠海）经费资助

目　录

身

拒绝就位的身体

——以柏拉图为参照系重新理解笛卡尔的身心观

李　珂

（同济大学人文学院）

　　长期以来，笛卡尔在身心问题上到底持何种立场是一个让研究者倍感困惑并且争论不休的问题。造成这种局面的根源在于：在各种公开发表的著作中，笛卡尔一方面主张心灵①与身体分属两类完全异质的实体，另一方面又说心灵与身体密切地结合为一个整体。这意味着笛卡尔本人似乎承认了两个明显相互矛盾的立场。可是，以笛卡尔的天才头脑，他怎么能够容

---

① 笔者将希腊文 νοῦς、拉丁文 mens 以及英文 mind 翻译为"心灵"，将希腊文 ψυχή、拉丁文 anima、法文 âme、英文 soul 翻译成"灵魂"。笛卡尔在《谈谈方法》中使用的是法文 âme（灵魂）。他在拉丁文版的《第一哲学沉思集》的正文中主要使用 mens（心灵），anima（灵魂）这个词只出现了三次，且都是被批评否定的对象。但是，在拉丁文版的《第一哲学沉思集》正文前面的"致神圣的巴黎神学院院长和圣师们"的信以及"六个沉思的内容提要"中却出现了 mens 与 anima 混用的情况。他在法文版的《第一哲学沉思集》中主要使用的是法文 esprit，这个词并不能完全对应于拉丁文 mens；对这个词，汉语学界有"精神"或"心灵"两种翻译。然后，他在拉丁文版的《哲学原理》中主要使用 mens，但偶然也用 anima。最后在《论灵魂的激情》中使用的是法文 âme，即"灵魂"。表面看来笛卡尔讨论"心灵"时的术语使用非常随意，但笔者以为其实他的每次选用应该都是有所考虑的，不过本文没有足够的篇幅讨论这个问题，故暂时接受笛卡尔的这种表面的随意性，将 anima、mens、âme、esprit 都视为与身体相对的"心灵"。

忍自己的思想体系中出现这样明显的矛盾呢？有没有可能是后人误读曲解了笛卡尔呢？或者容留这种矛盾是因为他有某种不得已的苦衷？

一、主张身心分离

让我们首先来考察，在笛卡尔公开发表的著作中有哪些说法表明他主张身心是相互分离的。

1637 年笛卡尔第一部著作《谈谈方法》公开发表，这本书的第四部分中有这样一段话：

> 然后我仔细研究我是什么，发现我可以设想我没有形体，可以设想没有我所在的世界，也没有我立身的地点，却不能因此设想我不是。恰恰相反，正是根据我想怀疑其他事物的真实性这一点，可以十分明显、十分确定地推出我是。另一方面，只要我停止了思想，尽管我想象过其他一切事物都是真的，我也没有理由相信我是过。因此我认识了我是一个本体，它的全部本质或本性只是思想。它之所以是，并不需要地点，并不依赖任何物质性的东西，所以这个我，这个使我成其为我的灵魂，是与形体完全不同的，甚至比形体容易认识，即使形体并不是，它还仍然是不折不扣的它。①

这段话表明，在笛卡尔看来，思想构成我之为我的本质，我的思想不依赖身体而存在。由此我们可以说，笛卡尔显然主张身心是可以相互分离的。

---

① René Descartes, *Discours de la Méthode, Œuvres de Descartes*, publiées par Charles Adam et Paul Tannery, Paris, Leopold Cerf, Imprimreur-Editeur (本文缩写为 AT), 1897-1910, VI, pp. 32-33; 英译本参见 René Descartes, *The Philosophical Writings of Descartes*, translated by John Cottingham, Robert Stoothoff and Dugald Murdoch, Cambridge University Press (本文缩写为 CSM), 1985, I, p. 127; 中译本参见笛卡尔：《谈谈方法》，王太庆译，商务印书馆 2000 年版，第 27—28 页。以下凡笛卡尔著作都先标 AT 版《笛卡尔全集》的卷数及页码，再标剑桥英译本的卷数及页码，最后标中译本的页码。凡是中译，均是笔者自己翻译的，在标注中译本页码时都写 "中译文参见笛卡尔：某某书，某某译，第某页"。

在 1641 年发表的《第一哲学沉思集》中，笛卡尔重提这些话题。在第二沉思第 4 自然段，笛卡尔说道：

> 那么至少我，难道我不是什么东西吗？可是我已经否认了我有感官和身体。尽管如此，我犹豫了，因为从这方面会得出什么结论来呢？难道我就是那么非依靠身体和感官不可，没有它们就不行吗？可是我曾经说服我自己相信世界上什么都没有，没有天，没有地，没有精神，也没有物体；难道我不是也曾说服我相信连我也不存在吗？绝对不；如果我曾**说服**我自己相信什么东西，或者仅仅是我**想到**过什么东西，那么毫无疑问我是存在的。可是有一个我不知道是什么的非常强大、非常狡猾的骗子，他总是用尽一切伎俩来骗我。因此，如果他骗我，那么毫无疑问我是存在的；而且他想怎么骗我就怎么骗我，只要我**想到**我是一个什么东西，他就总不会使我成为什么都不是。所以，在对上面这些很好地加以思考，同时对一切事物仔细地加以检查之后，最后必须做出这样的结论，而且必须把它当成确定无疑的，即有我，我存在这个命题，每次当我说出它来，或者在我心里想到它的时候，这个命题必然是真的。①

这样确立了我存在之后，笛卡尔在第 6 自然段进一步讨论这个存在的我到底是什么：

> 那么我以前认为我是什么呢？一个人。可是一个人是什么？我应该说是"一个有理性的动物"吗？不；因为在这以后，我必须追问什

---

① René Descartes, *Meditationes de Prima Philosophia*, AT VII, 25; AT IX, 18-19; CSM II, 16-17; 中译文参见笛卡尔：《第一哲学沉思集》，庞景仁译，商务印书馆 1986 年版，第 23 页。笛卡尔最初用拉丁文撰写该书，收在 AT 版《笛卡尔全集》第 7 卷；该书在他生前就有了一个法文译本，收在 AT 版《笛卡尔全集》第 9 卷，庞先生的中译就是译自这个法文本。以下凡引文出自《第一哲学沉思集》，都先标 AT VII 的页码，再标 AT IX 的页码，再标剑桥英译本即 CSM II 的页码，最后标庞景仁中译本的页码。

么是动物，什么是有理性的，就这样一个问题将会引导我滑向其他更困难的问题上去了，而我现在没有时间去浪费在这样的一些细节上。相反我计划要去考察那些只要我过去思考我是什么的时候就自发地并且很自然地出现在我思想中的那些想法。那首先出现在我心中的想法是，我有脸、手、胳膊，以及由各种肢体组合成的一整套机械结构，这些从一具尸体上也能看到，我称此为身体。除此而外，我还曾认为我获得营养，我到处移动，我从事感觉与思考，并且我把我所有这些行动都归到**灵魂**上去。至于说这个**灵魂**的本性，或者我并没有对此进行过思考，或者我曾想象它是什么极其稀薄的东西，好像风或火焰或以太，渗透到我的那些比较粗浊的部分里。至于**形体**，我对它倒是没有任何疑问，反而认为我清楚地认识了它的本性。如果我试图描述我关于它所拥有的理智概念的话，我就会这样表达：由**形体**我理解的是任何拥有可确定的形状以及可限定的位置并且以这种方式占据一个空间以致排斥了其他**形体**；它能够被触觉、视觉、听觉、味觉或嗅觉知觉到，并且能够以各种方式被移动，不是被它自身而是其他到来并与之接触的东西。因为，根据我的判断，自我移动的能力，就如同感觉或思想的能力一样，都是外在于**形体**的本性的；确实，有一些**形体**被发现包含这种能力，这对我来说是非常奇怪的。①

然后，他在第 7 自然段明确地回答了我是一种怎样的存在：

可是，现在我假定某一个极其强大，并且假如可以这样说的话，极其恶毒、狡诈的人，他用尽他的力量和机智来骗我，那么我到底是什么呢？现在我能肯定我拥有归之于形体之本性的所有属性中的哪怕最明显的一种吗？我搜看它们，思考它们，一次次地检查它们，但是

---

① AT VII, 25-26; AT IX, 20-21; CSM II, 17-18; 中译文参见笛卡尔：《第一哲学沉思集》，庞景仁译，第24—25页。

没有一个能涌现出来；在此罗列它们是令人厌倦并毫无意义的。那么，就拿灵魂的那些属性来说吧，看看有没有一个是在我心里的。营养或运动？既然现在我并没有一个身体，而这些仅仅是结构。感觉？没有身体这个当然也不会发生，而且，当我睡着时我曾经通过感官知觉到的许多东西后来我都意识到我其实根本没有感觉到。思维？现在我觉得思维是属于我的一个属性，只有它不能跟我分开。有我，我存在这是靠得住的；可是，多长时间？我思维多长时间，就存在多长时间；因为假如我停止思维，也许很可能我就同时停止了存在。我现在对不是必然真实的东西一概不承认；因此，严格说来我只是一个在思维的东西，也就是说，一个心灵（mens），或精神（animus），或理智（intellectus），或理性（ratio），这些名称的意义是我以前不知道的。①

我们看到，从第二沉思的第 4 自然段到第 7 自然段，笛卡尔首先确定了我存在，然后来讨论我是一种怎样的存在，在相继否定了"我是有理性的动物"以及"我是灵魂与身体的结合"之后，他最后得出结论：我是纯粹思想的存在。我们完全可以说，在这里笛卡尔对《谈谈方法》第四部分中的说法做了更为详细的阐述和论证，就我们这里所关心的问题而言，他的立场并没有变化，他仍然坚持认为，我是一个思维的存在，我的思维是不依赖身体而发挥作用的。也就是说，他仍然主张心灵与身体完全可以相互分离。

不仅如此，笛卡尔在《第一哲学沉思集》的第六沉思第 17 自然段再次重申了这个立场：

这样，仅仅由于知道我存在并且同时发现除了我是一个思维的东

① AT VII, 26-27; AT IX, 21-22; CSM II, 18; 中译文参见笛卡尔：《第一哲学沉思集》，庞景仁译，第 25—26 页。

西以外没有其他什么属于我的本性或本质，我就可以正确地推出，我的本质仅仅在于我是一个思维的东西这个事实。确实，我可能拥有（或者，提前说出来，我确实拥有）一个与我紧密相联的身体。但是，虽然如此，一方面我拥有一个关于自己的清楚明白的观念，就我仅仅是一个思维而没有广延的东西而言；另一方面我拥有一个关于身体的清楚的观念，就这是一个广延的而非思维的东西而言。并且因此，确切无疑的是，我确实与我的身体不同，而且可以离开它而存在。①

在1644年发表的《哲学原理》第一部分第7—8节中，笛卡尔再次回到这个话题：

在拒绝我们能够怀疑的任何事物，甚至是想象这些事物为假的过程中，我们很容易假设没有上帝，没有天空，没有物体，甚至我们自己没有手、腿或根本没有身体。但是我们不能因为所有这些而假设那拥有这些思想的我不是什么。因为，假设那个思考者在他进行思考的时候却不存在，这是一个矛盾。因此，这一知识——我正在思考，于是我存在——是任何以有序的方式进行哲学探讨的人的头脑中出现的第一条并且是最确切的知识。

这是发现心灵的本性以及心灵与身体之间的区别的最佳途径。因为，如果那正在假设不同于我们的任何东西都为假的我们要检查我们是什么，我们就会非常清楚，既非广延，也非形状，也非位置运动，也非任何这一类归于形体的东西，属于我们的本质；唯有思想属于我们的本质。因此，我们对于我们的思想的认识要先于我们对于任何有形物体的认识，并且比后者更加确切；因为我们已经知觉到它，尽管我们还在怀疑其他东西。②

---

① AT VII, 78; AT IX, 96-97; CSM II, 54; 中译文参见笛卡尔：《第一哲学沉思集》，庞景仁译，第82页。
② AT VIIIA, 7; CSM I, 194-195.

很显然笛卡尔在这里只是简单地重申了《谈谈方法》以及《第一哲学沉思集》中的观点。

最后，在 1649 年出版的《论灵魂的激情》第一部分第 3—4 节中，笛卡尔再次重申了心灵与身体是相互分离的原则：

> 如果我们能注意到如下的内容就不会遇到大的困难：所有那些我们在自己身上体验到的，那些我们看到能够在毫无生气的物体中存在的东西，就只能归属于我们的身体；同时，相反，所有那些我们自己中的，我们不能以任何方式把它们领会为可以归属于一个身体的东西，就应该被归属于我们的灵魂。

> 同样，由于我们从不会认为身体可以以任何方式进行思考，我们就有理由相信，我们中所有种类的思维都属于灵魂，并且由于我们从不曾怀疑有一些毫无生气的物体能够以我们所拥有的各种各样的甚至更多的方式来运动，也能有各种各样甚至更多形式的热量（对火的体验能让我们看到这一点，也只有火具有比我们的任何一个肢体都多的热量和运动）。我们应该相信，我们身上所有的热和所有的运动，由于它们从不取决于思维，于是就只能归属于身体。①

我们看到，由于《论灵魂的激情》所讨论的主题与前面三本书完全不同，笛卡尔在这里根本没有提及怀疑活动、我存在、我的本质这些话题，可是他一以贯之地坚持说，我的心灵与我的身体是两种完全异质的存在。所有这些文本证据使得我们不得不承认，笛卡尔终其一生都坚持了心灵与身体相互分离这一原则。

---

① AT XI, 329; CSM I, 329; 中译文参见笛卡尔：《论灵魂的激情》，贾江鸿译，商务印书馆 2013 年版，第 4—5 页。

二、认为身心密切结合为一体

然而，以上的文本只代表了笛卡尔思想的一个方面，我们很容易在笛卡尔的著作中找到许多支持相反立场的文本。

我们刚才已经展示过，在《第一哲学沉思集》的第二沉思第 4—7 自然段中，笛卡尔宣称我的本质只是思想并且心灵的思考活动完全独立于身体。可是，让人倍感困惑的是，恰恰在第二沉思第 9 自然段，笛卡尔又说了这样一段话：

> 那么我究竟是什么呢？是一个在思维东西。什么是一个在思维的东西呢？那就是说，一个在怀疑，在领会，在肯定，在否定，在愿意，在不愿意，也在想象，在感觉的东西。当然，如果所有这些东西都属于我的本性，那就不算少了。可是，为什么这些东西不属于我的本性呢？难道我不就是差不多什么都怀疑，然而却理解某些东西，确认和肯定只有这些东西是真实的，否认一切别的东西，愿意和希望认识得更多一些，不愿意受骗，甚至有时不由得想象很多东西，就像由于身体的一些器官的媒介而感觉到很多东西的那个东西吗？难道所有这一切就没有一件是和确实有我、我确实存在同样真实的，尽管我总是睡觉，尽管使我存在的那个人用尽他所有的力量来骗我？这些属性里边哪一个和我的思维有区别？哪一个可以说是同我自己分得开呢？正是这个我在怀疑，在理解，在意愿，这个事实是如此明显以至我看不到还有什么方法使之更为清楚了。但是，恰恰也是这同一个我在想象。因为，即使正如我曾经假定的那样没有一个想象的对象是真实的，这种想象能力也是某种真实存在的东西并且也是我的思维的一部分。最后，也是同一个我拥有感官知觉，或者说通过感觉意识到物体性的东西如其所是。例如，现在我看见了光，听到了声音，感觉到热。但是我正在睡觉，因此所有这些都是假的。可是我确实觉得我在看，在听，

被温暖。这不可能是假的，所谓"拥有一个感官知觉"严格说来仅在于此，就该术语的这个受到限制的意义而言它就是思维。①

这段话确实让人倍感困惑，因为笛卡尔刚刚宣布我是一个纯粹思维的存在，并且他在第 7 自然段明确说过感觉因为与身体密不可分而不属于我的本质，可是他在这里却明明白白地说思维活动包括了感觉活动，这样的说法难道不意味着心灵的思考活动其实与身体不能完全分离吗？

然而，这还不是最令人奇怪的，在第六沉思第 23、24 自然段，笛卡尔明明白白地说道：

> 我自己的自然告诉的事情中没有比这一点更为鲜明的，那就是我有一个身体，当我感到痛苦的时候身体就会有故障，当我饿或渴的时候身体就需要食物与水，诸如此类的事情。因此，这其中一定存在某种真理性，对此我根本不必怀疑。
>
> 借助痛、饿、渴等感觉，自然也告诉我，我不仅仅像个舵手待在船上那样待在我的身体里，而且我与身体非常紧密地连接并且与之混合在一起，以至于我和身体成为一个统一体。如果不是这样的话，我，仅仅是一个思维的东西，在身体受到伤害的时候就不会感到痛，而只会借助理智去知觉危害，就好像一个舵手通过视觉去知觉船上是否有东西被损坏一样。类似地，当身体需要进食或饮水的时候，我应该对这个事实有一个清楚的理解，而不是拥有关于饿和渴的混乱感觉。因为这些关于饿、渴、痛等的感觉不过是思维的各种混乱的模式，它产生于那个心灵与身体相混杂的统一体。②

---

① AT VII, 28-29; AT IX, 24-25; CSM II, 19; 中译文参见笛卡尔：《第一哲学沉思集》，庞景仁译，第 27—28 页。译文有改动。
② AT VII, 81; AT IX, 100-101; CSM II, 56; 中译文参见笛卡尔：《第一哲学沉思集》，庞景仁译，第 85 页。

这些说法明明白白地告诉我们，笛卡尔认为心灵与身体紧密地结合为一个整体。

三、承认矛盾

以上这些文本证据意味着，笛卡尔本人同时坚持了"心灵与身体是相互分离的"与"心灵与身体紧密结合为一个整体"这两个相互矛盾的观点。

不仅如此，我们还从笛卡尔的通信中发现他本人其实清楚地认识到自己坚持了两个相互矛盾的观点。1643 年 5 月 6 日，波西米亚的流亡公主伊丽莎白致信笛卡尔，郑重向他请教：既然心灵与身体是完全异质的，那么心灵如何能够决定身体的行动？同年 5 月 21 日笛卡尔在回复伊丽莎白公主的信中这样写道：

> 关于人的灵魂存在两桩事情，我们可能拥有的关于灵魂的所有知识都取决于它们：第一，它思考；第二，与身体紧密结合在一起的它可以作用于身体，也可以被身体作用。关于后者我几乎还没有说过什么，我只是集中精力使前者被人们更好地理解，因为我的主要目的是证明灵魂与肉体之间的区别。只有前者才能服务于这个目的，后者似乎对此有危害。
>
> ············
>
> 首先，我以为，在我们之中存在几个原始概念，它们就好像一些源头，我们在这些源头的模本之上形成我们的所有其他知识。这些概念只有很少的几种：在那些我们可以运用于所有我们能领会到的东西之上的最一般的概念比如存在、数、绵延等之后，对于那些单独的形体而言，我们仅仅拥有广延的概念，从这里得出形状和运动的概念；对于单独的灵魂，我们仅仅拥有思想的概念，在其中包括理智的知觉与意志的倾向；最后，对于灵魂与身体的结合，我们仅仅拥有关于它们的统一体的概念，灵魂驱动身体的能力以及身体在引起感觉与激情

的过程中作用于灵魂的能力都立足于这个概念。①

他甚至在 1643 年 6 月 28 日写给公主的信中还说到，同时承认这三种概念可能是有矛盾的：

> 我也并不认为人的心智能够在同一时刻非常清楚地领会到灵魂、身体以及它们的统一体这三者之间的区别，因为这样做就必然要把它们领会为一个单独的事物并且与此同时又把它们领会为两个，这显然是相互矛盾的。②

此外，在同一封信中他还说道：

> 灵魂仅仅被纯粹的理智领会；形体（即广延）、形状、运动也能够被单纯的理智领会，但是它被那个由想象帮助的理智领会得更好；最后，那些属于灵魂与身体统一体的事物则是只能被单纯的理智甚至是由想象帮助的理智模糊地领会到，但却能被感官非常清楚地认识到。由此可以推出，那些从未受过哲学训练并且仅仅使用他们的感觉的人，至少不会怀疑灵魂推动身体并且身体作用于灵魂……训练纯粹理智的形而上学思想有助于使得灵魂概念变得熟悉。在思考形状、运动的过程中，主要训练想象的数学研究使得我们习惯于形成清晰的形体的概念。最后，仅仅在使用日常生活的会话以及放弃沉思与训练想象的研究的过程中，我们学会了领会灵魂与身体的统一体。
>
> 我担心殿下您会以为我在此说这番话不够严肃。但是，这有悖于我对殿下的尊敬以及我从未忽视要偿付您的那些东西。我可以非常认

---

① AT III, 665; CSMK (René Descartes, *The Philosophical Writings of Descartes,* vol. III: *The Correspondence,* edited and translated by John Cottingham, Robert Stoothoff, Dugald Murdoch and Anthony Kenny, Cambridge University Press, 1991) , p. 218.

② AT III, 693; CSMK, 227.

真地说出在我的研究中一直遵守的一条主要的规则，以及在我获得一点知识的过程中最有助益的事情，那就是：在那些占据想象的思考中我每天从未花费超出几个小时，在那仅仅占据理智的思考中我每年只花费了几个小时，我将余下的所有时间都贡献给了放松感官以及休息心智……

但是，我判断正是这些沉思而非那些需要更少注意力的其他思想使得殿下在我们所拥有的关于统一体的概念中发现了模糊之处……

最后，尽管我相信，在人的一生中确实有必要对形而上学的原则做一次很好的理解，既然它给我们提供了关于上帝以及灵魂的知识，但是我也相信，让我们的理智经常忙于沉思它们是有害的。[1]

笛卡尔的意思是：身心结合为一体是一个毋庸置疑的事实，只有那些有害的形而上学沉思才让人怀疑这个事实，在这个问题上让我们相信我们的感觉与常识吧！

这一番考察使我们充分地意识到，并非后人误读了笛卡尔，而是在笛卡尔哲学中确实存在身心二分与身心统一这一对矛盾。现在的问题是：天才的笛卡尔先生到底出于何种动机要容留这个矛盾存在呢？

四、主张身心二分的表面动机

由笛卡尔写给伊丽莎白公主的信我们可以判断，笛卡尔其实对于那个由常识所领会到的身心统一原则是坚信不疑的，他认为是形而上学思考把心灵与身体领会为相互分离的，他甚至认为过多地沉溺于形而上学思考是有害的。这样的话居然出自《第一哲学沉思集》的作者之口，确实令人震惊。于是我们不得不追问：笛卡尔出于何种动机要在他的形而上学著作中证明心灵与身体是异质的并且可以相互分离？

---

[1] AT III, 691-695; CSM III, 226-228.

　　仅仅浅表地追查这个动机并不困难。《第一哲学沉思集》的副标题是"论上帝的存在和人的灵魂与肉体之间的实在区别"。翻开这本书，首先是一封"致神圣的巴黎神学院院长和圣师们"的信，在信中笛卡尔这样表达自己关于灵魂要做的论证工作：

　　　　至于灵魂，很多人认为不容易认识它的性质，有人甚至竟敢说，根据人类的各种理由，我们相信它是和身体一起死亡的，与此相反的观念仅仅立足于信仰。但是利奥十世主持下的拉特兰宗教会议第八次会谴责了持这种观点的人，并且特别命令基督教哲学家们要对那些人的论点加以驳斥，要全力以赴地去阐明真理，因此我就敢于在这本书里执行这个任务。①

1513 年由教皇利奥十世主持召开的第五届拉特兰大公会第八次会议的号召之一就是要用理性证明灵魂不朽，这是天主教历史上的一个著名事件。笛卡尔在这封信中的说法自然会让人以为他撰写该书的动机之一是响应会议号召证明灵魂不朽。

　　可是，让人非常吃惊的是，在这样一封明确表态自己响应来自拉特兰会议的论证灵魂不朽的号召的信中，笛卡尔居然整篇就没有使用过"灵魂不朽"的字样，他最先说的是"灵魂不和身体一起死亡"，后来又改用"灵魂有别于身体"。而且，确切无疑的是，在六个沉思的正文中，笛卡尔也从未使用过"灵魂不朽"这样的表达。《第一哲学沉思集》正式出版之前笛卡尔曾经把手稿寄给麦尔塞纳神父，请他分送给当时知识界与教会中的开明人士提意见。手稿送出后，立即就有人指出笛卡尔在这本书中并没有真正完成证明灵魂不朽的任务。② 为了回应这些批评质疑，笛卡尔又撰写了《六个沉思的内容提要》。在概括第二沉思的内容时，笛卡尔说了这样一长段话：

①　AT VII, 3; AT IX, 4; CSM II, 4; 中译文参见笛卡尔：《第一哲学沉思集》，庞景仁译，第 2—3 页。
②　参见第二组反驳及第四组反驳。

但是，既然有些人可能期望这部分里面有一些灵魂不朽的论证，我想现在在此应该提醒他们，我努力不写下那些我不能确切证明的东西。因此我只遵守几何学家通常采用的秩序：在得出任何结论之前，先写下所预期的命题所依赖的所有前提。关于灵魂之不朽性的知识所必需的第一个也是最重要的前提就是，我们必须形成一个关于灵魂的概念，这个概念要尽可能清楚，而且完全不同于关于形体的任何概念；这就是这一部分所做的工作。进一步的要求就是，我们应该知道，我们清楚明白地理解到的任何事物，就是按照我们所理解的那样是真实的；但是在第四沉思之前不可能证明这一点。此外，我们还必须拥有一个关于形体的本质的清楚的概念，这一点部分地形成于第二沉思中，部分地形成于第五及第六沉思中。从这些结果里可以推出的结论是，我们清楚明白地领会为不同的实体——**正如我们在心灵与形体那里所做的那样**——的所有东西事实上都是彼此真正相互不同的实体；这个结论是在第六沉思中得出的。这个结论在同一沉思中由这个事实得到证实，即我们只能将一个形体理解为可分的，相反我们只能将一个心灵理解为不可分的。因为我们不能领会到半个心灵，但我们总是可以领会到半个形体，不管它多么小；这就使得我们认识到心灵与形体的本性不仅是不同的，而且在某些方面是完全对立的。但是在这本书中我没有深究这个主题，首先是因为这些论证已经足以表明身体的腐朽并不意味着心灵的毁灭，因此足以为有死者提供来世的希望，其次因为导致灵魂不朽这个结论的那些前提还取决于一个关于整个物理学的阐述。出于两个理由需要这个阐述。首先，我们必须知道，绝对意义上的一切实体，或者说那些为了存在必须由上帝而创造的事物，就其本性而言都是不可毁灭的，并且不能终止其存在，除非由上帝否认了自己对它们的支持而将它们变为虚无。其次，我们必须知道，一般意义上的形体就是一个实体，因此它也永不灭绝。但是人的身体，就其不同于其他形体而言，仅仅由肢体及这一类其他偶性的组配所构成；

但是人的心灵则不是以这种方式由任何偶性构成，而是一个纯粹的实体。因为，即使心灵的偶性改变了，因此它拥有了不同的理解对象以及不同的欲望即感觉，它并没有因此而成为不同的心灵；相反一个人的身体仅仅由于它的某些部分的形状的改变就会使得它失去其同一性。由此可以推出，身体可能很容易毁灭，心灵——**或者人的灵魂，在我这里二者是没有区别的**——就其本性而言是不朽的。①

这段话的逻辑线索非常清楚。笛卡尔首先解释了，自己没有在第二沉思中证明灵魂不朽的根本原因乃是要坚持自己一贯主张的清楚明白的认识原则，即只对自己认识得清楚明白的事情下判断。然后他指出，自己在这本书中其实已经像做几何学证明那样提供了关于灵魂不朽这个结论所需的各项前提。最后他指出，自己之所以没有由这些前提进一步推出明确结论的两个理由：第一，来世的希望所必需的哲学前提已经完全具备了；第二，灵魂不朽的结论还需要一个对物理学的完整阐述。言下之意就是，这里不能提供这样一个关于物理学的完整阐述，因而也就不能在此得出灵魂不朽的结论了。

笛卡尔的这番说辞能不能让那些希望看到他证明灵魂不朽的人满意？这个问题，我们暂且不谈。但这些说法足以让我们看到，在笛卡尔看来，灵魂或者说心灵与身体异质且可以相互分离的观点是得出灵魂不朽结论的必要前提，也就是说，证明身心二分可以服务于证明灵魂不朽。

五、主张身心二分的直接结果

我们看到，为了证明灵魂不朽，笛卡尔提出了身心二分。现在的问题是，这样做带来了怎样的结果？

---

① AT VII, 12-14; AT IX, 2-4; CSM II, 9-10; 中译文参见笛卡尔：《第一哲学沉思集》，庞景仁译，第10—12页。黑体部分为法文第一版所加的内容，原来拉丁文版中没有。

上文说过，笛卡尔在第二沉思中证明，我是一个纯粹的思维的存在及思想活动不依赖身体，从而确定了身心二分原则。但是他在第二沉思中的这个做法却引来了一片批评。阿尔诺博士在第四组反驳中针对笛卡尔的这个做法批评道：

> 在上面这一点上，人们可以接着说，所提出的论据似乎证明得太多了，它把我们带到柏拉图学派的人的意见上来了（这种意见是我们的著者所反对的），即任何物体性的东西都不属于我们的本质。因此人仅仅是一个精神，肉体只是装载精神的车辆。所以他们把人定义为使用肉体的精神。①

阿尔诺博士对待笛卡尔的态度是非常友善的，他看到并且承认笛卡尔其实是主张身心结合为一体的，因此他认为笛卡尔并不是个柏拉图主义者，但他还是非常公允地指出了笛卡尔在第二沉思中的说法很像个柏拉图主义者。

针对笛卡尔在第二沉思中将人确立为一个纯粹思维的存在的做法，其他人的批评意见又是怎样的呢？由麦尔赛纳神父搜集整理的第二组反驳是这样质疑的："到此为止，你认识到你是一个在思维的东西，可是你还不知道这个在思维着的东西是什么。你怎么知道这不是一个物体由于它的各种不同的运动和接触而做出你称之为思维的这种行动呢？"②来自霍布斯的第三组反驳是这样说的："笛卡尔先生将行理解者与这个行理解者的一个行动即理智等同起来。或者，至少他将那个行理解者与那个行理解者的一个能力即理智等同起来。然而，所有的哲学家都区分了一个主体与它的功能及行动，也即区分了一个主体与其属性和本质；一个实体是一回事，而其本质则是另一回事。因此，很可能那个思考者是心灵、理性或理智所隶属的

---

① AT VII, 203; AT IX, 267; CSM II, 143; 中译文参见笛卡尔：《第一哲学沉思集》，庞景仁译，第206 页。
② AT VII, 122; AT IX, 157; CSM II, 87-88; 中译文参见笛卡尔：《第一哲学沉思集》，庞景仁译，第126 页。

主体；而这个主体这样很可能就是某种形体。"① 伽森狄的第五组反驳也有类似的说法："请你告诉我们，对于你的本性，你得到了什么清楚的认识；因为光说你是一个在思维的东西，你只说了一种活动，而这是我们大家早已知道了的，你并没有让我们知道这个在行动着的实体是什么，这个实体的本性是什么，它怎么和身体结合起来的，它怎么并且用多少不同的办法来作用那么多不同的东西；你也并没有让我们知道直到现在我们还不知道的许多诸如此类的别的东西。"②

很显然，这三种反对意见其实表达的意思类似：从思维这种活动确认我是一个思维的存在是不合逻辑的，因为思维这种活动总得隶属于一个主体或实体，而这个主体或实体很可能就是某种形体即身体，在没有认真考察人的身体并且完全排除思维是身体的一种活动之前，又怎么有资格说我仅仅是一个思维的存在？不难看出，这三种反对意见都是立足于亚里士多德的概念体系以及对人的定义。在亚里士多德看来，人是有理性的动物，由于人隶属于动物这个类别，所以人一定有身体，身体构成了人的实体，而理性或者说思维则是人这种动物区别于其他动物的本质属性，所以思维只是身体的一种活动或属性，思维不可能离开身体而单独存在。应该说，亚里士多德关于人的定义才是笛卡尔时代天主教思想界认可的正统观点，所以，在阿尔诺等人看来，笛卡尔在第二沉思中将我确立为纯粹思维的存在的做法意味着他抛弃了亚里士多德的观点而返回到柏拉图的立场。

六、柏拉图身心观的基本主张

至此为止，我们发现了这样的局面：为了响应天主教官方论证灵魂不

① AT VII, 172-173; AT IX, 222-223; CSM II, 122; 中译文参见笛卡尔：《第一哲学沉思集》，庞景仁译，第173—174页。

② AT VII, 266; CSM II, 185-186; 中译文参见笛卡尔：《第一哲学沉思集》，庞景仁译，第269页。伽森狄的反驳与笛卡尔的回应并没有收入法文第一版的《第一哲学沉思集》，庞先生的中译来自法文第二版，故笔者没有提供 AT IX 的页码。

朽的号召，笛卡尔提出身心是异质的且可以相互分离的主张，但他这个主张明显背离了天主教官方认可的亚里士多德哲学而带上了柏拉图主义的嫌疑，此举几乎引起了同时代人的群起而攻之。可是，聪明的笛卡尔为何偏偏要选择这样一条明显吃力不讨好的道路呢？莫非他主张身心二分是另有图谋？看来，如果不对柏拉图的身心观做一番简单的考察，我们根本就无望搞清楚笛卡尔主张身心二分的真实动机。

所谓身心观涉及的是身体与心灵的关系，对于哲学讨论而言，当然是心灵或者说灵魂占据着核心位置。在我们考察柏拉图身心观之前还必须对柏拉图之前的灵魂学说做一个简单的概括。"灵魂"的拉丁文是 anima，对应的希腊文是 ψυχή，这两个词最初的含义都是"呼吸"，第二个含义是"生命"。在希腊语中，ψυχή 是一个非常古老的词。荷马史诗中这个词指的是一种在死亡之时离开身体的生命原则，并且在冥界作为一种身体的影像而继续存在；但是活人的理智、情感活动则与灵魂没有任何关系。[1] 公元前 6 世纪在整个希腊地区迅速传播的奥菲斯教则给希腊人带去另外一种灵魂观：灵魂是一个堕落了的神或精灵，他寄寓在几世事物中轮回转生，而寄寓在人的身体中的灵魂，可以通过净化和秘密崇拜重新回到原来所属的队伍中去。[2] 在荷马史诗中，ψυχή 其实就是一个在阴暗潮湿的地府里飘荡的鬼影幽灵，这种存在是一种痛苦的折磨。与之相比，奥菲斯教的灵魂转世轮回说则给人带去了极大的希望。

不过，公元前 7 世纪之后在希腊伊奥尼亚地区相继出现的一批自然哲学家对灵魂的描述与希腊神话以及奥菲斯教的灵魂观有很大的不同。第一个哲学家米利都学派的泰勒斯认为万物之中都有灵魂，灵魂是一种引起运动的能力，比如磁石之中就有灵魂，它推动了铁。[3] 不久之后，另一个米利

---

[1]　Beate Gundert, *Soma and Psyche in Hippocratic Medicine*, in John P. Wright and Paul Potter, *Psyche and Soma, Physicians and Metaphysicians on the Mind-Body Problem from Antiquity to Enlightenment*, Oxford, 2000, p. 13.

[2]　参见汪子嵩等：《希腊哲学史》第 1 卷，人民出版社 1988 年版，第 82 页。

[3]　亚里士多德：《论灵魂》450 a 19-20，中译文参见苗力田主编：《亚里士多德全集》第 3 卷，中国人民大学出版社 1991 年版，第 11 页。

都学派的重要人物、持气本原论的阿那克西美尼还说："正如我们的灵魂是气，它将我们结合起来，同样，呼吸（πνεῦμα）和气（ἀήρ）也包围着整个宇宙。"① 此外，也归属于伊奥尼亚地区的爱菲索城邦的哲人、持火本原论的赫拉克利特似乎认为灵魂就是火。② 由此可见，这些哲人都认为，是灵魂赋予了自然物以生命，并且推动自然物进行各种运动。问题是，灵魂必须是一种怎样的存在才能具备这种能力呢？或许人类最本能、最直接的思维方式无法接受一个不经历直接接触的推动作用，于是这些哲人认为，只有当灵魂弥漫于空间之中并且具有流动性与可渗透性，它才能够深入自然物的内部引发其运动；这样早期哲人才会认定，灵魂就是气、火等流动的存在，因为它们能够渗透到自然物体内部去实施推动作用。

　　有材料表明，公元前 7 世纪到公元前 5 世纪的那些早期哲人，都没有在灵魂与理智思考活动之间建立明确的联系，这种情况直到阿那克萨戈拉那里似乎都没有发生根本的转变。③ 不过，此后的局面逐步有了变化，活跃于公元前 5 世纪晚期的原子论代表人物德谟克利特则在灵魂与理智之间建立了更明确清晰的联系。一方面，德谟克利特像绝大多数伊奥尼亚哲人那样坚持了灵魂与他所理解的本原（原子）之间的联系，他认为灵魂是一种精致的圆形的原子，这种圆形的原子散布于宇宙中，并且渗透进入一切生命体中，赋予其生命并促使其运动。可见德谟克利特与前人一样认定灵魂是一种精细流动的、可渗透进入物体内部引发运动的存在。另一方面，与前人不同，他明确将灵魂与心灵等同。亚里士多德在《论灵魂》中说："德谟克利特……认为灵魂和心灵是同一的，它是最初的不可分割的物体，由于微小的部分和形状而运动，他认为这种球形乃是最容易运动的形状，而

---

① 转引自汪子嵩等：《希腊哲学史》第 1 卷，第 229 页。
② 这个观点的主要证据见亚里士多德：《论灵魂》405 a25-28。还有一个证据是赫拉克利特本人的残篇。残篇第 36 条说：灵魂死亡变成水，水死亡又变为土；残篇第 31 条说：由火变成海（水），由海变成土。由这两条残篇可推出灵魂就是火。参见汪子嵩等，前引文献，第 434 页。
③ 亚里士多德说过，在阿那克萨戈拉那里，灵魂与努斯的关系是暧昧的。参见亚里士多德：《论灵魂》404 b1-6，中译文参见苗力田主编：《亚里士多德全集》第 3 卷，第 9 页。

心灵和火就是这个样子。"[①] 将灵魂与心灵等同就意味着灵魂成为人的认识活动尤其是理智思考活动的承担者了。根据后人的说法，德谟克利特认为灵魂有两个部分，具有感觉和理智两种功能，遍布全身的灵魂原子具有感觉的功能，而灵魂中还有一个特殊部分努斯，是思想的器官，它可能位于心脏，也可能位于脑。[②] 不过，无论德谟克利特对灵魂的描述如何不同于前人，在他这里灵魂依然存在于现实空间之中，所以它不可能是人们在研究哲学时习惯于说的那种纯粹精神的、不占据空间的存在。

给古代希腊的灵魂观带来巨变的人物当然是柏拉图。在柏拉图关于灵魂的各种阐述中对后世影响最大的，恐怕首推《斐多篇》。柏拉图在此将灵魂与身体描述为两种完全异质的甚至对立的存在：灵魂虽然在我们此世生活中寄居于身体之中，但灵魂与身体完全是异质的。身体是复合的因此会分解消亡，而灵魂则是与理念同类的存在，它是神圣的、不朽的。[③] 灵魂赋予身体以生命活力。[④] 灵魂好比主人，身体好比奴隶，灵魂掌控指挥身体。[⑤] 灵魂在进入身体之前与理念同在，因此熟悉理念[⑥]，但是灵魂寄居于身体之中的时候会受到来自身体的各种欲望情感的搅扰而不能专注于思考理念[⑦]。由于那些爱好哲学的人努力摆脱身体的搅扰专注思考理念，这样的人在身体死去之后其灵魂就会回到神圣美好纯净的世界[⑧]，因此这样的人非但不恐惧反而仰慕死亡[⑨]；而那些在此生只知道追求身体欲望满足的人在身体消亡之后其灵魂会重新投入人体或其他动物体内再次经受欲望的折磨[⑩]。

---

① 亚里士多德：《论灵魂》405 a9-14，中译文参见苗力田主编：《亚里士多德全集》第3卷，第10—11页。
② 参见汪子嵩等：《希腊哲学史》第1卷，第1047页。
③ 柏拉图：《斐多篇》78B-80B，中译文参见《柏拉图对话集》，王太庆译，商务印书馆2004年版，第237—240页。
④ 柏拉图：《斐多篇》105C-D，中译文参见《柏拉图对话集》，王太庆译，第273页。
⑤ 柏拉图：《斐多篇》79E-80A，中译文参见《柏拉图对话集》，王太庆译，第239页。
⑥ 柏拉图：《斐多篇》76C-E，中译文参见《柏拉图对话集》，王太庆译，第234—235页。
⑦ 柏拉图：《斐多篇》66A-D，中译文参见《柏拉图对话集》，王太庆译，第219页。
⑧ 柏拉图：《斐多篇》84A-B，中译文参见《柏拉图对话集》，王太庆译，第244—245页。
⑨ 柏拉图：《斐多篇》67A-68B，中译文参见《柏拉图对话集》，王太庆译，第219—221页。
⑩ 柏拉图：《斐多篇》81B-82B，中译文参见《柏拉图对话集》，王太庆译，第241—242页。

　　不难看出，柏拉图其实继承了一些前人的观点：首先，灵魂赋予身体以生命活力，这个说法显然同于伊奥尼亚哲人；其次，灵魂转世轮回的说法与奥菲斯教的信仰也非常相似。然而，柏拉图这个理论与前人最大的不同乃在于灵魂与理念之间的密切关系：灵魂在进入身体之前曾经与理念同在，灵魂的根本任务是认识理念。在柏拉图看来，大千世界，万物形态各异，各自独立；但物以类聚，每一个有形物体必然从属于某一个种类；每一个种类必然有其确定的类本质，这个类本质就是理念，是该类物体的最完美的存在形态；单独的、具体的个别形体因为分有或模仿了某种理念才得以存在。我们的感官所接触到的具体事物都是有生有灭的，只有理念是永恒的、不生不灭的，因此在我们感官所接触到的这个生灭变化、混乱纷争的世界之外还有一个永恒、真实、完美、神圣的理念世界。这个理念世界是不可见、不可感的，因此根本不存在于我们的身体所从属的空间之中，我们只能凭借理智才有可能达到这个理念世界。我们看到，柏拉图认为灵魂在本性上与理念是同一类存在，那么灵魂也应该是不可见、不可感、不占据空间的存在，这就意味着柏拉图的灵魂与伊奥尼亚哲人所说的那种流动的因而能推动物体的气、火，或圆形的原子是完全不同类的存在。这样一来，柏拉图又如何能与伊奥尼亚哲人一样认为灵魂赋予身体以生命活力并推动身体呢？更糟糕的是，在柏拉图这里，理念与可感世界之间的对立延伸到灵魂与身体之间：灵魂神圣、纯粹、不朽，身体复合、变灭；身体搅扰灵魂认识真理。身体与灵魂完全处于一种敌对关系中，灵魂又怎么能够指挥掌控身体呢？

　　从逻辑上说，这里的前一个问题是后一个问题的基础，或者说后一个问题包含了前一个问题。笔者以为，直到《蒂迈欧篇》，柏拉图才真正尝试详细解释灵魂推动身体的内在机制。《蒂迈欧篇》的核心部分是毕达哥拉斯学派的传人蒂迈欧所做的一篇关于宇宙如何被创造的讲辞 —— 从宇宙的产生讲起，直到人被创造结束。蒂迈欧所讲的创世的大致过程是这样的：唯一的造物主首先创造了一个拥有灵魂与理性的生命体，这是一个包含一切生命体的生命体、最完善完美的生命体、绝对的生命体，它是宇宙的模本。① 接着造物主以此为模本创造了天体与时间。② 然后造物主创造了诸神，并命令诸神创造宇宙中其他有朽的物种。③ 造物主最后还创造了与天上星星同样数目的灵魂，告知他们宇宙的本质，宣示命运的法则，将他们播种在宇宙各处，而这些灵魂都会进入人的身体之中。④ 创造人的身体以及将人的身体与灵魂结合的各项琐碎繁杂的工作最终由诸神完成。

可以说，柏拉图分别从两个层面回答了灵魂如何推动身体的问题。首先，借助蒂迈欧对造物主如何创造绝对生命体的灵魂的描述，柏拉图像伊奥尼亚哲人那样回答了宇宙灵魂如何能够推动宇宙中的万物的问题。《蒂迈欧篇》对造物主创造绝对生命体的灵魂的描述运用了大量的数学知识和几何学知识，限于篇幅，我们这里不能详细介绍这个创造过程，只能给出最终的结果：造物主将宇宙灵魂创造成一个包含一个外圈与七个内圈的立体结构，这其中的外圈与内圈各自转动。⑤ 由于宇宙灵魂与球形宇宙被结合为一体，所以它就从宇宙的中心直抵宇宙边缘，而它自身的转动就带动了宇宙各处的运动。⑥ 简单地说，灵魂之所以能推动整个宇宙，恰恰是因为灵魂拥有精致复杂的内在结构并且其内部的各个部分自身就处于运动之中。这样一来，柏拉图确实提供了与伊奥尼亚哲人那里的类似于水流、气流等直接推动物体完全不同的另外一种推动模式，显然这种推动模式更为精致复杂。

不仅如此，在描述诸神创造人的身体的过程中柏拉图还回答了人的灵魂何以能够掌控指挥身体。这个创造过程可以简单地概括如下：诸神在得到由唯一的创世主所造的不朽灵魂之后先铸模了一个球体来安置它，这就是人的头；为支撑这球体再造了一个身体，并且在身体中造了可朽灵魂；

---

① 柏拉图：《蒂迈欧篇》30C-31B，中译文参见《蒂迈欧篇》，谢文郁译，上海人民出版社 2005 年版，第 21 页。
② 柏拉图：《蒂迈欧篇》37C-39E，中译文参见《蒂迈欧篇》，谢文郁译，第 25—27 页。
③ 柏拉图：《蒂迈欧篇》40A-41D，中译文参见《蒂迈欧篇》，谢文郁译，第 27—28 页。
④ 柏拉图：《蒂迈欧篇》41D-42D，中译文参见《蒂迈欧篇》，谢文郁译，第 28—29 页。
⑤ 柏拉图：《蒂迈欧篇》35A-36D，中译文参见《蒂迈欧篇》，谢文郁译，第 23—24 页。
⑥ 柏拉图：《蒂迈欧篇》36D-37C，中译文参见《蒂迈欧篇》，谢文郁译，第 24—25 页。

为防止不朽灵魂被可朽灵魂污染，诸神在头和胸之间设置脖子以便二者保持距离；接着诸神用隔膜分开身躯，把灵魂的勇气和竞胜精神部分置于靠近头部的较高贵位置，即脖子和隔膜之间，这里更方便听到理性的声音；由于心脏中血液可以流遍全身，诸神把它置放于卫士室，以便当理性告诉它哪个部位出了差错时，它就会怒气冲冲，使身体的感觉部分接收到指令和警告，这样高贵的理性就能成为它们的领导；为防止激情的上涨带来过度的火气，诸神还设计结构柔和的肺通过呼吸和饮喝来冷却心脏；此外，诸神将可朽灵魂中主管欲望的部分置于远离决策者的隔膜和肚脐之间，不让它的骚动和喧闹影响决策者的思考；诸神还让灵魂的欲望部分和肝住在一起，因为肝像镜子一样，理性把自己的思想图像印在上面并反射出可见的影像，这样就对欲望部分产生威慑。① 显然，诸神在创造人的身体的时候遵循的主要原则就是，既要保证灵魂能够全面地掌控指挥身体，又要防止必死的身体搅扰神圣的灵魂思考认识理念。

柏拉图本人对于自己在《蒂迈欧篇》中所提供的灵魂推动身体的模式到底抱有多大程度的信心，这几乎是一个无解的问题。不过，我们能够确认的是，柏拉图让这篇讲辞的作者、天文学权威蒂迈欧在演讲的过程中五次申明自己的这番描述只是一个近似的说法。② 而且，这篇讲辞带有浓烈的神话色彩，也没有采取柏拉图本人主张的那种一问一答式的推理证明方式，因为对话者之一苏格拉底在蒂迈欧正式开始演讲之后就从未打断过他。此外，我们还可以追问的是：尽管柏拉图不再像自然哲学家那样认为灵魂是水、气、火、精细的原子等物质性的存在，但既然柏拉图赋予宇宙灵魂以内在结构，那么这样的灵魂是不是有可能占据空间呢？这种结构会不会崩塌瓦解呢？由此可见，《蒂迈欧篇》并没有完满地解决柏拉图身心观中最根本的难题：心灵既然与身体是完全异质的，那么心灵如何能够推动身体？

① 柏拉图：《蒂迈欧篇》69C-71D，中译文参见《蒂迈欧篇》，谢文郁译，第 49—51 页。
② 柏拉图：《蒂迈欧篇》29C、44D、48D、53D、72D，中译文参见《蒂迈欧篇》，谢文郁译，第 20、30、33、37、52 页。

七、亚里士多德对柏拉图身心观的修正与继承

亚里士多德在《论灵魂》第一卷中对前人关于灵魂的主要观点做了一番概述与批评。他首先总结道，通常人们认为灵魂是生命的本原[1]，灵魂使得生命体能运动并有感觉[2]。然后他指出，前人大都认为，由于灵魂能运动或自我产生运动[3]，所以灵魂能使生命体运动。但是，亚里士多德认为这种观点根本是错误的，因为灵魂出于本性的自我运动一定是存在于某个地方的运动，这就意味着灵魂与形体一样都是处于空间之中的[4]，都是具有广延的，即使柏拉图《蒂迈欧篇》中所描述的能运动的宇宙灵魂同样也是有广延的[5]。可是，在亚里士多德看来，说灵魂具有广延、在空间中运动，与灵魂作为一种理智的存在、拥有思维能力是完全相冲突的。[6]亚里士多德甚至敏锐地指出，前人既没有能够彻底贯彻灵魂与身体的异质性，也没有能完美地解决灵魂如何推动身体的问题，其根本原因是他们将灵魂与身体视为相互外在的：

> 但无论是在这个论证中还是在大多数有关灵魂的论证中都存在着一种荒谬不经的观点；人们把灵魂和肉体联系起来，并把它放进肉体里，但不去说明这是由于什么原因，以及肉体是如何受到制约的；然而这看起来又是十分必要的。因为正是通过这种联系，一个起作用，另一个被作用，一个运动，一个被运动；这种相互关系并不是在一个

---

① 亚里士多德：《论灵魂》402 a5-10，中译文参见苗力田主编：《亚里士多德全集》第 3 卷，第 3 页。
② 亚里士多德：《论灵魂》403 b25-30，中译文参见苗力田主编：《亚里士多德全集》第 3 卷，第 7 页。
③ 亚里士多德：《论灵魂》406 a1-5，中译文参见苗力田主编：《亚里士多德全集》第 3 卷，第 13 页。
④ 亚里士多德：《论灵魂》406 a15-25，中译文参见苗力田主编：《亚里士多德全集》第 3 卷，第 13—14 页。
⑤ 亚里士多德：《论灵魂》406 b25-407 a5，中译文参见苗力田主编：《亚里士多德全集》第 3 卷，第 16 页。
⑥ 亚里士多德：《论灵魂》407 a1-30，中译文参见苗力田主编：《亚里士多德全集》第 3 卷，第 16—17 页。

任意的联合体中发生的。但是，这些思想家们只想解释灵魂的本质是什么，而对于接受灵魂的肉体却只字未提；甚至这也是可能的：任何灵魂都可以随意进入任一肉体，如毕达戈拉斯学派所编造的故事那样；这简直是荒唐可笑的。因为肉体显然都有着它自身独特的形状或形式。这种说法就好像说木工技术可以使它自身在长笛中得到体现；每一行业的手艺人都必须有他们各自的工作，每一灵魂也都具有自己特有的躯体。①

　　亚里士多德本人则以一种全新的模式来解释灵魂是如何赋予形体以生命活力的。他对灵魂最一般的定义是："灵魂，作为潜在地具有生命的自然躯体的形式，必然是实体，这种实体就是现实性。灵魂就是这一类躯体的现实性。"②"灵魂就是潜在地具有生命的自然躯体的第一现实性；而且，这样的躯体具有器官。"③"如果必须说出灵魂所共同的东西，那就是拥有器官的自然躯体的第一现实性。"④"灵魂是在原理意义上的实体，它就是这样的躯体是其所是的本质。"⑤显然，亚里士多德是根据他的哲学中质料与形式、潜能与现实这两对最基本的概念来定义灵魂。在亚里士多德看来，任何一个以某种形态结构存在的形体都是实体，构成这个实体的材料就是其质料，而质料所接受的形态结构就是其形式；另一方面，就这个实体的存在而言，质料与形式二者是不可分的，任何一个实体的质料都只是作为一种潜能而存在，获得了形式的质料才是现实的存在。任何一个生命体都是一个由某些质料以某种形态结构而存在的实体，灵魂决定这个生命体以何种形态结构而存在，与这种形态结构相伴随的就是这个生命体所拥有的生

---

① 亚里士多德：《论灵魂》407 b15-25，中译文参见苗力田主编：《亚里士多德全集》第3卷，第18页。

② 亚里士多德：《论灵魂》412 a20-22，中译文参见苗力田主编：《亚里士多德全集》第3卷，第30页。

③ 亚里士多德：《论灵魂》412 a25-412 b1，中译文参见苗力田主编：《亚里士多德全集》第3卷，第31页。

④ 亚里士多德：《论灵魂》412 b5，中译文参见苗力田主编：《亚里士多德全集》第3卷，第31页。

⑤ 亚里士多德：《论灵魂》412 b10，中译文参见苗力田主编：《亚里士多德全集》第3卷，第31页。

命活力。

如果严格贯彻亚里士多德的这种理论，即任何一类生命体都是由专属其类的灵魂决定其以何种形态结构存在，那么宇宙中有多少类生命体就应该有多少种灵魂。不过，亚里士多德在讨论生命体的灵魂这个问题时，并没有对生命体进行非常详细地分类，他只是简单地说："生命这个词可以在多种意义上被述说，只要以下任何条件存在，我们就可以说一事物有生命，如理智、感觉、位置上的运动和静止，或者摄取营养的运动以及生成与灭亡等等。"① 也就是说，他将生命体大致分成三类，依此将构成生命来源的灵魂也分成三类：最低级的是植物，拥有自己获取营养以维持自身生存的能力；高一级的是动物，除了拥有营养能力以外还拥有感觉能力以及运动能力；最高级的是人，除了拥有营养能力、感觉及运动能力之外，还拥有理智能力。

我们看到，亚里士多德以形式与质料的关系来解释灵魂与躯体的关系，强调每一类躯体必然有其独特的灵魂，以这种方式他坚持了每一类生命体的灵魂与其躯体之间的不可分离。这样一来，亚里士多德不仅从逻辑上完满地解决了柏拉图哲学中与身体完全异质的灵魂如何推动身体的问题，而且还将源自奥菲斯教的灵魂转世轮回说从哲学领地中彻底驱逐出去。然而，这种貌似完美的概念建构并不是亚里士多德灵魂学说的全部。事实上，在强调灵魂作为躯体的形式因而不能离开躯体单独存在的同时，亚里士多德又多次提到理性灵魂或者说思维能力可以脱离躯体单独存在。比如《论灵魂》中的这些说法："但心灵或理智似乎是生成于我们之中的独立实体，而且是不灭的。"② "但是，对理智和思辨能力我们还一无所知，它似乎是另一类不同的灵魂，其区别有如永恒事物之于生灭事物，只有它是可分

---

① 亚里士多德：《论灵魂》412 a20-25，中译文参见苗力田主编：《亚里士多德全集》第 3 卷，第 33 页。

② 亚里士多德：《论灵魂》408 b15-20，中译文参见苗力田主编：《亚里士多德全集》第 3 卷，第 21 页。

离的。"[①] "在灵魂中被称为心灵的部分（我所说的心灵是指灵魂用来进行思维和判断的部分）在没有思维时就没有现实的存在。因此认为它和躯体混合在一起是不合理的；如果是那样，它就会变成某种性质，如热或冷，或者甚至会拥有某种器官，就像感觉能力一样；但事实上它并不具有什么器官。"[②] 理性灵魂不与躯体相混合并且是不死的说法显然与柏拉图在《蒂迈欧篇》中的说法是一致的。

不仅如此，亚里士多德在《论灵魂》第三卷第 5 节还说过一段意思晦暗不明并引起后世学者持续争论的话。[③] 对这段话后世学者能够取得的一致意见是：亚里士多德在这里区分了主动理性与被动理性，被动理性与身体相连接，因此是可朽的，而主动理性则可与身体彻底分离，因此是不朽的。[④] 由此，我们可以肯定的是：虽然亚里士多德一方面坚持灵魂与躯体不可分离并反对柏拉图的灵魂转世轮回说，但另一方面却像柏拉图一样认为人的理智灵魂是某种可以与身体完全分离的、不朽的存在，而人正是因为拥有了这种理性灵魂才分有了一定程度的神圣性，从而有望从有生有灭的存在行列中超脱出来。

八、笛卡尔身心二分理论与柏拉图身心观的不同

至此我们可以肯定：虽然亚里士多德在逻辑上解决了柏拉图身心观中的核心困难，即神圣不朽的灵魂如何掌控指挥复合变灭的身体的问题，但是亚里士多德仍然继承了柏拉图的一些最根本的原则：灵魂赋予身体以生命活力，灵魂掌控指挥身体，灵魂中的理性部分思考认识真理因此可以是

---

① 亚里士多德：《论灵魂》413 b 25-30，中译文参见苗力田主编：《亚里士多德全集》第 3 卷，第 34 页。

② 亚里士多德：《论灵魂》429 a 20-30，中译文参见苗力田主编：《亚里士多德全集》第 3 卷，第 75—76 页。

③ 亚里士多德：《论灵魂》430 a 10-35，中译文参见苗力田主编：《亚里士多德全集》第 3 卷，第 78 页。

④ 参见罗斯：《亚里士多德》，王路译，商务印书馆 1997 年版，第 164—169 页；另参见文德尔班：《古代哲学史》，詹文杰译，上海三联书店 2009 年版，第 257 页。

不朽的。搞清楚了这一点之后，让我们再来仔细考察笛卡尔的身心二分理论是不是真的背离了亚里士多德而返回到柏拉图的立场。

　　上文我们考察笛卡尔的身心二分主张时关注的只是他如何让心灵脱离身体而单独存在，却没有考察在笛卡尔这里与心灵相分离的身体到底是如何运行的。笛卡尔第一次公开描述人的身体运行是在《谈谈方法》第五部分：

　　　　所以我姑且假定神造了一个人的身体，不论在肢体的外形上，还是在器官的内部构造上，都跟我们每个人的完全一样，采用的材料就是我所描述的那种物质，一开头并没有放进一个理性灵魂，也没有放进什么别的东西代替生长灵魂或感觉灵魂，只不过在他的心脏里点了一把上面说过的那种无光之火；这种火的本性，我想同那些使湿草堆发热、使葡萄酿成新酒的火是一样的。因为点着那把火之后那个身体里就可以产生各种机能。我仔细检查，发现只要我们不思想，因而不触动灵魂这个与形体分立的部分（上面已经说过，灵魂的本性只是思想），我们身上所能产生的也就恰恰是那些机能，这一方面可以说无理性的动物跟我们是一样的，可是我却不能因此在那个身体里找到什么依靠思想的、纯粹属于我们的机能；后来我假定神创造了一个理性灵魂，用我描述的那种特定的方式把它结合到那个身体上，我就在其中发现这类机能了。①

仔细琢磨这段话，我们能发现笛卡尔的身体观与柏拉图及亚里士多德完全不同。柏拉图虽然认定灵魂与身体是两种完全异质的存在，但他却认为是神圣不朽的灵魂赋予身体以生命活力，灵魂中的理性部分负责思考认识理念，但灵魂中还有激情与欲望这两部分可以使得灵魂全面地掌控指挥身体，一旦灵魂离开身体则身体就没有了生命活力立即死亡。亚里士多德也和柏

---

① 　AT VI, 45-46; CSM I, 134; 中译文参见笛卡尔：《谈谈方法》，王太庆译，第38页。

拉图一样认为是灵魂赋予身体以生命活力，他只是将柏拉图所说的灵魂的理性、激情、欲望这三个部分变成了理性灵魂、动物灵魂（即感觉灵魂）与植物灵魂（即生长灵魂）。但是，笛卡尔却认为身体的活力来源乃是一种无光之火，这种火就如同那使湿草堆发热、使葡萄酿成新酒的火一样，没有任何神秘性与神圣性，因此根本不是灵魂赋予身体以生命活力，没有灵魂处于其中的身体完全能够像动物那样运行自如。而且，由笛卡尔的用词我们还能推出，他认为灵魂的本性只是思想，因此只有负责思想的理性灵魂，并没有什么生长灵魂与感觉灵魂。

我们很容易看出，笛卡尔这里描述的就是一种机械论的身体观，即身体像一部机器一样自身拥有活力来源。他在《第一哲学沉思集》中更简洁清晰地表达了这种机械论的身体观：

> 我可以将人的身体视为由骨骼、神经、筋肉、血管、血液和皮肤按照这种方式组成的机器，其组装方式是这样的以至于即使没有心灵处于其中它仍然可以展示心灵处于其中时的某些动作，即那些不在意志或者说心灵掌控之下而仅仅作为器官构造结果的动作。①

《谈谈方法》是笛卡尔第一次公开自己的思想，此时他的用词是比较谨慎的，他显然沿用了柏拉图以来所公认的"理性灵魂"这个术语。之后，在《第一哲学沉思集》中笛卡尔就更清晰地表达了自己的机械论身体观，并且这本书中再没有出现"理性灵魂"这个术语。最后，在《论灵魂的激情》中笛卡尔几乎公开明确地宣布与古代身体观决裂了：

> 第四条：肢体的热量和运动源自于身体，思想则出自灵魂。
> 同样，由于我们从不会认为身体可以以任何方式进行思考，我们

---

① AT VII, 84-85; AT IX, 105-107; CSM II, 58-59; 中译文参见笛卡尔：《第一哲学沉思集》，庞景仁译，第88—89页。

就有理由相信，我们中所有种类的思维都属于灵魂，并且由于我们从不曾怀疑有一些毫无生气的物体能够以我们所拥有的各种各样的甚至更多的方式来运动，也能有各种各样甚至更多形式的热量（对火的体液能让我们看到这一点，也只有火具有比我们的任何一个肢体都多的热量和运动），我们应该相信，我们身上所有的热和所有的运动，由于它们从不取决于思维，于是就只能归属于身体。

第五条：相信灵魂给身体提供了热量和运动是错误的。

通过这种思想，我们将避免一个曾让一些人迷失于其中的重大错误……这个错误在于，当人们观察到所有死去的身体都会丧失热量并继而不再运动的现象时，人们就想当然地认为正是灵魂的缺失才导致了运动的停止和热量的丧失。由此，人们就盲目地相信我们的自然热量和所有的身体的运动都取决于灵魂，而恰恰相反，我们应该相信，当人们去世的时候，只是由于热量不再，那驱动身体的器官的腐烂，灵魂才会离去。

第六条：什么是活的身体和死亡的身体之间的区别？

因此，为了能够摆脱这个错误，我们将认为死亡的到来从来不是由于灵魂的缺失，而只是由于身体的一些基本部分坏掉了，并且，我们判断一个活人的身体与一个死人的身体的区别就如同是判断一块状态良好的手表或别的自动的机器与已经损坏的手表或机器的区别一样，当一块手表或别的机器装备良好，并且它自身具有物理运动的原动力（正是为此它才被组装了起来），拥有一切行动的条件的时候，它就好比是我们活的身体，而当它断裂了，并且它的原动力不再起作用时，就变成了和人们死亡的身体一样的东西了。[①]

显然，笛卡尔在这里已经把话说得很明白了：身体本身就是一部自动机，根本不需要什么灵魂赋予生命活力。于是，我们发现，虽然笛卡尔身

---

① AT XI, 329—331; CSM I, 329—330; 中译文参见笛卡尔：《论灵魂的激情》，贾江鸿译，第4—6页。

心二分的主张表面上与柏拉图类似，但其实笛卡尔持机械论的身体观，他的身心观与柏拉图及亚里士多德等古人有着根本的不同。

九、机械论身体观的深层动机

我们接下来要讨论的问题是：为什么笛卡尔认为身体本身是一部自动机？这个问题其实也等于：为什么笛卡尔不肯像柏拉图那样认为神圣的灵魂赋予身体生命活力？看来，为了回答这个问题，我们必须先追问柏拉图让神圣的灵魂赋予身体生命活力这一做法能带来何种结果。

我们已经分析过，柏拉图的这个理论并非没有逻辑困难，因为这里包含着两条原本是相互冲突的核心原则：灵魂是神圣不朽的而身体是复合变灭的，神圣不朽的灵魂赋予身体生命活力并掌控指挥身体。我们也揭示过，虽然亚里士多德利用形式与质料、潜能与现实这两对概念努力证明灵魂与身体的统一性并从逻辑上较好地解决了灵魂如何赋予身体活力并掌控指挥身体的问题，但是他的这套概念体系却不能解释在身体死亡之后灵魂何以能够与之相分离并保持不朽。也就是说，灵魂不朽这个说法与亚里士多德的概念体系并不吻合，但他却坚守了柏拉图的这条原则，这又是为何呢？

看来，我们必须寻找柏拉图设计神圣不朽的灵魂赋予身体活力并掌控指挥身体的深层动机了。笔者以为，这其中最关键的原因应该是这种理论可以很好地服务于建构有序的社会生活。说到底，古人所获得的关于自然的知识是极其有限的，人们只是根据自然物的外在活动总结出它们大致的活动规律，根本不能深入自然物的内部去彻底了解把握其运行进程。说到认识人的身体的内在运行，这种局限性就更为明显：我们的身体到底是如何生，又是如何死？从生到死的过程中经历了哪些变化？外在物体对我们身体的接触又如何改变了我们身体的内在运行？在古人看来，所有这一切都是人类理智不可破译的奥秘，人类不可能干预，更别指望掌控身体的生与死，只能接受身体终有一死的命运。为了说服人们平静地面对死亡，也为了说服大家不要为了争夺有限的物质生活资料而纷争不断，还为了说服大家在集体生活中甘于牺牲奉献，古人接受了这样的理论：身体是低级的、被动的、必死的，一个人此生如果只知道追求身体欲望的满足是愚蠢的，试图去追求身体的永生则是幼稚可笑的；但是人之为人不仅仅在于拥有身体，身体之外我们还有灵魂。灵魂是赋予身体以生命活力的永生的力量，灵魂决定了人具有一定程度的神圣性。因此对于人而言，最大、最长远的利益仅在于不朽的灵魂可以在此生结束之后重返美好的神界，这是唯一值得我们此生努力追求的目标；为了实现这个目标，我们此生必须努力追求真理，认识宇宙的秩序并指挥命令身体遵从这种秩序；如果我们此生为了追求身体欲望的满足而为非作歹，那么身体消亡之后灵魂就要受到惩罚。

必须承认，这种理论能给人带来极大希望与安慰，帮助人抵制现实的混乱与不公，鼓励人勇敢地面对死亡。对于一些不肯与强大而丑陋的现实同流合污、愿意为内心的理想而抛洒热血的斗士们而言，灵魂不朽是他们奋斗的动力来源；对于许多饱受贫病折磨、在压迫与奴役中挣扎却无力反抗、屡遭不公待遇却申诉无望的人来说，相信灵魂不朽几乎是他们不致堕入绝望深渊的唯一选择；对于统治者而言，灵魂不朽则能够说服老百姓不在意此世的生存境况，不追求此世的生存权利，从而有助于维持既定的统治格局。这样我们就能够明白，为何柏拉图这种并非没有逻辑漏洞的身心学说在古代世界受到追捧。可是，另一方面，我们也必须承认，根据这种理论，人是一种有局限的存在，有生有死的身体构成了人之为人的根本局限，人这一类物种此生只能居于一个有生灭变化的流变混乱的世界，此生必须忍受一定程度的混乱与不公，宇宙的秩序来自超越于人类之上的神圣者，唯有来自神界的灵魂可以认识到这种秩序，人生的唯一希望就是在那个老老实实一辈子都听命于灵魂的身体消亡之后灵魂得返神界。可以说，灵魂就是神圣世界派到尘世来的代表，它牢牢地掌控着我们的身体，时刻提醒我们尘世的生活是没有意义的，身体是应该被摈弃的，让我们生活在对另外一个美好世界的期盼与憧憬之中。当然，这种理论的弊端就是很容易沦为统治者欺骗人民的谎言。

以此为参照系我们就不难推出笛卡尔持机械论身体观的深层动机了。

事实上，笛卡尔不仅把人的身体看成一部机器，他其实是把整个形体世界都看成一部机器，在他看来，身体和宇宙间的诸形体一样隶属于物质世界，而物质的本质属性是广延。这个理论带来的直接结果就是，一切有形物体的所有运动变化包括它们的产生与消亡都可以被几何学、数学描述得清清楚楚。这就是笛卡尔的第一部未完稿《指导心灵的原则》中开篇第一句话"研究的目的是使心灵对世上呈现的**一切事物**形成**确凿真实**（solida & vera）的判断"[①] 所要表达的意思。笛卡尔在《谈谈方法》第六部分明确宣布了科学知识可以帮助我们彻底了解并最终掌控整个形体世界：

> 我对于自己心灵的产物素来不很重视……我的想法固然令我自己十分满意，我相信别人也有想法，他们的想法大概更能使他们满意。可是，等到我在物理方面获得了一些普遍的看法，并且试用于各种难题的时候，我立刻看出这些看法用途很广，跟流行的原理大不相同。因此我认为，如果秘而不宣，那就严重地违犯了社会公律，不是贡献自己的一切为人人谋福利了；因为这些看法使我见到，我们有可能取得一些对人生非常有益的知识，我们可以撇开经院中讲授的那种思辨哲学，凭着这些看法发现一种实践哲学，把火、水、空气、星辰、天宇以及周围一切物体的力量和作用认识得一清二楚，就像熟知什么匠人做什么活一样，然后就可以因势利导，充分利用这些力量，成为支配自然界的主人翁了。我们可以指望的，不仅是数不清的技术，使我们毫不费力地享受地球上的各种矿产、各种便利，最主要的是保护健康。健康当然是人生最重要的一种幸福，也是其他一切幸福的基础，因为人的精神在很大程度上是取决于身体器官的气质和状况的。如果可以找到一种办法使每一个都比现在更聪明、更能干，我认为应当到医学里去找……如果我们充分认识了各种疾病的原因，充分认识了自

---

① René Descartes, *Regulæ ad Directionem Ingenii*, AT X, 359; CSM I, 9; 中译文参见笛卡尔：《探求真理的指导原则》，管震湖译，商务印书馆 1991 年版，第 1 页。此处所引的这本书，笔者没有采用管震湖中译本的书名，但采用了他对这句话的翻译。

　　然界向我们提供的一切药物，我们是可以免除无数种身体疾病和精神
　　疾病，甚至可以免除衰老，延年益寿的。[①]

　　由这段话我们可以推出笛卡尔把整个形体世界包括人的身体视为机器
的深层动机何在。简单地说，一切有形物体都是机器，机器的创造者是工
程师。当然可以承认现有的世间万物都来自最伟大的工程师，即上帝，但
机器之为机器就在于它可以被完全拆开再重新组合复原，只要有足够的时
间，人类理智最终就可以把机器的所有零件都认识清楚并最终复制出机器。
因此，笛卡尔把整个形体世界包括人的身体视为机器，就意味着，在他看
来，形体的生与死，包括身体的生与死，并非人类理智不可破译的奥秘，
在人类理智彻底把握了身体从生到死的过程之后，就可以干预掌控这个过
程了。

　　于是我们可以断定，笛卡尔对待身体的态度与古人有根本的不同，身
体不再是低级的存在，来自身体的各种欲望也不再是隐秘的、可怕的洪水
猛兽。随着人类对整个自然界的透彻认识与彻底掌控，人类完全可以从自
然界获得足以供给所有人的物质生活资料，人类再没有必要为了避免争夺
物质生活资料而努力节制各种身体欲望，借助于知识人类完全有望做到其
乐融融地共同享受此世生活。既然人类已经凭借知识成为支配自然界的主
人翁了，那也就没有必要将掌控身体的权力交托给灵魂这种神圣的、神秘
的力量；既然人类已经可以自由地享受此世生活了，那也就没有必要在此
世活得胆战心惊，只敢期望死后升入神圣的世界享永福。也就是说，在笛
卡尔这里根本就不需要灵魂不朽。事实上，正如我们在上文已经讨论过的，
笛卡尔在《第一哲学沉思集》并没有真正地证明过灵魂不朽，而且他的宇
宙图景也不支持灵魂不朽的说法。

[①]　AT VI, 61-62; CSM I, 142-143; 中译文参见笛卡尔：《谈谈方法》，王太庆译，第49—50页。

结语：笛卡尔身心观的内在困境

　　至此我们就可以确定笛卡尔思想的革命性所在了。他不只是发明了一种新方法使得人类理智可以完全了解掌控整个形体世界，他其实重新规定了知识的作用，重新描画了宇宙图景，重新确定了人在宇宙中的地位。根据传记作家的描述，当笛卡尔在1619年发现了一种可以完全把握形体世界的新科学的时候，其精神曾经历过一个短暂的狂热与惊恐阶段。我们可以推想，当胆小谨慎的笛卡尔发现自己所设想的这门新科学足以摧毁旧的世界秩序的时候，他一定被吓得够呛，他不可能有胆量把这样的想法公之于众，于是他宣布从此以后要戴着面具行走。1619年之后笛卡尔一直拖延着不肯公开自己的想法，直到1637年他才被迫发表了《谈谈方法》。可以想见，在这期间笛卡尔一直在斟酌考虑到底该如何婉转地表达自己的思想才能免遭教会方面的攻击。当然他不能直接宣布他不相信灵魂不朽、不相信神圣的灵魂赋予身体生命活力，他只能宣布心灵与身体是完全异质的并且可以相互分离。显然，这个主张可以让身体彻底摆脱神秘的灵魂的掌控从而获得独立的生存权利，这样的逻辑结果是笛卡尔急需的。另一方面，这个主张本身所携带的柏拉图主义的色彩对笛卡尔来说不失为一种保护。当然，这个主张带来的糟糕的结果，就是否定了心灵与身体的结合，从而背离了经院哲学认可的亚里士多德主义。但笛卡尔应该是认真衡量过利弊得失的：心灵与身体结合其实就是一个常识，否认常识更容易被其他说法补救挽回，即便挽回不了也顶多被知识界嘲笑追问，但推翻旧信仰可是要招来杀身之祸的。这样一来我们终于能够明白天才的笛卡尔先生何以最终在自己的哲学体系中容留了身心分离与身心结合这一对明显的矛盾。

　　是的，天才的笛卡尔先生发现了古代灵魂不朽的说法不过是个高贵的谎言，他大胆地宣布了人类可以凭借自己的理智、凭借知识掌控自己的命运。我们最后来看看：在他这里，心灵与身体之间又是一种怎样的关系呢？笛卡尔说心灵的本质属性是思维，那么心灵的首要作用当然就是掌握知识。进一步，掌握知识又是为了什么呢？在古人那里，灵魂认识到宇宙的秩序，认识到人在宇宙中的位置，认识到人之为人的局限，这一切知识最终都是服务于人在此生不犯错误从而在死后灵魂得享永福。可是，在笛卡尔这里，知识的根本作用就是《谈谈方法》第六部分所说的那两点：帮助我们成为支配自然界的主人翁，使人延年益寿。也就是说，心灵所掌握的这些知识都是服务于身体的。

于是我们吃惊地发现在笛卡尔这里心灵与身体其实处于一种奇怪的关系之中：一方面，身体不再构成人之为人的根本局限，人类不再因为拥有身体而在宇宙中只能位居有生有死的低级存在者之列，来自身体的各种欲望也不能被简单地压抑灭绝，对于人而言最大的善就是尽可能长久地维持身体的生存，心灵的一切作用都是服务于这个最高的利益；另一方面，人之为人的本性、人高于动物之处就在于人拥有能够进行思考的心灵，人类凭借心灵克服超越了身体的许多局限，人类凭借心灵成为宇宙中的最高级的存在者甚至统治者。在古人那里，身与心的关系是非常清楚的：身体是低级的，而灵魂是高级的；身体是被统治者，而灵魂是统治者；身体既然是必死的，就应该被压制、被否定，甚至被抛弃，唯一值得追求的只是灵魂不朽。但是，在笛卡尔这里，身与心的关系却充满了悖谬：身体不是低级的，不应该被否定抛弃，但它却是盲目的，因而必须受到心灵的掌控指挥；心灵确实是人之为人的高贵性之所在，心灵理应掌控指挥身体，但心灵的根本作用却是为身体谋福利；身体虽然是必死的，但我们似乎没有必要为了克服对死亡的恐惧而相信什么灵魂不朽；心灵虽然帮助我们成为宇宙的统治者，但它却不是什么不朽者。由此我们可以说，笛卡尔哲学中的最根本的困难，并不在于他容留身心分离与身体统一这一对矛盾，而是他没有办法安放好身体与心灵这二者之间的关系。

内化，抑或去内化[*]

——德勒兹对意识哲学范式的"颠破"

张　能

（重庆邮电大学马克思主义学院）

　　在近代哲学史上，法国哲学一向对身体这一论域（无论对身体是扬还是抑）尤为倚重。譬如，早期笛卡尔的扬"心"抑"身"的意识-身体哲学（身心二元论），柏格森的显隐身体指向的生命、绵延哲学，萨特的心灵物质化的身体-意识哲学，梅洛-庞蒂的身体-间性哲学，等等。这种逐渐驶入身体这一论域的哲学在逻辑上表达了去蔽化的身体的价值取向。也就是说，以前的近代哲学大部分以意识作为思想的核心主题，认为只有这种意识才能为知识提供一个更为可靠的根基，而对身体这一论域却未形成系统的思想。为了在逻辑上超越这种以意识进入思想的近代意识哲学，黑格尔以后的现代哲学开始关注身体这一论题（如尼采），其中法国的哲学家们表现得异常活跃 —— 当然，也包括德勒兹。面对尊意识／理性、卑身体／情感

---

* 本文为国家社科基金青年项目"德勒兹伦理思想研究"（项目编号：17CZX072）的阶段性研究成果。

意志的近代意识哲学，德勒兹会心生这样的疑问：为何我们应该从意识来架构我们的思考？是什么阻止了我们去思考新欲望或新的价值形象？我们不能为知识进行奠基意味着我们被给予了创造的机会。也就是说，相对于为知识奠基的近代意识哲学，德勒兹不会用意识来架构我们的思想进而为知识奠基。在德勒兹那里，"意识只不过是一种（经验）连接的力量或者是印象（经验）连接发生的场所而已"①，他关注的是身体的解放、创造、实验和生成。德勒兹的哲学就是一种解放的哲学。于是，身体构成了德勒兹重要的思想事件之一（在德勒兹那里，事件就是身体）。那么，德勒兹是如何思考身体这一事件的？或许只有搞清楚了德勒兹所说的身体这一事件，我们才能够大致把握德勒兹哲学中的"身-心"这一论题。

一、身体的奠基 —— 对近代意识哲学范式的拒斥

以心灵（"我"）/意识为主要论域，近代哲学构成了一个明确的思想主题。从笛卡尔的作为索引词主体的"我"、康德的"先验自我"，到费希特的作为"意愿行动"的"自我"等，无不标示出这一根据于心灵意识的思想特性。这种以纯粹意识（"我"）为指向的哲学往往在心灵与身体的二分中扬"心"抑"身"。譬如，笛卡尔的意识哲学。笛卡尔的意识哲学是从怀疑入手的，笛卡尔认为，所有的感官经验都可以怀疑，因为它们可以如梦幻般地以一种蒙蔽的假象来迷惑人心，现实感官所触及的感觉经验只是影像，在瞬息间幻灭无常。笛卡尔不仅将怀疑的"触角"探及感官视觉经验领域，而且还将其伸展到其他科学领域，以至于他认为，"我不得不承认，凡是早先我信以为真的见解，没有一个是我现在不能怀疑的，这决不是由于考虑不周或轻率的原故，而是由于强有力的、经过深思熟虑的理由"②。通过怀疑，笛卡尔寻求到确定的东西。此种确定即是一种真实，或者说，在

---

① Claire Colebrook, *Gilles Deleuze*, Routledge, 2001, p.56.
② 笛卡尔：《第一哲学沉思集》，庞景仁译，商务印书馆 1986 版，第 19 页。

意识当中得到明证，在得到明证的同时也确凿地为理性所认识：怀疑本身是不可怀疑的。其实这种不可怀疑的、为理性所确证的、在意识当中得到印证的东西，恰恰是对思维（意识）的一种确认 / 认知。笛卡尔怀疑所要索取的即是这样一种对思维直接的体认；他确定的东西不是别的，就是认识本身，抑或确定确认的思维本身。笛卡尔的这种确定建立于主观性的领域。当笛卡尔抽象掉"我"自身所包含的所有属性（身体、能言、行走，等等）后，唯独抽象不掉的即是"我"。只有"我"是确定而直接的。这个"我"不是"我"的属性（身体）或者属性功能（说话），它与思维具有同一性。故而，"我"即是思维 / 意识精神。如凯瑟琳·威尔逊（Catherine Wilson）所说："所有诸如愿意、想象、怀疑等的精神活动（mental actions）可以想象发生于一个无身体性的存在当中（bodiless being），这个无身体性的存在可以怀疑它自身居有身体（body），领会此'领会'自身语词所包蕴的含义，确认它自身就是一个思维（mind）。"[1] 作为笛卡尔哲学绝对基础的"我"是区别于物质实体（包括身体）的精神实体 —— 纯粹意识，它自身的全部本性即是思维意识。"我"是一个实体，此种实体性的"我"就是一种纯粹意识的确立。笛卡尔的"我"这一概念直接开启了心物二元论的思维模式，促进了近代哲学研究向认识论过渡。同时，笛卡尔的这种作为纯粹意识的主体的"我"是精神性的主体，它并不指向身体、物质。

对于笛卡尔从"自我"这一意识进入哲学思考的这一表达，在德勒兹看来，这一"自我"意识根本不能构成思想讨论的起点。事实上，我们只能在某一范围内、根据某一种力，在与外部某一非人格的需要相接触时才开始思考。据此，在这些条件下，即关联到力与外部某一非人格的遭遇，思想的根源肯定不再只固置于"自我"的意识当中。实际上我们可以这样说，当我们开始思考的时候，我们并不是一定要从"自我"这一意识入手。相反，我们有必要摆脱这一纯粹的"自我"意识，进而变成"无意识"。或者我们可以用德勒兹的话说，一方面，意识的本质是虚假的；另一方面，

---

[1] Catherine Wilson, *Descartes's Meditations: An Introduction*, Cambridge University Press, 2003, p. 60.

问题的本质是要逃离意识。① 或者说，德勒兹抵制这种表征表意的指向的思考活动，在这种表意的指向中，似乎总是存在着意识及意识的对象（意识与身体）。并且，在德勒兹那里，意识与身体二者根本就没有任何内在的关联。德勒兹"要求它的每一个内在具体的实现都必须与所有其他具体实现处于一种非关联的状态"②。换句话说，意识的思考活动总是从一种内在化的关系 —— 意识与意识的对象客体、观念与观念的对象客体 —— 来进行的，而对于这种强制性地将区别于意识的客体作为意识对立面或者平行面的"内在化"的关系，德勒兹认为，它只是假定的而已，真正的关系应该是相互外在的，即意识与其对象（如身体）二者是相互外在的，没有谁比谁更具有将另外一方进行"内化"的权力。这种相互外在的关系指向的是一种非关联的状态，而这种"非关联的状态"在某种程度上暗含了德勒兹"内在性"思想的论旨，即"内在性"只是对自身而言是内在的。③ 换句话说，内在性"不指示某个客体和它不属于某一主体 —— 也就是说，它只是属于它自身，然而是在运动中，才是内在性"④。只有在这种非关联的内在关系中，我们才能抵制意识的表意／表象的思考（基于心灵主体的表象）活动。

同时，针对这种从"自我"意识入手的思考活动，德勒兹曾在《差异与重复》（*Difference and Repetition*）中写道："自我的意义作为一起点：它表达了主体聚集所有能力的同一性，它因此也表达了所有的能力将关联到主体的形式这一可能性，这种主体反映一种主观的同一性；（自我）为常识的假定提供了一哲学的概念，正是这种常识变成了哲理。"⑤ 而对于这种所谓的常识（common sense），在德勒兹看来，从纯粹意识自我的视域来说，它

① Alain Badiou, *Deleuze: The Clamor of Being*, University of Minnesota Press, 1999, p. 20.

② Ibid., p. 21.

③ 关于"内在性"，参见张能：《什么是哲学？ —— 德勒兹对哲学的另一种读法》，《世界哲学》2016 年第 1 期。

④ Giorgio Agamben and Daniel Heller-Roazen, *Potentialities: Collected Essays in Philosophy*, Stanford University Press, 1999, p. 224.

⑤ Gilles Deleuze, *Difference and Repetition*, translated by Paul Patton, New York: Columbia University Press, 1994, p. 147.

就是同一性的标准。而这种同一化或者同一性的哲学"往往是绝路或者死路，阻止了多的发展，阻止多的线路的延伸和扩展，阻止新的产生"①。德勒兹的哲学对于这种同一或者表征纯粹意识的哲学有着十分敏感的嗅觉。在他看来，笛卡尔将"自我"这一意识作为其哲学的绝对基础，在某种程度上来说，是一种给不确定以确定；但是这种作为基础的确定其自身恰恰是不确定的，或者说，是无根据的。也就是说，建立于一种确定根据基础上的根据恰恰是无根据的，就如同德勒兹所说的那样："如果充足理由或者根据出现了一扭曲的结点，这是因为它所关联到的根基／基础确实是无根基的。"②

　　意识哲学的问题不仅表现在其自身所建立的根基恰恰是无根基的，而且表现在对先验经验——譬如，康德的先验哲学——的倚重。针对康德的这种先验的纯粹意识哲学，德勒兹指出："康德创建了两种可能的形式：先验的和道德的。但是不管哪种方式决定这种形式，它都是一零散的程序，因为它关联一种从一个受制约条件到另一条件的上升，为了思考作为制约条件的条件。在这里指涉到一个基础，但是所建构的保留了它所显示的，它独立于这种操作，并且这种操作构建了它，并同时不受制于源自它的影响。"③德勒兹不以为然，他认为经验是先于一切的，并无先验之说，经验即是自身。在这个意义上，我们可以说德勒兹的经验主义是先验的经验主义。对于先验的经验主义来说，给予不是作为原因被规定的，相反它是一种结果或者说效果。乔吉奥·阿甘本（Giorgio Agamben）说道："从笛卡尔到胡塞尔，我思（the cogito）使作为一个意识领域的先验成为可能。但如果说，它因而在康德那里看起来是无经验的纯粹意识，那么，在德勒兹那里，相反，先验则是与一切意识观念相互独立的，它看起来是一种既没有意识也

----

① Gilles Deleuze, *Negotiations: 1972-1990*, translated by Martin Joughin, Columbia University Press, 1997, p. 146.

② Gilles Deleuze, *Difference and Repetition*, p. 137.

③ Gilles Deleuze, *The Logic of Sense*, translated by Mark Lester and Charles Stivale, Columbia University Press, 1990, p. 18.

没有主体的经验：一种先验的经验主义（a transcendental empiricism），用德勒兹真正悖论式的句式来表达。"① 基于这种先验经验主义的立场，超越经验的观念、原则或意识都成了德勒兹予以清除的对象。实际上，德勒兹所说的经验是一切事物相互影响相互感受，是一般意义上不同的事物之间互动的过程。在德勒兹看来，源于人体与环境接触的、为人的、身体所接收的感性事实在先，然后才有观念的发生。这一观念也是心灵基于物质性印象而产生的观念。正是在这一基点上，德勒兹完全摒除了纯粹意识哲学所遵从的方法或者路线，进而，如他所说，基于一种身体所接受的感性事实来消除意识（先验哲学）哲学的残余，并在这种消除当中来铸造属于身体哲学的逻辑理路。那么，相对于近代的意识哲学，德勒兹的哲学又是如何从身体开始的呢？

二、社会-政治学中作为不断组合与连接的身体

为了彰显对身体（非意识）哲学的倚重这一维度，德勒兹选择直接从关注"身体"开始。而对"身体"这一概念进行的大篇幅讨论最早出现于《反俄狄浦斯》（Anti-Oedipus: Capitalism and Schizophrenia）一书。在该书中，德勒兹结合了具有生产性的欲望来谈论他所谓的"身体"，即在德勒兹看来，欲望总是生产性的欲望，这种生产性的欲望开端于连接，正是在不同连接的形式当中，欲望如同机器。当然，这里谈论"机器"并不是要赞成任何一种机械论或者决定论，而是说，"机器只是它自身所产生的连接与生产，它是它自身的生成"②。机器式的生成总是与其所不是的东西相连接。德勒兹创造性地将欲望这一概念与机器相拼贴，即它既具有欲望的生产性，同时又具有机器的连接、装配功能。在"欲望机器"的生成过程中，突破了（法国）现代意识哲学统领身体的范式表达，进而构造了一种去物质化

① Giorgio Agamben and Daniel Heller-Roazen, *Potentialities: Collected Essays in Philosophy*, p. 225.

② Claire Colebrook, *Gilles Deleuze*, p. 56.

的身体观。德勒兹认为，这种去物质化的身体——无器官身体——关联到欲望生产的综合。

德勒兹指出，欲望机器生产的过程是"按照三种综合来进行的，这三种综合分别是生产的链接式综合、刻录的析取式综合、消费结果的联言式综合"①。这三种综合相互区别并相互关联。这其中，刻录的析取式综合不同于链接式综合，相比于链接式综合，刻录的析取式综合要复杂得多，这个概念包含着"刻录器官"。为了说明刻录（recording）的过程，德勒兹和加塔里（Guattari）援引了无器官身体这一概念。那么何谓无器官身体？我们可以结合由尤金·B.杨（Eugene B. Young）和格雷格·兰伯特（Gregg Lambert）共同主编的《德勒兹和加塔里辞典》（*The Deleuze and Guattari Dictionary*）一书中对无器官身体这一词条的解释来具体讨论：

1. 你从没有达至（reach）无器官身体，你也不可能达至，也永远不会达到，它是一极限（a limit）。

2. 不是某一片段性的（fragmented）、分离性身体和无器官身体的问题。无器官身体指向的恰恰是对立面，从关联到无统一体的片段性意义上来说，不存在器官（organs）。

3. 无器官身体并不缺乏器官，它仅仅缺乏有机体（organism），即器官独有的组织（organization）。因此，无器官身体为一不确定的器官（indeterminate organ）所规定。然而，确定的器官其自身可以定义有机体。

4. 无器官身体指引的是一无机的生命（non-organic life），因为有机体是无生命的，换言之，它禁锢了生命。身体是活生生的，并且它不是无机的。

5. 无器官身体即是强度、流、变化程度、阈值。

6. 无器官身体具有卵的特征。加塔里用此说明资本主义社会的生产，它关联到刻录（recording）、抵抗生产（repelling production）的无休止的过

① Eugene W. Holland, *Deleuze and Guattari's Anti-Oedipus: Introdunction to Schizoanalysis*, London and New York: Routledge, 1999, p. 25.

程，它同样关联到资本，它构成了生产的条件。[1]

无器官身体这一概念必须与身体相区分，也就是说，我们不能从字面上来理解这一概念。无器官身体就是对身体进行去器官化。无器官身体既不是有机体，也不是有生命的身体。无器官的身体并不消灭器官，而是要将有机体的结构整体序列爆裂，实现一个具有强度的身体。换句话说，无器官身体将身体的各种器官从中解放出来。"无器官身体不与器官相对立，而是与被称作为有机体的器官组织相对立。"[2] 解放的器官-机器是强度和流。器官-机器和不同的流相连，这使得它们的功能发生变化。譬如，嘴巴和牛奶相连时可以进食，和空气相连时可以呼吸，等等。"无器官身体不具有生产的特质，但是它作为被生产的产物在某一特定的地点和某一特定的时间的关联性的合成之中而生产出来，生产与生产的结果 / 产物是同一的。无器官的身体不是虚无的'证词'，亦不是对丢失总体性的一种（残缺的）保留。总之，它不是一个可以测量估计的事物，它无关乎身体自身，也无关乎身体的意向 / 概念，它作为无意向性的身体而存在。"[3] 也就是说，无器官身体永恒地渗透于生产的过程。"无器官身体依赖于欲望生产，欲望生产为它所吸引，同时无器官身体将欲望生产据为己有。"[4] 显然，无器官身体是一个混合词（生产-生产的产物），是原始分裂的标志，它产生两个不同序列——有机和无机的序列，并在引发共鸣的联系中将二者结合起来——使无意义生发意义。

在德勒兹看来，无器官身体不仅是一混合词、一原始分裂的标志，而且可以作为资本这一概念来进行理解。我们必须要指出的是，身体原本意义上就是与资本主义相关联的。派翠西亚·蒂奇内托·克拉夫（Patricia

---

[1] Eugene B.Young and Gregg Lambert, *The Deleuze and Guattari Dictionary*, Continuum Publishing Corporation, 2013, pp. 51-55.

[2] Gilles Deleuze and Félix Guattari, *A Thousand Plateaus*, translated by Brian Massumi, Minneapolis: University of Minnesota Press, 1987, p. 158.

[3] Gilles Deleuze and Félix Guattari, *Anti-Oedipus: Capitalism and Schizophrenia*, New York: Viking Press, 1977, p. 8.

[4] Ibid., p. 11.

Tichineto Clough）曾在《情动的转向》（*The Affective Turn*）的"导论"中指出："对身体的思考方式，正如卢恰纳·帕里西（Luciana Parisi）和蒂西纳·泰拉诺瓦（Tizina Terranova）认为的，是资本和话语投入所形成的一种以历史的特殊的方式对力量进行组织的问题。例如，帕里西和泰拉诺瓦就提到了19世纪晚期作为有机物的身体的生成。作为有机物的身体不是被生产出来的，而是'由（工业资本主义）规训社会所强化并赋予力量的，因此它可以不是被成为一个身体是什么的终极定义'。"[1] 不仅身体与资本相关联，而且区分于身体的无器官身体同样也可以纳入资本主义这一话语来做某种同构性/对称性的理解。"资本会转赠欠缺货币以形式，借此货币才得以生产货币。资本能生产剩余价值，就如同无器官身体生成它自身一样。"[2] 如何理解无器官身体作为一种资本？我们或许可以从伊恩·布坎南（Ian Buchanan）那里找到某种线索。伊恩·布坎南曾经将德勒兹欲望生产的三种综合与马克思的资本流动公式的三个阶段相对应。伊恩·布坎南认为，链接式综合是"自由劳动力"或"原始积累"的阶段，一切皆处于运动当中；析取式综合与工业投入的中间阶段相对应（输入-输出阶段）；联言式综合与第三阶段相对应，将固置的货币资本进行重新释放。[3] 在马克思主义资本公式中，资本可以充当德勒兹与加塔里所描述的无器官身体这一角色，而相对应的则是输入-输出这一阶段，即德勒兹与加塔里所言及的"欲望机器"的生产性阶段。在这里，作为资本的无器官身体构成了整个社会生产过程的原因。社会这台欲望机器如何操作、运行？它必须借助这个资本（无器官身体）才能进行生产、调配。或者说，它是一种生产得以进行的假想的平面（虚拟）控制结构，所有的社会生产过程必须在这个假想的控制结构平面中进行协调、配置。我们知道，在资本主义社会中，只有资本才

---

[1] 转引自汪民安、郭晓彦主编：《生产：德勒兹与情动》第11辑，江苏人民出版社2016版，第88页。

[2] Gilles Deleuze and Félix Guattari, *Anti-Oedipus: Capitalism and Schizophrenia*, p. 10.

[3] Ian Buchanan, *Deleuze and Guattari's Anti-Oedipus: A Reader's Guide*, Continuum International Publishing Group, 2008, p. 54.

能担负这一调配的角色任务。

同时，对于德勒兹而言，无器官身体表达了精神分裂分析，即它并不意味着某种抑制。恰恰相反，它是一种潜在的自由。它具有一种非限制性，更是一种自由的潜在。这种无器官身体的"刻录"即是对俄狄浦斯的或者精神分析的一种否定："俄狄浦斯刻录的行动是一种专断式的、限制性的，或是对析取式综合的一种消极地使用……。然而……一种内在性地使用不再是独有的或者限制性地使用，相反，这种使用是一种肯定性地、非限制性地、包容性地使用。这种保留某种隔离，肯定分离关系，包括肯定整个间隔，没有一种他者对他者的限制，亦没有他者对他者的简化或者回归的'析取'、'要么……还是……或'取代了'或者/或者'。"①精神分裂症可以"刻录"自己，其自身具有一种非限制性的特性。精神分裂症者破坏了俄狄浦斯所规定的序列秩序。当生产的欲望将主动式的连接中立化或者阉割化，无器官身体就构成了"刻录"的表面。实际上，源自于器官机器和无器官身体间的引力与排斥力的周期性作用就是欲望生产和反生产的交互作用的结果。因此，这种引力和斥力在一种交互作用下使得刻录的析取式综合的句法结构表现为"要么……还是……或"的连接方式。总之，这种表现为"要么……还是……或"的连接方式——析取式综合——只能在由原始积累所创造的平面结构上进行，这一平面结构也就是德勒兹和加塔里所说的无器官身体。换句话说，析取式综合必须借助于无器官身体才得以可能。

由此，我们可以看到，在《反俄狄浦斯》这本早期思想著作当中，德勒兹对无器官身体这一概念的探入主要是通过欲望机器及欲望生产的连接方式来进行的。在这种欲望机器连接生产的形式当中，无器官身体就是物质流假想的平面身体结构，它是物质生产的假想场域。当然，德勒兹对无器官身体这一概念的讨论不仅仅只局限于《反俄狄浦斯》这本著作，在其

① Gilles Deleuze and Félix Guattari, *Anti-Oedipus: Capitalism and Schizophrenia*, p. 76.

他不同时期的著作中也都或多或少均有提及。[①] 譬如，在《弗兰西斯·培根：感觉的逻辑》（*Francis Bacon: The Logic of Sensation*）一书中，德勒兹是结合培根的画——通过艺术——来谈论无器官身体这一概念的。培根绘画中的身体（无器官身体）是对外部的一种缩减，这种"身体并不是简单地等待某种事物来填充自身，它自身竭力试图生成-图形（figure）"[②]。培根艺术当中的身体不仅要生成-图形，而且这种身体还关系到感觉。德勒兹指出，在培根的画中存在某种身体的力量，而感觉就是这种身体的力量所起的作用："我们可以相信，培根在许多方面都与阿尔托相似：形象，就是没有器官的身体（为了身体，打破有机组织；为了脑袋，打破脸部）；没有器官的身体是肉体和神经；一道波穿过它，在它身上划出各个层次；感觉，就好像是那道波与在身体上起作用的各种力量的相遇……，它只是各种力量在身体上所起的作用。"[③]

概言之，德勒兹在欲望机器的生成当中铸造了另一种可能存在的身体，即不断进入组合与连接的身体。欲望机器就在这种遭遇和连接当中，敞开了一种去物质化的具有生产物性功能的可能性身体，这种身体就是无器官身体，这种身体表现在艺术绘画领域当中即是对力的大小、强弱的一种标示。

三、哲学-伦理学思想论域中的身体

德勒兹对"身体"这一概念的讨论，如上文所揭示的，在《反俄狄浦斯》一书中表现为一种去物质化的躯体。我们不禁要问，德勒兹在其

---

① 在《普鲁斯特与符号》（*Proust and Signs*）当中，德勒兹将无器官身体作为叙述者加以规定："事实上，叙述者就是一个巨大的无器官身体。"这里的"叙述者"关系到一种生产"配置"机器。用德勒兹的话说，既是阿尔贝蒂娜的嫉妒者又是夏吕斯解释者的"叙述者"并不拥有（身体）器官，而仅仅是具有那些他所期待的（身体）器官。参见 Gilles Deleuze, *Proust and Signs*, translated by Richard Howard, London: The Athlone Press, 2000, p. 218。

② Rex Butler, *Deleuze and Guattari's What is Philosophy?: A Reader's Guide*, Continuum International Publishing Group Ltd., 2015, p. 46。

③ 德勒兹：《弗兰西斯·培根：感觉的逻辑》，董强译，广西师范大学出版社 2011 年版，第 48 页。

他著作中对身体这一概念进行过专门性的讨论吗？答案是肯定的。譬如，在《尼采与哲学》（*Nietzsche and Philosophy*）一书当中，德勒兹曾将身体定义为一种力的关系："界定身体的正是这种支配力（dominate）与被支配力（dominated）之间的关系，每一种力的关系都形成一个身体——无论化学的、生物的、社会的还是政治的身体。"[①] 在《斯宾诺莎与表现问题》（*Expressionism in Philosophy: Spinoza*）与《斯宾诺莎的实践哲学》（*Spinoza: Practical Philosophy*）这两本阐释斯宾诺莎伦理学思想的书中，身体这一概念构成了一个核心主题。我们知道，德勒兹对身体这一论题的关注不仅仅只存在于笔者上面列举的三本著作当中。乔·休斯（Joe Hughes）曾在一篇"序言"——《同情这一肉体？：德勒兹和身体》（"Pity the Meat?: Deleuze and the Body"）——中说道："在《斯宾诺莎与表现问题》一书中，德勒兹告诉我们，'什么是我们身体能够做的？'。在《尼采与哲学》这本著作当中，德勒兹将这种伦理学问题提升到另一深层次的论域当中，即基于组成身体力的关系构建一种身体形式的类型学。德勒兹《感知的逻辑》这本书的写作也关系到'身体的维度'这一根源。《电影：1》对影像的种类／等级划分并不属于经验主义、归纳主义上的种类／等级划分。相反，电影的种类应根据从内在性平面（the plane of immanence）出现的身体的种类来定性。"[②] 当然，对伦理思想论域中的身体这一概念的探讨主要还是集中于《斯宾诺莎与表现问题》与《斯宾诺莎的实践哲学》这两本著作。如书名所示，德勒兹对身体这一概念的厘定肯定在不同程度上受到斯宾诺莎身体观的影响。斯宾诺莎有着独特的看待身体的方式，即他没有以属、类来区别身体，也没有以器官或功能来定义身体，亦没有从主体-客体的视阈来看待身体。斯宾诺莎从关系、影响、情状、情感的维度来探讨身体。譬如，斯宾诺莎说道："人的身体必依一定的方式为另外一个个体事物所决定而存在，但是

---

① Gilles Deleuze, *Nietzsche and Philosophy*, translated by Hugh Tomlinson, Minneapolis: University of Minnesota Press, 1983, p. 40.

② Joe Hughes, "Pity the Meat?: Deleuze and the Body", in Laura Guillaume and Joe Hughes, *Deleuze and Body*, Edinburgh University Press, 2011, p. 1.

这一个体事物又为另外一个体事物所决定，如此类推，以至无穷。"① 也就是说，身体必须在一定的承受性、接受性关系当中才能得到规定。如德勒兹所说："一个身体能做什么？一个身体的结构就是在它之中诸多关系的组合"②，"身体的情状关涉到身体，但是对它自身的诠释是通过其他物体之影响而进行的"③。如此视角之下的身体是潜在（关系、情感）之能展开及重新可能的身体。

既然斯宾诺莎对身体的规定是从关系、情状等维度探入的，那么德勒兹又是如果看待身体的呢？在《斯宾诺莎与表现问题》一书中，德勒兹专辟了一个章节来探讨"身体能做什么？"。这种对身体能在限度的拷问，我们可以直接追溯到斯宾诺莎那里。斯宾诺莎说："其实，身体究竟能做什么事，以前还没有人曾经规定过，这就是说，以前没有人曾经根据经验告诉我们，身体只是就它是根据自然的规律而言，而且只就自然被认作为广延的东西而言，不为心灵所决定，它能做什么事，或不能做什么事，因为没有人确切了解身体的结构，可以说明身体的一切功能。"④ 德勒兹对斯宾诺莎这句话进行了转译："我们不知道自己拥有何种情状，也不知道自己的力量可以到达何种程度。"⑤ 德勒兹所说的"自己"（作为存在的人）其实就是身体。为什么可以这样转述？因为，这也符合德勒兹对人（我们自己）这一概念的读法。在德勒兹看来，"人首先是一个个别（singular）的本质，也就是说是某一力量之程度（a degree of power）。一特有关系与这个本质相关联，而与这一力量之程度相关联的是某种受影响的性能（capacity for being affected）"⑥。在这里，人这一概念本质在"力量之程度""受影响的性能"（各种关系）的经验形式中被铸造。换句话说，人这一概念本质是在经验当

---

① 斯宾诺莎：《伦理学》，贺麟译，商务印书馆 1963 版，第 73 页。

② Gilles Deleuze, *Expressionism in Philosophy: Spinoza*, translated by Martin Joughin, New York: Zone Books, 1990, p. 218.

③ Ibid., p. 219.

④ 斯宾诺莎，前引文献，第 100—101 页。

⑤ Gilles Deleuze, op.cit., p. 226.

⑥ Gilles Deleuze, *Spinoza: Practical Philosophy*, translated by Robert Hurley, City Lights Books, 1988, p. 27.

中形成的，正是通过经验，人这一概念本质才得以形成。或者说，人这一概念本质是通过感知才得以构成的，先有感知经验，通过感知经验，感知者（作为存在者的人的概念本质）才能被构成。所以，在这个意义上，我们都是一个经验的事件。我们不是先成为我们自己（或者说主体），然后才去认识和感知外部世界，而是通过我们的经验（身体）才形成了关于自身的形象认知。据此，"我们可以将所有的生命思索为一系列的'折叠'，每一个细胞或有机组织是被生命之流或生命之环境所创造的内在和外在所产生"①。德勒兹指出，这种将所有生命思考为一种（经验的）"折叠"，其实就是一种事件。这种事件关系到"力量的程度""受影响的性能"等。如果说，人是作为事件来规定的，那么身体呢？身体也可以作为事件来界定么？其实，在德勒兹看来，身体就是事件。内森·韦德（Nathan Widder）曾写过一篇题为《作为影像的物质、作为幻象的思想、作为事件的身体》（"Matter as Simulacrum; Thought as Phantasm; Body as Event"）的文章。内森·韦德在这篇文章中写道："将身体作为一种事件是德勒兹对由感觉的本体论（ontology of sense）所产生的传统二元论的一种回应，它既不是不可逾越的二元的对立的一方面，也不是暗含于辩证文字（dialectical passage）的某瞬间一方面。通过一种析取式综合（a disjunctive synthesis）关联到一种多样性。同样，它也包含了某种超越同一性和表现的差异性。这个身体就是差异感觉的一种表现，或是感觉自身存在的一种表现。"② 正是因为身体（人）是作为一种事件而存在的，所以，德勒兹将身体与情状与力量联系起来。

情状（affection）是一种他物与自身遭遇时产生的效果，它关乎的是身体——"情状直接诉诸的就是身体"③，情状不仅适用于受影响的身体状态，而且适用于起影响作用的物体，即"一个身体承受另一个身体作用力

---

①　Claire Colebrook, *Gilles Deleuze*, p. 76.

②　Nathan Widder, "Matter as Simulacrum; Thought as Phantasm; Body as Event", in Laura Guillaume and Joe Hughes, *Deleuze and body*, p. 111.

③　Gilles Deleuze, *Spinoza: Practical Philosophy*, p. 49.

时的状态"①。在其讲稿《德勒兹在万塞纳的斯宾诺莎课程（1978—1981）记录——1978 年 1 月 24 日 情动与观念》中，德勒兹也直接说："情状的第一个规定：它就是一个物体（身体）在承受另外一个物体（身体）作用之时的状态。什么意思？'我感觉太阳晒在身上'，或者'一束阳光落在你身上'；这是你身体的一个情状。"② 也就是说，情状既"适用于受影响的身体之状态，而且意味着起影响作用的物体之存在"③。这种状态是发生作用时的即时状态，它表明的就是受影响的身体在某个时刻的状态。这种状态不是凝固的、静止的，它是处于生成和变化中的。情状不仅对自身产生即时的效果，它对我自身的持续性——快乐或痛苦——也产生作用。情状这种在时间的绵延中持续的变化就是情感（affect）。情感"适用于从一种状态向另一种状态之转变，把起影响作用的诸物体之相关的变化考虑在内"④。从力的角度来看，情状表明在即刻的遭遇中自身受影响之性能的实现程度，而这个程度（或曰强度）会增强或减弱，情感则表明了力量的持续变化。德勒兹曾在自己的授课稿中也写道："情感（affectus）就是某人的存在之力的连续流变。"⑤ 这里的"存在之力"实际上就是行动的力量。不同的身体在偶然中遭遇，由于不同的受影响之能力，不同的结合方式，情状也发生着变化。比如马对于骑兵是武器，对于农夫却是农具。遭遇时的不同契合程度，不仅使情状发生变化，而且带来不同的情感，从而改变身体的力量。有两种类型的遭遇：契合与不契合。当我们遭遇不适合自身的他物时，也就是说当该物——比如毒药、仇人等——与我们自身不契合时，那么该物就成为反对和消解我们自身的力量。此种遭遇中产生的相应的情感就是痛苦，而痛苦反过来又会更加抑制或减弱我们的力量。当我们遭遇适合自身的他物时，也就是说当该物——比如食品、朋友等——与我们自身契合时，那么

---

① Gilles Deleuze, *Essays Critical and Clinical*, translated by Daniel Smith and Michael Greco, Minneapolis: University of Minnesota Press, 1997, p. 138.

② 汪民安、郭晓彦主编：《生产：德勒兹与情动》第 11 辑，第 9 页。

③ Gilles Deleuze, *Spinoza: Practical Philosophy*, p. 49.

④ Ibid., p. 49.

⑤ 汪民安、郭晓彦，前引文献，第 8 页。

该物的力量会添列到与我们的组合（关系）之中。此种遭遇中产生的相应的情感就是快乐，而快乐又会更加增加或促进我们的行动力量。

德勒兹区分了两类情状：主动情状，其接受影响的性能表现为行动的力量；被动的情状，其接受影响的性能表现为受到的力量。但是，无论是主动的情状，还是被动的情状，它们都是作为牵制（有时候损害，有时候增强）我们身体的力量而得以规定的。主动的情状是对我们身体行动力量的一种加固，被动情状是对我们身体行动力量的一种损益。所以，在这个基础上，德勒兹进而区分了两种情感：主动的情感和被动的情感。情感的痛苦或者快乐都是根源于情状之中的。或者说，痛苦与快乐只是我们行动力量的一种阻碍或者增益的结果。所以，区分主动情感与被动情感的关键在于我们与我们的行动力量是结合还是脱离的。当我们遭遇到不符合我们身体的外界物体时，我们的行动力量在这个时候受到了阻碍，此时所产生的情感一定是被动的情感，它是痛苦的；相反，当我们遭遇到符合我们身体的外界物体时，也就是说该物体与我们的身体是契合的，这种外界物体的力量就可以添加到我们行动的力量当中，使我们的行动力量得到增强，此时所产生的情感一定是主动的情感，它是快乐的。所以，在这个意义上，德勒兹认为，感受总是以情状为先决条件，它们衍生于情状，但不能简化为情状："情感总是意味着情状，情感是从情状之中派生出来的，尽管它们不能与情状相等同。"[1] 因为情感自身是过渡的（如从快乐到痛苦或者从痛苦到快乐），是我们行动力量的持续变化（减损或者增强），所以，在《批判与临床》（*Essays Critical and Clinical*）这本书里面，德勒兹将情感作为"向量符号（vectorial signs）"来标示，它区别于作为"标量符号（scalar signs）"的情状。在德勒兹看来，"向量符号"是标示着增长或者减弱、扩大或者缩小、快乐或者悲伤的符号；而"标量符号"则标示了我们（身体）在某个时刻的即时状态，标明了受影响的物体（身体）的性质。[2]

---

① 　Gilles Deleuze, *Essays Critical and Clinical*, p. 140.

② 　Ibid., pp. 139 - 140.

　　根据情状与身体的力量相关的理论，德勒兹强调，关于伦理学的基础性问题不是"什么是我必须做的？"，或者"我们应该遵守什么道德律令（意识层面上的道德命令）？"，而是"我们的身体能做什么？"，"什么是我们身体有能力做的？"，即考虑到身体力量的程度。总而言之，德勒兹伦理学论域中的身体所根植的论域不再是意识层面上的先验的神圣的道德律，相反，它关注的是情状、个体身体被影响的能力、力量，等等。

结语

　　至此，德勒兹所讨论的身体是从意识当中解放出来的身体，这种身体不再是一种具有器官功能的身体（与意识相对立）。就如同他在《感知的逻辑》（*The Logic of Sense*）当中所描述的那样，"我们的身体要么像海洋里的水一样被融进物质当中"[1]。所以，在这个意义上，乔·休斯说："（德勒兹）所说的'身体'不再是普通意义上的身体，它更像是'流'的一部分，为了方便起见，我们只有这样称之为'身体'，它除了是一个连字符（a hyphen）之外什么也不是，这种连字符意味着不断地去'重新开始（constantly renewed）'。"[2]乔·休斯这里说的"不断地去重新开始"的、充当"连字符"的身体，其实就是德勒兹在《反俄狄浦斯》中所说的无器官身体。这种不断组合连接的身体就是欲望流的一部分，或者充当欲望机器生产假想的"平台"。德勒兹所讨论的身体，既不是具有某种器官功能的身体，也不是服从意识管辖的身体，后者在伦理思想论域中表现为身体的某种力量与关系。也就是说，相对于德勒兹，近代的规范性伦理学（如康德伦理学）侧重的是意识的神圣道德律对我们身体行为具有的某种指令性，而不是基于"情状"、力量的身体来考虑我们应该做什么以及我们能做什么。德勒兹的身体哲学无非告诉我们：我们的思考可以从身体（而非纯粹

---

[1]　Gilles Deleuze, *The Logic of Sense*, p. 6.

[2]　Joe Hughes, "Pity the Meat?: Deleuze and the Body", in Laura Guillaume and Joe Hughes, *Deleuze and Body*, p. 75.

意识）这一维度驶入，因为，一旦从意识入手，就会涉及强制性的权力关系（比如意识对作为客体的身体）。身体有属于身体自身的权力。这种权力不可褫夺。我们不能完全用纯粹意识去抢夺这种将身体进行强行内化的权力。德勒兹的哲学是不合时宜的，这种不合时宜的思考注定了要去创造另一个思维范式下的身体。

当代法国现象学中的身体与语言

——以梅洛-庞蒂、米歇尔·亨利和马里翁为例

余君芷

（中山大学哲学系）

引言

　　杨大春指出，身体问题是 20 世纪哲学尤其是法国哲学的最主要论题之一。[①] 自近代以来，法国哲学对身体问题的研究可划分为三个阶段，即：以笛卡尔为代表的身心二分阶段、以柏格森、萨特和梅洛-庞蒂为代表的心灵肉身化和身体精神化的阶段，以及以福柯、德勒兹等为代表的心灵和身体物质化的阶段。[②] 可见，一直以来被欧陆哲学注重理性和精神的强大传统压制甚至边缘化的身体议题，在 20 世纪经历了重大的翻转。如果说在第二阶段身体与精神的重要性在各个哲学家的角力中达到了等量齐观的话，那么在第三阶段，身体的泛化或者根本化则更为彻底，身体不但比精神更源初，

---

① 杨大春：《身体的神秘：20 世纪法国哲学论丛》，人民出版社 2013 年版，第 1 页。
② 同上书，第 277 页。

而且比身心的二分更源初。

身体议题的这种翻转在法国现象学中表现更为突出，或者毋宁说，法国现象学本身就是促成这种翻转的最重要的推力（不以现象学方法为研究方式的哲学家，在这个思潮当中无可避免地把对现象学的反思、批判和超越当作他们的理论出发点）。现象学在法国落地之前，胡塞尔以精细的手术刀继续着笛卡尔身心二分且抑身扬心的传统，身体作为被构成者臣服于超越论主体的统治之下；在海德格尔那里，身体议题则直接隐身。但在现象学进入法国并与柏格森的生命哲学发生碰撞和融汇之后，原先被手术刀分割得一清二楚的、在胡塞尔看来是具有"本质性差异"的不同等级的现象，似乎被重新搅成一锅。对一些法国现象学家来说，身心二分其实是反思的结果，对于更为本源的现象的追寻使得他们把超越论主体、纯粹意识以及与它们相匹配的方法即直观和反思一齐请下神坛，反变成他们的踏脚石。他们英勇投身到胡塞尔意义上的直观和反思所没能触及的暗流之中，用各自的方式把现象学推至其边界，一方面大胆地刷新着现象性的内涵，另一方面小心地为新的现象性的显现方式提供支撑，免得落入毫无根据的抽象思辨当中。

在这个过程中，语言论题变得尤其重要。语言本身具有两面性：一方面语言是精神性的、内在性的，因为语言符号所带有的含义必须通过精神来赋义和读取，如果没有这一点，也就是胡塞尔所说的含义意向，语言符号就与其他感知对象没有任何区别；另一方面，语言又是身体性的、外在性的，并且是一种双重的外在性。这种外在性表现为：一方面语言具有一个沟通的目的（telos），因此它实际上预设了交互主体性；另一方面，作为沟通的语言的实现要求符号在感知对象领域中的实存。语言是内在性和外在性的交合点。这一点上，语言与身体是高度一致的。这就解释了，为什么身体议题在当代法国哲学中所经历的翻转始终与语言议题绞合在一起。

然而语言议题与身体议题不一样的是，语言议题在现象学传统之中很早就已经具有了基础性的（但不一定在每个现象学家的理论中都是第一性的）地位，这种地位一直没有被撼动过。胡塞尔现象学的理论出发点是一般对象如何被把握的问题，即一般认识是如何可能的问题，所以语言作为理论的载体，成为胡塞尔研究的切入点是自然而然的。虽然到了后期的《经验与判断》（*Erfahrung und Urteil*），语言在对一般对象的把握中的作用比在《逻辑研究》（*Logische Untersuchung*）中有所提升，然而总体来说，语言议题在胡塞尔处的重要性远比不上直观。但在海德格尔处，语言的地位就上升至根本性的了：在前期，语言是此在向世界和向存在敞开的方式；在发现此在这条进路通向死胡同以后，海德格尔便略过了此在这个环节而直接把语言作为存在的居所。在语言问题上海德格尔相对于胡塞尔有两点重大的革新：第一，胡塞尔语言研究中的认识论的 telos 对于研究视域的限制被突破了。对海德格尔来说，非逻辑性的语言（如诗化的语言）与逻辑性的语言（即《逻辑研究》中主要研究的语言）相比，对于探究存在问题来说更具有价值；第二，比通常意义上的作为指称系统的语言更为本源的是"话语（Rede）"和"道说（Sage）"，二者指的都是语言展示存在的原初形式，后期的"道说"弱化了此在这个环节，更体现出一种"事物本身"的意味。这两点奠定了法国现象学语言议题的基调。

虽然如此，法国现象学中的语言议题却由于与身体议题的紧密结合，而展现出不同的面貌。一直以来被视为从属于纯精神领域的语言，在法国现象学家的研究中却被赋予了身体性。尽管有着同样的趋向，不同的现象学家对于这种结合的处理却是彼此相异的。本文以梅洛–庞蒂、米歇尔·亨利和马里翁为例，通过考察他们各自对于身体与语言的关系的论述（第一部分），来理解语言与身体的结合所具有的哲学意味，并探讨它如何影响未来法国现象学的走向（第二部分）。

一、梅洛–庞蒂、米歇尔·亨利和马里翁论身体与语言

1. 梅洛–庞蒂：作为表达和话语的身体

梅洛–庞蒂在《知觉现象学》（*Phénoménologie de la perception*）的"身体作为有性的存在"和"身体作为表达和话语"这两章中都试图表明，语

言不是一种与身体截然分立的纯粹意识运作，而是本质上与身体的意向性（它与纯粹意识的意向性相区别）是相同的，并且源于身体的意向性。梅洛-庞蒂借鉴了当时心理学和精神病学的大量实证研究成果，这也是《知觉现象学》的方法论特色。

在"身体作为有性的存在"这一章中，梅氏援引了精神分裂症患者的一种症状，即：尽管他们感官能力都是完整无损的，但是一些对于正常人来说能够引起性欲的触觉以及视觉的刺激，却没能在他们身上引起性欲。[①] 所以对患者来说，所缺失的并非是一些触觉和视觉的素材，而是身体所赋予这些素材的含义。[②] 这里展示出一种新的意向性的可能性，一种不同于智性含义的含义可能性，以及一种不同于观念的理解（l'entendement）的"领会（compréhension）"的可能性。[③] 精神分裂症患者对于性刺激的领会障碍是与他们对于其他情感方面的领会所具有的障碍是一致的。梅氏认为这个病例表明了性是一种本源的意向性，是感知、运动机能和表象的根源，后三者构成一种相互表达的关系。[④] 弗洛伊德认为"所有的人类行为'都有一个意义'"，并试图去理解这些意义本身，而不是将这些意义还原为机械的生理反应，这一点与现象学方法是一致的。[⑤] 然而，当我们说身体的生命与精神相互表达，或说身体的事件总是具有一种精神的含义时，我们的意思究竟是什么呢？这正是梅氏需要通过探究"表达"和"含义"这两个概念更深地去考察的问题。

梅氏首先通过分析一个年轻女性由于情感受阻而患失语症和厌食症的案例，试图表明失语症实际上是更深层的实存态度的反映。失语和厌食这些症状在梅氏看来意指着实存的基础维度，例如过去与未来，自我与他

① Maurice Merleau-Ponty, *Phénoménologie de la perception*, Paris: La Librairie Gallimard, NRF, 1945, p. 181.
② Ibid., p. 182.
③ Ibid., p. 183.
④ Ibid., p. 184.
⑤ Ibid.

人。[1] 失语症不仅代表对说话的拒绝，厌食症不仅代表对生存的拒绝，它们也是对他人或未来的拒绝。[2] 这些态度的表达都是通过身体来完成的，在这个意义上，身体表达着实存，把内在的观念转化成现实。对梅氏来说，传统意义上的表达是以一种更为原真的含义操作为基础的，在这种含义操作之中，被表达者就居于表达之中，符号本身把符号的意义引而向外。这种肉身化的意义是基本的现象。身体和精神、符号和含义都只是这个现象的环节。[3] 作为表达者的身体和作为被表达者的实存，并没有第一性和第二性之分，而是同样原初、互相预设的。[4] 因此，性具有"向他者敞开"的形而上学意味，是一种模糊的、带有歧义的实存氛围，它与实存相互渗透。[5] 实存被注入了一种非决定性，这意味着身体的表达本身也是具有模糊性和歧义性的，它允许多样的领会（甚至被领会为不可领会）的可能性。

在"身体作为表达与话语"中，梅氏试图通过描述话语的现象和含义的行为，来超越主客体的经典二分。[6] 一个颜色名称失忆症患者，并非丧失了称呼颜色的语汇，而是不能恰当使用它们，而这只是一个更广泛的问题中的一个方面，因为患者同时也具有区分不同色系的困难。[7] 梅氏认为这里暴露出经验论的心理学与理知论的心理学都无法解决的一个问题，即：在二者之中，语词都没"有"含义。在前者中，语词的出现只是遵循神经的机械反应和联想的规律，不需要通过内心概念的链接；在后者中，具有含义的并不是语词本身，而是语词背后的思想，语词只是空壳而已。所以梅氏对二者的超越就在于提出：语词本身是有含义的。[8]

要论证这一点，梅氏就要说明，语词与意义的连接并不像胡塞尔所说的那样是偶然的外在的，而是意义构成的必要环节，也是主体把握对象的

---

① Maurice Merleau-Ponty, *Phénoménologie de la perception*, p. 188.

② Ibid., p. 191.

③ Ibid., p. 193.

④ Ibid., p. 194.

⑤ Ibid., pp. 195 - 197.

⑥ Ibid., p. 203.

⑦ Ibid., pp. 204 - 205.

⑧ Ibid., pp. 205 - 206.

必要环节。梅氏的阐述更多是在日常生活经验中找到支撑。例如，当我们知道如何称呼一个对象时，这个对象对我们而言是更加稳定清晰地被规定的，从而，当这个对象能够被我们称呼时，它才真正为我们而实存，否则就重新落入无意识的黑暗之中。这一点从孩童通过语言对周围世界对象的把握和习得中可得到佐证。在前科学思维中，称呼一个对象就是使其实存或者改变它。语言称呼是在前的，自然意义上的实存是在后的。这个意义上看，话语并非把已完成的思想表达出来，而是对这个思想的完成。例如，在主体间沟通中，我作为听者并非因为自己的思想与他人相同才能理解对方所说的，而是对方的话语带着话语的含义帮助我在我的思维中把对方的思想重构出来，使我能理解对方表达的意思。① 我作为说者时，对语词的运用之先并不需要对语词有所表象，我只需要把声音的组合的发出作为我的身体的一种可能的运用就够了。我对语词的运用就如对我自己身体的使用那样直接。②

再一次地，表达与被表达者不可分割，互相含裹，含义居于话语之中，话语是含义的实存方式。③ 思维总是趋向于被话语表达出来，这只有基于话语本己地具有含义这一点才是可能的。语词和话语不再是指示对象或思维的一种方式，前者并非作为后者的外壳，而是作为后者在感性世界中在场的方式，作为后者的标记或身体。④ 梅氏认为，在话语的概念含义的底下是实存含义，实存含义居于话语之中并与之不可分离。思维不在世界以及语词之外实存。所谓内在思维相对于表达的先在，只不过是思维被话语构成以后我们所具有的错觉。我们可以在沉默中思想，但这个思想只不过是一种内在语言。⑤ 话语就是一种身体姿势，话语的含义就是以感知体验为基础的感性世界，这个感性世界并不是由超越论主体所构造的，而是由我们的

① Maurice Merleau-Ponty, *Phénoménologie de la perception*, pp. 206-208.
② Ibid., p. 210.
③ Ibid., p. 212.
④ Ibid.
⑤ Ibid., pp. 212-213.

身体所把握的。[1] 在语言发生的根源处，语词与其所表达的含义之间的关系所体现的实际上是身体与世界之间的关系 —— 身体如何表达这个世界，如何活在这个世界。[2] 所以，话语的概念含义和实存含义在源初性上的差异源自于观念论主体与身体性主体在源初性上的差异。正如话语的概念含义基于实存含义，超越论主体也基于身体性的主体。在梅氏处，语言的身体化是主体身体化的必然的结果。

2. 米歇尔·亨利：生命的话语成了生者的身体（la chair）

对亨利来说，语言现象学可以有两种意义：第一是把现象学方法应用于语言这个特殊的领域之中，例如胡塞尔的语言理论就是建立在其意识意向性理论的基础之上的。语言现象学的第二层含义并不把语言视作诸现象区域当中的一个，而是赋予它一种方法论上的根本性。这涉及语言和现象性的关系。现象学研究的对象是现象性，即使得现象之所以为现象的东西。现象性使得现象现出，也就是使现象变得可通达。现象学研究就是用言说、命名、述谓、描述等方式去讨论现象性的本质及其显现模式。在这个意义上，语言就不是现象学所阐明的一个对象或主题，而是构成了这种阐明的内在条件。[3] 语言与现象性有着本源的关联，现象性使语言得以可能。[4] 在亨利看来，胡塞尔对于现象性的规定 —— "原则的原则" —— 使得现象的显现仅限于世界的显现，即存在者的显现；海德格尔则把存在作为使存在者得以显现的条件。在胡塞尔处，意向性的语言是一种在含义中的意指，一种"使看（le faire voir）"；海德格尔则提出 logos，用以指那并不言说存在者而是言说存在的语词。[5] 对二者而言，语言都意味着展示。这种展示只是发现一个在先已经实存的存在者，这个存在者在存在论的意义上并不依

---

[1]　Maurice Merleau-Ponty, *Phénoménologie de la perception*, pp. 214, 217.

[2]　Ibid., p. 218.

[3]　Michel Henri, *Phénoménologie de la vie: De l'art et du politique*, Paris: PUF, 2004, pp. 325‑327.

[4]　Ibid., p. 327.

[5]　Ibid., pp. 328‑330.

赖这种展示。[①] 人的语言在言说之时，就在外在性中展现实在（réalité），却把实在的实在性抽走了，只给出一种"伪在场"，把实在性抛出语言自身之外。亨利把这种情况称为"人的语言的无能"。[②] 与这种无能的人的语言相对的，是一种"超能（hyperpuissance）"的语言，即生命的语言。生命的语言生成（générer）它所言说之物的实在。生成实在性，意思是以生命的方式启示。[③]

　　生命的语言以生命的方式启示出它所言说之物，这一点我们可以通过以下几个要点去理解：（1）这里所说的生命并不是生理上的生命，而是一种"原现象性（Archi-phénoménalité）"[④]，它是绝对的（不需要其他东西便可以实存）、无限的（它没有世界所具有的那种有限性）、永恒的（它不受世界的时间性的限制），它以自感触（l'auto-affection）为特征[⑤]。自感触意味着，生命在它自身之中自身生成（se générer）自身性（l'ipséité）。[⑥]（2）生命生成自身性，就是生成自身（le Soi）。亨利把这种生成称为"儿子的先验出生（la naissance transcendantale des Fils）"。绝对生命生出的自身就是它的"儿子"，也称为"生者（le vivant）"，每一个生者都是独一无二的自身[⑦]，但是生者的自身并不出于绝对生命的自身之外。儿子的生出是一个完全内在的过程。（3）生命的原现象性产生出一种"原话语（Archi-parole）"，即生命的话语。生命的话语只言说它自己。[⑧] 儿子的自身在自感触当中被生出，这与儿子对生命的话语的倾听是同一回事，我们的出生就是我们对生命的话语的倾听。因此生命的话语对生者所说的，就是生者本己的生命。在生命话语的言说之中，儿子被先验地生出，亦即生者的自身及其自身性就被

---

①　Michel Henri, *Phénoménologie de la vie: De l'art et du politique*, p. 331.

②　Ibid., pp. 332‑333.

③　Ibid., p. 336.

④　Michel Henri, *Phénoménologie de la vie: Sur l'éthique et la religion*, Paris: PUF, 2004, p. 186.

⑤　Ibid., p. 184.

⑥　Ibid., p. 183.

⑦　Ibid.

⑧　Ibid., p. 186.

建立起来。①（4）这种建立，一方面意味着一种新的自感触即生者自身的自感触被建立起来，这种自感触与生命的自感触的区别在于，生命的自感触是绝对的自感触，它不需要任何除它之外的条件和基础，而生者自身的自感触并不是绝对的，它由绝对生命的自感触所产生并且基于它才能实现②；另一方面，生者自身性的建立意味着一个听者和说者的建立，生者的自身同时是一个倾听者和言说者。他所倾听的是生命的话语，并在倾听当中被生出。生者的言说，则涉及一种根本双重性。

　　绝对生命通过生命的话语所生出的生者，作为被生出的说者，所说的也是其本己的生命。但是生者的自身的言说方式并不是一种胡塞尔意义上的意向性的语言，而是在各样生命的模态之中言说。③亨利举的一个例子是受苦。受苦只言说它自身，它既是说者也是被说者。受苦在其受苦的身体当中言说，它除了言说受苦，言说受苦的身体，也言说使受苦的身体得以可能的东西，也就是受苦的生者的自身。受苦在绝对生命所生成的生者自身之中才言说自身，这是它得以言说其自身以及言说生命的条件。④生者的言说的特征在于生命的绝对的自感触在一种并非绝对的自感触即生者自身的自感触之中现象化。这种现象化使得两种有着本质区分的话语，即不赋予所说之物实在性的世界话语以及生成所言说之物的实在性的生命话语，连接到一个结点上。在受苦的呼喊发出时，它是生命的表达，是生命在受苦这种生命模态中言说生者本己的生命；但它也具有一种世界中的外壳，即一个躯体的发声行为。这种双重性指向着质料现象学的基本假设：显现的双重性，即"既包含世界的显现，也包含我们活生生的身体性（corporéité）的感受性身体（la chair pathétique）"⑤。之前的语言现象学的问题在于，基于单一的现象性概念而认为含义只来源于世界，却没有通达生

① Michel Henri, *Phénoménologie de la vie: Sur l'éthique et la religion*, p. 186.

② Ibid., pp. 184-185.

③ Michel Henri, *Phénoménologie de la vie: De l'art et du politique*, p. 337.

④ Ibid., pp. 338-339.

⑤ Ibid., pp. 341, 344.

命的现象性。然而，生命的话语是世界的话语的基础。[1] 有限生命的各种模态"并不把它自身带到其身体（sa chair）之中"[2]，生命的话语"把自己的样式赋予它所启示之物……在它之中所启示的，它成了它们的身体（comme cela dont elle est la chair）"[3]。这里的"身体"指的是一种与广延的或者对象化的身体概念相对的活生生的身体，一种与生命有着根本连接的形而上学维度，是一直以来囿于世界的显现的现象学家们没有通达但是又有着根本地位的现象性。

3. 马里翁：我的言语向他人给出他的身体（la chair）[4]

受德里达的直接影响，语言是马里翁现象学的一个很重要的出发点。德里达在《声音与现象》（*La voix et le phénomène*）中，指出了胡塞尔在语言问题上的张力，即胡塞尔在把握观念之物这个问题上的直观主义立场使得胡塞尔的语言理论导向了对符号的抹消。[5] 与德里达以自己的文字学与现象学分道扬镳不同，马里翁在这种张力面前选择的是回到现象学的最根基处，追问作为一切现象的可能性的被给予性究竟意味着什么。对马里翁来说，含义有其独立于直观的被给予性。[6] 胡塞尔的"原则的原则"把原初的被给予性仅限于直观，马里翁首先要做的就是突破这个界限，拓展被给予性的讨论范围——这构成了《还原与给予》（*Réduction et Donation: Recherches sur Husserl, Heidegger et la phénoménologie*）的开端。在该书结尾，马里翁初步地提出"第三次还原"，即：通过一种比存在的呼唤更为本源但却不知其来源的呼声，我从主格（Je）变成了宾格（me），一直以来占据了现象视域的中心位置的主体性，被去中心化了。这里的呼声比米歇尔·亨利所说的本源的倾听和言说更接近，"第三次还原"的启动是出于一种呼

---

① Michel Henri, *Phénoménologie de la vie: De l'art et du politique*, pp. 340-341.

② Ibid., p. 341.

③ Michel Henri, *Phénoménologie de la vie: Sur l'éthique et la religion*, p. 199.

④ 黄作在其翻译的《情爱现象学》（商务印书馆 2014 年版）一书中译为"肉"。

⑤ Jacque Derrida, *La voix et le phénomène*, Paris: PUF, 1967, p. 57.

⑥ 马里翁：《还原与给予》，方向红译，上海译文出版社 2009 年版，第 53 页。

唤，一种并不说什么的言说。

在《既给予》（*Étant donné*）之中，这种呼唤得到更加详细的阐释。首先，呼唤的发生与充溢现象的现出是同一个过程。[1] 充溢现象是马里翁所提出的一种现象类型，是一种其直观的丰富超出了意向性的把握的现象。充溢现象有四个特征：在量上，不可意指（不可预见）；在质上，不可承受；在关系上，无条件；在模态上，不能还原为纯粹自我。[2] 相应地，充溢现象也有四种：事件、偶像、身体、圣像（启示现象是圣像现象的顶点）。[3] 对于马里翁来说，充溢现象是"最充分意义上的现象，简言之就是现象的范式，别的现象范式都是通过与其相比的缺乏或简化而被规定的"[4]。在充溢现象中，现象才真正无条件、无限制地达到自身给出和自身展示。[5] 充溢现象并不被胡塞尔意义上的纯粹自我所规定，相反，"现象的'自身'对其本己的现象性的主动权的收回迫使纯粹自我根据变形（anamorphose）而重新被规定为现象的见证者"[6]。充溢现象不被一个主体把握、占有、产生，而是由接受分配者来接受。并且，这样一种接受分配者在自身给出的现象之中接受它自身。[7] 充溢现象对主体性的这种翻转，就是呼唤。呼唤使纯粹自我变形为接受者，也使其变为他人附加在我身上的反意向（contre visée）的接受者（adonné），也成了被动的对话者。[8] 至此，身体仅是作为充溢现象的其中一种，在呼唤发生的意义上与语言有着关联。

身体与语言之间更加密切的联系，在该书接近末尾处的讨论中有所说明。在自身给出的被给予性中的被给出者不一定全部都能够被现象化，因为接受者的接受能力是有限的，所以有一部分被给予接受者的被给出者由

---

[1]　Jean-Luc Marion, *Étant donné*, Paris: PUF, 1997, p. 366.

[2]　Ibid., pp. 303 - 304.

[3]　Ibid., pp. 318 - 326. 启示现象在之后的《论超出》中被独立出来列为第五种充溢现象。

[4]　Ibid., pp. 305, 316.

[5]　Ibid., p. 305.

[6]　Ibid., p. 343.

[7]　Ibid., p. 361.

[8]　Ibid., pp. 366 - 369.

于直观的缺乏或多出而没有被现象化，也就是被抛弃了。[1] 身体被抛弃方式是被否认。[2] 接受者否认被给予自己的身体，这种想法看起来是有矛盾的，因为身体的直接性也就是无中介性使得接受者根本没有逃避的空间。然而接受者是可以拒绝身体的这种绝对的直接性的。对于马里翁来说，身体的现象化是通过话语来完成的："［身体这种充溢现象］只能通过那表达它的承认和叙述才能够增强其现象性。……因为接受者可能说不出他的身体所体验到的作为充溢现象的东西，并且不得不（后来是愿意）否认这种东西——通过一种阻碍了被给出者的现象化的否认，这种被给出者只能通过那言说和承认它的话语才变为可见的。"[3]

在《论超出》（*De Surcroît*）中并没有谈及身体与语言的关系，却把身体建立为纯粹自我的唯一可能的来源，即最为原初的主体性（然而它也是被给予的）。成身（la prise de chair）是一切现象的根本规定。这成为后来的激进发展的铺垫：在《情爱现象学》（*Le Phénomène érotique*）中，身体与语言之间的关系惊人地紧密。《情爱现象学》的论旨，是把哲学一直以来拒绝的爱的概念的统一性、合理性和至上性建立起来。[4] 古希腊人所区分的不同的爱，即爱欲（eros）、家庭之爱（storge）、友爱（philia）和神性之爱（agape），被视为本质性的，并很大程度上关涉于身体性在其中的作用的差别。根据一般的理解，爱欲是最具身体性的，而神性之爱（agape）则被视为是纯精神的、与肉欲无关的。然而，马里翁认为这些区分损害了爱的统一性[5]，这些不同形式的爱，实际上都基于同一种根本的模式。爱的独一无二的意义要经过爱洛斯还原才得以通达。[6] 在爱洛斯还原中，我与他人在自然躯体的接触中感觉到彼此的受让性（passivité，即对对方的接纳和退

---

[1]　Jean-Luc Marion, *Étant donné*, pp. 424-432.

[2]　Ibid., p. 434.

[3]　Ibid., p. 435.

[4]　马里翁（中译本译者译为马礼荣）：《情爱现象学》，黄作译，商务印书馆 2014 年版，第 8 页。

[5]　同上书，第 8—9、411 页。

[6]　同上书，第 412 页。

让）[①]，并因此向彼此给出对方的身体（la chair），也就是他向我给出我自己，我向他给出他自己，既然我就是我的身体[②]。然而，因为由躯体接触所启动的爱洛斯化（即他者躯体参与其中的，使我通达或接受我的身体的过程）具有机械的自动性，所以在爱洛斯化达至顶点以至于悬搁之后，我并不能明确他人的个人人身是否参与其中，因为机械化的自动进程把个人人身都淹没了。[③] 这种情况下爱洛斯化的肉与他人的个人人身似乎是非此即彼的两难，而解决的关键就在于提出一种自由的爱洛斯化，即通过言语所进行的爱洛斯化："我能够向他者给出他的肉，因此能够通过向他说话使他体验到我的不抵制（反之亦然）。我首先通过说话产生爱：我不说话就无法产生爱而且我只有通过说话才能产生爱。"[④] 这种言语是一种爱洛斯言语，它并不谈论任何对象或存在者，而是谈论对方作为个人人身的自身，使对方感觉到说话者的身体的不抵制，即接纳和退让。[⑤] 通过言语给出身体这一点的关键性在于，它把原先在身体性上有差别的各种爱都统一起来。所以爱洛斯还原的关键并不是在于有没有躯体接触，而是在于有没有舍己退让，尽管这种舍己退让需要身体作为其发生的场所。言语上的爱洛斯化甚至优于躯体接触的爱洛斯化，因为前者避免了自动爱洛斯化的机械性所带来的一系列困难，但还是能够和自动的爱洛斯化一样给出身体。[⑥] 言语能够向他人给出他人的身体 —— 语言与身体之间的关系在这里是不可思议地紧密的。

二、"道成肉身"与现象学的未来

从第一部分我们可以看到，在梅洛-庞蒂、米歇尔·亨利和马里翁各自的语境中，话语（la parole）和身体（la chair，也译作"肉"）这两个概念

① 马里翁：《情爱现象学》，黄作译，第 222 页。
② 同上书，第 222—223、208 页。
③ 同上书，第 290—299 页。
④ 同上书，第 345—346 页。
⑤ 同上书，第 346 页。
⑥ 同上书，第 414—416 页。

虽然分别有着不同的内涵，但是存在着很大的贯通性，即本源的话语与身体是紧密结合的。梅洛-庞蒂认为语言与身体一样代表着更广泛的存在论态度，本源的语言与身体在表达上具有同样的直接性。米歇尔·亨利认为本源的话语和身体的本质和源头都是生命的自感触，生命通过身体自身表达。马里翁尤其着力于语言与身体之间的紧密关系，以至于认为语言可以给出身体，语言对身体的给出甚至优于躯体对于身体的给出。

以胡塞尔为代表的观念论为了克服自然主义所带来的观念对象世界的崩塌，致力于捍卫观念之物相对于经验世界的差异性、独立性和根本性，因此语言与身体由于分属不同的现象领域而被分开讨论。如此看来，在法国现象学中这种语言与身体结合的思潮是否意味着一种向自然主义的倒退？非也。如开头所述，它实际上是法国现象学家们对胡塞尔的意识现象学以及反思的研究方法的局限进行超越的一种尝试。在这种尝试是否成功这一点上，法国现象学家们饱受质疑。尽管胡塞尔的直观明见性在一些批评者看来是一种神秘的存在，但是基于反思分析的描述的清晰性，它还是显得有较强的说服力。胡塞尔的描述的这个优势在法国现象学家（例如本文论述的这三位）的研究中就不那么突出了。梅洛-庞蒂对于大量心理学研究成果的援引似乎并不足以撑起其存在论的结论，反而引来对其方法的哲学性的质疑；米歇尔·亨利和马里翁对语言和身体的关系的阐释还是以描述为主，他们面临的一个共同困难在于：他们的描述究竟是基于一个坚实的实事基础，还是在用现象学的术语讲一个虚无缥缈的故事？换言之，困难在于这些描述的证成问题。

这些困难并不是没有理由的。这关系到他们三人的研究当中一个相当突出的特点：基督教神学元素的大量置入。梅洛-庞蒂的"肉（la chair）"以及"交错配列（le chiasme）"等术语不免让人联想到"道成肉身"和十字架；米歇尔·亨利基本上在用现象学的语言讲述《圣经》的故事；马里翁在论述启示现象的可能性上花了大量的工夫。他们面对巨大的困难，因为他们所进行的是一项艰巨的尝试：以现象学的方式讨论"道成肉身"的可能性。"道成肉身"并不是一种经验知识或抽象的理论，它是一种从上帝而来的启示。以现象学的方式去讨论启示，涉及一系列的问题：启示可不可以被纳入现象的范围之中？如果可以，这种纳入要求现象性的概念做出什么样的更新？启示现象本己的显现方式是什么？它与其他现象的关系是什么？什么样的还原可以通达启示？受启示的是怎样的一种主体性或受体性？我们有没有可能通过启示来确定启示的给出者的身份？如果有，是如何确定的？对这些问题的回答是如何被证成的？这一系列的问题指示出一个崭新的庞大领域。米歇尔·亨利和马里翁已经开始在这个领域的探索，并且在可预见的未来，现象学界无可避免地要对这种探索做出反应：或是深化，或是质疑。在一些批评者看来，法国现象学这种"神学转向"把基督教的教义武断地接受下来，当成哲学理论的出发点和基石 —— 按通常的看法，神学与哲学的不同之处正在于此。然而，如果我们细想：首先，每一种哲学理论的出发点都是一种理念（idea），这种理念无法被经验百分之百证实；其次，哲学家们以为被直观明见了的或者通过逻辑推论完美地证成了的东西，总是被后来者根据新的理念所质疑和推翻，那么，神学和哲学之间的区分并没有人们通常所认为的那么绝对。同样是基于理念，涉及上帝的理念和不涉及上帝的理念只是区域区分、立场区别，并没有充分的理由去肯定，涉及上帝的理念比不涉及上帝的理念更加荒谬。如果只凭立场来定是否荒谬，这才是哲学上真正的荒谬。正如马里翁所言："无论如何，人们探求上帝的正当性，以将其纳入现象性中，这一点毫无可惊异之处。令人惊异的毋宁是，人们没有理由地否认其正当性，或者毋宁是，人们甚至也对这种固执的拒绝毫不惊异。"①

---

① Jean-Luc Marion, *Étant donné*, p. 337.

超绝论证

——从普特南的"瓮中之脑"回看笛卡尔的沉思

钱　捷

（中山大学哲学系［珠海］）

一

曾几何时，普特南的"瓮中之脑（the brain-in-a-vat hypothesis）"也被视为诸多"**超绝论证**（*transcendental arguments*）"中的一种。但这些所谓"超绝论证"与康德的**超绝演绎**几乎毫无关系。相反，它们——例如"瓮中之脑"——特别地涉及典型的笛卡尔问题，即我们如何能够相信存在着一个外在于我们的世界。

二

普特南在"瓮中之脑"的思想实验中，似乎提出了一个对于这个问题的肯定回答，即："我们不是瓮中之脑"。事实上，普特南在这里主要地提出了两个相关的结论：A. 如果我是一个瓮中之脑，则我不可能知道（从而也不可能说出）我是一个瓮中之脑。B. 由于"我是瓮中之脑"这个命题若要是真的，它必须有所**意指**，但一个瓮中之脑所给出的命题 —— 如果还能称其为命题的话 —— 是不可能有所意指的（既然它所意指的都是"虚假的"），因此假设我是瓮中之脑，则当我竟然说"我是瓮中之脑"时，我说出的是一个假命题。因此，真命题（真实的情况）是：我不是瓮中之脑。换言之，"我是瓮中之脑"这个命题是一个和"我不能说出一个有意义的句子"这样的命题一样具有自我否定性质的命题。

三

但是，显而易见的是，普特南对于"我不是瓮中之脑"的证明 B 所依据的是一种特殊的意义理论。这种意义理论恰恰与他自己所批评的形而上学实在论属于同一种立场，因为这种理论认为语词和命题的意义在于它或它们的意指是"实在的"，即外在于我（的主观印象）的。这种实在论其实又是以某种"我不是瓮中之脑"的判断为前提的（既然那种意义理论已经预设了一个"外在世界"，即实在）。因此，普特南的论证 B 是无效的（循环论证）。普特南之所以如此轻易地将自己蒙骗了，是因为"瓮中之脑"的思想实验虽然本质上仍然是一种基于**彻底的经验论**立场的**内在论**构想，但它却在表述中似乎不得不带入了形而上学实在论的暗示（是谁使我们成了瓮中之脑？）。换言之，这个思想实验本身就有着"动机上的"含糊性。

四

形而上学的实在论 —— 这也是康德所反对的独断论 —— 固然不可取，那么当我们在这个思想实验中严格地仅仅保留彻底的经验论的内在论动机，则情况又会如何呢？显然，在这种情况下，普特南的两个结论就只能剩下一个，即 A 了。但这样一来，即没有了 B，这个瓮中之脑将不仅不可能知道自己是瓮中之脑，他也将不可能知道自己不是瓮中之脑。总之，A 将扩展为：如果我是一个瓮中之脑，则我不可能知道我是否是一个瓮中之脑。也就是说，"我是瓮中之脑"这个命题对于（作为瓮中之脑的）我来说，是一个**不可判定的**命题。不难看出，这个结论不过是早已被人们发现的"自我中心困境"的再现。这样，我们在确认了结论 B 是无效的之后，发现结论 A 的扩展型是否成立将取决于上述彻底的经验论的内在论立场是否正确。

五

"逻辑经验主义"这个术语有一个好处，它暗示了"逻辑"与"经验"之间的这样一种相关性：如果说（彻底的经验论的）"经验"的基础是（如休谟等所以为的）"（感觉）印象"的话，则逻辑（确切地说，逻辑主义者的"逻辑"）的基础是基于亚里士多德的**实体-属性模式**的**"类概念"**。这种相关性的一个实例便是，与"自我中心困境"相似，哥德尔发现如果逻辑地看待数学（即构建所谓元数学），那么数学中也将存在着某种其真假无法确定的命题，就像 A 的扩展型中的命题"我是瓮中之脑"一样。哥德尔在这样一个事实面前坚定地主张**数学的实在论**，但问题仍然是，这种主张是否能够得到证明。为此哥德尔曾希望胡塞尔的现象学有助于这一证明的寻求，但到底无果而终。

六

无论如何，我以为笛卡尔当初对于在灵魂（"我思"或思之我）之外存在着物体的世界的证明，仍然是至今最成功的一个超绝论证（如果我们愿意借用这样一个含糊的术语的话）。这个论证由如下步骤组成：A. 意识中存在着主动感与被动感的差别，这个差别表明了某种不属于"我思"的东西，即外在的东西的存在，既然作为思之我，"我思"应是自由的。B. 这种被动感直接地或间接地与运动的功能相关联，例如我看到一个东西在眼前移动或者我感到胳膊上的疼痛是因为一个可移动的东西与我的皮肤的接触，等等。这个运动的功能的实质就是广延，因此那种引起被动感的外在的东西是具有广延性的。C. 然而，既然这些结论都是基于某种意识或知觉的，那么要保证它的真理性，就还需要一个前提，依照笛卡尔，那就是"上帝不是骗子"。

七

在前面所归纳的笛卡尔对于外在世界存在的论证中，最薄弱的一环就是第三点了。它看上去蕴含着一个被人们称为"笛卡尔循环"的困难，即作为一切真理的归属（"上帝不是骗子"）的上帝的存在（在笛卡尔那里）也要通过"清楚明白"的观念来证实，而同样是在笛卡尔那里，这样的观念本身似乎又要以上帝的存在来保证。不过，这个困难是可以克服的，只要"清楚明白"的观念是**自在**地实在的即可。

八

这就启发我们，要想走出"自我中心困境"证明"我不是瓮中之脑"，也就是说，要想确立一个关于外在世界存在的超绝论证，就需要在彻底的经验论所谓的"印象"**之外**，存在着笛卡尔已经触及但却未能清楚明白地加以阐述的"清楚明白的"观念，而这也就意味着放弃普特南（以及绝大多数的分析哲学家们）情有独钟的彻底的经验论立场。但笛卡尔的沉思已经表明，要获得一个"清楚明白的"观念并非易事。说到底，困难在于，它不是别的，正是那必定作为第一原理的**本源的直观**（本源的明见性）。事实上，不仅笛卡尔的困难在于未能真正获得这样一个直观，而且诸多可以直接地追溯到他的沉思的超绝哲学，进而全部哲学的真正困难，也正在于追求这样一个直观。正如我在《超绝发生学原理》第一卷已经指出的，只有这样一个直观，才能帮助我们摆脱作为"自我中心困境"的实质的语义上**无限倒退**，而这样一个直观也只有在**超绝发生学**中才能够得到真正的揭示与阐明。 到那时，我们才会有一个比笛卡尔更为成功的超绝论证，并且只有在那里，我们才能够顺便看到这个超绝论证又是如何与康德的超绝演绎有着深刻的关联的。这种关联恰恰告诉我们，恰当的、可能成功的超绝论证只能是那种康德早已明确却从未被分析哲学家们所理解的证明，即一种明示性的而非间接的（否定后件式的）证明。

"心"去哪儿了?[*]

杨大春

（浙江大学人文学院哲学系）

一

尽管"心（âme，soul）""身（corps，body）"关系问题主要涉及"人心"和"人身"，但这个问题显然不可能在"人自身"范围内获得充分的描述、理解和解决。这是一个贯穿哲学史的难题。我们不妨清理一下，在漫长的"人类精神"之旅中，"人心"究竟栖息在何处。我们大体上把笛卡尔之前的西方哲学称为古代西方哲学，把从笛卡尔至康德或黑格尔的西方哲学称为早期现代西方哲学，把自黑格尔或黑格尔之后到梅洛-庞蒂的西方哲学称为后期现代西方哲学，把梅洛-庞蒂之后的西方哲学称为当代西方哲

* 本文是作者 2016 年 10 月在中山大学哲学系（珠海）承办的全国法国哲学会议上所做的主题发言，提交发表时略有修订。相关讨论参见拙文《理解笛卡尔心灵哲学的三个维度》，《哲学研究》2016 年第 2 期；《观念主义、精神主义、物质主义与精神的命运》，《社会科学战线》2013 年第 1 期；《意识哲学的终结与唯物主义的时代》，《学海》2007 年第 5 期；《主体形而上学解体的三个维度》，《文史哲》2002 年第 6 期。相关研究获得了国家社科基金重大招标项目"《梅洛-庞蒂著作集》编译与研究"（项目编号：14ZDB021）和重点项目"福柯与当代法国哲学的当代性之维研究"（项目编号：14AZX013）资助。

学。对应上述西方哲学各阶段的一般形态，我们用"心在神那里"、"心在人那里"、"心在身那里"和"心在物那里"来描述"心"的踪迹。

二

西方哲学始终抱有"普遍科学"的理想，而最初的"科学"其实是"神学"。包括古希腊哲学和中世纪基督教哲学在内的古代西方哲学归根结底可以被纳入"神学"的范畴。当然，这里说的是"理性神学"或"先验神学"。康德在《纯粹理性批判》中认为笛卡尔和其他唯理论哲学家维护的是"理性神学"，他为此进行了详尽的分析批判。真正说来，笛卡尔等早期现代哲学家所坚持的"理性神学"只不过延续了古代哲学的某些姿态，但同时也产生了重大的断裂。古代哲学专注于形而上学的本体论维度，关注"人"及其存在的外在根据，以"人"的"心"与"身"为起点，要么寻找"物质"本原，要么寻找"精神"本原，甚至寻找作为两者之综合统一的最后本原"神"："神"在柏拉图那里相当于"理念的理念"，在亚里士多德那里相当于"形式的形式"，中世纪哲学家则直接搬出了全能的"神"。诸多自然哲学家都持有万物有"灵"倾向，几乎所有的古代哲学家都认可"灵魂"不灭，柏拉图对"灵魂"的理性、勇敢和欲望三种功能进行了严格区分，亚里士多德对"植物灵魂"、"动物灵魂"和"理智灵魂"三种形态做出不同的描述。这一切都表明，古代哲学中所说的"心"就是无所不在的"灵魂（anima，âme，soul）"。"心"存在于充满生机与活力的万物之中，而万物都归属于"神"。这无疑表示：宇宙万物包括"人"都追求"神性（divinity）"。"神性"代表了"人"的超越性之维或无限性之维。无论如何，在古代哲学中，"心"在"神"那里。换言之，"人"在"神"那里看世界，看自己。

三

普遍科学理想的早期现代哲学形态是"人学"。从笛卡尔到康德的早期现代哲学专注于形而上学的认识论维度，探讨认识之所以可能的条件。归根结底，它是要探讨认识的主体的能力和性质，因此表现为主体形而上学，表现为关注"人"及其存在的内在根据。经验论、唯理论、德国古典哲学都从超越回到了内在，都从"神"回到了"人"，从"人"的"神性"回归"人"的"人性（humanity）"。这里的"人性"是"普遍理性"、"观念性"或"理想性（ideality）"。这是大陆观念主义（idealism），尤其是先验观念主义（transcendental idealism）关于"心"的构想。尽管笛卡尔、马勒伯朗士、斯宾诺莎和莱布尼茨都保留了"神"这一视点，即在一定程度上还在"神"那里看世界，但他们已经开启了"人学"，要求"人"在自己那里、在自己的内"心"中看世界。这些哲学初步实现了"心"从不朽的实体性"灵魂"到有限的功能性"心灵（mens，âme，soul）"的转变。尽管信誓旦旦地要论证"神的存在"和"灵魂不灭"（《第一哲学沉思集》第二版不再论证"灵魂不灭"，改为论证"人类灵魂与身体的区分"），笛卡尔通过"我是一个心灵"和"我有一个身体"这两个命题断然区分了"身体"和"精神"，把由"神"和"灵魂"主宰的世界逐步变成了"人"的世界，当康德提出"人"为自然立法和为自身立法时，"神"和"灵魂"都退场了。尽管"神性"没有被彻底否定，但"人性"占据了绝对主导地位。很显然，"神""人"之争或"灵魂""心灵"之争经历了从笛卡尔的含混立场到康德的断然姿态的演变。

"人心"主宰着一切，尽管存在着从笛卡尔式的实体性"心灵"（自我）到康德式的功能性"心灵"（自我），或者说从"我思"到"思"的巨大转变。笛卡尔的"心"或"心灵（mens，âme，soul）"还带有古代哲学中"灵魂（anima，âme，soul）"概念的残余，但主要维护的是现代哲学对"思维"功能的强调，也就是说，关注的是"心智（mens，âme，mind）"维度。这条进路在康德哲学中，进而在20世纪的"心智哲学"中得以延续。当然，笛卡尔后期思想，尤其是《心灵的激情》表明，人不可能不考虑"心身统一"问题，也因此不得不谈到包含了"灵魂""心智""激情"甚至精微的物质在内的"精神（esprit，spirit）"概念。这一在早期现代哲学中受到抑制的思路，在"精神主义（spiritualism）"意义上的黑格尔哲学中，以及在受 3H（即黑格尔、胡塞尔和海德格尔）和"精神主义"影响的法国现象学运动中，获得了创造性的转化，它尤其关注"心"的"情感"或"情绪"维度。需要注意的是，在笛卡尔那里，"我能"服从于"我思"，"我思"因此相当于"我是能思维的东西"，有认识能力的东西。在康德之后的哲学中，"我能"虽然包含了"我思"，但更多体现在"行动"和"情感"等方面。其实，康德的"我能够知道什么？""我应当做什么？""我可以期望什么？"最好地体现了这一点。正因为如此，康德哲学在某种意义上已经预示了后期现代哲学。一般认为，黑格尔主义只能为大陆哲学所接受，康德哲学同时可以为大陆哲学和分析哲学所接受，这是其中最重要的原因。无论如何，在早期现代哲学中，从总体上看，"心"即"人心"，"心"因此在"人"那里，但这里的"人"或"我"具有普遍性和理想性的特征。

四

普遍科学理想在后期现代哲学中让位于实证学科的扩张，出现了"人文"与"科学"或"人文哲学"与"科学哲学"之间的巨大张力。"科学哲学"主要从实证科学中，"人文哲学"主要从文学艺术中获得资源。这两大传统都否定了"神性"，"理想性"和"观念性"在它们那里都让位于"现实性（actuality）"，"普遍性"都服从于"特殊性"。尼采借疯子之口宣布"神死了！"这是一个标志性的事件：哲学不仅把"神"抛弃了，而且也使普遍"人性"退隐了。后期现代哲学中的"人心"不再像它在古代哲学中那样分有"永恒"和"无限"，尽管在一定程度上还维持着早期现代哲学对"同"的关注，但它尤其强调的是"异"。"普遍理性主体"让位于"个体实存主体"，"心"不再等同于抽象而纯粹的"理性"或"思维"，它已经与"身"完全交融。换言之，早期现代哲学关注的"纯粹的""观念性"让位于后期现代哲学强调的"含混的""精神性"。"精神主义"取代了"观念主义","我能"取代了"我思"。"精神主义""意志主义""生命主义""实存主义"对于"身体""生命""情感""意志"的关心表明,"我就是我的身体"这一综合(统一)取代了"我是一个心灵"和"我有一个身体"这种分析(分裂)。更明确地说,在大陆哲学中,这个时期的"心"主要用"精神"概念来表达,而"精神"意味着从"心身二分"走向"心身统一"。"精神"彻底告别了"灵魂",或者说一个有限的存在者不再与绝对的超越者有任何的藕断丝连的关系。"精神"主要与"情感""情绪""实存"联系在一起,但它并不完全排斥"心智"。只不过,"心智"并不意味着"纯粹思维",因为任何的"思"都必定受制于"情"。"我思"让位于"我能","大写的我"让位于"小写的我"。相对于"人文哲学",同一时期的"科学哲学"对"心智"维度有更多的关注。但"心"无论如何是依赖于"身"的,物理主义是此一阶段"科学哲学"的基本形态,尽管还没有出现后来的各种形式的极端物质主义形式。总之,在后期现代哲学中,"心"与"身"是密不可分的。"心"仍然是"人心",但"人"是"身体",因此"心"在"身"那里。当然,这里的"身体"与生理学意义上的"躯体"是有别的,它是所谓的"本己身体"。

五

　　当代哲学意味着"哲学的终结",而"哲学的终结"是"人的终结""历史的终结""艺术的终结"等的集中表达,实证科学在这一终结浪潮中获得了主宰性的地位。这是一个"唯物主义(materialism)"的时代,而唯物主义具有三种形态:"自然唯物主义"、"文化唯物主义"和"生命唯物主义"。心智哲学走向的是"自然的""唯物主义",结构-后结构主义走向的"文化的""唯物主义",但现象学传统引出了"生命的""唯物主义"。自然唯物主义(自然主义、物理主义)要么取消"心",要么还原"心","心"无论如何都被"物化"了。在"文化唯物主义"视野中,"精神生活"的平庸化或者说针对文化产品的消费主义姿态导致了"精神"的失落，"心"完全被"物"绑架了。我们更关心的是"生命唯物主义"。从关注"意识""意向性"，到关注"身体""意向性"，再到强调"非""意向性"，现象学的演进表明，"人"的"人性"逐步让位于"人"的"物性"，"人心"逐步被"物"充塞。现象学的演进同时也表明，"意识"现象学延续了现代性祛魅，维护自然的"人化"，"身体"现象学弱化现代性祛魅，淡化自然的"人化"，"物质"现象学否定现代性祛魅力，力主自然向自身的回归。自然重新有了自身的价值和生命，"人心"也因此散布在整个宇宙中了。如此说来，在当代哲学中，"心"在"物"那里。梅洛-庞蒂后期关于"野性精神"或"野性存在"和列维-斯特劳斯关于"野性思维"的探讨已经给予我们以重要的启示，亨利的"物质现象学"和马里翁的"给出现象学"对于非意向性的强调尤其表明了这一点。

六

"心"具有"无性（nothingness）"，"身"具有"物性（thingness）"。"心"究竟去哪儿了呢？得看说"神话"还是说"人话"，得区分是"无语"还是"物语"。古代哲学代表了"人类精神"的"外在化"，早期现代哲学和后期现代哲学不同程度地体现了"人类精神"的"内在化"，当代哲学则意味着"人类精神"的"平面化"。前现代哲学肯定"过去"（既往）或"传统"，追求"永恒"，充分表明了"人类精神"的"回溯性"，或者说，对"人"及其存在的外在根据的思乡般的求助；现代哲学向往"未来"（将来）或"创新"，认可"时间"，完全揭示了"人类精神"的"前瞻性"，或者说，对"人"及其存在的内在标准的自恋式确信；当代哲学沉溺于"现在"（当下）或"平庸"，融入"瞬间"，彻底展现了"野性精神"的"现时性"，或者说，对"人"及其存在的丧失依据的逐浪似的迎合。

"人"被认为一半是野兽，一半是天使，这其实意味着"人"不同程度地体现了"神性"、"人性"和"物性"。古代哲学的前现代性迷恋让"我"分有的是"神性"，现代哲学的现代性追求充分揭示了"我"的"人性"（早期现代哲学追求理想化的"普遍人性"，后期现代哲学回到处境化的"特殊人性"），当代哲学的当代性偏好则充分展现了"我"的"物性"之维。古代哲学和早期现代哲学所说的"精神生活"可以比作柏拉图式的爱情理想，两个恋人之间完全可以实现不借助于"物质"或"肉欲"的"心""心"相印；当然，古代的精神生活具有超越性，早期现代哲学则体现出内在性。在后期现代哲学所说的"精神生活"中，"心""身"已经融合，这意味承认"精神生活"需要有"物质"或"肉体"的支撑，所以就像梅洛-庞蒂在谈到爱情时所说的，爱就是把"某人"的"行动""姿态""面孔""身体"看作是可爱的。但在当代的没有了"精神"的"精神生活"中，爱情完全被卷入了"物质"和"肉欲"的洪流之中。早期现代哲学的理想性追求意味着"无性"（观念性），后期现代哲学的精神性诉求代表了"无性"（观念性）与"物性"（物质性）的统一，当代哲学的现实性关怀则只承认"物性"（物质性）。

保罗·利科论精神分析与现象学

付志勇

（武汉科技大学马克思主义学院）

　　从其理论创立之初，精神分析的科学性就一直受到科学界的质疑，通过对其概念、命题、论证和结构进行考察，科学界通常认为精神分析并不具有成为一门科学理论的基本条件。因此，精神分析的批评者试图对精神分析进行某种形式的重构，以使其被科学界所接纳；这构成了对精神分析的挑战。在《弗洛伊德与哲学：论解释》《解释的冲突》等著作中，利科对这种重构进行了论述，并从精神分析自身的理论特征来揭露这些重构的不合理性，指出精神分析不是一门观察性科学，而是更接近一种历史解释。既然精神分析被看成一种历史科学或人文科学，那么就可以将它和现象学放在同一个层次上进行讨论。虽然对于现象学与精神分析的关系，胡塞尔未曾专门做过讨论，但他在《内时间意识现象学讲座》中对"无意识"做出过否定的论断。胡塞尔认为："谈论某种'无意识的'、只是后补地才被意识到的内容是一种荒唐。"[1] 根据现象学的直观原则，意识必然是可以被直

---

① 倪梁康：《胡塞尔时间分析中的"原意识"与"无意识"——兼论德里达对胡塞尔时间意识分析的批评》，《哲学研究》2003 年第 6 期。

接把握的、在每一个阶段上都能被意识到的存在，从而基于推导出来的东西之上的无意识分析是不能成立的。但利科并不认同胡塞尔的看法，他不是在现象学的直观原则之上来考察精神分析理论的，而是基于他所谓的反思哲学的原则对弗洛伊德采取一种同情式的理解与批判。基于此，我们可以发现现象学所具有的张力，以及利科试图拓展现象学所做出的努力。

一、对精神分析的重构及其困难

利科认为，从逻辑的角度看，科学的理论必须具有两方面的特征或者说条件：首先，它能够在经验上被证实；其次，这种经验上的证实要满足逻辑条件，即它能够被客观性所描述，其内容具有统一的标准和相同的数据，从而是可检验的。[①] 只有具备了这两个条件，在科学的理论中其命题才能够系统地说明和预测某种可观察的现象。从这两个方面来考察精神分析会发现，精神分析既不能满足经验的证实，也不符合逻辑条件。

利科举了精神分析的能量（energy）概念为例来说明其无法满足科学理论的第一个条件。能量指的是一种里比多的本能冲动，它在机体中持续地产生，并为机体的情感、思维和行动提供动力。能量寻求释放的快感，但是压抑的存在总是阻止这种释放。能量具有一种水力学[②]的模式，"利用当时流行的能量的水力学模式，他理论化了这种观点，即受到阻碍的性刺激会产生不舒服的能量，这种能量寻求释放：焦虑阻止了这种能量的释放。如果能量的释放受到否定，我们会寻求其他的释放方式，并且在自我保护中我们的自我设计出了自我防卫的机制"[③]。这就是弗洛伊德的能量经济学观点，他认为这种经济学"将有助于我们探明兴奋能量的变化情况，从而对

---

① Paul Ricoeur, *Freud and Philosophy: An Essay on Interpretation*, translated by Savage Denis, London: Yale University Press, 1970, pp. 345-346.

② 水力学（hydraulics）是研究以水为代表的液体在静止或相对静止以及运动的状态下的力学规律及其在工程技术中的应用的学科。之所以说弗洛伊德的能量论具有水力学的特点，是因为能量变动不居、此消彼长的变化状态与水力学的研究对象具有相似性。

③ Sharon Heller, *Freud A to Z*, New Jersey: John Wiley and Sons Inc., 2005, p. 21.

其量做出相对正确的估计"①。能量观念是如此模糊而具有隐喻性，显然是无法在经验中进行证实的。

就精神分析所采用的主要方法是解释的方法 —— 比如对梦和神经症的解释 —— 而言，它也无法满足科学理论的第二个条件。根据经验证实要满足逻辑条件的标准，一个给定的解释必须首先被客观性所描述，这意味着不同的病人在相同的标准化的环境下，能获得相同的分析数据。并且，在对分析数据的解释当中必然存在一些客观的程序，使解释指向可检验的预测。但是事实上，精神分析的分析数据限于个体分析师和被分析者之间，从而无法提供出具有普遍性的客观数据，精神分析解释的有效性也无法通过对客观数据的分析得到证实。这是因为"精神分析面对的是心理现实，而非物质现实。所以，这一现实的标准再也不是可观察的，相反，它表现为与物质现实标准可比的一致性，和对物质现实标准的抵制"②。

因为精神分析不能满足科学理论的条件，于是，一些精神分析的批评者试图依据被普遍接受的科学心理学来重构精神分析理论，将精神分析的相关事实和概念整合于科学心理学当中，以期通过这一点将精神分析转化为一种观察性科学，这就是对精神分析重构的内在尝试。

这种重构的尝试首先必须在使心理学成为一种事实性科学的最普遍的预设层面上实现，它认为通过以下三种观点，可以将精神分析的相关事实置于可观察的心理学之中：第一，精神分析的主观材料指的是行为，即潜在的行为，就这一点而言，精神分析与科学心理学的经验视角没有根本上的不同。第二，精神分析理论中包含了格式塔的观点，根据这种观点，所有的行为都是整合的、不可见的。因此，精神分析所谓的心理活动的诸系统（无意识系统、意识系统和前意识系统）和中介（本我、自我和超我）都只是行为的不可见的方面。所以，格式塔的观点可以使精神分析在现代

---

① 弗洛伊德：《诙谐及其与潜意识的关系》，载车文博主编：《弗洛伊德文集》第 6 卷，九州出版社 2014 年版，第 265 页。

② 保罗·利科：《诠释学与人文科学：语言、行为、解释文集》，孔明安等译，中国人民大学出版社 2012 年版，第 214 页。

心理学中立足。第三，所有的行为都是整体的人格，由于精神分析在主体的系统和中介之间建立起一种交互关系，从而它可以被看成是一种有机体的观点。[1]

利科指出，从表面上看，对精神分析的操作性重构既能够拓宽科学心理学的研究范围，又能够将精神分析置于科学心理学的领域之中，但是，这种将精神分析同化在可观察性的心理学的做法，既没有使心理学家满意，也没有尊重精神分析自身独特的构成。事实上，对精神分析的重构只有在行为主义的形式下才是可设想的。

行为主义认为，应该从人的知觉和反应中来考察人类行为，从而行为主义的重构在两种可观察的事实即知觉和反应中得到实现。在行为主义那里，"欲望被含蓄地解释为一种状态，该状态导致了与欲望对象有关的某种行为。信念按照它的因果关系的角色，以一种类似的方式给以解释"[2]。经过行为主义重构的语言就表现为如下的说明，即意识和无意识之间的差别就是，无意识产生于当某个人在知觉，但是并没有知觉到他在知觉的时候，情绪和欲望被看作是在知觉中对预期到的好或坏、有益或有害的反应。在行为主义看来，弗洛伊德理论中的主要概念，如里比多、自我、本我、超我、爱欲、死本能、性冲动、压抑、俄狄浦斯情结等都可以被转换成这种可观察的事实性语言。

但是，并不是所有弗洛伊德的概念都可以通过这种转换进行说明，并不是所有内容都可以被观察到。有些概念只能在分析情境或者说语言情境下被解释，而不能作为被观察到的对象。在真正的精神治疗中，不能离开治疗的具体情境，因为人工情境永远不可能制造出与来自个人历史的冲动、压抑相等同的事物。利科举例说，弗洛伊德所谈到的小汉斯害怕被马咬到的恐惧，应该被理解成一种具有双重意义的象征，在表面意义上是小汉斯对马的恐惧，在更深层次上则是孩子对父亲既爱又恨的"阉割情结"的表

---

① Paul Ricoeur, *Freud and Philosophy: An Essay on Interpretation*, p. 348.
② 查莫斯：《有意识的心灵》，朱建平译，中国人民大学出版社 2013 年版，第 25 页。

现。弗洛伊德只是在这种象征的基础上引用了阉割情结，但在可观察的术语中，它在原则上不具有可被测量的特征。对象征的解释依赖于弗洛伊德理论中的各种翻译规则的理论，即用一种能够被理解的文本来替换被扭曲的文本，通过这些翻译规则，作为象征的梦及其类比物就能够得到理解。

分析师关心的不是可观察的事实，而是事实对主体而言的意义。对于分析师而言，行为不是一个可以从外部进行观察的事物，而是主体意义变迁的表达，这是在分析性的情境下被揭示出来的，在这个意义上，行为只是欲望历史的符号，而不是可供观察的事实。所以，精神分析师从不进行观察，他只进行解释。正是在这个意义上，利科说："分析的操作是一种工作，在被分析的病人那里，有另一种工作，即觉醒的工作与之对应。"① 那种将精神分析重构为科学心理学的做法，"将行为转化为事实，并且通过关注可衡量的东西而逃避了关系的复杂性"②。对精神分析的重构只能处理那些与分析经验相分离的、孤立的概念，或者说，重构切断了它们在解释中的起源。精神分析不是一门以行为事实为对象的观察性科学，而是一种解释的科学，它研究的是替代对象和原始本能之间的意义关系，这才是精神分析的独特性所在。

从而，精神分析的动机被理解为存在的领域并因而具有历史性的维度，分析谈话也因为其归属于一种独特的存在类型而与欲望语义学相关联。既然分析谈话处于历史性的存在领域之中，那么，它从一开始就与观察性科学相分离了。所以，"精神分析更多的是一种文化的和历史的路径，而不是科学的路径，因为它无法提供证实，而是可以同现象学做比较"③。

对精神分析的科学性重构之所以不能够令人满意，根本原因在于它违背了分析经验的本质。

科学心理学经常使用环境变量这个概念，它指的是可以从外部进行观

---

① 保罗·利科：《解释的冲突 —— 解释学文集》，莫伟民译，商务印书馆 2008 年版，第 220 页。
② Alison Scott-Baumann, *Ricoeur and the Hermeneutics of Suspicion*, Continuum International Publishing Group, 2009, p. 41.
③ Ibid., p. 47.

察的事实。但是在精神分析师看来,真正重要的不是这种可观察到的事实,而是事实对于主体而言的、在主体个人的历史中的意义,这就是分析师的研究对象。从而对分析师而言,行为不是一种可以从外部观察的变量,而是主体历史意义变迁的表达,因为它是在分析情境中被揭示出来的。在精神分析中仍然可以谈论行为的改变,但是这不是作为可观察的对象而言,而是作为欲望历史的意指物而言的。历史的意义和行为主义的道路没有任何关系,在精神分析中没有科学事实,因为分析师从不观察,他只是解释。只有认识到了意义和双重意义的问题,并将双重意义的问题和解释难题关联起来,才能认识到分析经验的本质。

精神分析是与病人进行谈话的工作,它是一个言说的领域,在这个领域中,病人的故事被讲了出来,"它完全是在语言的领域中展开的。所有那些尝试着将心理分析整合进行为主义类型的普通心理学中的心理学家们和心理分析学家们完全不知道这个初始境遇"[1]。所以,精神分析的对象是意义的效果,即梦、神经症、幻象等在经验心理学看来仅仅是意义片段的东西。对分析师而言,行为是意义的片段。这就是为什么缺失对象和替代对象是精神分析永恒的主题。行为主义心理学将缺失对象主题化为独立变量的一个方面,即某物在客观上缺乏刺激的一面。但是对分析师而言,缺失对象并不是出于可观察的变量的链条之上,而是象征世界的一个片段,这种象征世界在精神分析的谈话治疗的言说领域中表现了出来。对弗洛伊德的重构没有从发生在分析谈话的经验开始,所以必然无法理解缺失对象与替代对象的问题。

精神分析认为,一切行为最根本的起源就是本能,但是精神分析并不是真正关心这些本能的具体内容,而是重点关注本能进入个人的历史的方式,个人的历史因为稽查作用的存在而变得扭曲,所以如何在分析情境中认识到这种扭曲的历史的真实意义,才是至关重要的。意义在分析谈话中得到把握,而分析经验就是在分析谈话、在言说的领域中展开的,在这一

---

[1] 保罗·利科:《解释的冲突——解释学文集》,莫伟民译,第227页。

领域中，梦和神经症作为有待解密之物展现自身。

二、精神分析的真理性

精神分析由于其自身的特征不能被重构为观察性科学，但精神分析又有其真理性。利科认为，精神分析"是发生在分析情境中，更准确地说，是发生在分析关系中的代码化。正是在那里发生了某事，可以被称为分析经验"①。这种分析经验就涉及精神分析的事实问题，涉及精神分析选择事实的标准问题，利科认为这种标准有以下四个。

第一个标准是那种能够被说出的进入治疗领域中的经验，这种经验作为精神分析的事实，不同于可观察的行为的事实，也不是心理现象的本能和作为能量的欲望，而是能够被解密、翻译和解释的有意义的欲望。由于稽查作用的存在，"除非以伪装的形式，否则愿望便不能被加以表达"②，也就是说，欲望在症状、梦中被扭曲地表现出来，这就涉及欲望的语义学维度。这就将精神分析的事实定位于意义的领域之中。第二个标准是移情（transference），这里涉及主体间的欲望维度。弗洛伊德赋予移情两层意思。首先，在梦中被禁止的愿望会将其强度转移到一个相对单纯的想法上，从而后者就代表了前者并在显梦中表达了出来，这是移情在意识活动内部发生的过程；其次，无意识的愿望和本能冲动也会在社会情境中显现，比如被分析者的情绪会从被分析者的头脑中转移到分析情境中出现或者转移到分析师身上。第一层意思中的移情与超我对自我的约束有关，因为超我代表了良心、社会准则和自我理想，从而涉及与他者欲望的关系，即人的欲望不得不遭遇到他者欲望的否定。从而，精神分析的事实也以主体间的欲望维度为标准。第三个标准是心理实在，即无意识呈现的内在一致性。在神经症和梦的领域中，心理实在起决定作用，这种心理实在就是里比多的

---

① 保罗·利科：《诠释学与人文科学：语言、行为、解释文集》，孔明安等译，第 211 页。
② 弗洛伊德：《释梦》（上），载车文博主编：《弗洛伊德文集》第 4 卷，九州出版社 2014 年版，第 144 页。

本能冲动，它遵循快乐原则，处于与现实原则的冲突之中。心理实在也不是可观察的。第四个标准就是主体经验中的叙事标准，在这个意义上，精神分析的案例的历史成了其首要的文本。弗洛伊德并没有直接讨论过主体经验的叙事特征，他只是在讨论记忆时间接地有所涉及，比如他指出癔症患者的苦痛主要来自于记忆。记忆不是一种孤立的时间，而是在叙事、故事中构造起个人的生存，从而记忆是一种有意义的序列。

根据精神分析选择事实的标准，利科对精神分析的真理性做出如下总结：首先，精神分析的陈述要求一种言说的真理，它否定性地意指伪装、幻象、错觉等误解的形式，它们在本能表达的扭曲机制中属于对真实意义的误解。言说的真理要求去克服误解，对扭曲的形式进行解密，从而达到真实的意义。其次，这种误解不仅是自我的误解，也是对他者的误解，弗洛伊德理论中对缺失对象、替代对象的分析都表明了误解之处就是他人，从而精神分析的真理要求处于主体间的领域之中。第三，精神分析陈述的真理要求一种从幻象到象征的过渡，即在双重意义的维度中来理解幻象。第四，在对自我和他者进行认识的过程中，将叙事引入真理的领地。"叙事的本质在于将不和谐的杂多整合为一个具有和谐性的整体"[1]，在叙事中，言说和行动统一了起来，这就是利科所谓的叙事同一性，即借助于叙事的中介化环节而使人能够在其中表现为同一性。这种将真理要求与叙事相关联的努力，坚持了叙事的批判维度，在叙事中对自我、他者的认可得到了展开，从而对自身的认可就是重新获得重述一个人自己历史的能力，在叙事的形式中来反思自己。这里就涉及利科的叙事理论。如果最终的真理要求都被归结于精神分析事实的叙事结构即被分析者的个人历史之中，那么对精神分析真理性的证实就处于由精神分析理论、解释学、精神分析治疗和叙事构成的网络的关联之中。在这个意义上，我们甚至可以说："精神分析就是一种解释学。"[2]

---

[1] 刘惠明：《作为中介的叙事：保罗·利科的叙事理论研究》，世界图书出版公司 2013 年版，第 187 页。

[2] Alison Scott-Baumann, *Ricoeur and the Hermeneutics of Suspicion*, p. 60.

　　精神分析不是始于可观察的行为，而是始于那些必须得到解释的无意识的行为，那些将精神分析重构为科学心理学的尝试，是由于对精神分析基本特征的误解造成的，"即分析经验是在言说的领域中展开的，并且在这个领域内部，所显现出来的一切，如同拉康所说，就是另一种语言，它与普通的语言相分离并且要求通过这些意义效果来加以辩读"①。这里所说的"另一种语言"，就是经过了扭曲和伪装的欲望的语言。

三、精神分析与现象学

　　利科将精神分析看成是一门历史科学，因为精神分析是基于案例的研究，而每一个案例都与患者的历史有关。正因为精神分析是一门历史科学，它才能够是一种解释的方法。自然科学是被科学方法所指导的，即从假设到通过实验进行验证，通过这种方法，自然科学家达到了某个真理。但历史科学的问题与自然科学的问题不同，它不追求某个真理，而是追求有效的真理，"在精神分析中做出的解释的有效性，服从于像历史的或注释的解释那样的相同种类的问题"②。利科对科学真理的单一性与历史科学真理的多元性的区分表明，历史科学所要求的是那种可信的、可能的真理，而不是那种得到严格证明的真理。所以，对精神分析师来说，重要的不是观察性科学所谓的"事实"，而是患者个人历史中事件的意义，以及这些意义如何受扭曲而进入患者个人历史的过程。尽管精神分析将意识与行为的最终根源追溯到无意识中，但它的真正任务却是通过对患者语言的分析，去发现无意识的欲望、本能是如何进入患者的个人历史中的。这样看来，精神分析更相似于历史而非心理学，但这个历史是个人"欲望的历史"，而非一般的历史。对利科而言，我们不能以自然科学的观点来衡量精神分析，它毋宁更接近于历史诠释。而且它所面对的不是欲望自身，而是欲望的表象，

①　保罗·利科：《解释的冲突——解释学文集》，莫伟民译，第 231 页。
②　Paul Ricoeur, *Freud and Philosophy: An Essay on Interpretation*, p. 374.

如何解读表象的意义才是精神分析的重点所在。

因此，精神分析和历史一样都是不可证实的，"它的有效性来自于它是否能够表明它所描述的东西是有历史动机的。'有动机的'指的是有一种理由，即某人以某种方式行动有其合适的原因"[①]。精神分析的动机就在于去发现行为背后的动机，根据精神分析，这种动机就是欲望（desire）。精神分析关于人的观点就是从欲望的视角看待人，从而精神分析理论的功能是把解释的工作放到欲望的领域中去。利科认为，精神分析理论（与精神分析的实践相对）的目的是研究"欲望语义学"的可能性条件，通过这些条件，欲望的意义就有可能表达出来。弗洛伊德的精神分析从认识本我-欲望出发，所以他的整个体系可以称为"欲望语义学"。

那么，这些条件是什么？利科不是在精神分析理论中，而是在现象学中为该问题寻找答案。笛卡尔在其普遍怀疑中把身体去除了，而现象学则把身体重新还回了笛卡尔主义。对现象学家而言，存在着的意义就是与身体紧密相关的意义、一种有意义的行为。每一个有意义的实践——把观点付诸行动——都是身体的意向，换句话说，身体是肉体化的意义。利科指出："行动中的性构成了我们作为身体的存在，在我们与我们自身之间没有任何距离。"[②] 只要精神分析是关于性欲的理论，而性欲不可避免地和身体联系在一起，同时又由于无意识起源于性欲，那么，在这个意义上可以说，现象学的这种主张，即思想除非经过身体否则无法被思考，使现象学转向了弗洛伊德的无意识。因为现象学的存有模式是身体的模式，而身体既不是自我也不是世界的东西，不是我里面的表象，也不是我之外的东西，而是可以意会的整个无意识的存在模式，所以，身体是那种好像使我们存在于我们自身之外的他者，而所有具现的意义都是一种在身体内获得的意义，并且被转化为肉体的意涵。因此，身体虽然为意识所关联，但也有超出意识的一面。任何有意义的行为都是具现于身体的行为，因而有意义的行为

①　Karl Simms, *Paul Ricoeur*, London: Routledge, 2003, pp. 50-51.

②　Paul Ricoeur, *Freud and Philosophy: An Essay on Interpretation*, pp. 382-383.

都指称着身体；但又由于身体有超出我们意识的面向，因而行为也具有超出我们意识的面向。这都是与身体关联着的"意向性"所表示的。

现象学和精神分析联系的另外一种方式就是语言观。"现象学家把语言看成是将意义放到操作中的方式；它与身体相关联，正如身体表明了人能够做出行为，能够有意义、有意向，所以他的语言就是表明这些意向和意义是什么的行为。"① 在这个说法中，现象学家是在谈论语言的发生 —— 它起源于哪里？精神分析师对语言的发生做出了相似的论断。例如，在《超快乐原则》中，弗洛伊德讲了一个故事：一个小男孩，每当他母亲不在家里时，他都会玩一个简单的游戏，即一边将一个线筒扔出去又拽回来，一边口中念念有词地说"fort-da"这个词，即"去-回来"。② 正如利科所说："剥夺 —— 以及随后的在场 —— 被指称和转换成意向性；母亲的被剥夺变成了对母亲的渴求。"③ 不仅仅是通过玩线筒，还通过将之转换成语言，小男孩克服了母亲在场和缺席的辩证。正是这种转换使他能够克服母亲缺席的创伤，并获得在母亲回归时的过度补偿的欢乐。克服创伤和过度补偿的欢乐是在他的谈话背后的隐藏意向，这种谈话通过他的行为被表达出来，从而变成一种语言行为。从而，精神分析和现象学的语言观在这里是一致的。

对现象学家而言，感知到某物就是可被他人感知到这一事实，导向了一种交互关系：我认识到他人，我也认识到他人在认识我；对他人而言，我就是知觉领域中的对象，正如他人对我也一样。精神分析持有相同的理论，但它是通过欲望的语言表达出来的。欲望位于人类内在的情形之中，否则就不会有通过幻想而来的压抑、审查或意愿实现。其他人是禁令的原初承担者，这就是说，欲望遭遇到了其他欲望 —— 一个相反的欲望。关于我与他人关系的精神分析辩证法和现象学对他人的认识有相同的结构。因此，现象学和精神分析"都追求相同的东西，即主体的构造，作为欲望的

---

① Karl Simms, *Paul Ricoeur*, p. 51.

② 弗洛伊德：《自我与本我》，载车文博主编：《弗洛伊德文集》第 9 卷，九州出版社 2014 年版，第 14—16 页。

③ Paul Ricoeur, *Freud and Philosophy: An Essay on Interpretation*, p. 385.

创造物，处于一种本真的主体间性谈话之中"①。也就是说，作为现象学主题的意向性可以进一步引出互为主体性，这是现象学接近精神分析的最后一步。我们与世界的一切关系都有一个互为主体的构造，知觉的意义其实已经预设了他人的知觉与事物未被知觉的一面，所以每种意义在根本上来讲都有互为主体的面向。就他人可以使得隐匿的事物显明出来而言，每种客观性都是互为主体的，客观性就是"可言说性"，而可言说性其实正是一种互为主体的表述性。于是，现象学所说的意义是更为操作性的，而不是说出来的；更为活生生的，而非反映式的。现象学的这种意义纹理在欲望的语境中得到最清楚的表达；那种贴近事物存有模式的欲望，不仅仅是一种朝向他者的欲望，而且是朝向他者欲望的欲望，这就是人类的欲望。精神分析的特点就是在这种朝向他人欲望之欲望的关系网络中置定人存在活动的心理意义，前意识论述之所以有意义就在于它是在精神分析的交互语言情境中出现的。言说中的主体之建构与在互为主体性中的欲望之建构是同一的，只有在这种情况下，欲望才能进入一个富有意义的人性历史。

所以，精神分析应当被看成是一门"文化和历史的科学"②，它探究的是个人欲望的历史，对这种历史的解读不能使用自然科学的方法，而是要通过接近于历史诠释的分析方法才能达到。欲望是行为背后的动机，不仅精神分析从欲望的角度来看待人，现象学的身体观同样与性欲-欲望交织在了一起，在这个意义上可以说现象学转向了弗洛伊德的无意识。但是，现象学是从意识的知觉模型拓展到身体的意义，试图拐弯抹角地达到欲望的历史，而精神分析则是通过患者告诉分析师其个人经历，直接投入欲望的历史中去。

为了达到可绝对确定地被认识的东西即自我意识，现象学的悬置将所有我们不具有确定性的判断都放到括号中去——例如，通过感官呈现给我们的外部世界的状态。弗洛伊德无意识理论的建立则是一种反向悬置，因

---

① Paul Ricoeur, *Freud and Philosophy: An Essay on Interpretation*, p. 386.

② Alison Scott-Baumann, *Ricoeur and the Hermeneutics of Suspicion*, p. 47.

为作为最初被认识之物的意识，在精神分析这里被终止且变成了最少被认识的。弗洛伊德用德语 das Unbewusste 来表示"无意识"，即"不可认识之物"，无意识的本质就是欲望、本能。利科将弗洛伊德的无意识学说称为一种"反现象学（anti-phenomenology）"研究。在弗洛伊德眼中，人类的一切意识活动都可以还原为欲望的变相表现。这种把所有意识活动皆还原为无意识的变相表现的说法，在利科看来，可从哲学的观点定位为一种"主体考古学"，因为它企图由溯源自我的原初形态来说明现在自我的种种表象。从而，自我不是呈现于意识中的样子，亦即自我不是如我所思想的样子；自我是扭曲的，利科称之为"受伤的我思"。以这种方式，利科确立了精神分析在认识论上的特殊地位。

因此，在弗洛伊德看来，意识不再是最容易被认识的，而是变成了有问题的；"我们面临的不是还原到意识，而是意识的还原"[1]。意识的自-明性被消解，笛卡尔式的自我被欲望所取代，这构成了利科所说的对反思哲学的挑战。现象学就是一种反思哲学，因为它建立在自我对自身的反思之上。在古希腊神话中，纳西塞斯（Narcissus）爱上了自己的倒影，"自恋（narcissism）"概念就由此而来。对弗洛伊德来说，反思哲学，如现象学或在笛卡尔式的我思中表达出来的东西（"我思故我在"），仅仅是自恋的表达罢了。它是一种哲学幻象，一种从自身捕捉自身的尝试，它被欲望所驱使——自我自称"我"，将自己想象成整个个体，但事实上它未能认识到本我，而仅仅是自恋的表达，骄傲地自夸它已经发现了某种真理。"在关于自恋的著作中，弗洛伊德说，精神分析造成了第三次对人的羞辱的创伤。第一次是哥白尼造成的，他认识到人并不是宇宙的中心。第二次是达尔文造成的，他认识到人不是动物王国的中心。第三次也是最后一次是由弗洛伊德本人造成的，即认识到人不是他自身的中心，'自我不是他自己房子的主人'。"[2]

---

[1]　Paul Ricoeur, *Freud and Philosophy: An Essay on Interpretation*, p. 424.

[2]　Karl Simms, *Paul Ricoeur*, p. 54.

现象学的悬置与弗洛伊德的"反向悬置"，二者虽然同为还原，但现象学的主张是还原为意识，而精神分析则是一种直接质疑意识本身之可靠性的意识的还原。这个意识的还原的根本颠覆性在于，它不但解构了意识的主体，而且也同时解构了意识的对象，因为意识的对象可能就是意识主体为了满足欲望而伪装成的一个欲望对象。弗洛伊德的欲望经济学显示，自我不但作为一种本能——自我的本能，而且也能转换为一种为本能所欲求的对象——快乐之我，所以自我恋慕自己，以自己为满足。"自我首先便是自我之爱的继承者，自我的深层结构类似于对象里比多。存在着一种与对象里比多同型的自我里比多。自恋将填满我思－我在这整个程式的真理，并且是以一种虚幻的具体性来填满的。自恋导致反思的我思与直接意识相混同，并使我相信，我就如我自己所认为的那样存在。"[①] 所以，"我思"只是为了满足欲望的一个欲望对象而已，所谓我思的明证性只是一种主观的幻想。利科在我思中看到一种关联于原始自恋的本能，而这个本能就是一切虚假自我的根本形式。这样，自恋不只发生在精神分析领域，同样也可能发生在反思哲学之中。所以，精神分析对于意识的批判与质疑不是现象学式的，而是反现象学的。

利科认为，弗洛伊德的自我理论明确地揭示了意识的幻象，但它并不能给予我和"我思"以某种意义。利科没有停留在精神分析揭示的意识幻象的道路上——精神分析自身能够很好地处理这一问题。相反，作为一个哲学家，利科关注的是，精神分析在为主体——说"我"的那个人——提供意义上的失败。精神分析固然将意识表现的意义溯源至无意识的欲望的决定，但从认知的角度我们不得不承认，无意识必须关联于意识才有意义，无论精神分析作为一种理论还是治疗程序、技术，它都是在意识中构成与进行的，意识显然是无意识欲望之所以有意义的相关项。将受伤的记忆重新整合在意识之中是精神分析治疗的关键因素，而患者正是借由记忆胜过无意识而痊愈的。从而，利科认为精神分析不是意识的否定，而是意识扩

---

① 保罗·利科：《解释的冲突——解释学文集》，莫伟民译，第 298 页。

展其领域的手段。利科对弗洛伊德的解读，"使得无意识可以成为意识的他者"①。所以，一个本能的表象概念之所以具有意义，是因为它具有成为意识的可能性。无论本能的原初表象多么遥远，无论它们的变项何其扭曲，它们依然属于意义的领域，在原则上可以转译成意识的心理机制语词。在这个意义上，"胡塞尔和弗洛伊德之间并不存在一条不可逾越的鸿沟"②。精神分析作为一种意识的回归是可能的，因为在一种特定的方式上无意识与意识是同质，它们互为相对他者，而不是绝对他者。

结论

传统的现象学和解释学关注的是意识的领域，而利科试图通过对弗洛伊德精神分析的考察，来实现对现象学和解释学的研究领域的拓展，去关注无意识领域；同时，通过弗洛伊德的"反现象学"，来揭示"意识的幻象"，克服"意识的幻象"的方法，就是利科的反思哲学——意识本身是抽象的，只有经历各种中介，即在世界中广泛存在的宗教、艺术作品、经济、制度等文化符号，意识才能变得丰富而具体。

利科对现象学研究领域的拓展是否成功呢？笔者认为是存在问题的。利科一方面认为无意识理论实现了对直接意识的驱逐，并将自我意识放到其反思哲学中去，另一方面又主张无意识应该是意识扩展其领域的手段，这在事实上将无意识纳入意识之中，消解了无意识的独立性。所以，利科在这里呈现出一个矛盾。之所以会出现这种矛盾，与现象学的创始人胡塞尔的思想不无关联。胡塞尔在《笛卡尔式的沉思》中提出，知觉对象构造是文化对象构造的基础。③但笔者认为，如果文化对象能够像知觉对象一样被"构造"的话，也只能通过理解和解释来实现，而不能通过现象学来实

---

① 保罗·利科：《解释的冲突——解释学文集》，莫伟民译，第 122 页。
② 马迎辉：《胡塞尔、弗洛伊德论"无意识"》，《江苏行政学院学报》2015 年第 3 期。
③ 参见该书"第五沉思"。

现。面对文化对象，我们必须走向解释学或者说现象学的解释学，这正是利科从早期的意志现象学转向现象学的解释学的原因所在。遗憾的是，尽管利科已经认识到了现象学在处理文化对象上的局限性，但在论及现象学和精神分析的关系时，他并未将这一认识贯彻到底。

存在者、存在论和生成论层次上的三种欲望样式*

程党根
（南昌大学人文学院哲学系）

　　自柏拉图用 Eros（爱洛斯，爱欲）概念表达出灵魂渴望与它没有的东西重新合为一体的思想开始，西方思想似乎注定要把人类经验明确表达为基本的缺乏（lack）并努力克服这种缺乏。尽管这种缺乏的性质和它可能或不可能被克服的方式随思想家的不同而不同，但它在诸如弗洛伊德和海德格尔这样的思想家的思想中仍然是一个支配性的组织原则。有意思的是，尽管弗洛伊德和海德格尔都处在由缺乏所编织的欲望路线上，但在他们各自眼中，彼此的形象似乎都欠佳：海德格尔眼中的弗洛伊德无疑是一个形而上学家，弗洛伊德眼中的海德格尔则肯定是一个抑郁症患者。更为不堪的是，两者在后现代哲学家德勒兹眼中都是某种"独断思想形象（the dogmatic image of thought）"。

　　在现代欲望观的思想嬗变之途中，弗洛伊德、海德格尔和德勒兹的

---

*　本文为江西省社科研究"十二五"（2013 年）规划重点项目"主体性与人道主义关系研究"、
2013 年度江西省高校人文社科项目"主体性和人道主义关系研究"的阶段性成果。

欲望观最具典型性，它们分别代表了存在者层次（ontical）、存在论层次（ontological）和生成论（becoming theory）层次上的三种欲望样式。国内学界在现代欲望观的研究上一般以个案研究为主，对单个哲学家的欲望观诠释较多，而对欲望的总体传承路线则鲜有论及，本文则在此基础上精选出三个代表性人物弗洛伊德、海德格尔和德勒兹的欲望观进行研究，并尝试性地从中掇取出一条现代欲望观的发展路线，以期就教于学界同仁。

一

众所周知，"欲望（desire）"在精神分析学中是一个极其重要的概念，弗洛伊德通常用它来表明人的心理活动中那种占主导地位的力量，其核心是里比多（libido，性力）。1917 年，弗洛伊德在其早期重要论文《哀悼与抑郁》（"Mourning and Melancholia"）中，重点探讨了欲望对象的丧失（loss）问题。当我们挚爱着某一对象（人或物）时，我们的自我依附于所欲对象，弗洛伊德把这种现象称为欲望的"投注（cathexes）"。在他看来，如果我们的所欲对象遭到了丧失，我们的自我对所欲对象的依附就会被切断，稳定和平衡的自我精神地貌由是而遭到破坏，并造成精神创伤，此后自我便自动开启一个反投注的、收回投注的相当痛苦的程序。

依弗洛伊德之见，所欲对象丧失对自我造成的精神创伤可以在两种现象中得到显现：一种是哀悼（mourning），另一种是抑郁症（melancholia）。哀悼是处理悲痛（grief）的健康的和适当的方式，而抑郁症则是处理悲痛的病态的和不适当的方式。哀悼的特性是："极度痛苦的沮丧、对外在世界兴趣的中断、爱的能力的丧失以及对各种活动的抑制。"[1] 为了避免悲痛的沮丧，自我的欲望在欲望对象缺乏的困扰下似乎自然而然地要把自身重新维系于一个新的所欲对象上以停止悲痛。然而，弗洛伊德的精神拓扑学表明，

---

① Sigmund Freud, "Mourning and Melancholia", in *The Standard Edition of the Complete Psychological Works of Sigmund Freud*, XIV, translated by James Strachey, London: Hogarth Press, 1962, p. 244.

这只是自我处理悲痛的通常情况，因为"当一个替代物向其召唤时，人们绝不会乐意放弃一个里比多的位置（libidinal position），绝不会"①。换言之，在珍爱对象丧失的情况下，尽管对现实的验证已经显示珍爱对象已不复存在，要求所有的里比多投资从其中撤回，但这种撤回并不能立即实行。从珍爱对象丧失到把里比多投资从珍爱对象中撤回，这之间的间隔是哀悼期。如此看来，哀悼行为是从所丧失的珍爱对象中撤回里比多投资的相当痛苦的事情。

弗洛伊德同时指出，如同在哀悼中一样，在抑郁症中，我们也可以发现里比多投资从世界之中的回撤和沮丧情绪的产生，但我们同时也发现"自爱感（self-regarding feeling）下降得如此厉害，以至于发现自责（self-reproach）和自怨（self-reviling）的言辞，并在妄想的惩罚期望中达到了顶点"②。所欲对象丧失这样一个诱因何以会导致哀悼和抑郁症这两种不同的结果，而且一个是健康的而另一个是病态的？为什么抑郁症的病态结果像哀悼一样在里比多的回撤中显示自身，而且会产生一种自尊的下降？弗洛伊德的回答是：尽管丧失在哀悼和抑郁症两个事例中是诱因，但抑郁症者对丧失所造成的缺乏是无意识的，即是说，尽管抑郁症者的抑郁症表现了与哀悼相同的症状，但他（她）并没有意识到丧失已经发生。因此，对他（她）而言，抑郁症所产生的压抑似乎是个谜。此外，除了这些特有的压抑之外，抑郁症者还不断地用言辞进行着自责。依弗洛伊德之见，这些自责与其说是自我的羞耻感，不如说是一种"在自我暴露中找到满足感的执着交流（insistent communicativeness）的特质"③。

不过，弗洛伊德的分析暗示，抑郁症的自责实际上针对的是已丧失的珍爱对象。"执着交流的特质"表明，抑郁症者不是为他（她）的缺点感到羞耻，因为他（她）无意识地知道这些责备是针对其他人的。弗洛伊

① Sigmund Freud, "Mourning and Melancholia", in *The Standard Edition of the Complete Psychological Works of Sigmund Freud*, XIV, p. 244.

② Ibid.

③ Ibid., p. 247.

德总结了抑郁症的特征，认为在抑郁症中必定存在着一个自我和丧失的对象之间的认同。他写道："修复这一过程没有困难。一个对象选择（object-choice）、一种对某一特殊人物的里比多依附曾一度存在；因此，由于来自这个所欲之人的真实的怠慢或失望，对象关系遭到了破坏。结果不是从这个对象中撤回里比多和以一个新的对象取代它这个正常结果，而是某个不同的东西，因为产生各种条件的这个东西似乎是必需的。对象投注（object-cathexis）几乎不提供抗力及使之结束。但是自由的里比多不被另一个对象取代；它回撤进自我之中。然而在那里，它不是以任何非特定的方式得到使用，而是服务于确立自我与被弃对象之间的认同。因此对象的影子指向自我，后者可能自此之后受到一个特殊代理的审判，好像它是一个对象、被弃的对象。如此对象的丧失被转换成了自我的丧失，自我与所欲之人之间的冲突被转换成了对自我的批判活动与被认同所改变的自我之间的分裂。"①

因此，对弗洛伊德来说，哀悼与抑郁症之间的至关重要的差异在于对象丧失之后的地位。在哀悼事例中，丧失对象在得到哀悼之后被另一个对象取代，欲望在此期间得到了补偿。虽然哀悼活动是里比多投资从一个对象转移的痛苦过程，但其目的是为了使这一里比多能够自由地附着于另一个对象。在哀悼过程中，主体似乎被抑制。然而，在抑郁症中，丧失对象不是被另一对象而是被自我取代。正常情况下投注于所珍爱对象的里比多投资由于对象的丧失转而向内附着于自我本身，使得哀悼活动不能被完成。尽管自我知道自己已经丧失了某个东西，但这种知识不能变成意识，因而对所珍爱对象的里比多投注仍然一如既往地运行着，而不会在投注对象缺乏的驱动下转移到另一投注对象。

---

① Sigmund Freud, "Mourning and Melancholia", in *The Standard Edition of the Complete Psychological Works of Sigmund Freud*, XIV, pp. 248-249.

二

在海德格尔的基础存在论中，欲望也是一个极其重要的概念，被海德格尔用来表示此在完成自己整体性的筹划。某种程度上，我们可以用弗洛伊德关于"哀悼与抑郁"的思想来分析海德格尔的欲望观，即从海德格尔关于向死而在的此在的生存筹划中隐隐约约地分辨出它所暗含的精神分析指向。当然，严格说来，促成哀悼或抑郁症的对象的丧失（objective lost）与促成向死而生的构成性的缺乏（constitutive lack）之间存在着极大不同，这是我们不应错过的现象实情。譬如，如果我丢了一部收藏了我与外界联系的全部号码的手机，我会相当痛苦。毫无疑问，用精神分析学的话来说，我产生痛苦的根源是我的里比多逐渐投资到这部手机上的结果，对手机的里比多投资绘制了我的精神地貌。在手机被弄丢之后，我原先投资于手机上的里比多就需要撤回，我的精神的地貌因此也必须重绘。显然，手机的偶然丢失与被构成为必然缺乏不一样。我会对我丢失的东西感到哀悼或抑郁，但肯定不会对我从未拥有过的东西感到哀悼或抑郁。哀悼和抑郁症以一个出现、逐渐受喜爱然后消失的对象为前提。就此而言，海德格尔没有设定与这类对象的关系，而是声言我们由我们正不断努力消除的缺乏（他称之为"虚无［the nothing］"）所构成。因此，在严格的精神分析语境中，我们不能使丧失（loss）和缺乏（lack）相互混淆。

然而，丧失和缺乏在精神分析学上不可混淆，并不意味着它们在一定条件下不能转换。事实上，在弗洛伊德关于"哀悼与抑郁"的分析中，我们已经看到了两者转换的潜能与现实。哀悼和抑郁症之所以发生，本质上是由于欲望"投注"对象的丧失所导致的自我的精神地貌的改变，而丧失之后自我的精神地貌能否得到重绘，关键在于自我对对象丧失所造成的缺乏是否有一种自觉的意识。如果自我能对对象丧失所造成的缺乏有一种觉悟，则欲望便会在对象缺乏的驱动下自动地寻找另一个替代性的欲望对象，自我于是在经历了短暂的哀悼之后其精神地貌得到了重组。反之，如果自我对对象丧失所造成的缺乏无所察觉，欲望便会依然故我地附着于一个原来实际存在（不缺乏）而现在则是幻想的存在（缺乏）的对象上，这正是产生忧郁症的"心理病灶"或"疼痛的伤口"。

在海德格尔的基础存在论语境中，我们同样看到了丧失和缺乏之间在存在论上转换的这样一种可能性，即从他关于存在者层次和存在论层次的区分中，看到了从存在者层次上的存在者的丧失向存在论层次上的虚无的缺乏，亦即向存在的预期性丧失转换的可能性。尽管精神分析学中的丧失指的是一种对象的现实性的丧失、一种存在者层次上的现实性的丧失，而海德格尔所说的向死而在的构成性缺乏是一种存在论上的预期性的丧失，但这并不妨碍我们以丧失为前提对海德格尔死亡观进行一种精神分析。在海德格尔看来，此在由于"亏欠"死亡而不能完成对自己存在的整体性筹划。为了满足此在这种对自己存在的整体性筹划的欲望，此在必须经历自己在存在者层次上的死亡。然而，依海德格尔之见，此在经历自己在存在者层次上的死亡是不可能的，因为倘若此在死亡了，它也就不在了，无法经历了。因此，此在要经历自己的死亡，要完成对自己存在的整体性筹划，就必须超越存在者层次，实现一种从存在者层次向存在论层次的转变，即此在尽管不能经历它自己的死亡（自己的丧失），但它却可以先行于（欲望）它自己的死亡（自己的丧失）。海德格尔关于死亡的这种存在论上的预期性丧失的阐释表明：他的死亡观是一种重度的抑郁症的表现，并且这种抑郁症到了如此程度，以致此在欲望自己的丧失。

曾对德勒兹产生了重大影响的 20 世纪法国超现实主义诗人乔·布苏克（Joe Bousquet）说过："我的伤口在我之前就存在；我天生拥有它。"① 海德格尔之所欲，就是这种存在论上的、此在天生就拥有的"伤口"——死亡。弗洛伊德和海德格尔并未相互评论过对方的欲望观，然而，这并不意味着我们不可以推断和设想两位思想家眼中对方的形象。若以精神分析学审视海德格尔关于此在欲望自己死亡的观点，则海德格尔必定会被看成是

---

① Brent Adkins, *Death and Desire in Hegel, Heidegger and Deleuze*, Edinburgh: Edinburgh University Press, 2007, p. 1.

一个重度的抑郁症者。反之，若以海德格尔的思想审视弗洛伊德关于"哀悼与抑郁"的观点，那它无疑是不折不扣的形而上学思想，因为它是在存在者层次上看待欲望及其缺乏的，"虽然形而上学把在其存在中的存在者表象出来并且如此来思考存在者之存在，但形而上学并不思存在者与存在之区别。形而上学并不追问存在之真理本身"①。只思"作为存在者的存在者"②的弗洛伊德形而上学未能思索存在论上的欲望，远不及海德格尔所思的欲望的"存在的真理"，因而海德格尔认为自己关于欲望的存在论上的思考与弗洛伊德对欲望的形而上学思考相比"思得更源始些"③。海德格尔眼中的精神分析应该是一门实证科学，而"与实证科学的存在者层次上的发问相比，存在论上的发问要更加源始"④。其言下之意是，弗洛伊德在存在者层次上的欲望思考应以海德格尔自己在存在论层次上的欲望思考为基础，此在在存在论上欲望死亡是此在在存在者层次上欲望对象的可能性条件。

那么，海德格尔的这种抑郁症式的此在欲望自己死亡的思考是如何实现自身的呢？在《存在与时间》的第一篇，海德格尔通过对日常此在的分析，把操心（care）揭示为其规定性的结构。死亡是此在在世存在的结束，但这种结束具有与众不同的性质：无论这种结束是什么，我们都不能把它设想为用具或事物之类的结束。它既不同于完结，也不同于亡故。依海德格尔之见，操心是此在独一无二的存在方式，而死亡则是此在独一无二的结束方式。

在海德格尔的语境中，操心是一个涵括此在生存结构的概念，"我们且必须把'操心'这个词把握为存在论上的结构概念"⑤。操心揭示了此在生存的这样一个整体性的特征，即此在拥有一个世界，它逃离自身进入它所牵挂的世界，它的规定是："先行于自身的-已经在……中的-作为寓于……

① 海德格尔：《路标》，孙周兴译，商务印书馆2000年版，第378页。
② 同上书，第430页。
③ 同上书，第429页。
④ 海德格尔：《存在与时间》，陈嘉映、王庆节译，熊伟校，生活·读书·新知三联书店1999年版，第13页。
⑤ 同上书，第67页。

的存在"①。概言之，"操心就是此在建构的结构整体的整体性"②，由之可说，"此在的生存论意义即是操心"③。然而，"按照操心的存在论意义，这一存在者的可能的整体存在是同操心相矛盾的。操心的首要环节是'先行于自身'，这却等于说：此在为它自己之故而生存。'只要此在存在'，它直至其终都对它自己的能在有所作为。而且，即使当它虽还生存着，却不再有任何东西'在自己面前'时，当'它已经了账'时，它的存在还是由'先行于自身'规定着。……操心的这一结构环节无疑说出了：在此在中始终有某种东西亏欠着，这种东西作为此在本身的能在尚未成其为'现实的'。从而，在此在的基本建构的本质中有一种持续的未封闭状态。不完整性意味着在能在那里的亏欠"④。操心的这种"不完整性"和"亏欠"的性质，使之成了一种欲望着丧失的可能性。这种欲望着丧失的可能性，就是向死存在。因此，"操心是向死存在。我们曾把先行的决心规定为向此在的这种特殊的绝对不可能的可能性的本真存在。在这种向其终结的存在中，此在作为它因'被抛入死'而能是的存在者本真地整体地生存着。此在并没有一个它仅停止于彼的终结，此在倒是有终地生存着"⑤。

此在作为一种欲望着丧失的可能性的存在，是一种向死的存在，死亡是此在的一种根本的不可能的可能性。具体说来，海德格尔认为此在欲望着的死亡具有如下特性：

首先，死亡是此在的最基本的可能性，此在先行于它的死。无论此在在存在者层次上的在世具体欲望着什么，此在总是在存在论上欲望它自己的死亡。这不是说此在总是想起死亡，或者说有一个无意识的死亡愿望，或者说是自我毁灭的；毋宁说，它说的是这样一个事实：只要此在生存着，死亡就总是它的最本己的可能性。

---

① 海德格尔：《存在与时间》，陈嘉映、王庆节译，熊伟校，第 226 页。
② 同上书，第 268 页。
③ 同上书，第 48 页。
④ 同上书，第 272 页。
⑤ 同上书，第 376 页。

　　其次，死亡也是无所关联的。当此在自己的生存在先行中有待解决时，它认识到无论是它的用具还是其他东西都不能帮助它逃离或规避死亡。先行迫使此在直面死亡而不是求助于预期的行动。同时，一个此在在死亡中也不能被另一个此在代替，死亡以一种其他可能性都不能的方式攫住此在，使此在极度地个别化。总之，与用具或其他东西的任何关系都不能移开此在与它自己的死亡的相遇，作为适合于此在的结束的死亡不是能被经验或为了其他人而能被代替的东西。海德格尔这种死亡观意味着：正确地理解了死亡的此在须从面对死亡的说法和行为的公共方式中抽离自身，不再受这些通常的实践的支配。

　　再次，死亡是不可逾越的。海德格尔在阐述这一点时，没有提出关于死后生活的任何主张，而是认为死亡是此在不能规避的东西，在此之外有没有存在者存在不是海德格尔所要关心的事情。此在死亡之时，无论存在着像死后生活之类的东西，还是存在着不朽的灵魂，都只能把在世的此在转变成不再在世的东西。没有世界的此在是没有它要牵挂的用具或没有它要完成的事务的此在，死亡是此在作为可能性的结束，是不可逾越的。本真的此在因为没有被驱迫进其世界以逃避死亡，而是直面死亡，就能够选择其不是出于逃避而是出于自由的可能性。

　　死亡不仅是此在最基本的、不可逾越的、无所关联的可能性，死亡也是确知的。按照海德格尔的现象学方法，死亡作为一种现象必定会显现自身，尽管是在公众的做法中转弯抹角地以言和行的常见方式显现为一个显似。公众（常人）通常会说："每个人都会死，但不是现在。"初看起来，"每个人都会死"是一种对死、对此在的存在的基本的确知。然而，当我们进一步分析这一陈述时，我们明白这并不是实情。对海德格尔而言，这实际上是一种逃避死亡的方式，因为当人们说"每个人都会死"的时候，他们实际上想到的不是你我，而总是其他人。不仅如此，死亡还总是发生在我们周围。我们看到我们的朋友和家人死了，我们也听说陌生人死了，死亡似乎是我们遇到的最常见的事情。

　　"每个人都会死"这种说法承认了死亡的确知性（certainty）。当然，死亡的这种确知性只是经验的确知性，每个人都会死的明了性源于我们熟知他者之死亡。此在之为此在只是因为它的可能性之一是它的可能性的结束。然而，对死亡的这种经验的确知却被后半句"但不是现在"掩盖了。事实上，关心自己死亡的此在承认死亡会在任何时间来临，甚至现在，尽管具体的时间还不能确定。因此，死亡是此在的不可逾越的最基本的可能性，是无所关联的、确知的和不确定的。只要此在还是此在，那么所有这些特性就构成了此在不断面临的复杂的死亡现象。大多数此在通过把自己埋没于世间事务来回避死亡可能随时来临这一事实，而适当地面对死亡的不确定性，要求此在恒定地面对这一事实，即它已经是死的。只有在先行中此在才能把自己看作是一种可能性，迫使此在向死亡的恒定威胁开放自己。死亡的这种恒定的威胁不过是此在的存在方式，是它的存在的被建构的方式。

在挖掘了我们面向死亡的言和行所采取的通常方式之后，海德格尔进一步阐述了与我们自己的死亡的适当关系。死亡是此在的可能性，如果要使自己适当地对之有所作为，那么此在就必须像对一个可能性那样与之发生关系。此在正常情况下通过期待实现它来使自身对可能性有所作为。然而，死亡的可能性不像任何其他的可能性。此在不能以期待其他可能性的方式来期待它。与其他可能性相比，死亡不是一种能被实行的可能性。尽管此在肯定要死亡，但死亡之时不复此在；尽管死亡是此在的最本己的可能性，但这是一种此在不能实现的可能性。此在可以不断地期待死亡，但没有什么能把它带到更近处。死亡是此在的可能性的界限，是"此在的绝对不可能的可能性"。海德格尔把这种此在期待死亡的特殊方式称为"先行（anticipation）"。此在先行于它的死亡不是通过使之实现，而是通过认识到死亡标志着此在作为可能性的结束。此在越是理解了死亡这种可能性，就越是理解了它被实现的不可能性。在先行中，死亡把自身揭示为不可度量的，没有一步一步地逼近死亡这一说法，我们不能偷偷地接近死亡并抓住它。毋宁说，死亡是随时可能来临的东西，此在在世总已经朝向了它。

对海德格尔来说，死亡是一种内在的自我关系，它深刻地影响着此在生存的每一个方面，故而对我们理解《存在与时间》起着十分重要的作用。海德格尔的死亡阐述聚焦于个人与死亡的关系，以及此在通过死亡而被个体化的方式。在他看来，死亡尽管是此在绝不可能与之打交道的东西，然而却是此在绕之而行的条件，此在的精力很大程度上耗费在如何避免自己的死亡上。海德格尔专家 S. 马尔霍尔（S. Mulhall）指出：“死亡不是生存论领域中的一个具体特征，相反，它是由每一个这样的特征平稳地不变地散发出来的一道光亮或一个阴影；它是那些特征构造自身的基础，是此在如其所是地向自己揭示自己的生存的能力所依赖的一种自我隐藏的条件。”① 从弗洛伊德的观点来看，此在对待死亡的这种态度表明此在是一个典型的抑郁症患者。畏（anxiety）之情态是此在被迫面对经验围绕着自己的死亡而被组织起来的方式。在畏的作用下，此在与其说是在里比多对象丧失的情况下重整它的经验，还不如说是与丧失的对象合并。其结果是，抑郁症基本上聚焦于自恋的、个体化的自身。抑郁症不是一个后天获得的状态，而是一个构成性的状态。经验的可能性的条件存在于此在先验的抑郁症中。抑郁症不是一种对经验中的丧失的心理反应，而是一切可能经验的形而上学的根据。海德格尔在对平均的日常性（everydayness）和时间性（temporality）中的此在的分析中，严格地追求着这种先验的抑郁症。②

三

　　按照法国著名的后现代主义哲学家德勒兹的看法，在弗洛伊德和海德格尔等主流思想家之外，还存在着像卢克莱修、休谟、尼采、柏格森、克罗索夫斯基（Klossowski）等这样的“非主流的”思想家所组成的“思想孤儿线”，他们之间“有一种神秘的联系，这种联系由对消极的批评、对快乐的培养、对内在性的愤恨、对力与关系的外在化、对权力的揭露等等所构

---

① S. 马尔霍尔：《海德格尔与〈存在与时间〉》，亓校盛译，广西师范大学出版社 2007 年版，第 150 页。

② Brent Adkins, *Death and Desire in Hegel, Heidegger and Deleuze*, p. 35.

成"①。作为这条思想孤儿线链条上重要一环的斯宾诺莎，其对欲望的界定与传统欲望观迥然相异：他既不像弗洛伊德那样以一种存在者层次上的缺乏来界定欲望，也不像海德格尔那样以一种结构性的缺乏（存在论上的缺乏）来组织自己的欲望观，而是把欲望界说为主动的和生产性的基本情感。

在斯宾诺莎看来，人的基本情感有三种：欲望、快乐（pleasure）和痛苦（pain），其他所有的情感都是这三种情感的组合并与外部对象有别，"除开这三种情绪 —— 痛苦、快乐、欲望 —— 我不承认还有别的基本情绪"②。三种基本情感有主动和被动之分：快乐和痛苦是被动的情感，而欲望则是主动的情感，主动和被动情感的区分取决于该情感的产生和维持是否具有充足理由。斯宾诺莎指出：就分别隶属于快乐和痛苦的爱和恨两种情感而言，"爱不是别的，乃是为一个外在的原因的观念所伴随着的快乐。恨不是别的，乃是一个外在的原因的观念所伴随着的痛苦"③。爱的快乐和恨的痛苦都由外在的原因 —— 外物所引发，且其生灭也维系于外物，"凡爱一物的人，必然努力使那物能在他的面前，并努力保持那物，反之，凡恨一物的人，必然努力设法去排斥那物，消灭那物"④。由是观之，快乐和痛苦两种情感产生和维系的原因皆来自外部，随外物的改变而改变，具有偶然性和暂时性，不具备构成的充足理由，因而是两种被动的情感。

斯宾诺莎指出，与快乐和痛苦的情感相反，"欲望（据第三部分情绪界说一）即是人的本质之自身（据第三部分命题七），亦即人竭力保持其存在的努力"⑤。既然欲望是"人的本质之自身"，是从其现实本质出发竭力保持其存在的"努力"，那么其引发和维系的原因毫无疑问来自人之"内部"。除此之外，在关于这种"努力"的"附释"中，斯宾诺莎对欲望做了进一步的解释。他写道："冲动不是别的，即是人的本质之自身，从人的本质本

---

① 德勒兹：《哲学与权力的谈判》，刘汉全译，商务印书馆2000年版，第6页。
② 斯宾诺莎：《伦理学》，贺麟译，商务印书馆1963年版，第108页。
③ 同上书，第110页。
④ 同上。
⑤ 同上书，第182页。

身必然产生足以保持他自己的东西，因而他就被决定去作那些事情。其次冲动与欲望之间只有一个差别，即欲望一般单是指人对它的冲动有了自觉而言，所以欲望可以界说为我们意识着的冲动。"[1] 尽管斯宾诺莎对欲望作了理性主义的解释，把欲望看成是"我们意识着的冲动"、自觉的冲动，但同时也指出了它是"从人的本质本身必然产生足以保持他自己的东西"，由内在于人的现实本质所引发和维系，具有必然性、恒常性的特征，具备构成的充足理由，因而是一种主动的情感。

由于设想欲望受到理性的指导，斯宾诺莎于是还在使之与德性（virtue）和权力（power）相等同的方式上定义欲望："德行与力量我理解为同一的东西。换言之（据第三部分命题七），就人的德性而言，就是指人的本质或本性，或人所具有的可以产生一些只有根据他的本性的法则才可理解的行为的力量。"[2] 因此，对斯宾诺莎来说，欲望、德性和权力是等价的术语，都是指"人的本质或本性，或人所具有的可以产生一些只有根据他的本性的法则才可理解的行为的力量"。他所想象的东西是单一实体模式的复杂互动，每一个实体都有通过追求增长其权力或其能力来保持其存在的欲望，而获得权力上的这种增长的最好方式是与其他志趣相投的个体相结合。斯宾诺莎写道："所以除了人外，没有别的东西对于人更为有益。因此我说，人要保持他的存在，最有价值之事，莫过于力求所有的人都和谐一致，使所有人的心灵与身体都好像是一个人的心灵与身体一样，人人都团结一致，尽可能努力去保持他们的存在，人人都追求全体的公共福利。由此可见，凡受理性指导的人，亦即以理性作指针而寻求自己的利益的人，他们所追求的东西，也即是他们为别人而追求的东西。所以他们都公正、忠诚而高尚。"[3]

不同于其他大多数的社会契约理论家，斯宾诺莎的社会契约论的立论根由，既不是出于恐惧而被宣称，也不是出于恐惧而得以维持。毋宁说，

---

① 斯宾诺莎：《伦理学》，贺麟译，第 107 页。
② 同上书，第 171 页。
③ 同上书，第 184 页。

它是个人增强其权力的手段。换言之,驱使这种结合的欲望不是由于缺乏安全或和平,它不追求重组一个丧失的整体或改正一种不完善,毋宁说,欲望是我们力图生产某种新东西、某种比我们以前所是更有力的东西,不断创造新联系的一种手段。

斯宾诺莎的这种不追求克服缺乏,而其自身又是生产性的欲望概念,正是德勒兹在《反俄狄浦斯》中称为"欲望机器"的东西。德勒兹的"欲望机器"是一种以尼采主义为其底蕴的欲望观,正如美国学者阿兰·D. 希瑞夫特所指出的那样:"当德勒兹挪用尼采时,权力意志就转化成欲望机器,尼采的生物主义就变成德勒兹的机械主义,尼采的'一切都是权力意志'变成德勒兹的'一切都是欲望';尼采肯定强健的权力意志变成德勒兹肯定欲望生产。"[①]同时,这种"欲望机器"明确反对弗洛伊德和海德格尔式的以缺乏为中心的欲望观。在 1962 年所写的《尼采与哲学》中,德勒兹多次从反面提到弗洛伊德及其精神分析学,并在其中的一个注释中,让尼采教训弗洛伊德:"可以想见尼采对弗洛伊德会有何想法:他会又一次谴责后者关于精神生活的'反动'观念,对真正'能动性'的无知,以及无力于构想和引发真正的'嬗变'。"[②]

如同尼采追求肯定和扩张的权力意志一样,德勒兹也追求欲望的增强,追求欲望在一个不断膨胀的规模上复制自身。在他看来,身体对于不同种类的强度状态的体验范围越广、程度越深,它就会变得越有权力,与之相适应,身体的欲望也会越加强烈。在欲望于身体内部和身体之间不断地生产现实的连接、投资以及强度状态这个意义上,它是生产性的,生产着现实。[③]因此,德勒兹眼中的欲望是尼采权力意志式的不断生产的欲望,而不是像弗洛伊德及其当代法国代表拉康那样在缺乏中界定欲望。德勒兹有时

① 阿兰·D. 希瑞夫特:《激活尼采:以德勒兹为例》,载汪民安、陈永国编:《尼采的幽灵》,社会科学文献出版社 2001 年版,第 182 页。

② 德勒兹:《尼采与哲学》,周颖、刘玉宇译,社会科学文献出版社 2001 年版,第 169 页。

③ Gilles Deleuze and Félix Guattari, *Anti-Oedipus: Capitalism and Schizophrenia*, Minneapolis: University of Minnesota Press, 1983, p. 30.

直呼自己的欲望观为"唯物主义精神病学"，以示与弗洛伊德及拉康的"唯心主义"精神分析学相区别。这种"唯物主义精神病学"与唯心主义的精神分析学的不同之处，是它"将生产引入欲望之中，并且反过来将欲望引入生产之中"①。如此界定的欲望，是一种肯定性的、主动性的和生产性的力量，是一种基本的、丰富的和创造性的力量和关系。

德勒兹的这种欲望观，我们可以称之为生成论（becoming theory）层次上的欲望观。生成论欲望观自觉地拉开自己与弗洛伊德存在者层次上的欲望观和海德格尔存在论层次上的欲望观的距离。德勒兹敏锐地意识到，自苏格拉底-柏拉图之后的西方哲学中一直存在着某种居于支配地位的传统思想形象。这种思想形象以同一性、层级性、主体性、真理性、否定性、反动性为其特征，受到一套单一的、意境含蓄的"独断"假定的支配，并以经验主义和唯理主义的各种形式潜藏于整个哲学史中。譬如，正是这种思想形象允许笛卡尔假定"每一个人都已经知道并被设想为将知道思考意味着什么"②。毫无疑问，弗洛伊德和海德格尔的欲望观都是这种独断思想形象支配下的欲望观。

德勒兹在对独断思想形象进行批判的过程中某种程度上站在与海德格尔持相同的立场上。譬如，在《尼采与哲学》中，他同意海德格尔的论断，即我们还没有按照尼采式的主张 —— 必须使思想成为绝对能动的和肯定的 —— 来思考。就我们的思考受到反动的力的控制这一点而言，"我们必须承认我们尚未开始思考"③。而在《差异与重复》中，他又"不经意地"提到了海德格尔认为思考仍然只是人类的抽象可能性的"深刻文本"。不过，德勒兹并不是毫无保留地接受海德格尔的观点。从根本上说，他并不相信海德格尔能够设法打破独断性的思想形象，或者能够提供一个人类思

---

① 德勒兹：《哲学与权力的谈判》，刘汉全译，第 20 页。

② Gilles Deleuze, *Difference and Repetition*, translated by Paul Patton, New York: Columbia University Press, 1994, p. 131.

③ 德勒兹：《尼采与哲学》，周颖、刘玉宇译，第 158 页。

维能力的最高形式的适当观念。① 不仅如此，如果我们以德勒兹的欲望思考来审视海德格尔的欲望观，我们仍然能够看到二者之间的巨大差异。海德格尔仍然奉行以缺乏为基础的欲望死亡的欲望观 ——"只要此在存在，它也向来已是它的尚未"②。此在只有"先行到死中去"，"向死存在"，才能把握自己的无"悬欠"的本真整体性存在，并把自己筹划到最本己的能在上去。然而，若以德勒兹的观点视之，海德格尔通过"向死存在"而欲望自己整体的此在生存论分析仍然具有一个欲望的"主体"——此在，这意味着海德格尔的欲望观仍然保留着主体哲学和人类学的痕迹，仍然是某种"独断思想形象"③。不仅如此，海德格尔的这种以缺乏为基础的欲望观仍然是在与柏拉图、弗洛伊德、拉康之流同行，仍然是一种被动性的、否定性的欲望观。

生存论欲望观之被称为生成论欲望观，乃因其欲望具有"生成（becoming）"或"生产（product）"的特质。德勒兹把欲望唯物主义化，称为"欲望机器（desire-machine）"："无论在哪里它都是机器 —— 是真正的机器，而不是比喻性的：驱动其他机器的机器，受其他机器驱动的机器，带有一切必要的搭配和联系。"④ 在他看来，作为"真正的机器"的欲望机器具有生成功能，是一种"生产性的力量"。它奔忙于对接、登录和消费之中，不断地生成各种现实。欲望机器的最本质的功能是主动性和肯定性的"生成"，是制造物什、锻造连接、创造关系、产生机械联合。与把欲望与幻想相连并且以之反对现实的精神分析学相反，德勒兹认为欲望生成现实的东西，它不渴望或欲望什么（对象），因为它本身就是现实，是一系列实

---

① Gilles Deleuze, *Difference and Repetition*, p. 144.

② 海德格尔：《存在与时间》，陈嘉映、王庆节译，熊伟校，第 281 页。

③ 尽管海德格尔在《存在与时间》中多次反复申明"此在"是一个存在论概念，而非一个认识论的主体概念，尽管海德格尔在该书中反复表明自己反主体哲学和人类学的态度，但胡塞尔、萨特等人仍然从他的"此在的形而上学"中发现了"人类学"和"人道主义"的痕迹，海德格尔自己也从中发现了自己某种程度上还在说着"形而上学"的语言，因而不得不在 1930 年左右进行所谓的思想"转向"。

④ Gilles Deleuze and Félix Guattari, *Anti-Oedipus: Capitalism and Schizophrenia*, p. 1.

践、行动、生产和集合，"欲望是一种实现关系，而不是一种满足关系"①。它是原始的和原生的，而不是被产生的，不是受挫的效果或本体论上的缺乏；不与现实相对立或作为延迟的现实，而是直接生成现实。欲望并不为自身带来一种它要求获得的特殊对象，在它自己的增殖或自我扩展之上或之外，它不指望什么，"如果欲望生产的话，那么它的产品就是现实。如果欲望是生产性的，那么它就能够在现实中生产并且生产现实"②。

　　根据德勒兹的看法，欲望机器所生成的现实是社会现实，是一种涉及社会各领域的社会投资。他不满精神分析对欲望及其一切表现所做的俄狄浦斯化的处理，所找到的替代性解决办法是将欲望从再现戏剧的奴役中解放出来，并且将之引入社会领域的一切层面，但又拒绝对之做俄狄浦斯式的家庭主义的还原。他谴责这种还原主义模糊了阶级、性别、种族等其他社会关系与家庭关系的界限，没有认识到本能、里比多、性欲对于经济的依赖性这一现实维度。如此看来，德勒兹并不是一般地反对精神分析学的泛性化，而是反对精神分析学依旧把这种泛性化做还原主义的理解。在他眼中，社会的每一投资都是里比多的投资，社会生产归根结底是里比多的生产，"真实情况是，性无处不在：在官僚抚弄其案卷的方式中，在法官实施正义的方式中，在商人让钱流通的方式中，在资产阶级欺骗无产阶级的方式中，等等，无需诉诸隐喻，里比多只是通过换喻而运作"③。因此，"不存在社会现实生产之类的在一方，一种纯粹幻想的欲望生产在另一方……我们主张社会领域受到欲望的直接投资，它是历史地被决定了的欲望产物，里比多没有任何中介或升华、任何精神操作、任何改造的必要，为的是涌入和投资生产力和生产关系"④。

　　德勒兹的生成论欲望观把欲望生产与社会生产相联系，其结果便是以

① *Gilles Deleuze and the Theater of Philosophy*, edited by Constantin V. Boundas and Dorothea Olkowoki, New York and London: Routledge, 1994, p. 195.
② Gilles Deleuze and Félix Guattari, *Anti-Oedipus: Capitalism and Schizophrenia*, p. 26.
③ Ibid., p. 293.
④ Ibid., pp. 28-29.

更为政治化的模式替代了无意识的戏剧模式或家庭模式：工厂取代了（俄狄浦斯戏剧的）舞台。[①]换言之，欲望问题不应该是俄狄浦斯的家庭再现问题、家庭舞台上的戏剧问题，而应该是物质生产问题、社会政治问题。如果欲望是生产的，它的产品就应该是真实存在的。如果欲望有生产能力，那它只有在现实世界中才是有生产能力的而且只能生产现实。欲望就是这样一套被动的综合，即设计局部客体、流和身体，并发挥作为生产单位的功能。现实是欲望的最终产品，是作为无意识的自动生产的欲望的主动合成的结果。欲望机器凭借其充沛的创造性力不断地寻求、制造与新的客体、新的欲望的连接，将自身弥漫、展现于整个社会领域。其结果是，整个社会领域的生产除了欲望生产之外，别无其他任何形式的生产[②]，"在确定的条件下社会生产是欲望生产本身"[③]。

欲望在"生成"维度上的展拓，一方面解构了包括弗洛伊德、海德格尔等人在内的"缺乏的"欲望观，另一方面把自身推向了后现代。在德勒兹看来，一切"欲望机器是二元机器，遵循二元法则或者一套管理交往的规则：一台机器总是和另一台机器相对接。……这是因为总是有一台流的生产机器，另一台机器与之相连接，打断或派出部分流（乳房——嘴巴）。……因而这个二元系列在每一个方向上都是线性的"[④]。这种作为"二元机器"的、不断制造着新的连接的欲望机器，与其说是甘愿羁縻于传统的二元对立，不如说是为了更好地打破传统的二元区分。欲望机器从不缺少欲望对象，因为无论何时何地欲望机器总是与欲望对象一同出现的。它与欲望对象的关系不是稳定的或固定的二元对立的关系，而是浑然一体的偶然的和随机的二元对接关系。这样一来，主观与客观、自我与非我、内部与外部、本质与现象、有机与机械、基础与上层建筑等传统的二元对立就遭到了解构性的颠覆，"随处都有生产机器、欲望着的机器、精神分裂机

① Gilles Deleuze and Félix Guattari, *Anti-Oedipus: Capitalism and Schizophrenia*, p. 55.

② Ibid., p. 29.

③ Ibid., p. 343.

④ Ibid., p. 5.

器、所有的物种生命：自我与非我，外部与内部，无论如何都不再有任何意义"①。

从生成方面来设想欲望，使得德勒兹不是把欲望定义为某种仍然未知的源头的深度容器，而是把它定义为游牧式的后现代主体与其意识结构的不一致的标志。这种不一致是一种极度的分裂，它把后现代主体与自足的和自我明晰的理性主体，与建立在逻各斯中心的体系之上的统一的自我形象分离开来，从而避免了把欲望－无意识人格化和主体化，使之依附于某种抽象化的主体幽灵的传统唯心主义的窠臼。德勒兹明确地指出："欲望不缺少任何事物：它不缺少客体。相反，欲望中缺少的恰恰是主体，或缺少固定主体的欲望；没有压抑就没有固定的主体。欲望与客体是一回事：是机器，一台机器的机器。欲望就是一台机器，欲望的客体就是另一台与欲望相连接的机器。"② 欲望机器之间的不停顿的偶然的和随机的对接模糊了欲望主体与欲望对象之间的界限，陷入了如海德格尔所说的"在世界之中存在"的主客未分的变动不居的生成状态。欲望机器同时还是一台革命机器：它必须被理解为一系列流、能量、运动和力，一系列能够以各种方式连接起来而不是使之凝结成一个同一性的碎片或片断；它不断地进行试验，产生恒新的联合、连接和联系；不断地解除着自我、同一性的辖域；不断地从任何可能稳定，可能产生自我、意识主体的东西中逃逸。

---

① Gilles Deleuze and Félix Guattari, *Anti-Oedipus: Capitalism and Schizophrenia*, p. 2.

② Ibid., p. 26.

巴塔耶的内在体验思想探略*

杨　威
（华东师范大学哲学系、第二军医大学人文社科部）

　　相比于近现代哲学，后现代哲学呈现出一种新的理论路径和表达方式。在法国，这构成了"与由笛卡尔奠基并在启蒙运动中得到进一步发展的法国理性主义传统的断裂"[①]。巴塔耶的内在体验思想，就是一个突出的例子。它通过对知识、语言、自我和时间等观念内核的拆解，开辟了一条与海德格尔、萨特等人的思考方向都有所不同的独特理论发展路径。

一、知识与语言的界限

　　巴塔耶拒斥外围思考，主张直接体悟存在；与这种思想进路一致，他对于知识也持彻底否定的态度。他以"非知"为己任，旨在从根本上消解知识的价值。

---

*　本文系上海市"阳光计划"项目"后现代哲学的范式与路径"（项目编号：15YG09）的阶段性研究成果。
① 道格拉斯·凯尔纳、斯蒂文·贝斯特：《后现代理论：批判性的质疑》，张志斌译，中央编译出版社 2004 年版，第 20 页。

　　巴塔耶关注的是知识的贫乏与奴性。在他看来，生命在思想之外；那些基于概念演绎而得到保存或阐发的凝固的知识，只能把握外在的、客观的对象，无法把握鲜活的生命过程。这正如巴塔耶所说的："我活在感性的体验里，而不是逻辑的解释里。"[①] 而且，知识是在时间中展开，在话语中呈现的。它总是表现为一种为特定目的而进行的有计划的努力，并且总是表现为这种努力的过程，而不是最终的、超越了有用性的结果。巴塔耶认为："去认识就总是去努力，去劳作；总是一种奴性的运作，无尽地重启，无尽地重复。"[②] 这种持续着的奴性，正是巴塔耶摒弃知识的原因。所以，他直接跳过了知识论的思路，去追求自主性的（souveraine，又译作"至尊的"）瞬间，这样的瞬间只能属于"非知（non-savoir）"的领域。

　　巴塔耶不仅消解知识，也消解了一切为外在目的服务的工具性的方法。方法也是奴性的，而通过奴性的中介无法到达自主性。因此，在关于方法的讨论之初，巴塔耶就明确指出："我更愿意考察本质性的东西，而不在方法问题上徘徊不前。"[③] 可以说，巴塔耶舍弃了一切关于中介和过程的讨论，而直接去关注"本质性的东西"了。

　　更为彻底的是，巴塔耶甚至消解了语言。在他这里，语言似乎是传达内容的工具；他让语言相互抵消，湮灭自身，其实是一种对语言的"耗费"。巴塔耶寻求的是自主权（souveraineté，又译作"至尊性"），是作为真正沟通的迷狂（extase），而这一切都是语言不能涵盖的。我们惯常局限于话语和戏剧性的告诫，进行纠缠于真理却无济于事的争辩，而真实的生活却在此之外。因此，我们应当消解语言，走向静默，走向内在的运动。"静默作为句子，已经不是句子，而呼吸作为客体，已经不是客体。"[④] 或许是受到了印度文化的影响，巴塔耶的思想中颇有归于空寂的意味。美国天主教

---

① Georges Bataille, *L'expérience intérieure*, Paris: Editions Gallimard, 1954, p. 45.

② Georges Bataille, *The Accursed Share*, III: *Sovereignty*, translated by Robert Hurley, New York: Zone Book, 1993, p. 202.

③ Ibid., p. 201.

④ Georges Bataille, op.cit., p. 29.

大学的简-迈克·海姆奈特（Jean-Michel Heimonet）教授也指出，语言观的差异构成了巴塔耶与萨特之间的一个重要分歧。对巴塔耶来说，语言似乎应该被憎恨，它就像思想与生命之间的一道屏障，使人无法进行鲜活、直接和充分的表达。在《内在体验》中，巴塔耶对语言的憎恨就表现为词语的献祭，即让词语被随意支配，让词语自己毁灭自己，以这种方式让语言说出语言之外的东西。这种对词语的"大屠杀"，是悖谬性地让语言面对他者，即激情和意志，以此重新激活语言。相比之下，萨特则始终都是一位经典作家。对萨特来说，语言只是一种可信赖的工具，因此，他的文学作品只是他哲学思想的形象化表现。[①] 当然，这种区分只是相对的。事实上，巴塔耶不仅宣泄激情，也进行理智综合，他的写作态度仍然是严谨的和力求清晰的。可以说，巴塔耶的作品是哲学与诗歌的混合，他的哲学是在叙述精神的冒险。

巴塔耶消解了知识、方法以至语言，之所以如此，根源在于他对存在的独特的追问方式。他关注的不是存在的理由，而是存在本身，特别是人的生存本身。就人的生存来说，从自身的生命体验出发就可以把握流动着的、活生生的生命，这显然不需要中介。因此，虽然巴塔耶拒绝了知识和工具性的方法，但这并不意味着他放弃了对存在的追问，失去了把握存在的途径。消解知识，不是拆断通往存在的桥，而是为了寻找真正的、更好的路。巴塔耶说："没有知识的溶解，我们就不能达到知识的最终对象。这种知识的目的是要把它的对象降低为被降服和被管理的物的状况。知识的终极困难，就如同耗费的终极困难。没人能既知道又不被破坏，没人能既消耗财富又使它增长。"[②] 一旦用知识去把握对象，也就同时破坏了对象。我们能把握的只是事物的外表或影子；即使用诗歌来把握和表达，即使称之为情感的亲密或深刻，这对于生命本身而言也是徒劳的。真正的对象，不

①　Jean-Michel Heimonet, "Bataille and Sartre: The Modernity of Mysticism", *Diacritics*, 26 (2), 1996, p. 60.

②　Georges Bataille, *The Accursed Share*, I: *Consumption*, translated by Robert Hurley, New York: Zone Book, 1991, p. 74.

能用知识和语言把握，只能依靠生命本身的体验进行沟通。

巴塔耶最后倚重的，就是切身的生命体验，即"内在体验（expérience intérieure）"。这种内在体验，是巴塔耶消解了知识，甚至消解了理智思维和话语陈述之后另辟的一条蹊径。日本学者汤浅博雄指出："巴塔耶要阐述的最本质的部分，是'我'无论如何无法将其对象化加以捕捉、不可能客观地加以认识的领域，是完全超出'我'能够明确划分、表达的领域的层面。也就是说，因为这是一个'我'不可能通过将其表象化穷尽认识的层面，是惟有通过'在其中深深地活着'才能迫近其真实的层面。"① 这里所说的"在其中深深地活着"，指的就是内在体验。简单说来，它体现为生命体验的深层探索和自我觉解，并借由这种内在的体验向外在的无限连续性扩展与回归。如果说传统哲学只是对生命过程的残存痕迹或生命运动的沉淀物的反思与陈述，内在体验的路径则超越了这种传统的哲学沉思。"内在体验与哲学的原则性区别在于：在体验中没有什么是被陈述的，被陈述的东西如果不只是手段，那也是和手段一样的某种障碍；重要的不再是关于风的陈述，而是风本身。"② 显然，巴塔耶超越了知识、话语等作为手段或障碍的东西；他借助于内在体验想要尝试把握的，正是人的生存本身。

巴塔耶的写作不仅是对生存体验的惰性描述，也包含着一种积极的探索。理查德森（Michael Richardson）指出：巴塔耶想要探寻无意识的黑暗力量，测定生存的极限；他几乎是采取科学试验的方法来达成这一任务的，他让自己进入极端体验，但是，他并没有被这种极限所诱惑。③ 这句话是在强调巴塔耶写作方式的严肃性，但同时也指出了他的思想活动没有边界限制，在围绕人的生存进行探索。这种探索，是向着生存的极限处迈进。他正视和挖掘人性中低俗的或圣性的方面，无视伪装与掩饰，将一切可能的人类活动袒露出来，对一切被视为恶的、体现原始动物性的东西不但毫不回避，反而乐此不疲。以这种方式，巴塔耶揭示了人的现成存在方式的有

① 汤浅博雄：《巴塔耶：消尽》，赵汉英译，河北教育出版社 2001 年版，第 3 页。

② Georges Bataille, *L'expérience intérieure*, p. 25.

③ Michael Richardson, *Georges Bataille*, London and New York: Routledge, 2005, p. 26.

限性，试图释放出更多的、潜在的可能性。

这种对于人的生存的探索，体现了一种切己体察的思想路径。这是一种由内而外的生发。在巴塔耶这里，个体和整体是互通的，个体是整体的内在化，整体是个体的外在化。我们可以通过理解自己来理解他人，可以通过内在体验及其与整体的关系来把握整体。简言之，可以"以己推人"。只不过，这不是理性的推测，而是"内在体验"的向外延展。这种独特的思想路径，是对关注语言和逻各斯的"纯思"路径的反叛。相对于西方思想的主流而言，巴塔耶无疑是异类；相对于中国传统思想而言，巴塔耶却让人感到有几分似曾相识。中国传统思想的许多内容都强调从每个人自身的体验直觉开始，将切己所得的体悟发扬出来。这不是纯粹之思，而是一种存在之思。这是有生命的领悟，是和生命历程、生命体验融为一体的运思过程。当然，巴塔耶追求的并非往圣先贤的德性修养和人格成就，而是人类生命可能性的边界，或者说试探生命的不可能性。

二、自我观念的消解与时间之外的维度

汤浅博雄曾说，人们总以为我是本来固有的我，我不会成为我以外的东西，"但是，巴塔耶却重新追问这个'我'，他给主观＝主体的确定性打上了一个问号。他写道：我作为'我'而存在是可靠的吗？这值得怀疑"[1]。这种对自我确定性的质疑，经由内在体验的探索，从根本上动摇了自我观念的固有根基，而走向人的生存方式的解构与重塑。

按照巴塔耶的描述，人类是从自然中脱身而出的，而在精神发展的"人性"阶段，作为理性主体和生产者的人类成为主导形态。这种形态深刻塑造了现代人的自我观念。在作为思想者和生产者的"我"的形象背后，其更深刻的根源却在于有限性。人生的有限性，是我们从偶在的个体出发时要面临的首要问题。有限性是生存无法挣脱的宿命。造就有限性的是死

---

[1]　汤浅博雄：《巴塔耶：消尽》，赵汉英译，第369—370页。

亡；有限性之所以无法挣脱，是因为死亡横亘在前。死亡使浑然一体的连续性发生了断裂，个体的人的生存成为一个片断。在巴塔耶看来，死亡既是生命的否定，也是生命的完成；生命因为受到死亡的威胁而得到滋养。死亡是使生命得以可能的条件。这不仅在于死亡在新陈代谢的意义上为新生命的来临提供了空间，更在于死亡使个体生命成为具有明确界限的独立存在。从根本上说，死亡引发了有限性与连续性之间的反差与张力。它让生命成为一种具有有限性的存在，意识由此出发才自认为是独立自存的。

　　自我意识面临两条可供选择的道路：第一条是黑格尔的"主奴辩证法"揭示的道路，即意识要通过另外一个意识来确认自身；第二条是巴塔耶指出的道路，认为作为他者的意识仍然是同质性的，并不指向解脱之道，因此必须寻求相对于意识的异质性存在，也就是连续性。外在于自身的连续性，是作为有限性的自我意识的唯一和真正的参照。这种参照不仅意味着静观比对，更包含着一种运动生成。作为有限的、非连续性的存在，通往外在于自身的连续性是意识的真正渴望。试图回归连续性状态，是在自我意识层面上精神运动的基本方向。

　　在巴塔耶这里，有限个体的消解意味着向连续性的回归。他曾注意到夸富宴（potlatch）中财富的竞争性摧毁和失去对于参与者的意义："人们从失中有所得。它让人领会到那从他所失去的，把宇宙的无限运动与属己的有限性结合起来。"[1] 在论述色情（érotisme）与理智的区别时，巴塔耶指出，对于人的生存而言，理智的世界相当有限，那些丰富的感性体验和迷人的事物往往诉诸激情而非理智。当打破了理智的界限之后，"我觉得存在的总体（宇宙）吞噬了我（在肉体上），如果它吞噬了我，或者由于它吞噬了我，我不再能从中分辨出自己；什么都不存在了，除了这与那，比这什么也没有更无意义。在一定意义上，这令人无法承受，我似乎要死去了。无疑，正是以此为代价，我不再是我，而是自失于其中的无限"[2]。巴塔耶认

----

[1]　Georges Bataille, *The Accursed Share*, I: *Consumption*, p. 70.

[2]　Ibid., p. 115.

为，"爱"也集中体现了向连续性的回归。"个体的爱的对象，从一开始就是宇宙的形象，这个宇宙是在站在它面前的主体对它的无限耗费中呈现出来的。"[1] 在爱中被爱的，正是宇宙本身；对于爱者来说，被爱的对象其实是宇宙的替代品。爱本身就是耗费，它让其主体向宇宙敞开，不再与宇宙区分开来。爱，就是个体自我消解自身并回归到整个宇宙的连续性中去的过程。

巴塔耶看待自我的方式，近于中国的庄子。在他们这里，问题都不在于如何积极有为地实现自我之价值、人生之抱负，而在于人生的有限性本身是成问题的。人生之有限，意味着自我之确定。固执于自我，于是生惶惑。这种惶惑，体现为念念不忘要去有所得，去占有。然而，越占有，自我之执迷越深。这种循环，如同往而不复的深渊。而纯然失去的耗费，却有可能破除这种执迷，将自我溶解于宇宙之无限，与天地同往来。由此看来，巴塔耶也好，庄子也好，都在讲述一种不同于现代性的另外的可能，一种精神上、观念上的无我之境。

在消解自我并向连续性回归的进程中，最为关键的环节在于重新领会"时间"。按海德格尔的看法，时间是探究存在论的入口。"此在由之出发的视野就是时间"，"我们须得源源始始地解说时间性之为领会着存在的此在的存在，并从这一时间性出发解说时间之为存在之领会的视野。"[2] 此在是具有时间性的存在者，时间是此在领会存在的视野。因此，时间也就成为存在论的核心问题和借以批判流俗观念的根本依据，"一切存在论问题的中心提法都植根于正确看出了的和正确解说了的时间现象以及它如何植根于这种时间现象"[3]。显然，在这个阶段，海德格尔是明确将存在论问题锚定于"时间"之上了。

海德格尔揭示了"时间"对于存在论问题的根本性意义，而他之所以

---

[1]　Georges Bataille, *The Accursed Share*, I: *Consumption*, p. 161.

[2]　海德格尔：《存在与时间》，陈嘉映、王庆节译，熊伟校，生活·读书·新知三联出版社 1999 年版，第 21 页。

[3]　同上书，第 22 页。

以时间作为存在论的入口，就在于此在具有时间性，此在经由时间领会存在。作为此在存在样式的时间始终是前提。这应当是海德格尔整个思路的逻辑起点。但是，如果从"时间"中跳出来，批判甚至拒斥此在的时间性，能否通往一种不同于"基础本体论"的新的存在论呢？这是可能的。巴塔耶的内在体验思想就具有这种颠覆时间性的强烈倾向。

巴塔耶也关注时间性对于人类自我观念的构造意义。对于巴塔耶而言，这种时间性主要体现在"谋划"中。谋划是人类在世界上行动时，不管自觉与否都必定遵从的模式。所谓谋划，"简单说来，即'现在此时'做某事、进行操作、从事活动，惟有'期待'着到'之后理应到来之时'能将其成果弄到手，能拥有某物，能对自己有益才能实行——所谓'谋划'亦即这样一种行为模式"[①]。质言之，谋划就是将"现在此时"系于"之后理应到来之时"，"此时此地的生"唯有作为彼时到达目标的过程和完成事物的手段才有意义。巴塔耶还指认了基督教教义中的"救赎"是造就谋划观念的"元凶"。它将人类的精神一直向着彼岸悬立，对于谋划观念的形成发挥了重要的作用。在谋划中，人的生存以"将来"为支撑，人实则一直活在"期待"中。这与海德格尔描述的此在的时间性一样，显示了"将来"的优先地位。海德格尔曾说："源始而本真的时间性的首要现象是将来。非本真时间性本身有其不同的到时样式；将来所拥有的优先地位将与此相应而有所改观，但这种优先地位也还会在衍生的'时间'中浮现出来。"[②]海德格尔依据"衍生"与否区分了非本真的与本真的时间性，但在这两者中，"将来"都占有优先地位。谋划观念本质上是理性；所谓理性地思考，往往就表现为脱离了具体时空的对时间的谋划。这一切都奠基在作为人的存在方式的时间性的基础之上。

巴塔耶与海德格尔的重要区别在于，他从一开始就对人类自我的时间性构造持批判态度。加拿大学者瑞贝卡·蔻梅（Rebecca Comay）指出：巴

---

① 汤浅博雄：《巴塔耶：消尽》，赵汉英译，第 37 页。
② 海德格尔：《存在与时间》，陈嘉映、王庆节译，熊伟校，第 375—376 页。

塔耶关注的是社会经验的领域，并不通向海德格尔式的时间结构。[1] 巴塔耶从根本上抵触人的时间性结构。在《内在体验》第一部分，巴塔耶写道："反对谋划观念，占据了这本书的本质性的部分。"[2] 这种反对，通过以"痛苦（supplice，又译为"刑苦"）"为主题的各章而展开。那么，"痛苦"指的是什么呢？巴塔耶说："去面对 —— 越出的、无可怀疑的 —— 不可能性，此时，在我看来再也没有什么是可能产生神性体验的；这就类似于痛苦。"[3] 痛苦就是直面"不可能性"的体验，就是在失去了神性（divin）及其信仰之后，在失去了自我的确定性之后，沉入存在的黑夜，成为无法认知的"空无"的体验。它显然不单纯指通常的肉体疼痛或精神苦闷；作为一个生存论意义上的概念，它特别地意指使理性无效的人类体验。在"痛苦"中，理性是虚弱无能的，强烈的感性冲击使理性失去了它的支配地位。这种作为内心体验的"痛苦"，是行动、行动所依赖的谋划以及投入谋划的话语性思考的对立面。质言之，"痛苦"是对于"空无"的感性表达，是对行动、理性和话语的取消，更是对谋划及其所包含的时间性的反对。

"痛苦"是如何对谋划所代表的时间性进行批判的呢？首先，"痛苦"反对"救赎"观念。基督教的"救赎"观念，以禁欲和苦行压制了人类生存中诸如色情一类的即时性活动，"救赎是使色情（身体的酒神式耗费）与对无延迟的生存的怀旧分离开来的唯一手段"[4]。巴塔耶崇尚的却正是无延迟的生存。他指出，自然的兴奋与陶醉体验都具有短暂易逝的性质，不会陷入谋划意义上的时间之中。与谋划相对，巴塔耶的时间是欲望的时间，孩子气的时间。它拒绝成年人的深谋远虑，追求欲望的即时满足。其次，"痛苦"也质疑对和谐的关切。巴塔耶认为，和谐是实现谋划的具体形式，处于和谐中的人消除了对欲望的孩子气的不耐心而获得了平静。和谐，作为

---

[1] Rebecca Comay, "Gifts without Presents: Economies of 'Experience' in Bataille and Heidegger", *Yale French studies*, 1990, 78, p. 89.

[2] Georges Bataille, *L'expérience intérieure*, p. 18.

[3] Ibid., p. 45.

[4] Ibid., p. 60.

谋划的固态表现，将那种流动的转瞬即逝的时间抛回到外部。它所倚重的原则就是复制，通过复制将所有的可能性凝固成永恒。复制是对流动的时间的模仿，把瞬间的片段从时间之流中截取出来，在此基础上创造出凝固的时间，进而创造出可以保存之物。特别是在"美术（beaux-arts）"中，和谐的生存方式被直接变成现实；它基于谋划者、理性人的形象创造一个世界，并以各种艺术形式来反映这一形象。这种凝固的时间，在谋划之下又以"将来"为目标，于是，复制就转变成了对时间的一种稳定的投资。艺术从谋划中借用了这种复制，它复制的是欲望，这使人们能够在艺术中看到欲望，但这并非欲望的真实的、活生生的满足，而是欲望的再现，是"画饼充饥"。"在艺术中，欲望回来了，但它首先是消除时间（消除欲望）的欲望，而在谋划中，只有拒斥欲望。"[1] 谋划属于奴隶，他们只是劳动而不能享受成果，而在艺术中，人们获得了主权，但这不是满足欲望的主权，而是消除欲望的主权。作为在复制中对欲望的消除，它很少真正达到目标，而只是让欲望延宕并等待重新燃起。由此看来，艺术作为谋划的呼应和补充，并不能带来真正的解放。

　　至此，通过批判"救赎"与"和谐"，巴塔耶批判了谋划及其代表的人的生存方式的时间性，也更彻底地消解了既成的关于"我"的观念。批判时间性并不意味着超越具体的时间而达到所谓的永恒，因为"永恒"仍然是一个时间性概念。批判时间性，对巴塔耶来说，就是要从根本上取消人的生存方式中的时间性维度，取消存在论的时间性视野。最终剩下的，只有非知以及与之相连的迷狂了。如果能够出离自我，如果自我（ipse）放弃了自我和对自身的知识，转向非知，痛苦就会变成迷狂；而要逃脱谋划的牢笼，"迷狂就是出路"[2]。在迷狂中，不再有客体，主体也不再意识到自己，主体、客体都溶解了，就连这写作的"话语"，作为巴塔耶用以逃离谋划的谋划，也只是他与分享他的痛苦、渴望他的痛苦的"他者"之间的联系而

---

① Georges Bataille, *L'expérience intérieure*, p. 71.

② Ibid., p. 73.

已，而他最终将作为那"最后的人"，"掐死自己"。① 这种迷狂，作为脱离谋划的出路，最终将通向至高性或自主性的瞬间。

三、作为思想实验的内在体验

在逃离谋划之后，必然要直面"黑夜"或"空无"。这是在人类现成可能性的极限处向着"不可能性"的无尽开拓，是在出离到"我"之外后与天地万物的普遍性进行交流，更是在诠释更加丰富完整的人类自我而对人的存在方式做出新的解读。

在《内在体验》一书的"前言"中，巴塔耶写道："我写作'痛苦'，在其中，人类达到可能性的极限。"② 这种可能性的极限指什么呢？巴塔耶说："从定义上说，可能性的极限是这样一个点，在那里，尽管对存在中的他，即人来说，那是一个不明智的位置，但他仍然抛开了自己的诱惑和惧怕，继续向前行进到如此之远，以至于人们想象不出再向前行进的可能性。"③ 可见，可能性的极限，就是可能性与不可能性的交接点；到达了可能性的极限，就是要开始直面不可能性。如果说巴塔耶通过"痛苦"勾勒了一条从"我"出发而通达"我"之外的路线，可能性的极限或"不可能性"则意味着从人类之"我"中走出来的临界点。

可能性的极限需要在人类既成的生存方式之内达成。这就是说，需要遵循现存人类自我的法则，借助谋划、理性、语言等，来达到它们自身的尽头。巴塔耶说："内在体验的原理：就是通过谋划逃出谋划的领域"；"没有理性的支撑，我们就无法达到'暗夜的炽热'。"④ 简言之，这是一条内部突破的路径。因此，巴塔耶虽然批判谋划、理性和语言，却仍然在思考，在写作，在讲述他的观点，在展示他的思想实验。但是，从内容上说，内

① Georges Bataille, *L'expérience intérieure*, p. 76.

② Ibid., p. 11.

③ Ibid., p. 52.

④ Ibid., p. 60.

在体验毕竟是与理智对立的。智力的增长会缩小内在体验的领地，知识的扩张则以扼杀内在体验为代价。因此，巴塔耶坚持，内在体验没有目标，也没有权威。它虽然借助理智来完成自身，却不需要依靠理智来对自己进行评判。同样，尽管巴塔耶在写作态度上是严肃的，他的写作内容却不能以客观性、科学性的标准来衡量。他的语言，不是传达客观内容的语言，而是消解语言的语言；他的理性，不是进行科学分析的理性，而是逃离理性的理性。巴塔耶以这种自我消解的外在形式，传达着生存探索的内在体验。正如他自己所说的："我把体验视为通向人类可能性的尽头的旅行。"[1]他不再像萨特那样借助语言的力量去引领行动、创造历史，而是在写作中进行着语言的自我消解、意识的内在批判和自身存在方式的无尽质问，是在耗尽人类知识和理智资源之后向着"空无"的接近。

在人类可能性的极限处，内在体验要求放弃，不再有期待、信仰甚至意义。在谋划的构成要件中，最关键的就是期待，因此要突破谋划就要彻底终止期待。这是"以谋划逃离谋划"的第一个结论。与谋划合谋造成期待的还有信仰，对此，巴塔耶说："最重要的是可能性的极限，在那里，上帝自己无知、绝望而毁灭。"[2]上帝"毁灭"了，附属其上的"救赎"也就烟消云散了。最终，意义也湮灭了。如果非要说有意义，那也只有一个意义在那里，由于祈祷（supplication）而在无意义中出现的一个意义，一个最后的意义：这就是闪光，对无意义的神化。[3]至此，在一切都被放弃之后，留下的只有"祈祷"了。这就是巴塔耶所谓的"祈祷哲学"。这些表述有佛家"放下"一切，立地成佛的意味；然而，与佛家不同的是，巴塔耶并不认为能一次性、纯粹地"放弃"或"放下"，因为这只能是一种动态反复的过程。

人类可能性的极限，无法确切到达，只能反复触及。巴塔耶努力表达的就是他对于人类可能性极限反复触及的过程及其体验。"在我自身存在的逐渐消失的极限处，我已经死了，'我'就在这死亡的生成状态中对活着的

---

[1]　Georges Bataille, *L'expérience intérieure*, p. 19.

[2]　Ibid., p. 48.

[3]　Ibid., p. 55.

人述说：述说死亡，述说极限。"[1] 作为对照，巴塔耶认为黑格尔也曾触及极限，可惜黑格尔在触及极限后又逃离了，其逃离的方式就制定体系。巴塔耶"放弃"一切，黑格尔则倒向"救赎"并转而背对极限了。巴塔耶那种立于无意义之境的"祈祷"，在黑格尔那里也熄灭了。黑格尔最终没能走出既成之"我"，而只是在回忆中掩盖曾认识的深渊，留下他构建的体系作为证据。此后的存在主义者们也是如此，他们以不同的方式将极限凝结起来。其中，克尔凯郭尔是基督教的极限，写作了《地下室手记》的陀思妥耶夫斯基是羞耻的极限。[2] 然而，到达人类可能性的极限就是要去直面"不可能"。这种"不可能"作为生命的敞开状态，是不应该被掩盖或凝结的。它作为人类生存方式向着未知"黑夜"的无畏拓展，正意味着生命的饱满、充盈和永不停滞的状态；它在"痛苦"中冲破自身的有限性，而这种有限性一旦被冲破，存在也就无法确定自身，从而不复为存在。我们在此能做的，不过是去体验绽放在存在边缘的眩晕。

作为一个动态的过程，人的生存状态体现为"机缘（chance）"。对于这个词，巴塔耶有一段说明："在法语中，chance 与 échéance（期限）有共同的词源（拉丁文 cadentia）。chance 到来了，意思就是，它果然是这种情况。或者它就是落下、降临（像好运或霉运，从原本意义上说）。它就是骰子落下时的随机性。"[3] 这段话既是词源考察，也是对含义的揭示。"机缘"一词，包含着对于因缘际会的偶然性的强调。巴塔耶常以赌博游戏加以说明。他说："机缘是赌博的效应。这种效应永不停歇。"[4] 掷骰子的赌博成为真实反映人的生存状态的原型活动。人的生存悬于未知黑夜的空无之中，它面临的对象是充满未知可能性的偶发的机缘。人的生存状态不是思虑的，而是迷狂的。思虑破坏机缘，即使是哲学思虑，把握的也只是无生命的残渣，无法作为生命本身的过程而行进。迷狂则意味着生命本身的充沛洋溢，

---

[1]　Georges Bataille, *L'expérience intérieure*, p. 58.

[2]　Ibid., p. 56.

[3]　Fred Botting and Scott Wilson, eds., *The Bataille Reader*, Oxford: Blackwell Publishers, 1997, p. 95.

[4]　Ibid., p. 43.

它废除了思虑与知识，作为生命本身而向着极限之外突破和展开。随机的未来与生命的体验迎面而来，来不及思索就已消逝而去，就像永不停歇的骰子的滚动。这就是生命的真实的过程。

　　"机缘"侧重表达了动态的一面，"交流（communication）"则表达了联系的一面。如果说"机缘"还包含着个体立场的话，那么"交流"则强调了个体自我的消融及其与普遍性的联系。在机缘中，人把自己当作"赌注"，舍弃自己而投入充满未知的境遇，投入与他人的共同活动，这本身也是交流。交流意味着从封闭性中逃出，它可以在一种"包含了超出它所能包含的内容"中得到理解。① 它要求突破自我孤立的完整性，向着连续性复归。在复归的过程中，非连续性自身的边界开始崩塌而变得模糊。交流的对象，就是普遍性或连续性。关于人类之"我"消解后的去向，巴塔耶有多种表述，包括黑夜、空无等，而这概括说来就是向着普遍性或连续性的回归。这类似在"吾忘我"之后，达到"物我齐一"之境。在题为《不可能》（L'Impossible）的一段诗里，巴塔耶曾写道："我是棺材的空 / 和不在的自我 / 在普遍的整体中"。② 自我消解，融于普遍，而且已经不是普遍经济学意义上能量运行的普遍，而是存在论意义上存在的普遍。在巴塔耶看来，人的存在状态不是作为简单的粒子固守于自身，甚至不仅是不受束缚的内在和外在的多重流动的交汇，而且还是这些流动本身的组成部分。"生活对你来说不仅是汇聚于你的光的易逝的流动或游戏，也是光或热从一个存在过渡到另一个存在，从你到你的同类或从你的同类到你（甚至在你阅读我而被我的狂热的蔓延所感染的瞬间）：话语、书籍、纪念碑、符号、发笑，都一样是感染、过渡的路径。"③ 因此，在事物的洪流中，人不是一个僵硬的石块，激起四溅的浪花；人是洪流本身。世俗世界中的人的自我意识，只是在这种洪流中构筑起了脆弱隔板，反映普遍性的碎片，而其自身却从

① *On Bataille: Critical Essays*, edited and translated by Leslie Anne Boldt-Irons, Albany: State University of New York Press, 1995, p. 213.

② Fred Botting and Scott Wilson, eds., *The Bataille Reader*, p. 106.

③ Georges Bataille, *L'expérience intérieure*, p. 111.

未停止流动，从未停止失去。

交流的体验最终将达到主体与客体的融合。传统意义上的主体回归到了连续性之中，不再有"我"与"他者"的分别了。"在体验中，不再有存在的界限。一个人不再将自己从他者中区分出来：他将自我丧失于他者的洪流中。"①实现交流的方式，巴塔耶称之为"非知"。"非知就是袒露"，"袒露了我才能看到知识所掩盖的东西，但是我看到了，我也就知道了。确实，我知道，但是非知又把我知道的袒露了"。②生命是流动的、活生生的，是知识所不能把握的，因此，只有"非知"才能实现静默的、深刻的交流。换言之，这是一种全身心投入的、生命整体性的交流，从中实现了自我的解放与超脱。这也使我们理解了牺牲的本来意义。在牺牲中，作为"所有物"的物以及接纳了"物性"的人自身，都从谋划的限制中脱离，回复到无边际的连续性，回复到流俗的时间之外。

然而，经过机缘与交流，向着连续性的回归并没能真正实现，却发生了"滑移（glissement）"。原始的宗教牺牲等"交流"活动，既打开了连续性的维度，又引领世俗世界向连续性的黑夜沉沦消融，这无疑是很危险的。于是，人类对它进行了制度化，使之由纯粹的牺牲变成了表演性的献祭。在这种献祭中，人们没有真正走入死亡，而只是观摩了死亡，观摩死亡的体验反过来又形成了宗教王权和群体精神的联结纽带。这正是荷马史诗中奥德修斯在遭遇"塞壬的歌声"时采取的策略。对于自我持存的人而言，塞壬的歌声带来了"丧失自我的恐惧"、"把自我与其他生命之间的界限连同自我一并取消的恐惧"和"死亡和毁灭的恐惧"。奥德修斯则用蜡塞住水手们的耳朵，让他们奋力划桨，自己被牢牢绑在桅杆上，去听那歌声，如此一来，塞壬的诱惑就毫无作用，成了艺术，而艺术享受与遵令而行的劳动也就此分离并形成了呼应的关系。③这就是"交流"中发生"滑移"的

① Georges Bataille, *L'expérience intérieure*, p. 40.
② Ibid., p. 66.
③ 霍克海默、阿道尔诺：《启蒙辩证法 ——哲学断片》，渠敬东、曹卫东译，上海人民出版社 2006 年版，第 25—27 页。

过程。按照汤浅博雄的总结，"滑移"主要发生在两方面："一方面是祝祭的'动机'发生了横滑，祈祷丰收这一咒术性侧面浮到前面来，逐渐被看作是祝祭的本质；另一方面，本来不会完结地被体验着的祝祭，尽管是瞬时的，却以'终结的体验'被接受下来。"[①] 这两者，可以分别概括为"功利化"和"凝固化"。前者源自一种人格神的观念，祂必将会施予人类恩惠；后者源于对献祭的虚构和反复模仿，圣性时间被世俗时间接替并形成循环。它们保障了世俗世界的继续维持，形成了"圣"与"俗"之间的平衡，也形成了基于定期的祭祀礼仪的社会组织形式。

"滑移"不完全是消极的，其中戏剧性的欺瞒恰恰包含着人类真实的生存机制。"当我表达滑移的原则 —— 作为交流中出现的一个法则 —— 我相信我到达了底部。"[②] 这就是说，在滑移中，包含着对人类生存方式的最根本揭示。人类的生存，起初通过否定自然从普遍性或连续性中截出，而在否定自然、形成世俗世界之后，人类又否定世俗世界、向连续性回归，笑、爱、迷狂都是这种否定的具体体现；宗教牺牲及其制度化则又表明，这种回归是一种假意回归，它造成了无尽的循环往复。人类在不断地"否定"，对自然的否定导致对物的占有，这种占有进而又遭到新的否定，这就形成了一种充满张力的双重运动。"人类的生存就是这样一种双重运动。"[③] 这是巴塔耶对于人的生存机制的揭示。这种机制的一个重要体现，就是色情。巴塔耶认为，虽然理性的禁忌约束了人的动物性，然而，源于自然的生命冲动不仅没有被扼杀，反而会在经过阻遏后更汹涌地冲击谋划意识或理性，威胁稳定的自我观念及其世俗世界。这种分析揭示了原始的动物性与人的理性的共存与激荡，发掘出了一个远比理论上的"理性人"和现实中的"物化人"更为丰满的人类自我的形象。继尼采之后，巴塔耶不仅重新彰显了人的非理性存在，而且完整解释了理性是怎样排斥非理性而非理性又是如何卷土重来的。值得注意的是，在反抗理性霸权的同时，巴塔耶并没有

---

① 汤浅博雄：《巴塔耶：消尽》，赵汉英译，第216页。

② Georges Bataille, *L'expérience intérieure*, p. 115.

③ Fred Botting and Scott Wilson, eds., *The Bataille Reader*, p. 56.

将人定义为"动物性",而是描述了一种兼具理性和动物性的、有着充沛内在张力的人类"自我"。这里的"人"不是抽象的设定,不是"作为主体的人类",而是"作为整体的人类"。后者是对二元论思维方式的超越,它努力表达着一种更为完整因而也更为本真的人类的存在方式。

身心之间

笛卡尔的身心关系理论、形而上学和第一哲学

贾江鸿

（南开大学哲学院）

当代著名的法国哲学家马里翁（Jean-Luc Marion）因为三个重要的研究工作 —— 笛卡尔哲学研究、宗教哲学和现象学 —— 而闻名于世，通过大致的阅读，我们就可发现，马里翁的这三个工作实际上有一个基本的共同点，即对形而上学问题的极度关注。而且，正如有的学者所指出的，他关于笛卡尔哲学的研究、关于笛卡尔的形而上学的思考是非常关键的，换言之，马里翁的笛卡尔哲学研究实际上在一定程度上奠定了他的宗教哲学和现象学研究的基调。① 然而，在阅读马里翁的关于笛卡尔哲学的研究著作后，笔者认为有一个现象值得引起我们的关注，即：无论是马里翁20世纪80年代以前的关于笛卡尔哲学的三部曲（《笛卡尔的灰色的本体论》《笛卡尔的白色的神学》《笛卡尔的形而上学棱镜》），还是他90年代出版的两部著作（《笛卡尔哲学问题：方法与形而上学》《笛卡尔哲学问题 II：自我

---

① Christina M. Gschwandtner, *Reading Jean-Luc Marion: Exceeding Metaphysics*, Indiana University Press, 2007, p. 15：“我们想表明的是，马里翁在其早期的笛卡尔以及与笛卡尔相关的中世纪思想、近代早期背景的研究中所展现的东西，对理解和考察他的后期著作是绝对重要的。”

与上帝》），在其中，他基本上都没有涉及笛卡尔的身心关系理论。如果我们承认笛卡尔的身心关系理论是笛卡尔哲学，甚至是笛卡尔的形而上学的一个重要组成部分的话，那么无疑，这就是一个十分有趣的现象。难道仅仅是因为马里翁研究兴趣的限制，使得他没有去关注笛卡尔的身心关系理论吗？考虑到马里翁工作的重要性和权威性，这似乎是不可能的。那么问题就在于，在马里翁看来，笛卡尔的身心关系理论根本就不属于笛卡尔的形而上学的思想范畴吗？如果答案是肯定的，那么什么是笛卡尔的形而上学？我们又该如何来看待笛卡尔的身心关系理论在笛卡尔的哲学中的位置，或者说如何界定笛卡尔的身心关系理论与其形而上学的思想的关联？

一、马里翁对笛卡尔的形而上学思想的解读

在对笛卡尔的哲学体系、对笛卡尔的形而上学思想展开研究的时候，马里翁首先借用了海德格尔对形而上学的一个定义，即一种本体-神学-论（onto-theo-logie）的思想。在《同一与差异》中，海德格尔曾经指出，形而上学可以被看作是一种本体-神学-论的构成，这种构成源自于一种在本体论上的、作为地基的存在与其他被奠基的、被给予的、相互之间彼此区分又彼此关联的诸存在者之间的差异。在马里翁看来，依据海德格尔的观点，这样的本体-神学-论思想，或者说这种形而上学，基本上包含三个最主要的内涵：首先，上帝必须作为一个最基本的存在而位于形而上学的体系之中；其次，在这样的体系中，所有其他的存在者都必须奠基于这个最基本的存在之上；第三，这种形而上学体系的建构，或者说最基本的存在的奠基性作用，是通过自因概念而得以实现的。马里翁认为，这样的思想内涵在笛卡尔的哲学中是存在的，而且，更明确地说，在笛卡尔的哲学中实际上存在着两种类型的形而上学思想，或者说，两种类型的本体-神学-论模型。

在 1991 年出版的《笛卡尔哲学问题：方法与形而上学》中，马里翁详尽地考察了笛卡尔在 1637 年完成的《谈谈方法》中的形而上学内涵。一些

学者认为，在《谈谈方法》中，或者说，在由笛卡尔的理性主义方法所构建起来的具有统一性的、全新的科学中，是没有形而上学的位置的。① 马里翁则在吸收自己的导师阿尔基耶（F. Alquié）的观点的基础上提出了一种完全不同的看法。在他看来，在《谈谈方法》中，笛卡尔很明显具有一种清晰的形而上学意图，并且也建构了一种较为完善的形而上学的，或者说本体–神学–论的思想。马里翁重点分析了《谈谈方法》的第四部分中笛卡尔所提出的那个著名的命题"ego cogito, ergo sum"的内涵。在他看来，在《谈谈方法》中，尽管笛卡尔并没有提出一种"夸张的怀疑"的思想（这一点对后来的《第一哲学沉思集》的形而上学的建构来说是极为关键的），但是，也正因为如此，笛卡尔恰恰更明确地建构了一种更为完善的（相比于《第一哲学沉思集》）、相关于自我的形而上学思想。

马里翁引用了笛卡尔在《谈谈方法》中的两段话来表明自己的观点："我们注意到这个真理'ego cogito, ergo sum'，它是如此的确定和可靠，以至于任何怀疑者的极度怪异的假定都不能对它有丝毫的撼动，我觉得，我能毫不迟疑地接受它，把它作为我所追求的那种哲学的第一原理。"② "我们已经注意到'ego cogito, ergo sum'之所以使我确信我所讲的是真理，无非是由于我十分清楚地看到，要想进行思维，就必须存在，因此我认为可以采纳一个一般的说法，即凡是我十分清楚地、极其分明地认识到的东西，就都是真的。"③ 马里翁认为这两段话语和笛卡尔在 1641 年的《第一哲学沉思集》中的相关表述是存在差异的，这些差异主要有以下两点。首先，《第一哲学沉思集》使用了一个和《谈谈方法》不同的表述"ego sum, ego existo"④。在马里翁看来，这个表述不仅排除了所有这个表述中的相关术语

---

① L. Liard, *Descartes*, London, 1982, p. 223："那使得他的物理学具有独特的特征，并使之成为一个没有先例的全新事物的东西，正是其在形而上学上的观念的空白。"参见 Jean-Luc Marion, *Questions Cartésienne: Méthode et métaphysique*, Paris, PUF, 1991, p.41。

② 笛卡尔：《谈谈方法》，王太庆译，商务印书馆 2000 年版，第 27 页。译文有改动。

③ 同上书，第 28 页。译文有改动。

④ AT 版《笛卡尔全集》第 7 卷（Descartes, *Oeuvres complètes*, pub. par Charles Adam et Paul Tannery, VII, Paris: Vrin, 1964-1974），第 25 页，第 12 行；中译文参见笛卡尔：《第一哲学沉思集》，庞景仁译，商务印书馆 1986 年版，第 23 页。

之间的逻辑关联，而且还特别地排除了那个陈述性的思维自身，即 cogito。也就是说，在 1637 年的《谈谈方法》中，思维是被包含在笛卡尔的著名命题之中的[①]，而在 1641 年的《第一哲学沉思集》中，思维则消失了。进一步说，在 1641 年的表述中，自我不再通过一个客观的陈述去构想一个连接存在和思维的命题来达到他的存在，而是通过一个在完成了自己的述行语行为的在思维的东西而达到其存在的。马里翁指出，1641 年的这个表述，突出的是这个述行行为的当下性。如果说在 1637 年，自我由于不承认任何时间性的因素，因而在一定的意义上真正地达到了他的存在的话，那么很显然，在 1641 年笛卡尔的这个表述由于它突出的是这个述行行为的当下性，因而实际上达到的就是一种不太确定的存在。如果说 1637 年的自我由于其非时间性，而被笛卡尔马上当作一个他"所追寻的哲学的第一原理"的话，那么，1641 年的自我由于是当下的，因此也并没有被笛卡尔断言为就是一个原理。其次，马里翁还指出，在 1641 年，实体这个概念直到"第三沉思"的后半部分才出现，即只有在加入了上帝的存在的后天证明之后，笛卡尔才把自我看作是一个实体，自我的实体性才出现，为什么会这样呢？马里翁认为其道理就在于，在一开始，自我并不是持续绵延的，自我并不属于原理的行列，因此他并不具有实体性，而要想达到他的实体性，就必须先假定上帝的存在、上帝的实体性，然后通过从无限向有限的反转，来推论人类精神的实体性。但是在 1637 年的《谈谈方法》中情况却完全不同，在那里，我思一下子就达到了它的实体性存在，笛卡尔很明确地说道："由此，我知道我是一个实体，我的所有本质或属性只是思维。"[②] 这意味着，

---

① 马里翁指出，"ego cogito, ergo sum"这个命题包含着如下一些内涵：首先，存在就是思维，也就是说，这里的"存在"或"是"是依赖于思维的；其次，要想思维，就必须存在，必须是，即对思维的认可是建立在思维的行动和存在之事实的绝对的对等关系之上的，思维就是存在，就是是，其本质就是行动；第三，自我正是思维和存在之间的一个中间性的环节，自我一下子实施了存在和思维的内涵，由此，这样的自我必然是一个实体；第四，相应地，被思维的思维也是存在的，也相当于是，即那些我们领会的事物（被一个正在思维的事物思考的思维）也是真的，反过来说就是，为了是真的，一个思维就应该以确定的方式已经存在或是了。参见 Jean-Luc Marion, *Questions Cartésienne: Méthode et métaphysique*, pp. 63–66。

② 笛卡尔：《谈谈方法》，王太庆译，第 28 页。译文有改动。

《谈谈方法》特别地通过实体这个概念，马上就赋予了自我以一种形而上学的内涵，相反，《第一哲学沉思集》则在这里恰恰欠缺这种内涵，因而也就抹消了自我的形而上学特权。

在马里翁看来，正是由于《谈谈方法》提供了一个更加具有确定性的、可以被称作"第一原理"的命题"ego cogito, ergo sum"，正是由于它建构了一种思维和存在的必然关联，提出了一个作为实体的自我的概念，由此它也就建构了一种"自我的创世学（une protologie de l'égo）"以及一种准-本体论（quasi-ontologie）[①]，而这样一种创世学和准-本体论就足以使我们去确定一门形而上学、一门本体-神学-论了。这是马里翁发掘的笛卡尔哲学中的第一种本体-神学-论。

马里翁认为，在《第一哲学沉思集》中，笛卡尔进一步建构了第二种不同的形而上学，或者说第二种不同的本体-神学-论。相比于《谈谈方法》，《第一哲学沉思集》主要有以下几点不同。首先，在《第一哲学沉思集》中，笛卡尔提供了一种可以被提升到"怀疑的总体"高度的"夸张的怀疑"的思想，即：笛卡尔引入了一个"邪恶的精灵"，进而引入了一个最终不可怀疑的上帝，而这种夸张的怀疑在《谈谈方法》中是缺席的。其次，笛卡尔在《第一哲学沉思集》中改造了自己在《谈谈方法》中的命题，把《谈谈方法》中的第一命题"ego cogito, ergo sum"转换为了"ego sum, ego existo"，这种改造一方面正如我们在上文所说的，抹消了自我的那种形而上学特权（自我不再首先是一个实体，其自身并不能是持续绵延的），同时在另一方面，因为上帝概念的介入，笛卡尔也就把我们引向了一个新的形而上学的高度。第三，在《第一哲学沉思集》中，笛卡尔引入了一个自因的概念，一个因果性原理的概念，从而确立了上帝的实体性内涵，确立了它的形而上学地位，"现在，通过自然之光，我们明显地看出，在动力的和总的原因里一定有至少和在它的结果里同样多的实在性"[②]。正是基于这些

---

① Jean-Luc Marion, *Questions Cartésienne: Méthode et métaphysique*, p. 65.

② AT 版《笛卡尔全集》第 7 卷，第 40 页，第 21—23 行；中译文参见笛卡尔：《第一哲学沉思集》，庞景仁译，第 40 页。译文有改动。

内容，马里翁最后总结道："在'第三沉思'中，随着因果性概念的出现，随着实体概念的显现，笛卡尔在这里最终完全放弃了他在《谈谈方法》中通过思维而建构的那种本体-神学-论思想"，同时，它也建构了一种新的"关于第一因的本体-神学-论"。[1]

马里翁关于笛卡尔哲学的两种本体-神学-论路径的解读很明显是比较新颖的，一方面他较为创新性地赋予了笛卡尔的《谈谈方法》以一种形而上学的内涵，另一方面又在对照《谈谈方法》的过程中，重新阐明了《第一哲学沉思集》中的形而上学思想，并进而梳理了《谈谈方法》与《第一哲学沉思集》的关联，勾勒了笛卡尔的形而上学思想发展的脉络。不过，问题在于，马里翁的这种解读是否是完全合理的？对于这个问题的回答，可以从两个不同的角度来加以展开。首先，马里翁对形而上学的思考、对笛卡尔的本体-神学-论的理解是借助海德格尔的形而上学定义来展开的，由此一个最基本的问题就是，如果说在《第一哲学沉思集》中的本体-神学-论是完全符合海德格尔的形而上学定义（上帝的奠基性以及自因的概念）的话，那么《谈谈方法》中的本体-神学-论，即以自我为奠基性的所谓形而上学，看起来就是有些问题的。很简单，自我难道真的可以被看作具有一种神学的内涵？或者反过来说，在《谈谈方法》中笛卡尔难道没有涉及上帝的问题吗？其次，以笛卡尔自身的哲学为标准，马里翁对笛卡尔的形而上学的解读是否完全符合笛卡尔本人，或者说笛卡尔著作的原意？从表面上来看，马里翁的这种解读和笛卡尔自己在当时（主要是《谈谈方法》与《第一哲学沉思集》时期）对形而上学的理解是有一致之处的，因为笛卡尔自完成《指导心灵探求真理的原则》以后，从 17 世纪 20 年代末期开始就一直在关注形而上学的问题。在 1630 年 11 月 15 日写给麦尔塞纳神父的信中，笛卡尔曾经写道，形而上学的"基本要点就是证明上帝的存在和灵魂的存在，因为他们是与物体相分离的，他们的不朽正在于此"[2]，因

---

① Jean-Luc Marion, *Questions Cartésienne: Méthode et métaphysique*, p. 72.

② René Descartes, *Oeuvres philosophiques*, éd. F. Alquié, v1, Paris: Classique Garnier, 1997, pp. 258-259.

此，如果说《谈谈方法》中的本体-神学-论思想主要是以自我（灵魂）为基础来建构一种形而上思想的话，那么《第一哲学沉思集》就是以上帝为基础来建构形而上学的，很明显这和马里翁的相关解读大体上是一致的。但是，问题是笛卡尔会同意他自己当时的形而上学是两种不同的本体-神学-论思想吗？

二、形而上学还是第一哲学？

1637 年完成的《谈谈方法》被看作是笛卡尔的理性主义方法（主要是普遍的马特西斯的方法）的一种具体的展示和运用，依据马里翁的观点，这种方法也涉及笛卡尔的形而上学。"在这里，笛卡尔确实处理了三个主题 ——《折光学》《气象学》和《几何学》—— 来检验他的方法，但是，笛卡尔的方法也伸展到了其他的领域，因为笛卡尔曾经'在谈话的第一部分中引入了形而上学的某些内容，物理学和医学的某些东西，目的是为了指出，他的方法在任何领域都可以运用'。"[1] 但是，令人奇怪的是，在《谈谈方法》的第一部分，我们实际上根本看不到"形而上学"的字眼，而且，整部《谈谈方法》的正文部分，"形而上学"这个术语也仅仅出现了两次。这两次均出现在第四部分。第一次出现在第四部分的开头："我不知道该不该跟大家谈谈我在那方面已经进行的第一批沉思，因为这些沉思实在太形而上学、太不通俗了。"[2] 第二次出现在第四部分的倒数第二段："尽管我们对这类事物有一种实际行动上的确信，谁要是敢于怀疑它们至少会显得十分狂妄，但是一涉及形而上学的确实性，事情就不一样了。"[3]"形而上学"术语的这两次出现的确可以表明笛卡尔在当时确实拥有一种关于形而上学的认知（这一点并不奇怪，因为笛卡尔自 1628 之后就开始思考形而上学的问题），但是这并不等于说，笛卡尔在《谈谈方法》中的确就建构了一种形

---

[1]　Jean-Luc Marion, *Questions Cartésienne: Méthode et métaphysique*, p. 38.

[2]　René Descartes, *Oeuvres philosophiques*, p. 147.

[3]　Ibid., p. 151.

而上学的思想。为了表明自己的观点（在《谈谈方法》中笛卡尔的确有明晰的形而上学计划），马里翁还给出了这样一个证据，他引用了笛卡尔在《谈谈方法》的摘要部分的一段话："在第四部分，那些作者依靠它们证明了上帝的存在和人类灵魂的存在的理由，它们正是他的形而上学的基础。"[1] 即使这样，问题还是存在的。首先，在这里笛卡尔说得很明确，形而上学的基础是上帝的存在和灵魂的存在。如果是这样的话，马里翁为何能认为笛卡尔在这里单单建构了一种关于自我的本体-神学-论，而不顾上帝的存在的问题呢？其次，既然笛卡尔在当时已经有了形而上学的思路，为什么他在《谈谈方法》的正文中鲜有提及"形而上学"？

如果说《谈谈方法》中的情况比较特殊，或者说《谈谈方法》是否确实具有一种形而上学思想这一点并不明确，那么被公认为笛卡尔的形而上学思想的集中表现的《第一哲学沉思集》的情况就更加耐人寻味了。众所周知，《形而上学的沉思》是法译者的一种翻译，而笛卡尔本人的标题是《第一哲学沉思》，而且，通过梳理笛卡尔的这部著作，我们发现，和《谈谈方法》的情况一致，在其中"形而上学"字眼依然难寻踪迹，实际上，"形而上学"这个术语仅仅出现了一次，它出现在"第三沉思"："既然我没有任何理由相信有个什么上帝是骗子，既然我对证明有一个上帝的理由有过考虑，因此仅仅建筑在我各个见解之上的怀疑理由当然是非常轻率的，并且也是形而上学的。"[2] 如果说，按照马里翁的说法，《谈谈方法》因为没有能提供一种关于上帝存在的关键性证明，而是有些阴差阳错地相对完善地建立了一种关于自我的本体-神学-论，那么为什么《第一哲学沉思集》既然通过提供一种关于上帝的自因性和无限性说明而完善地建构了一种成熟的本体-神学-论思想（自我被囊括在了这个系统之中），笛卡尔却仍然在使用"形而上学"的概念上表现得如此吝啬呢？难道真的仅仅是因为形而上学的思想"太不通俗"，难以被人们接受，因而笛卡尔只是"犹豫"如

---

[1]　Jean-Luc Marion, *Questions Cartésienne: Méthode et métaphysique*, pp. 45-46.

[2]　笛卡尔：《第一哲学沉思集》，庞景仁译，第 36 页。译文有改动。

何"公开地表达它"① 吗？

在 1640 年 11 月 11 日写给麦尔塞纳神父的信中，笛卡尔道出了其中的缘由："但是，对我来说，最合适的将是把这本书命名为《笛卡尔的第一哲学沉思》，因为我并没有仅仅特别地对待上帝和灵魂的问题，而且还一般地涉及所有那些在哲学中人们可以认识到的最基本的东西。"② 同样的思路也应该适用于《谈谈方法》，在其中，笛卡尔并不仅仅涉及灵魂（自我）问题（当然也包括上帝的问题③），而且还涉及其他的一些认识中的基本的问题。也正是由此，笛卡尔才没有明确地使用"形而上学"的概念。因此，简言之，并不是因为笛卡尔觉得形而上学的问题太过艰涩、抽象，因而不太适合，或者还不能公开地表达出来，而是因为，笛卡尔考虑的并不仅仅是形而上学的问题，或者说，形而上学仅仅是他要表达的思想——第一哲学——的一个组成部分而已。那么，究竟什么是笛卡尔想要表达的"第一哲学"？什么是"在哲学中人们可以认识到的最基本的东西"呢？

在《指导心灵探求真理的原则》中，笛卡尔已经明确地谈到了他所谓的"最基本的东西"。只不过在那时，笛卡尔使用的概念是"简单物（des choses simples）"，或者说"简单性质（des natures simples）"。在第十二原则中，在讨论"普遍的马特西斯"方法的最核心的内容——秩序及其最绝对项——时，笛卡尔提到了三种类型的人类认识中的"最基本的东西"：纯粹知性的简单性质（des natures simlpes purement intellectuelles）、纯粹物质性的简单性质（des natures simlpes purement matérieles）和共同的简单性质（des natures simlpes communes）。"纯粹知性的，就是我们的理智凭借自然赋予我们的某种光芒，无需借助于任何有形的形象即可认识的那些东西，的确，这类事物是不少的，我们都不能虚构任何形象来觉察其存在，比如认识、怀疑、无知之类，可以称为意志力的意志的作用也是，还有其他的

---

① Jean-Luc Marion, *Questions Cartésienne: Méthode et métaphysique*, p. 46.
② René Descartes, *Oeuvres et lettres*, Paris: Gallimaed, 1999, p. 1094.
③ 根据马里翁的观点，笛卡尔在《谈谈方法》中的确提供了关于上帝存在的三种证明路径。参见 Jean-Luc Marion, *Questions Cartésienne: Méthode et métaphysique*, pp. 49-57。

一些，此类事物，我们是可以有所确实的认识的，甚至很容易就可以认识，只需借助理性就行了。纯粹物质的，就是仅仅在形象中就可以认识的那些东西，类如形状、广延、运动等。最后是共同的，即或者归于有形的事物，或者归于精神事物俱无差异的那些东西，比如存在、统一、绵延等。比附于此类的，还有一些共同的概念，这些共同的概念犹如某种纽带，把简单性质互相联系在了一起，由于它们不言自明，而成为我们推理的依据。"[1] 很显然，在这里，形而上学的对象——非物质性的上帝和灵魂——仅仅是第一部分的"简单物"，即纯粹知性的简单性质。

在《谈谈方法》的第四部分中，笛卡尔提出了"ego cogito, ergo sum"的命题，正如马里翁所言，笛卡尔涉及了自我的纯粹知性的性质，同时，笛卡尔也涉及了同样作为纯粹知性的存在的上帝。在第五部分，笛卡尔则涉及了"各种物质性事物的本性"[2]。在《第一哲学沉思集》中，笛卡尔的框架更为明显：论人的精神本性以及精神比物体更容易认识（"第二沉思"）；论上帝及其存在（"第三沉思"）；论物质性东西的本质，再论上帝及其存在（"第五沉思"）；论物质性东西的存在，论人的灵魂与肉体的实在区别（"第六沉思"）。接下来的一个问题是这样的：《谈谈方法》和《第一哲学沉思集》都涉及了纯粹知性的简单性质和纯粹物质性的简单性质，那么关于笛卡尔在《指导心灵探求真理的原则》中所提到的第三种类型的简单性质，即共同的简单性质，是否也出现在这两部著作中呢？

三、作为第一哲学的组成部分的身心关系理论

诸如"存在""统一""绵延"，以及具有公理内涵的共同概念有很多都出现在了《谈谈方法》和《第一哲学沉思集》的文本中，这一点是很明显

[1]　René Descartes, *Regles utiles et claires pour la direction de l'esprit en la rencherche de la vérité* , tradu par Jean-Lcu Marion, paris: Martinus Nijhoff, 1977, p. 46. 中译文参见笛卡尔：《指导心灵探求真理的原则》，管震湖译，商务印书馆 1991 年版，第 67—68 页。

[2]　笛卡尔：《谈谈方法》，王太庆译，第 35 页。译文有改动。

的。^①笔者在这里想要指出的是一个比较隐晦的共同的简单性质，即身心统一体的简单性质的情况。当然，一个首要的问题就是，身心的统一是一个共同的简单性质吗？要回答这个问题，我们不妨暂且把我们的目光从《谈谈方法》和《第一哲学沉思集》上移开，去看看笛卡尔在完成《第一哲学沉思集》之后的一种说法。在 1643 年 5 月 21 日写给伊丽莎白公主的信中，笛卡尔这样说道："首先，我认为在我们身上存在着一些原初的概念，它们是非常基本的，正是在它们的基础上，我们才构成了所有其他的知识。而且这些概念是非常稀少的，除了那些最普通的概念，比如存在、数目、绵延等我们可以用于所有我们能构造的东西之外，我们还有的仅仅是那广延的概念（针对特别的物体而言）、思维的概念（针对灵魂而言）和身体与灵魂的统一的概念（针对灵魂和身体的结合而言）。"^②而在 1644 年出版的《哲学原理》中，笛卡尔也提出了三个简单概念（les notions simples）的思想，认为在人的心灵中存在着三个最基本简单观念，它们是：对应于物体的广延、对应于人的灵魂的思维，以及灵魂与身体的紧密统一体（包括欲望、内在情绪和感觉）。"第一类是知性的事物，或有思维能力的事物……。第二类是物质事物，其中包含着广延性实体或物体及其性质……除此之外，我们还内在地经验到某些事物，它们既不能单属于人的心灵，也不能单属于人的肉体，它们是属于身心二者的紧密统一的。"^③原初概念和简单概念无疑和《指导心灵探求真理的原则》中的简单性质是一致的，只不过，笛卡尔在这里则明确地把身体和灵魂的统一当作了一个基本的概念提了出来，这无疑是一个很明显的不同。那么问题是，在《谈谈方法》和《第一哲学沉思集》中，这种身心的统一概念是否出现过呢？

　　表面上看起来，无论是《谈谈方法》，还是《第一哲学沉思集》，笛卡尔更多强调的是思维和广延，或者说精神和物体（肉体）的区分。正如我们在前文所指出的，《谈谈方法》的第四部分讨论的是思维的问题，第五部

---

① Jean-Luc Marion, *Questions Cartésienne: Méthode et métaphysique*, chap. 3.
② René Descartes, *Oeuvres et lettres*, p. 1152.
③ 笛卡尔：《哲学原理》，关文运译，商务印书馆 1959 年版，第 18—19 页。译文有改动。

分则讨论的是物质事物，在《第一哲学沉思集》中，笛卡尔则多次强调的是精神和物体的区分（比如笛卡尔的"第六沉思"的标题就是"论人的精神和肉体的实在区别"）。但是，在《谈谈方法》的第五部分，笛卡尔还是提到了身体和灵魂的统一的问题，他这样写道："我们不能光说理性灵魂驻扎在人的身体里面，就像舵手住在船上一样，否则就不能使身体肢体得以运动，那是不够的，灵魂必须更加紧密地与身体连接和统一在一起，才能在运动以外还有同我们一样的感情和欲望，这才构成一个真正的人。"[①] 在《第一哲学沉思集》的"第六沉思"中，笛卡尔也涉及了身体和灵魂的统一的问题，他写道："自然也通过一些诸如疼痛、饥、渴等感觉使我知道，我不仅仅是如同一个水手驾驭他的船只一样寓居于自己的身体中，而是我和我的身体结合、相混得如此紧密，以至于完全是一个东西一样。……因为，事实上，所有的疼痛、饥、渴等感觉其实不外乎是一种思维的混合方式，它们来自并取决于灵魂和身体的紧密结合体。"[②] "此外自然还告诉我一些存在于我的身体周围的别的物体，而我则应该追随它们中的一些，而避开其他的一些。……同样，在这些不同的感觉中，一些令人愉快，而另一些则让人不舒服，由此，我可以完全肯定地得出结论：我的身体，更确切地是我自己（mon corps et plutôt moi-même），我自己的作为灵魂和身体的结合的全部，能够接受围绕在我的身体周围的别的物体的对我们的相利性和相害性。"[③] 由此，很明显，笛卡尔在《谈谈方法》和《第一哲学沉思集》中均涉及了一种身心统一的思想，尽管在那个时期，笛卡尔还没有明确地赋予这种思想足够的理论高度（这种思想仍然被归属于精神和肉体的区分的框架之下，还没有达到和精神、物体共同作为一个原初概念的高度）。

行文至此，我们可以做一个简单的总结了。

首先，依照笛卡尔的理解，他的身心关系理论以及精神和物体相区分的二元论思想，严格说来，并不属于形而上学的范畴，原因在于，形而上

---

① 笛卡尔：《谈谈方法》，王太庆译，第46—47页。译文有改动。
② 笛卡尔：《第一哲学沉思集》，庞景仁译，第85页。译文有改动。
③ 同上书，第85—86页。

学是相关于上帝的存在和灵魂的存在，是相关于两种非物体性精神的。其次，相比于形而上学，笛卡尔的第一哲学涉及的内容更为广泛一些，即它不仅包括对上帝的存在、灵魂的存在的思考，或者说，不仅包括形而上学的内容，而且还包括一些人的认识中的基本的概念，比如物体的概念、身心统一的概念等，因此在这个意义上，笛卡尔的身心关系理论明显是被囊括在其中的。第三，马里翁关于笛卡尔的形而上学的解读大致上符合笛卡尔在 17 世纪 30 年代以及 40 年代早期对形而上学的理解，即形而上学是讨论灵魂和上帝的存在的，但是在涉及灵魂（自我）与上帝的关系时，可能会面临一种困难。也就是说，他认为《谈谈方法》建构了一种较为完善的以自我为基础的本体-神学-论思想，以及《第一哲学沉思集》建构了一种以上帝为核心的本体-神学-论思想的论断是值得商榷的（尽管看起来很有新意）。第四，如果说笛卡尔极为重要的身心关系理论可以被第一哲学的框架所囊括，但并不属于严格的形而上学的范畴，那么我们就更应该追随笛卡尔本人而更加坚持第一哲学的重要性，而不是形而上学的意义。第五，当然，我们也可以拓宽笛卡尔的形而上学的定义，把形而上学和第一哲学相等同，由此，笛卡尔的身心关系理论也就被囊括到了形而上学的框架之下了。实际上，笛卡尔在《哲学原理》中曾明确地指明了这一点，"哲学的第一部分是形而上学，它包含各种知识的原理，这些原理有的是解释上帝的主要属性的，有的是解释灵魂的非物质性的，有的则是解释我们的一切清晰而简单的概念的"[①]。第六，如果说形而上学被定义为一种"知识的原理"的话，很显然，这种形而上学的思想和海德格尔所指明的、马里翁所坚持的那种本体-神学-论思想是不同的。

参考文献：

Descartes, *Oeuvres complètes*, pub. par Charles Adam et Paul Tannery, VII, Paris: Vrin, 1964‑1974.

---

① 笛卡尔：《哲学原理》，关文运译，"序言"，第 17 页。

Descartes, *Regles utiles et claires pour la direction de l'esprit en la rencherche de la vérité*, tradu par Jean-Lcu Marion, Paris: Martinus Nijhoff, 1977.

Descartes, *Oeuvres philosophiques*, éd. F. Alquié, v 1, Paris: Classique Garnier, 1997.

Descartes, *Oeuvres et lettres*, Paris: Gallimaed, 1999.

Gschwandtner, Christina M., *Reading Jean-Luc Marion: Exceeding Metaphysics*, Indiana University Press, 2007.

Marion, Jean-Luc, *Questions Cartésienne: Méthode et métaphysique*, Paris: PUF, 1991.

笛卡尔：《哲学原理》，关文运译，商务印书馆 1959 年版。

笛卡尔：《第一哲学沉思集》，庞景仁译，商务印书馆版 1986 年版。

笛卡尔：《指导心灵探求真理的原则》，管震湖译，商务印书馆 1991 年版。

笛卡尔：《谈谈方法》，王太庆译，商务印书馆 2000 年版。

从自身性和感受性谈列维纳斯的"身–心问题"*

林华敏

（广西大学马克思主义学院）

　　身体与心灵以及二者的关系问题是哲学的重要问题。作为 20 世纪的哲学家，列维纳斯没有明确提出身心问题，也没有试图去回答：心灵是什么？身体是什么？身心关系如何？但是在列维纳斯的哲学讨论中，他无法避免这个问题。我们知道，列维纳斯从笛卡尔那里继承了一个非常重要的遗产，那就是关于无限的观念，这个问题在笛卡尔那里的重要基础就是"我思"，也就是心灵的活动。同时列维纳斯在捍卫（或说重塑）主体性这个主题上实际已经和心灵问题密切融合，在一般意义上，心灵和意识主体在近代哲学的讨论中具有很多纠缠和重叠的地方。另一方面，身体也是列维纳斯思想的另一个重要线索。对感性身体的讨论是列维纳斯思想的重要内容。在早期的《从存在到存在者》中列维纳斯通过对匿名的存在（il y a）、失眠、懒惰、疲惫、情绪等概念的描述已经阐发了初步的身体理论；在中后

---

* 本文系国家社科基金青年项目"列维纳斯现象学神学转向研究"（项目编号：13CZX 055）阶段性成果。

期的作品诸如《总体与无限》《异于存在或存在之外》中，对感性的身体、情感性的生命的阐述越来越多，身体在其现象学和伦理学主题的阐述中愈发重要。由此，我们甚至可以认为，列维纳斯整个理论的基础是感性生命——身体。本文拟从列维纳斯的享受、感受性、物质性等相关的概念出发，分析讨论列维纳斯对身体以及由此延伸出来的身心关系问题的理解。

一、自身性（ipseity）即身体性 [1]

按照列维纳斯重要著作《总体与无限》的主题，这本书的中心之一是论证隔离的（separated）主体，这个论证是从自我性问题开始的。自我性从开始就依附于肉身性，或者说感性生命。（虽然这本书的另一个主题是"论外在性"，但是在讨论外在性之前，首先要描述一个孤立的自我，这个自我奠定了真正的超越的"他者-主体"。）在该书的第二部分，列维纳斯分析了作为内生命或者心灵论的隔离，"同者的隔离是在内生命和心灵论的形式下产生的" [2]。绝对隔离的状态是一种内在性状态，也是一种身体的自娱自乐、自我满足的独立状态。在《总体与无限》的第二部分"内在性和家政"中，通过对隔离以及个体的内生命的描述，列维纳斯指出，隔离在最初的源头上是生命的基本形式。人的存在的基本状态，是作为隔离的内在生命，它首要地拒绝被纳入关于存在和人的普遍性和总体性的谈论之中。自我与外在性的超越关系，与他人的伦理关系都是基于这种内在性的隔离状态。"关于无限的观念包含着涉及他人的同者的隔离。" [3] 可以说，感性生命的隔离是与伦理关系的绝对性相遇的必要条件。

在列维纳斯那里，人的基本存在状态是隔离。他人、上帝、超越性等议题都是首先建立在对隔离性的自我的描述基础上的，而这个隔离的自我

---

① ipseity 这个词来自拉丁文 ipse，表示自身性、个体性、个体认同等含义。有学者译为"自感"。

② Emmanuel Levinas, *Totality and Infinity*, translated by Alphonso Lingis, Pittsburgh: Duquesne University Press, 1969, p. 54.

③ Ibid., p. 53.

可以被理解为一种肉身性的自我，一种前主体的自身性。按照列维纳斯，隔离（separation）是一种"内在生命，或者当作心灵论"。它"意味着居住和家政"。① 在《总体与无限》的第二部分对自我的现象学描述中，列维纳斯勾画了一个隔离的自我的图景，这个自我是通过"生活""享受""元素""物质性""需要""感受性""居住"等一系列概念构成的。隔离是一种前主体的感性状态，这种状态既是独立的也是非独立的。首先，隔离状态意味着"依……为生"，"我们依靠'好的汤'、空气、光、场景、工作、观念、睡觉，等等"为生，这些活动先于存在的显现。"依……为生"并不把世界当作对象来呈现，也不把世界当作"生命的途径和工具"，我们所赖以生存的东西不是海德格尔所说的工具。列维纳斯把这些我们所生活的东西称为"元素（elements）"。这些元素的存在并不被功利系统所穷尽——这种功利系统把我们所赖以生活的元素描绘成像锤子或者机器一样的存在者。

列维纳斯在描述这种"以……为生（living from...）"的关系时，试图表达的是人在感性生命意义上的内在自我性。可是如何理解感性的生命与所依靠的元素（空气、光等）之间的依存关系？我们需要区分海德格尔意义上的"在世之在（living in the world）"和列维纳斯的"以……为生"。对于海德格尔，我们的生活所依赖的东西，比如空气、水或者斧子，对于我们而言都是器具，我们使用这些东西是把它们作为我们生命活着的条件，它们的意义在使用中被穷尽。可是对于列维纳斯，和"元素"的关系是一种享受和满足的关系。我们专注于这些元素，但不是把它们当作工具加以利用。"对器具的求助暗含着终结性（finality），指示着一种关于他者的依赖，'以……为生'……描绘了独立自身，享受以及它的快乐的独立，这种独立是所有独立的原始的形式。"② 按照列维纳斯的解释，感性生命享受和快乐具有一定的内容：呼吸、看、吃、工作、拿起锤子和工具等的欢乐或者

① Emmanuel Levinas, *Totality and Infinity*, p. 110.
② Ibid., p. 111.

痛苦。但是，这种内容并不意味着我们把它们作为保证我们生命的条件来求助。生命是对生命的爱，是满足本身。"如果'以……为生'、享受……在于进入和某些他者的关系，那么这种关系并不以纯粹存在者的方式进行。"[1] 在这个意义上，感性生命的享受与快乐本身不是以工具或意向性的方式进行的。

享受与所享受的对象是一种融合关系（没有主客体关系），它区别于对物质的占有（仍然有主客体关系）。享受是将元素融化同一到自身，使得元素构成自身。这是最初的将"他者"同化为同者的过程。这时，感性生命的享受就成了享受自身，而不是去占有元素和世界。我享受自身，享受满足，享受呼吸等活动的欢乐和痛苦。"一个人活着他的生命：'去活着'是一种传递性的动词，生命的满足是它的直接对象。依这些内容活着的行为因此就是生命的一个内容。与去存在的直接对象的关系事实上相似于与营养的关系，在与营养的关系中，有一种与对象的关系，同时有一种与这种关系的关系，这种关系也滋养和充实着生命。一个人不仅仅活着自己的痛苦或者欢乐；他还依赖这些而存在。"[2]

在"以……为生"中，对对象的享受和满足构成了感性生命自身。"依赖某物为生……确切地说是对于一种生命所依赖的东西的满足 —— 并不是在一方面掌握着对象，另一方面依赖着对象，而是在这种依赖中掌握着对象……'赖以为生'……是一种依附，它转向统治，转向幸福（快乐）——本质上是自我主义的。"[3] 由此我们看到，对于感性生命，它对某物的享受并不打破生命的"自身性（ipseity）"，相反，这种享受恰恰是自身性的内容，它使得"我（the I）"的独立性成为现实，因为，基于这种依赖，"我"自娱自乐，享受自身。这就是列维纳斯提出的，从对感性对象的依附到统治（自我主义的统治、一种绝对的自我性）的转变的过程。这样，从"我"对外在世界的"元素"的依赖中，"我"的自我中心与主权成为可能。这同时

---

[1]　Emmanuel Levinas, *Totality and Infinity*, pp. 112-113.

[2]　Ibid., p. 111.

[3]　Ibid., p. 114.

也是自我的孤立性。它自娱自乐，自己享受自己的生命（快乐或者痛苦），而不是依赖外在世界。

在列维纳斯那里，在主体性（subjectivity）之前，有一个基于对元素的享受的肉身性的感性自我。"我对元素的依赖（赖以为生）"、"依赖过程中的痛苦或者欢乐"和"我享受这种痛苦或者欢乐"，这就是列维纳斯说的"生命就是爱生命"的含义。感性生命的这种自我隔离、享受、依赖……为生，构成了人的最初的自身性和个体性，"我"的"自我性"；生命的现实已经在欢乐中，每一种欢乐在第一时间到来，每一种欢乐显示了生命绝对的孤独。如列维纳斯说的："因为生命是欢乐，所以它是个人的。人的个体性——'我'的'自身性（ipseity）'——远比原子和个体的特殊性要特殊，它是享受的欢乐的特殊性。"[①]

不同于传统唯理论对心灵自我的强调，认为心灵自我是个体的差异性和本质，列维纳斯对感性生命的描述给出了对自身性的不同理解。个体的自身性就是个体的特殊性，而按照这里的理解，特殊性首先体现为感性存在的特殊性。也就是说，感性存在是生命自我界定的基本层面。在列维纳斯那里，享受中显示的个体性，这种个性在孤独中体现，它是生命体最根本的内在性与个体性（特殊性）。对于捍卫一个隔离的独立的主体这个任务，列维纳斯更加明确地指出，"主体性源于享受的独立和主权"[②]。"我"依赖元素活着，这种依赖不是丧失"我"自身的认同和自身性，而是形成这种自我认同与自我性。"灵魂不是——如同在柏拉图那里——'对无生命的东西的关心'；它是栖居融入在外在于自己的东西中，但是它通过这种栖居融入'他者'（外物）中而获得它自身的认同性。"[③]列维纳斯将自我最初的同一性（identity，身份）与隔离的感性自我相联系，这种隔离的自我只有通过一种对感受性的分析才能被揭示。

---

① Emmanuel Levinas, *Totality and Infinity*, p. 115.
② Ibid., p. 114.
③ Ibid., p. 115.

二、感受性 —— 非反思的身体

"感受性（sensibility）"是列维纳斯身体讨论中非常重要的概念。感受性是一个"始于对元素的享受"的概念，它不属于思的秩序，而是属于这样一种情感性（affectivity）："我"的自我主义在这种情感性中搏动（pulsates）。[1] 列维纳斯在提到感受性时，强调的是它的非认知的特征；感受性不是"真"的范畴，而是"情绪和感受"的范畴。这种感受性奠定了自我，这种奠基"在理性之下"。[2] 感受性没有构成"再现"这种理性的活动，"它没有构建世界，因为被称为可感受的世界，它并不需要构建一种再现 —— 而是构成了生存的中心内容"[3]。它奠定了非反思意义上的"我自身"。"我"不是占有感受性，而是被感受性所构建。因此感受性构成了"我"和"自身性"的核心内容。感受性不是再现，而是一种生命的基本特征，这种特征是被动和消极的，是易感和情绪性的。

感受性先于理性和对象性行为，先于任何社会的、历史的和认知性的自我。身体的隔离意味着主体性和社会关系之前的感性自然状态，但同时它也不能被简单地还原为生物学或化学意义上的现象。列维纳斯使用"吃"的例子："例如吃，它无疑不能被还原为关于营养的化学。但是吃也不能把自身还原为味觉、嗅觉和动觉以及其他一些构成吃的意识的感觉。这种吃的动作所涉及的把一个人的牙齿咬到物体上的活动度量出……一种多余，这种多余不能被定量化，但却是'我'，即绝对的开端，在'非我'中被悬搁的途径。"[4] 通过"多余"，"我"在"非我"上被搁置，这构成了"我"从我所投身享受的世界中独立出来的一个途径。感性存在成为独立意义上的

---

[1] Emmanuel Levinas, *Totality and Infinity*, p. 135. affectivity 这个词，有人翻译为"易感性""触发性"等。为了易于理解，本文结合维基百科"Negative affectivity"词条的解释直接翻译为"情感性"。

[2] Ibid., p. 138.

[3] Ibid., p. 135.

[4] Ibid., pp. 128-129.

自我。这种自我是生物学身体上的一种多余和溢出。

在意向性和赋意问题上，列维纳斯通过感受性的非对象化与非主题化回应了胡塞尔的意向性问题。意向性不仅与有待被主题化（对象化）的某物相关，而且也与为客体和客体化行为提供意义的视域的蕴含结构有关。对构造意识的意向加以分析，使得这种意识也显现为完全是由一个前谓词的世界（即透过这种超越其明确活动的意识的瞄定物所想到的东西）所构成。① 因此，在列维纳斯那里，感性意向性打开了通往存在和意识之外的无限性的大门，打开了通向这种作为观念之溢出的无限思想的大门。身体作为一种原发地，它超出意向性的基本结构，从而达到他者。事实上，没有身体所表现出来的感性分离，就没有他人的问题（没有隔离就不可能有他人）。身体感性的这种原发地是主体性（责任主体）的基础。"享受的感受生命 —— 它产生主体 —— 是这样一种生命，它自身与外在发生关联。这就是感性身体和它所享受的对象之间的关系。"对于列维纳斯，"处于这种关系形态中的感性身体是对理念论的意义赋意概念的质疑"②。

在《超越意向性》一文中列维纳斯也详细讨论了感性赋意的问题。感性意向性寻求意识意向性结构之前的结构、意义的前提与起源。这个方向与梅洛－庞蒂相似。在《知觉现象学》中，梅洛－庞蒂寻求一种先于或超出于意向性意识的东西，一种不受现象学反思所支配的经验，胡塞尔意义理论之外的"暗哑无声的经验"。③ 如果被规定的经验既不同于一种无视任何表达的无定形的异质性，也不同于一种与之相反的能完整地进入反思性论证的意义，那就意味着胡塞尔的意义理论背后还有着另一层的没有被意识的光所照亮的部分。列维纳斯通过感性意向性来指出这种超出意识意向性的赋意。在意识意向性之外，列维纳斯通过一种"完全不同的意向性"来揭示意识意向性背后那层"暗哑无声"的经验。这种意向性是"**享受的意**

① 伊夫斯·蒂埃里（Yves Thierry）：《列维纳斯与梅洛－庞蒂关于存在论的论争》，张尧均译，载高宣扬主编：《法兰西思想评论》第 3 卷，同济大学出版社 2008 年版。

② John E. Drabinski, *Sensibility and Singularity*, State University of New York, 2001, p. 114.

③ 伊夫斯·蒂埃里：前引文献。

向性（*the intentionality of enjoyment*）"，它是感受性的基本内容。"享受的意向性与再现的意向性相反；它把握外在性，但这种外在性是再现中所提到的超越的方法所搁置的。"[1]通过享受的意向性，列维纳斯揭示了在"思"对世界的赋意背后更为根本的意义来源，或者说，世界本身的意义在"思"的构建之外。列维纳斯对胡塞尔提出的基本质疑是："是否思只有通过对世界的知识——通过世界的在场呈现和我们在世界的在场——才有意义？"[2]

在梅洛-庞蒂那里，理性之思被身体之"思"所取代，意义和文化的根源在身体那里才获得根基。身体的存在方式敞开了一个世界并为文化的积淀提供了一种支撑。如在一个场中建立其诸关系的身体运动，进行指示和表达的身体姿态，调整焦距以辨认物体的目光，我们需要在目光、手和一般的身体的名义下面认出一个旨在检测世界的诸系统的系统。梅洛-庞蒂试图在对身体意识的分析中，"在初始意识的沉默中"，寻求喑哑无声的经验的意义。这个经验是一种尚未被意识之光照亮的不透明的存在。这个意识之光之前的不透明的存在实际上是身体置身其中的感知的世界，或者说是身体和世界融合的"世界"。这与列维纳斯所说的"感性享受"具有很大的相似性。这个肉身投入的世界恰恰是最根本的意义，也是理性再现的意义的基础。梅洛-庞蒂用"身体-世界"这一模式代替了胡塞尔意向性所承载的"意识（意向性）-世界"这个图景。列维纳斯在感受性的分析中很大程度上延续了这个方向。列维纳斯同样指出了：知觉意识在本质上是物质性和肉身性的，这种物质性与肉身性先于意识对世界的对象化和把握，知觉的意义生成先于意识的赋意过程。虽然列维纳斯也对这种知觉意识使用了"意向性"这个概念，但是，他强调，这种意向性不是胡塞尔的意识意向性，它没有"意向行为-意向相关项"这个结构。美国学者约翰·德拉宾斯基（John E. Drabinski）在对列维纳斯的感受性理论的分析中指出，列维纳斯的核心在于在感受性这个维度超越了现象学的赋意这个问题，列维纳

---

[1] Emmanuel Levinas, *Totality and Infinity*, p. 127.

[2] Emmanuel Levinas, "Beyond Intentionality", in *Philosophy in France Today*, edited by Alan Montefiore, Cambridge: Cambridge University Press, 1983.

斯所描述的超越的意向性，区别于对象性的意向性。感受性在列维纳斯具有构建功能，这种功能不同于意识的构建性。这种对感受性的构建功能的分析是一种超越的感觉论（transcendental sensualism）。[①] 这种超越的感觉论的核心就在于对意识的对象性行为之前的感受性的构建功能进行分析，而这种感受性的构建功能的第一个线索就是"没有概念的经验"。这种没有概念的经验可以被理解为梅洛-庞蒂的知觉理论中前反思的意识经验。对于梅洛-庞蒂，身体的运动和感觉能力表明了一种不受胡塞尔式的现象学"还原"的方法支配的非反思性的"事实性"。这是一种不透明的"事实性"，即使是现象学的反思也无法使之透明。而对于列维纳斯，身体的享受、滋养、家政和居家占有等"事实性"表明了意识再现（表征）和还原所无法抵达的那个地方。

梅洛-庞蒂将前概念的知觉作为现象学描述的基础，作为意识对世界的构建的基础。知觉不是关于世界的科学，甚至不是一种行为，不是有意识采取的立场，知觉是一切行为得以展开的基础，是行为的前提。在知觉中，世界并不向主体显现为透明性，相反，在知觉中，"我"和世界是融为一体的，知觉是一种前反思的经验。反思经验则相反，它试图去掉世界的不透明性和超验性。在反思性主体那里，世界是"我"的世界，是向我显现的世界。胡塞尔现象学的本质还原试图对一种意识之显现样式的多样性的分析达到对所显现者的不变项的把握，这种不变项最后能为认知奠定基础。这是一种意识对经验的反思的过程，但是在梅洛-庞蒂对知觉的描述中，意识对经验的反思并不能抵达身体性的知觉经验之中，也就是说，始终有一部分经验是无法成为反思的内容的。身体的在场的知觉性经验先于反思活动而存在的。身体是世界和意义的源头，身体给予世界意义。"身体不仅把一种意义给予自然物体，而且也给予文化物体，比如说词语。"[②] 在身体赋意的优先性上，列维纳斯与梅洛-庞蒂有共同之处。身体不仅仅是一个物体或

---

① John E. Drabinski, *Sensibility and Singularity*, pp. 83-90.
② 梅洛-庞蒂：《知觉现象学》，姜志辉译，商务印书馆 2005 年版，第 300 页。

者符号，身体感受性所包含的意义已经超过了生物化学意义上的神经活动，感受性在生物学和神经活动的基础上所具有的"多余"的东西，这恰恰是我们的经验中最不透明的东西，也是这种不透明性的来源。这看似最物质性的东西恰恰也是最超越的东西。感性是心灵的基础。感受性的自我是材料性（物质性）的，通过身体的在场和对元素的享受而实现的，在这个过程中完成了感受性的自我的构建。同时，心灵（超越）的概念也只有在这种物质性之中才能衍生出来。或许我们可以这样认为，列维纳斯在梅洛-庞蒂的方向上打开了感受性的另一个维度，这个维度就是伦理和超越（他者的议题）。通过列维纳斯，我们才真正领会超越性蕴含于物质性（肉身性）之中这个命题。

三、面容 —— 身体的异质性和独一性

在列维纳斯那里，身体是具体而裸露的，暴露在世界和他人面前。这意味着身体的易感性、易受攻击和被动性。列维纳斯对身体的描述是具体的，比如面容。面容是身体裸露在外的一部分，是感性的感性，是易受攻击的脆弱性，一种没有保护的被动性。面容是列维纳斯的重要概念，与之相关的是他者、上帝和踪迹等概念。我们往往能够从后面这些概念中解读出面容的抽象和形而上学内涵。但是，在列维纳斯那里，面容首先应该，也必须是肉身性和具体性的。在《总体与无限》中，列维纳斯提供了关于"面容"的一些论述，例如：面容是"一种超越于观念的观念材料"；"面容是一种活的在场；它是表述……。面容言说"；"他者呈现自身的方式，超越于我的关于他者的观念，我们称之为面容"[1]；"裸露即为面容"[2]。从这些描述中，我们似乎可以看到面容背后的超越性关联，但是，我们要知道，这种超越性是通过具体的肉身的面容表现出来的。面容首先是具体的眼睛、

---

[1]　Emmanuel Levinas, *Totality and Infinity*, pp. 49-50.

[2]　Ibid., p. 74.

鼻子、脸和嘴巴等，然后才有背后的踪迹与他者伦理。[①]

　　虽然在列维纳斯谈论他者的语境中，面容是他者启示与在场的方式，一种超越于当下在场的方式，它不是一种物体，不是一种具象，而是一种显露。但是，无论用如何抽象的概念，在人与人面对面的过程中，首先遇到的是一张张具体的面容，而这种具体和独特才是伦理最后要落实的地方。我们知道，列维纳斯说面容自身是无法命名和概念化的，但是这不等于说面容是抽象的。无法命名和概念化恰恰指的是面容的具体和特殊性，指它无法被普遍化，也就是说，每个人的面容都是独特和差异的。面容首先是具体的，然后才能在这种具体的裸露中表达差异性和必死性，一种不可抗拒的抵抗。

　　面容作为感性身体的一部分，它不是某种本质的表现或某种僵化的图像，"面容不是某个实体的显现或者符号"[②]。面容也不是物体和材料，它代表着"所有的虚弱、所有的必死性，他人的裸露和无防备的必死性在面容上被读到"[③]。"脸不是眼睛的颜色，不是鼻子的形状，脸颊的红色，等等。"[④]正如他说的，"表达，或者脸，超越图像"[⑤]。事物的面容是"死脸"和"塑像化的图像"，它们没有感性因而也没有超越性可言。"死脸成了一种形式，一种太平间里的面具。"[⑥]面容表达某种意义，这种意义不等于符号的表达。"显示并不等同于把自身显示为一个符号，而是表达自身，也就是说，作为人表达自身。"[⑦]因此，物体并不具有列维纳斯意义上的"面容"。面容只作为差异的人的感性存在（身体）时才成其为面容。列维纳斯说：即使"整

---

① 虽然很多人从抽象和隐喻的角度去解读列维纳斯的面容及其背后的伦理训诫，但是我们无法理解一种没有感性肉身的、完全隐喻和抽象意义上的面容。

② Emmanuel Levinas, *Otherwise than Being, or, Beyond Essence*, translated by Alphonso Lingis, Pittsburgh: Duquesne University Press, 1998, p. 93.

③ Emmanuel Levinas, *Entre Nous: Thinking of the Other*, translated by Michael B. Smith and Barbara Harshav, New York: Columbia University Press, 1998, p. 232.

④ Ibid.

⑤ Emmanuel Levinas, *Totality and Infinity*, p. 297.

⑥ Ibid., p. 262.

⑦ Ibid.

个身体 —— 一个头或者肩膀的一个弯度 —— 也能作为面容去表达"[①]。因此，感性存在的异质性才是面容的关键所在。

面容的"当下在场"意味着裸露，它通过作为一个不可否认的现实在那儿，通过一种我不能否定或者还原为我意识中的图像或者观念的现实表达了它的在场。他人（通过面容）表达了他／她不是一个物体，而是一个我不能忽视的生命，一个让我不安的存在者。面容的在场，通过裸露和表情传达的是一种不可穿透的"无限性"。脸是最暴露的、最脆弱的，这种暴露与脆弱是他人在场的最具有表达性的一面，通过瘫痪和弱化暴力的方式，"以最弱抵抗最强"的方式。面容是一个彻底地裸露的、易受到攻击伤害的，同时也是被动性的感性存在。我与他人的相遇，在第一时间是通过面容而实现的。我看到他人的面容，但是并不是作为纳入我的世界的对象的方式，不是我的内在性和我可以享受的东西，由于它的彻底的脆弱和被动性。这种感性裸露与被动性超出了理解和意识的再现。

面容作为身体特殊的部位，代表着身体感性生命存在的基本特征和立场。面容向我们显现了人的异质性，不是以再现的方式显露的异质性。踪迹和他者，甚至于无限性，这些概念都是为了落实到具体的生命上，表达异质性生命的绝对不可把握和总体化的特征。正如同列维纳斯所说："在面容中有两种奇怪的东西：它的极度的脆弱 —— 没有任何工具占有物的存在；另一方面，有一种权威。似乎上帝通过面容说话。""面容是根本的。它没有任何系统化的特征。它是这样一个概念，通过它，人通过一种不同于认知的行为向我走来。"[②] 根本地讲，人的超越性和神性首先是通过他人的面容得到彰显和被唤醒的，他人的面容是伦理的生发地。

通过对隔离、感受性和面容等概念的分析，我们可以看到列维纳斯思想的某种出发点：个体绝对的独一性和差异性，这种独一性和差异性首先

---

① Emmanuel Levinas, *Totality and Infinity*, p. 262.

② Tamra Wright, Peter Hughes and Alison Ainley, "The Paradox of Morality: An Interview with Emmanuel Levinas", in *The Provocation of Levinas: Rethinking the Other*, edited by Robert Bernasconi and David Wood, Routledge, 1988.

建立在感性身体之上的。列维纳斯指出，在面容中，他人是独一无二的，而这也是他人为什么不可比拟的原因。"当我说独一性，我也表示他人的他者性。他人以一种独特的方式而成为独一：他不属于一个种属或者没有停留在种属中。"① 面容呈现的是一个独一无二的他人，这种独一性进而揭示了伦理的独一性：他人面容的独一性意味着我的回应、我对他/她的责任的独一性。

面容的独一性构成了人与人之间关系的独一性，没有人可以被替代，也没有任何"面对面"的关系可以被概括和系统化。面容没有普遍的法则。列维纳斯对"独一无二的自我"和"绝对的他人"之间关系的论述的身体基础就是这种感性而独一的面容："只是独一无二的自我才是绝对的他人"，"异质性只有开端于我才是可能的"。② 独一性是列维纳斯伦理的核心所在。独一性的来源有两个：绝对的内在性和绝对的外在性。从感性肉身的角度，绝对的内在性就是绝对的感性、绝对的独一无二的身体和感性经验。从表面上看，列维纳斯的方向是外在性和异质性的他人，可是这个方向只有开端于我才具有可能性。面对面的关系是一种感性身体的关联，这种关联质疑观念论对对象的赋意，同时将意识关系逆转为身体关系，一种对他人面容的裸露和脆弱性的敏感。

结语：身心统一

回到传统的身心问题上：身体是什么？心灵是什么？身体和心灵是什么关系？从现代科学（生物学、神经科学等）的角度看，这些问题似乎都仅仅是身体的问题，即使是感受性也仅仅是身体的形而下的问题。倘若如此，我们将只能把这样的身体的研究和讨论交给生物学家、神经科学家和脑科学家。但事实上，哲学家们讨论的远远超过生物学意义上的身体。在

---

① Emmanuel Levinas, *Entre Nous: Thinking of the Other*, p. 205.

② Emmanuel Levinas, *Totality and Infinity*, p. 40.

"身体是什么？身心关系如何？"这些问题上，虽然列维纳斯没有直接讨论，但是从对感性隔离、感受性、面容等问题的讨论中，我们发现列维纳斯对身体的重视，同时也指出了身体和心灵无法剥离的关系。在一定意义上，我们可以说，通过对意识的"存在"进行现象学悬隔和还原，我们可以直接看到和讨论的对象就是身体，而且只有身体。列维纳斯所描述的感性享受的身体、被动性和独一性的身体，这种身体通过身体与身体（面对面）的关系而进入超越维度，他人的异质性（超越性）在具体的感性面容中被揭示。通过感性意向性，人与人的关系首先是身体形而下的关联，同时也是超越（心灵）的关系。主体性源于感受性，心灵是身体的"盈余"（感受性的超越维度）。这或许是列维纳斯对感性自我（物质性）分析的最重要结论。因此，列维纳斯虽然没有像今天的心灵哲学家（例如约翰·塞尔）或新实用主义者（例如普特南、戴维森）那样，在心灵和身体的问题上投入文化、社会和历史的因素，最后使得身体和心灵通过这些因素融合在一起，形成一体，但是列维纳斯通过"他人的身体""面容""女性""异质性""独一性"等概念，也同样表达出对身体的社会化看法。感性身体绝对不是神经和生物学意义上的，而是处在与他人的关系中的，这种关系既是"社会的"，也是"历史的"。身体的裸露、感性和被动性自身所揭示的暗哑无声的经验，这些经验实际上通过与他人感性身体的关联才获得揭示。因此，我们说，意义在身体感性之中，在与他人身体的交往中。进一步说，在列维纳斯那里，身体与心灵的问题在物质性（身体对元素的感性享受）这个视域下似乎不再是问题，因为心灵实际上发端于身体对世界的投身和享受之中。从列维纳斯基于物质性和感性身体而对主体性进行辩护这个基本的理论，我们实际上能看到一种渐进和渗透的身心理论。也由此，按照英美心灵哲学家的一些提法，或许我们可以说，列维纳斯对身体和心灵的处理是融贯论和超越论的。心灵融于感性身体之中，同时是感性身体的超越。

身心关系的语言之维

—— 精神分析对于身心问题的再发现

卢　毅

（复旦大学哲学学院、巴黎第一大学哲学系）

　　随着临床经验的不断积累与理论思考的日益深化，以人的心身疾病为出发点的精神分析，逐渐揭示了人的身心之间存在的复杂而微妙的关系。由于自笛卡尔以降的近代哲学传统往往立足于所谓"正常人"的理性状态，并且其侧重点往往是在认识论层面，因此在一定程度上忽略了许多值得关注和研究的身心现象，远未能充分揭示人的身心问题的全貌。

　　如果说西方近代哲学传统侧重于在"知"的层面探讨身心问题，那么精神分析所重点关注的，同时也是近代哲学所忽视的，正是关于"情"与"意"、体现在情感与意志（欲望）领域的身心问题。之所以会产生这种关注视角或侧重点上的差异，很大程度还是要归结于研究立场上的不同：近代哲学家，尤其是唯理论哲学家，所从事的往往是天马行空的理论思辨，其眼中的人往往也都是抽象的、千篇一律的人，由此才可能得出一套具有普遍有效性的人类认识论；而自从弗洛伊德创立精神分析以来，以心理医生为本职工作的精神分析师首先面对的总是一个个具体的、个性鲜明的人，而每个人的症状背后其实都有一段独特的个体经历与家族历史。精神分析的临床经验表明，家族与个人历史问题有可能引发当事人的认知障碍（如思维障碍、记忆障碍等），但这在根本上是由于首先导致了当事人情感与意志层面的创伤、危机或冲突，因此认知问题在很大程度上可以说是情感与意志问题的衍生物。此外，情感与意志层面的问题不仅可能导致认知的障碍，而且同样也可能引发身体机能的紊乱，并最终通过躯体症状表现出来，这就进入了心身疾病的领域。

实际上，弗洛伊德所创立的精神分析从一开始就是一门切实涉及人类身心问题的临床实践。确切地说，精神分析的诞生就和癔症（Hysterie）这种当时非常流行、非常具有代表性的心身疾病密不可分。在其作为精神科医生的职业生涯早期，弗洛伊德通过大量的临床观察、访谈与思考就已经发现，癔症的躯体表现形式虽然多种多样，例如痉挛或抽搐发作、机体运动障碍、感知觉障碍等，但这些躯体性症状并非出于器质性的原因，而根本上是由心理层面的创伤、冲突或"情结"所导致的。此外，弗洛伊德还发现这类症状背后往往和性有关，但却并没有像那个时代的大多数生理学家或医学家那样将其简单理解为性能量过剩所导致的机体的某种化学中毒，而是从根本上认为：通常和性有关的心理创伤、冲突或"情结"，凭借语言以及和语言密切相关的心理机制，在经过加工改造或扭曲变形之后，间接通过躯体症状而将自身表现了出来。

例如，在笔者接手的一例个案中，某位女士报告自己的双腿会间歇性地突然麻痹无法行走，经检查并未发现任何器质性问题。在接受精神分析治疗期间，她经常表露出对于一位男性友人的矛盾态度：一方面认为他风度翩翩、左右逢源；另一方面又认为他道貌岸然、逢场作戏。随着分析治疗的深入，一种更加深刻的内心冲突逐渐在这种认知矛盾背后浮现出来：她最终承认自己一方面很有意愿与该男性深入交往，另一方面又由于对方已有家室而对现实压力和道德舆论多有顾忌。最终，她的躯体症状微妙地体现了她的这种内心冲突：一方面，双腿麻痹是她出于内心的道德要求而对自己产生这种不道德观念进行自我惩罚的结果；另一方面，双腿时而产生的间歇性麻痹限制了她的行动，使得她在现实中无法制造更多机会与该男性发展关系；最后，之所以会在她身上出现双腿麻痹这种特定的症状，其实也并非偶然，因为该男性的妻子曾经因为事故双腿受伤长期卧病，在此期间他对妻子进行了无微不至的照顾。这样一来，双腿麻痹这样一个看似简单而又偶然的躯体性症状，实际上却既表达了想要对方把自己当作妻子来照顾的隐秘愿望，又反映了遏制自己发展不当关系的现实努力，还体现了内心良知对于自身不道德观念的有力惩罚，因而是多股心理力量经过复杂博弈后达成的某种微妙妥协。按照弗洛伊德在构建其"第二部位论（sekundär Topik）"时的思路：正是在"自我（das Ich）"的巧妙协调之下，"它（das Es）"、"现实"与"超我"三方面的不同诉求在此同时得到了满足，尽管这种协调并不总是能够如此顺利地实现。

自从弗洛伊德首先发现并研究心身疾病背后所蕴含的身心关系问题以来，在精神分析的临床实践与文献资料中几乎随处都可以发现与上述个案类似的情况，由此可见其所揭示的内容具有一定的普遍性。弗洛伊德认为，在以癔症、强迫症、恐惧症等各种神经官能症为代表的心身疾病中，躯体症状通常带有的这种妥协特征，实际上既是心理冲突的表达，又是对于心理冲突的某种和解，而这一表达与和解则是通过无意识心理机制的运作完成的。更重要的是，弗洛伊德还明确表示，这种心理机制是以表象（Vorstellung）或者拉康后来所说的能指（signifiant）为材料而进行运作的，并且弗洛伊德提出的其主要运作模式"凝缩（Verdichtung）"和"移置（Verschiebung）"，后来也同拉康和雅各布森结构主义语言学中的"隐喻（métaphore）"和"换喻（métonymie）"联系在一起[1]。

在此基础上，拉康进一步提出了"无意识像一门语言那样被结构化"[2]的观点，力图通过对弗洛伊德进行结构主义式的阐发，彰显精神分析相对于传统观点的创新性以及相对于结构主义语言学的前瞻性。在拉康看来，

---

[1]　参见 Jacques Lacan, *Écrits*, Paris: Seuil, 1966, p. 511。

[2]　Jacques Lacan, *Le Séminaire Livre*, XI: *Les quatre concepts fondamentaux de la psychanalyse*, Paris: Seuil, 1973, p. 28.

弗洛伊德所揭示的人类无意识的运作与加工机制，根本上是一套以语言为基础并且和语言同构的符号性机制，因此人的心理活动在一定程度上可以被化约为表象或能指之间的替换、拼接与排列组合；而最初来自大写他者（Autre）的言语在奠定无意识心理结构的同时，也通过命名等方式对人实在的身体进行了某种符号性的"切割"，使得人的身体与人的心理一样，都在某种程度上和语言有了同构性或者"拓扑同胚性"[1]，因而彼此之间也就有了某种共通性，也就有了交互影响、彼此互动的可能。正是凭借语言符号这一共同模板与中间纽带，心理层面的活动才得以体现在身体层面，无意识的心理表象才得以转化为躯体性的症状，同时这些躯体症状与神经系统的真实构造并不相干，而是围绕着一种被符号元素结构化了的"想象的解剖学（imaginary anatomy）"展开的。[2]

　　如此一来，心身疾病中的躯体症状实际上就并非是某种纯属偶然、无缘无故、毫无意义的痛苦，而是像一个字谜一样蕴含着某些信息和含义，或者正如拉康在 20 世纪 50 年代所言是一种"隐喻"，是用一个能指替代另一个（些）能指。拉康认为："与记号（signe）不同……，症状只能在能指的序列中得到诠释。能指只是在与另一个能指的关系中才有意义。症状的真理／真相（vérité）就位于这种链接中。症状在代表真理的某种涌入这方面保持着一种朦胧感。实际上它就是真理，因为它和真理是用相同的材质做成的，如果我们唯物主义地设定真理是由能指链建立起来的的话。"[3] 换言之，在拉康看来，由于和真理一样都建立在能指链的结构之上，因此既可以说症状作为一个能指朦胧地代表着作为真理／真相的另一个（些）能指，是真理的"隐喻"，也可以说症状在本质上就是真理，尽管经过了某种乔

---

① 由于能指网链的切割，使得人的身体获得了一种与语言具有"拓扑同胚性（homéomorphe）"的结构，才使得冲动（Trieb, pulsion）在人身体层面能够按照语言的机制（隐喻和换喻、凝缩和移置）进行运作。关于身体与语言之间具有"拓扑同胚性"的说法，参见 Roland Chemama, Christian Hoffman, Alain Lemosof et Bernard Vandermersch, *Lacaniana*, II: *Les Séminaires de Jacques Lacan (1964-1979)*, Paris: Fayard, 2005, p. 59.

② 参见 Jacques Lacan, "Some Reflections on the Ego", in *International Journal of Psycho-Analysis*, 34, 1953, p. 13。

③ Jacques Lacan, *Écrits*, pp. 234-235.

装打扮或者改头换面。正是在这个意义上，拉康进而表示："隐喻分两步进行的机制正是规定［精神］分析意义上的症状的那种机制。在性创伤的神秘能指和它要到当前的一条能指链中去替代的那个项目之间，产生了火花，这火花把意识主体（sujet conscient）触及不到的意谓固定在了一个症状中，而症状 ——［也就是］肉身或［身体］机能在那里被当作能指元素来把握的隐喻 —— 有可能在意识主体那里得到解除。"①

　　具体而言，在之前列举的个案中，产生冲突的多股心理力量最终在"双腿麻痹"这个能指上找到了和解或共存的可能性，因此可以认为"被爱"、"遏制"与"受罚"这三个能指都被"双腿麻痹"这个能指所替代，同时相关的心理活动也都被压抑而无法被意识到，成了无意识的，最终只有"双腿麻痹"这个能指得以具体表现在身体上，得以"肉身化"。与这种症状形成的过程相反，弗洛伊德式的经典精神分析治疗旨在通过当事人的自由言说和分析师的条分缕析，逐渐揭示出这种躯体化症状背后被压抑的表象或能指以及相关的心理活动，通过帮助病人将其肉身化了的症状重新"语词化"，将其重新转化为可以通过言说表述的内容，从而减轻乃至化解躯体症状。就此而言，"已经非常清楚的是症状完全是在一种语言分析中消解的，因为它本身就像一门语言那样被结构化，因为它是这样一门语言，这门语言的言语应当得到释放"②。

　　值得一提的是，拉康式的精神分析治疗并非旨在彻底化解症状，而更多是以重构症状的"纽结（nœud）"为目标。实际上，这并不是由于拉康在基本观点或立场上与弗洛伊德有出入，相反恰恰，它表明拉康继承了弗洛伊德的基本思路，不仅将语言视为身心关系的枢纽，而且坚持将症状视为兼具多重身份，因而能够在不同方面或维度之间起调和与联结作用的纽带。只不过，拉康到了晚年越发强调，症状这种多多少少总是显得有些病态的纽带并非可有可无，并非只是心理冲突的偶然产物，而是在人的想象

---

①　Jacques Lacan, *Écrits*, p. 518.

②　Ibid., p. 269.

（imaginaire）、符号（symbolique）、实在（reel）三个维度之间不可或缺的结构性纽带，是维系主体、为其命名、使其成为自己、体现其存在独特性的关键所在。因此，拉康晚年直称症状为"症结（sinthome）"，并以写作之于乔伊斯为例，阐发了"症结"作为主体结构性纽带的关键作用。如此一来，由于认为主体处在一种无可挽回的结构性分裂中，幸亏症状才得以勉强维系，而实际上又无法为其找到更好的、更加"健康"的纽带来取代症状，因此拉康认为精神分析治疗就不应该以消除症状为目标，因为这样只会更糟，只会让主体处在一种更加分裂和危险的状态，而应该帮助病人找到更适合他的症状或"症结"，以一种更符合其自身独特性的方式重新给他"打结"。

再回到心身关系的问题上。有必要指出的是，心理层面的活动或冲突并非只有在通常所说的病理状态下才会表现在身体上。在《日常生活的心理病理学》中，弗洛伊德列举了大量情况和案例，表明在一般所谓"正常人"的日常生活中，某些内心的愿望或矛盾冲突尽管被压抑而不为意识所知，但却同样非常活跃，同样可能会在身体上有所表露，并且往往会体现在和语言密切相关的遗忘、口误、笔误等过失行为上。以口误这种典型的过失行为为例，它可以被理解为某种无意识愿望或者冲突利用特定语境乘隙而入，通过略微改变口部肌肉活动而表达了自身的存在与诉求。例如，弗洛伊德曾列举某位官员在致开幕词时将"开幕"说成了"闭幕"，表明他内心很可能对于这场活动了无兴趣，希望其早早结束，而这个口误就在不经意间暴露了这一被压抑的无意识愿望。

由此可见，精神分析并不局限于对某种特殊的、病态的心身关系进行探讨，而是以心身疾病为出发点，逐渐将其对于心身关系的研究推广到日常生活中，进而揭示了心身关系的某些普遍特征。通过以上分析，可以看出精神分析对于身心问题的第一点贡献，就在于揭示了心理层面——根本上是情感与意志层面——的活动，尤其是不同心理活动之间的矛盾冲突，能够凭借语言这一纽带而在身体层面得到巧妙的表达和体现。

精神分析对于身心问题的第二点贡献，就在于揭示了身体层面的经验，同样也能够以语言为中介，而对心理层面的活动甚至结构造成影响。

　　作为精神分析的核心概念之一，"阉割情结"就是这方面的一个绝佳的例子。弗洛伊德通过临床经验发现，小男孩在真正达到性成熟之前很早就已经能够在生殖器区体验到快感，这些快感最初可能是偶然体验到的，但小男孩随后往往会开始主动抚摸和玩弄自己的性器官，以此重新获得快感。这种可被称为"幼儿期手淫"的现象十分常见，不过在被大人发现之后一般都会遭到明令禁止，并且正如人们在弗洛伊德的"小汉斯"个案中所看到的那样，这种禁止往往是通过"阉割威胁"来传达的。弗洛伊德同时表示，这种阉割威胁单凭自身往往并不能起到明显的效果，而是通常需要结合小男孩在此之前或之后的个人观察经验。在小男孩看来，"阴茎在童年期就已经是起主导作用的爱欲发动带（erogene Zone），是最主要的自爱欲的（autoerotische）性对象，而其重要性就符合逻辑地反映在无法设想与我相似的人会没有这一关键部分"①。当他发现异性伙伴或者长辈确实没有和他一样的阴茎时，就会认为她们确实像是被阉割过了，因为在弗洛伊德称为"阳具期（phallisch Stufe / Phase）"的这一时期，或者更确切地说，是在幼儿生殖器组织的这一关键发展阶段，无论男孩女孩都只知道存在男性的生殖器组织，而不知道存在女性的生殖器官，"这里的对立就是有男性生殖器的和被阉割的"②。这种身体层面的经验，结合并通过阉割威胁的话语，最终会在小男孩的内心引发害怕自己遭到阉割的焦虑。同样，也正是在这种阉割焦虑之下，小男孩不得不接受拉康后来所说的象征性 / 符号性阉割（castration symbolique）③，不得不放弃幼儿期手淫和勃起的阴茎，同时也放弃往往与之

① Sigmund Freud, *Gesammelte Werke*, Band VII, London: Imago, 1941, S. 178.

② Sigmund Freud, *Gesammelte Werke*, Band XIII, London: Imago, 1941, S. 297.

③ castration symbolique 这一术语在拉康那里同时具有两层含义：一方面，这种阉割不是真正的、严格意义上的阉割，并非是对生殖器官的真正切除，因而只是象征性的阉割；另一方面，这种阉割同时又是语言符号层面上的阉割，是言说的主体接受父性的语言法则的必然结果，会对主体的精神世界，或者更确切地说，会对主体无意识的构造产生结构性的影响，就此而言，"阉割的法则是对欲望进行言语表述的结构法则"。参见 Rudolf Bernet, "Subjekt und Gesetz in der Ethik von Kant und Lacan", in *Ethik und Psychoanalyse*, hrsg. von Hans-Dieter Gondek und Peter Widmer, Frankfurt am Main: Fischer, 1994, S. 35.

相关的对于母亲的乱伦愿望。俄狄浦斯情结由此而得到解决，开始逐渐走出家庭并走向社会的男孩，由此也得以迈入相对正常的发展轨道。正是在这个意义上，弗洛伊德称阉割情结对于男孩而言是俄狄浦斯情结的出口。可见，经历了阉割情结的男孩，最终并没有遭受实在的阉割，其身体器官并未遭到器质性的损害，但却接受了某种象征性/符号性的阉割，阴茎作为"玩具"的享受功能遭到禁止，相关的性幻想和乱伦愿望也受到压制，关于自身自恋性的、全能性的表象也受到一定程度的破坏，从而为欲望的进一步正常演化提供了空间。在这个意义上，男孩的阉割情结体现了身体层面的经验何以借助话语的作用而在心理层面产生重要的，甚至是结构性的影响。

实际上，身体经验通过语言符号的中介产生心理影响，这点在女孩的阉割情结或"阴茎嫉妒（penisneid）"中表现得更加明显。弗洛伊德表示，对女孩而言，与男孩类似的观察也会让其产生相近的推断，通常会认为自己被阉割掉了原本和男孩一样的生殖器。弗洛伊德同时认为，与男孩的情况相反，阉割情结对于女孩而言恰恰是俄狄浦斯情结的入口。这是因为，在发现自身"被阉割"之后，女孩一般会转向父亲索要补偿，要求拥有阴茎的父亲给予她同样的器官，或者取代母亲成为父亲阴茎的享有者。在要求无果之后，她会再要求给父亲生一个孩子作为替代品，而在再度遭到拒绝之后，才会在日后转向其他男性，通过与之交合而在某种意义上"占有"其阴茎，并且通过生育孩子来象征性地"制造"阳具，以弥补自身的缺失。因此，对女孩而言，由于观察和猜测所产生的身体层面的缺失感和嫉妒心，以及社会性别歧视造成的自卑感，使得其欲望集中在了作为两性差异标志的男性生殖器上，而这时候男性生殖器就不再（只）是阴茎（penis）这样一个实在的身体器官，而是（也）成了阳具（phallus）这样一个符号性的表象或者能指，并且这个表象或能指就此占据了女性心理活动的中心，成了女性欲望的某种一般等价物，其之后欲望的各种对象最终都可以被换算或等价为符号性的阳具。由此可见，原本作为身体层面实在器官的阴茎，通过被提升为"阳具"这一符号性的能指，最终以不同方式影响了两性主体的心理活动乃至心理结构。

在弗洛伊德之后，拉康进一步突出并强调了语言和话语的维度在俄狄浦斯情结以及阉割情结中的重要作用。拉康认为，在俄狄浦斯情结的开始，父亲往往并不直接出场，但这并不意味着母子之间就处在一种纯粹的二元关系中。对孩子而言，母亲的不时缺席不仅意味着他无法完全占据她的欲望，不仅暗示着母亲在他之外另有欲望的对象，而且母亲还会不时地传达父亲下达的"乱伦禁忌"，通过话语传达父亲的要求或警告。由此可见，在拉康看来，父亲的在场首先且主要是通过言语、通过符号性的媒介呈现的，父亲在符号层面所起的功能因此也就成了父亲的首要功能，拉康在很长一段时间内称其为"父姓（Nom-du-Père）"的功能。正是父亲的这种关键的符号性功能，或者更确切地说，正是拉康所谓的"父性隐喻（métaphore paternel）"，一方面对孩子实在的身体进行了象征性／符号性的阉割，对其身体的冲动（pulsion）或享受（jouissance）进行了管控和限制——尽管同时也通过言说的享受或拉康晚年特指的服从阉割功能的"阳具性的享受（jouissance phallique）"对其进行了某种替代性的补偿；另一方面则通过将欲望和"阳具"这个作为欲望对象一般等价物的能指联系一起，也对孩子的欲望乃至整个精神世界起到了进一步结构化和常规化的作用。由此可见，通过拉康的深入揭示与重新阐释，精神分析不仅表明人的身心之间存在一种以语言为纽带的双向互动关系，而且表明这种身心关系可以追溯到语言对于身心双重维度的共同作用与影响。

综上所述，从近代哲学传统的视角来看，精神分析对于身心关系问题所持的立场可被称为一种新的"身心交感论"。既可以说它揭示并凸显了身心关系的语言之维，也可以说它揭示了一种以语言为基础和纽带的双向互动的身心关系。正是基于语言事先对于身心两个维度的符号化与结构化作用，人的身心都在一定程度上被语言同构化了，这也就导致：一方面，心理层面的活动和冲突可以在身体层面得到表达和体现，但这种表现并非是一种直接的反映，而是经过了以语言为基础、被语言所结构化了的无意识机制的加工改造，并且最终是以某个或某些能指作为心身之间的枢纽和桥梁；另一方面，身体层面的经验同样也可以反过来影响心理层面的活动甚至结构，并且这种影响同样也不是直接的，而是再次需要凭借语言符号的中介机制。因此，在精神分析看来，亦真亦幻、亦虚亦实、介于有形和无形之间的语言显然比笛卡尔找到的松果腺更适合也更有资格作为身心交感的神奇枢纽。最终，本质上作为一种谈话疗法的精神分析，之所以在心身疾病的心理问题和躯体症状两方面都能够发挥疗效，根本上也是由于作为身心双方共同基础与纽带的语言，凭借其事先对于身心两方面的符号化、结构化乃至同构化，一方面可以影响人的心理活动，另一方面也能够改变人的身体现象。

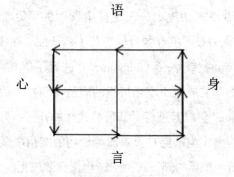

精神分析揭示的身心关系示意简图

注：箭头代表影响或作用方向

身心之外

关于绝望与死亡

尚　杰

（中国社会科学院哲学所）

一

　　死亡本身是个虚无。伊壁鸠鲁说：我在，死就不在；死在，我就不在。这话听起来是真的。但仔细琢磨，还是有问题。他这话虽然道理上是真的，但是人还是怕死，临死之前极其恐惧。换句话说，不能说"我在，死就不在"，而应该说"死在，我才存在"。人活着的意义，恰恰在于知道自己一定会死。如果人永远不死，人活着还有什么意思呢？当然，如果人永远不死，人活着还是有意思的，但那肯定是人类从来没有想过的别的意思。这个乌托邦，我们暂时搁置不论。

　　所以，当哲学家讨论死亡时，绝不仅是把死亡当成一个生理现象。而是在讨论对待死亡的态度。因此，古希腊哲学家讨论死亡，总是与道德观念联系一起的，叫人生观也可以。古代哲学家强调心灵的安宁平静，虽然也肯定涉及绝望的态度，但是关于绝望的哲学，只是到了 19 世纪以来，才有了更为广泛的讨论。

　　我这里不讨论哲学史，而只是以哲学的方式讨论绝望与死亡这个话题本身。因为在某种意义上，哲学史是"不存在"的，存在的只是哲学本身。换句话说，我这里不管时代的顺序，甚至也不管话题所涉及的具体领域，这样的讨论方式，也是当代法国哲学的方式，用德里达的话说，是"解构"的方式。

不知道大家是否读过一本很有名的精神分析小说《尼采在哭泣》，这本书是可以当成哲学书来读的，作者是世界著名的精神分析师，也精通尼采的著作。这本书描写尼采是如何战胜心理医生的，也可以理解为哲学如何战胜心理学。怎么战胜的呢？心理医生没有办法治疗绝望，因为心理医生也是人，是人就会绝望。所以，关于绝望与死亡的话题，既古老又现代。我说"现代"，是指它涉及 20 世纪后期以来才兴起的一个新名词——"哲学治疗"。顺便说一句，对绝望做哲学治疗，首先具有极大的现实意义，因为当下中国心情抑郁者增加的速度，我估计远远超过了癌症。我说的不是精神病，而是心情病。人们不是总在怀疑哲学到底有什么用吗？我可以自信地说，在治疗精神抑郁方面，心理医生绝对不如哲学家。哲学家可以给心理医生治疗心理疾病，这绝非开玩笑，哲学真的能治病。

直白地说，就是靠高难的念头来治病。体操上有身体肢体的高难动作，其实人的精神领域，也有高难动作，它不动声色，但同样惊险刺激。有一个领域一直被正统的哲学史所忽略，那就是纯粹的私人心理，可以把它概括为内心独白，或者孤独，所谓精神抑郁的根源，就在这里。

例如，心理医生本来想缓解一个精神强迫症患者的痛苦绝望心情，但哲学治疗师的建议却是，享受绝望所带来的精神压力，不眨眼睛看坏事能坏到何种程度。常言道：不撞南墙不回头。而这个建议就仿佛是劝人享受头撞南墙给人带来的痛快，就好像文明礼貌是格调低下的俗气，反倒是不正经儿显得很好玩儿。凡是坏事都有一个高峰，即坏到彻底的程度，例如死亡。那么好吧，真正的思想，就从思考死亡开始，苏格拉底早就说过此言。

怎么享受呢？绝望中有变异了的冲动与热情，最危险的时刻使人原谅了枝节的小事情小问题，而径直去做（而不仅是想做）那平时不敢做的事情。换句话说，对绝望的思考是最能出"学术成果"的时刻。这里没有任何虚伪的时间，人在内心深处不会自己骗自己。然而时下我们的教授们日子过得太舒服了，怎么能逼迫他们思考绝望呢？

严格说来，似乎绝望是终极的冲动，但是思考绝望或者说思考死亡，只有冷静和理性的态度才做得到。如果说这个过程有"借力打力"的话，那就是把初始时刻的悲痛与冲动，化为超脱的思考——这个过程也发生了精神上的化学反应。也就是说，仿佛自己在沉默思考的关节点上，不再是即将或将来的死亡的当事人似的。享受绝望的一种方式，就是要唤醒潜藏于心的神圣与崇高的能力，从而超越绝望，嘲笑自己的绝望。

任何不曾杀死我的东西，都能使我更加强壮——这是尼采能说出来的心里话。也就是说，精神强悍的前提是曾经面临绝望，或者刚从死神那里苏醒。绝望是考验和锤炼精神质量必须路过的门槛，犹如没经历过炼狱，上不得天堂。完整而高质量的人生是由痛苦而不是由快乐组成的。痛苦使人沉浸于思考，这时人是孤独的，就像每个人都得亲自死；单纯的快乐使人肤浅，这时人在与他人在一起相互取暖。人在与别人融为一体时，会丧失自身的独一无二的精神品质，丧失自身的深刻性。与别人交流的真正益处，在于那时刻你的思想激情拐到另一个方向。你要对交流心怀感激，因为一切交流都是刺激你获得一种新的独享的最有效要素。从任何一个非常不起眼的刺激点出发，都能迅速分叉生长，直到有一天，这些主干、枝干、分叉交织在一起，组成思想郁郁葱葱的参天大树，精神的我在大树荫下仿佛拥有了整个世界。

陀思妥耶夫斯基曾经通过他的一个小说人物这样写道："只要不影响我喝下午茶，整个世界是否就要坍塌，又有什么要紧的呢？"这是一句哲理，如果理解为极端个人主义，就理解得太肤浅了，它实际揭示了人的快乐与痛苦只能独自承担，就像你得亲自死，当然，你也亲自陶醉。保持渴望状态，比真正拥有了你所渴望的东西还要重要。为什么呢？因为渴望是一种延续着的稳定状态，也可以叫作幸福，而真正拥有相当于攀登到顶峰的激情，持续不了多久，就像背越式跳高在越过横杆的瞬间就开始了下落的过程。

我们回过头来再说绝望，当然是亲自绝望，它是独自的。亲自性，抽象地讲，叫"全有全无"，一个人的死亡对他自己而言是百分之百，而对别人来说，只是同情或悲痛。所以，每个人首要的是真正活出自己，这就是自爱、爱自己 —— 我们中国传统文化很少讨论这个精神维度。

弗洛伊德在与尼采的搏斗中必将败下阵来，因为他只处理可能世界的事情，而尼采朝向不可能的世界。弗洛伊德毕竟是医生，他太相信逻辑与实证了。弗洛伊德诉诸开诚布公的对话，而尼采的文字则像卢梭的《忏悔录》那样自言自语，这些自言自语就相当于我以上说的"精神领域里的高难动作"。

关于如何将最为悲惨的时刻转化为希望，或者如何将绝望转化为希望，《尼采在哭泣》这部心理小说中描述了一个日常生活中的例子，我认为可以当成绝妙的哲学治疗的案例。死亡当然是最终的具有形而上学意味的绝望，但如果我们寻找"绝望"的同义词，或者可以把失去后永远不会再回来的机会当成一次绝望，每个有生活经验的人都会回忆起自己的人生曾经有过这些大大小小的绝望。小说中的情节是：一个女护士深爱着一个已婚的医生，甘愿以身相许，而这个医生同样深爱着这个护士。有一次，这个女人在一个私密的场合公开暗示自己的性渴望。此时此刻，这个医生出于职业道德违心地拒绝了，不仅如此，他还残忍地开除了这个女护士。我在此不讨论其中的道德问题，而只是描述事实，从此这个屈辱绝望的女护士由爱转为怨恨，永远从医生的视线中消失了。后来这个医生后悔了。当这个医生对尼采说自己失去了这个独一无二的永远不会再来的机会时，尼采的反应令医生目瞪口呆："去说不，同样是个独一无二的机会！去对性掠食者说出神圣的'不'字，这个机会你把握住了。"[1] 尼采的反应具有多重意义，我首先想到的是，哲学治疗不是超自然的，它的作用无处不在，就发生在我们日常生活的感受之中，它以非正常的方式调整我们的心态。医生认为尼采显然对性饥渴的强度一无所知，但很显然，医生对尼采在这种场合说

---

[1] 欧文·亚隆：《当尼采哭泣》，侯维之译，机械工业出版社 2014 年版，第 198 页。

"不"的神圣性同样一无所知，医生只是隐约感到尼采这个神圣的"不"字里有某种有趣的东西。①

那么，这个有趣的东西到底是什么呢？它是机会的盲点，因为人们绝少有像尼采那样理解"机会"这个概念。如果世俗理解的"机会"是机会的正面或者光明的一面，那么尼采在这里所了解的"机会"就处于机会的反面、黑暗面，这里有不曾被探讨过的原创性的有价值的思想，而且源源不断。也就是说，这个东西不仅是有趣的，更是深刻的，它因深刻而显得有趣，而不是外表上的有趣。人性的精神潜能有多么巨大啊！它是一个无底深渊。我可以接着尼采的话头说：尼采相当于回到了"机会"本身，没有什么光明与黑暗的机会，只是"机会"，就像新浪潮电影大师戈达尔说的，没有什么正确的画面，只是画面。进一步说，没有什么正确的音乐，只是音乐；没有什么正确的选择，只是选择；如此等等。因为关于什么是光明与黑暗、正确与错误，完全是悬而未决的，因人而异，就像那些选择一生不结婚或不生子的人，他们的人生未必就比结婚生子的人更加悲惨。不婚者、不生子的人生享受，是结婚生子的人所不懂的。既然你不懂，你在评论人家时就会说外行话，就会把自己的观点强加给人家。回过头来说，回到了"机会"本身，就是回到了事情本身，但是这个事情不是指日常生活中的任何具体事情，它是一个抽象的事情，相当于一个纯粹概念。这个抽象的事情本身或者纯粹概念是人类思维抽象能力的体现，是否有能力创造出这个概念，是精神是否高贵的标志。

但是，话又说回来，这个概念没有学究气，它相当于一个从某个角度拍摄的、有情景的思想画面。

问题的关键在于，当尼采对医生说"去对性掠食者说出神圣的'不'字，这个机会你把握住了"的时候，尼采并不是在安慰医生，也没有在虚

---

① 德里达敏锐地察觉到，哲学智慧不仅在哲学著作中，只要是用语言表达出来的意思，就可能蕴含着智慧，例如小说、诗歌、剧本中显示的思想，不仅是有趣的、供人消遣的，而且还可能是严肃的、深刻的。即使康德那样的思辨哲学，也是想象和假设的产物。而德里达的态度，则是径直将想象与思想形象引入哲学思考之中。

构，尼采道出了一个"黑的机会"的事实。尼采真够残忍的，但是残酷的事实也是事实，而神圣的思考通常冷酷无情，却未必没有温度，它有超越的热情，犹如临死之前的思考。苏联电影导演塔可夫斯基拍摄的一部电影中有这样一个镜头：一个死刑犯在被处决之前，刽子手要求他脱掉身上的大衣，死刑犯默默地把大衣脱掉，然后把大衣放在了一块干净的草地上。这个镜头虽然是残酷的，但令人深思，难以忘怀。它是一部电影中的情节，但它在现实生活中完全可能发生，它是事实，或者叫作"不是虚构的虚构"。

二

我们再次面对以上伊壁鸠鲁关于死亡的判断，我们开始这样解决问题：超越伊壁鸠鲁关于"人的存在"与"死亡"两者不同时存在的鸿沟。因为伊壁鸠鲁并没有真正解决问题，他只能暂时缓解我们对于死亡的恐惧。但是，人在内心深处清醒地知道，即使在道理上认同伊壁鸠鲁的说法，我们仍旧恐惧死亡。那么，问题出在哪里呢？就在于，即使"我在死就不在，死在我就不在"，但是，死对于我来说仍旧不是一件不存在的事——这个结论从那句话的逻辑前提推论不出来，它在逻辑上是不对的或者是荒谬的，但它在心理事实上是对的，即我仍旧感到恐惧——这就是我在面临死亡时所感受到的实实在在的事。逻辑不能解决恐惧的问题。究竟逻辑是真理，还是我这里所谓"实实在在的事"是真理呢？于是，产生了不可能的事情，即存在着关于"恐惧的逻辑"，它是一种不可能的逻辑。

于是，尖锐而深刻的问题在于：如何治疗绝望，弗洛伊德我们是指望不上了，是人都绝望。于是，"超人"的话题提了出来："查拉图斯特拉如是说"。

令人惊讶的是，这使得哲学从此从天上降临人间，哲学开始"食人间烟火"，关心人类生命的质量。哲学不再是课堂里的知识，而是与我们的日常生活息息相关，与其说从此哲学真正开始指导我们的日常生活，不如说哲学变成了生活方式本身，哲学是活着的艺术。以思想艺术的方式活着，使"艺术"不再是字面上的意思，艺术与哲学、艺术与宗教之间的界限被人类的热情融化了，被自由意志融化了。

　　借用伊壁鸠鲁的思想力量，我得出了"死对于我来说不是一件不存在的事"这个结论。这个结论是他不赞成的，但我很感激他，因为是他唤起了我的这个念头，他已经说得非常妙、非常富有哲理。阅读哲人的经典经常使我心潮澎湃，促使把阅读感受写出来，怀着热血沸腾的心情书写。这样的读与写，成为我的生活方式本身，仿佛我不是活在现实的当下的世界，而是活在不同时代的思想者所敞开的世界。

　　我与这些伟大的思想天才倾心交谈，领略他们的精神世界。当我不同意他们的思想时，首先是建立在同意基础上的。死对于我来说是存在的，但这是一种多么奇怪而神秘的存在啊！这是等同于虚无的存在，而当我把虚无称作"存在"的时候，"存在"一词必须被打上引号，以表明它是一种不同于存在的"存在"：我们不可能知道它、把握它，但自从人类脱离野蛮状态之后，它就成为人魂牵梦绕的核心问题。作为精神的疾病，关于人必须死亡的想法在令人永远感到恐惧的同时，更使人思想勇敢、健康，因为它能使人超越精神的疾病。

　　也许我们生活中渴望的多数事情不可能实现，但是死对于人来说一定会实现，在这个问题上人人平等，在这个时刻人与人之间有着终极意义上的情感眷恋，即使是发生在陌生人之间。对于人来说，死以什么方式存在呢？我们真实地谈论对我们来说尚不存在但一定会存在的命运。现存的事情中，很多问题有被解决的希望，但是"解决"这个词不适用于死亡，死亡不可能是被解决的问题，你"想它"是没有用的，但是你不得不想。虽然可能暂时不去想，但关于自己要死的顽念会一再回来纠缠你的灵魂，它强迫你不得不正视它。就此而言，每个人都有精神的疾病，这个疾病叫作绝望。从死亡、绝望、废墟出发思考，这思考属于具有艺术与宗教气质的哲学。"死亡"作为存在，不是"存在"一词字面上的意思，尼采洞察到了这个事实。很多学者认为尼采的哲学是一种修辞学或解释学的思想，这个说法只是从表面解读尼采。尼采说的不是语言或语义问题，而是精神的事实，不能用所谓"语言哲学"代替精神的事实，因为精神事实比语言本身更为根本。尼采所面对的问题是：那些不存在的"存在"是如何可能的？更高级的精神气质是如何可能的？

我为什么强调人的亲自性？因为亲自性从学理上解释了独处的实质。这就像人的孤独感一样，在身居闹市、周围都是人的情况下，你仍旧会倍感孤独，不被世人所理解，这就是你的"亲自性"在发挥作用。人在做某件事时的走神，就是自己的亲自性在出场亮相。这些情形，不是在我们的日常生活中偶然发生，而是时时发生。

能享受独处与孤独的人，具有魔鬼与神的双重精神品格，它像虚无和死亡。与孤独打交道即与死亡打交道，享受孤独即享受死亡。因此，死亡以孤独的方式对我"存在着"。但是，这并不令我绝望，我并没有真死，我死去活来了，因为我有能力像鲁滨孙一样获得新生，我随时有能力被自己某个莫须有的念头激动起来。我有享受心情的能力，而且易如反掌。纯粹的孤独像是自杀，当加缪说"真正的哲学问题就是自杀"时，这句中的"自杀"不是字面的意思，而是说绝望，也就是荒谬、无法与人沟通。

孤独并不令人绝望，而是使人获得独一无二的享受。这种独有性就在于，只有在孤独状态下，我才具有纯粹的魔力与热情。这热情中的魔力自己产生自己，自己对自己感到着迷。这是自恋？是，也不是。说其是，在于供自己的精神所呼吸的空气，永远是自己制造的。说其不是，在于这种所谓的"自恋"并非只把目光盯住自己，而是忘我的。在这种自恋中，"我"已经没有意义，它沉浸于随机相遇的、自己渴望的任何因素之中，在瞬间这些因素直接就是自己活着的理由，这些因素就是我的变异形式。

所谓哲学智慧，是从把问题想得最残酷最彻底开始的，像笛卡尔和胡塞尔，他们两人怎样建立起自己的哲学？他们首先冒出来的想法是：无论以往的哲学说的似乎多么有道理，我也不相信！我先是毫无顾忌地、"不讲理地"不相信。这就把自己先逼到绝路上，像是面临悬崖峭壁。也就是说，先树立起一种绝望的态度。在世人还没有遇见到危险之前，最有创见的哲学家就已经先绝望了。

　　既然别人说得再有道理，我都首先持有不相信的态度，那就逼迫自己处于极其孤独的状态。就思想而言，引用别人已经说过的意思，不再是必需的。当一切"应该"都不存在的时候，思想就什么都不害怕了，思想就怎么都行！英国作家王尔德甚至说，受别人影响是不道德的。于是，剩下了什么呢？剩下了孤独与勇敢——后一句是我说的，不是王尔德。

　　哲学从来就不是在课堂里学出来的，真正的哲学家从来都是自己培养自己的，就像真正的英雄。很少有人把"个人奋斗"的含义想彻底。这个意义是哲学上的——当下哲学的一个时兴词是"他者"，这个词是从绝对孤独引申出来的。人与人之间的理解类似于一种"翻译"关系，翻译，就像德里达说的，是必需的，但又是不可能的。换句话，你只能指望你自己，这与别人的道德无关，"你只能指望你自己"本身就已经是道德——在这里，个人生活中的不幸反而有益于这种真正的道德。越是悲惨，这种道德感反而显得更加神圣，它告诉我们，要不惜一切代价，战胜诅咒与命运，就要成为别人认为你不可能成为的人。这不是一种报复，而是个人能力及其人格力量的证明！个人奋斗的历史，就是自我超越的历史。

　　一个人，要"死得其所"，生命本来就是要死的，死是生命的组成部分，永远不死的东西不再是生命。死是必然的，但出生是有意义的。我不赞成任何悲观或低估欲望的哲学或者宗教。没有欲望或冲动就没有生命。要想想尼采的态度："如果人在实现了他的生命之后死去，死亡就丧失了它的可怕！"[①]什么叫"实现了自己的生命"？就是毫不后悔选择了自己的真心所爱，而且痴迷始终！要过自己想要的生活，而不是迫于外部的压力，去过一种别人指派给自己的生活。

　　因此，不自由的人，是不曾真正活过的人，因为他没有实现自己的生命——尽管这样说有些残忍，但真理本身就是赤裸裸的，残酷的。反过来也可以这样想，赤裸裸的东西简单而可爱，比如赤裸裸地回到自己的内心世界并把它像卢梭和尼采那样自由奔放地写出来。这叫"想得其所"。

———————————

[①]　欧文·亚隆：《当尼采哭泣》，侯维之译，第300页。

徘徊于伦理学与存有论之间*

——列维纳斯关于女性的思想嬗变

马　琳

（中国人民大学哲学院）

　　笔者曾探讨过早期列维纳斯的"女性现象学"①，在《时间与她者》（1947）、《从存在到存在者》（1947）等著作中，列维纳斯提出"绝对地相反的反面即是**女性**"、"女性……是差异性质素本身"、"她者在女性中获得完成"和"爱欲的层面使我们看到她者特别地是女性"②等发人深省的思想。由于这种独到的"她者"概念与列维纳斯对女性的书写有不可分割的关联，在中文惯用的"他者"或许应当改写为"她者"，"他性"应当改写为"她性"。笔者的分析表明，与其说列维纳斯借用她者概念来对女性加以思考，

---

*　本文系国家社会科学基金后期资助项目"重新发现海德格尔、列维纳斯与中国哲学"（项目编号：16FZX016）的阶段性成果。

①　参见马琳：《列维纳斯与女性主义》，《中国人民大学学报》2009 年第 4 期，第 74—80 页；《早期列维纳斯的女性现象学》，《中国社会科学报》第 603 期，2014 年 6 月 4 日，http://www.cssn.cn/kxk/nxyj/201406/t20140604_1195874.shtml，2014-0604。

②　本文所征引的列维纳斯原著由笔者译为中文，转引这些引文请注明出自本文。引文中的黑体标注均出自原文。

不如说他在女性中看到了他所寻求的她者概念的踪影、原初形态，甚至是完美的体现。

在法文中，抽象意义的女性（le féminin）和经验意义的女性（la femme）在词形上十分相近。列维纳斯常常混用这两个词语，对其未作明确的区分，这说明列维纳斯有意在抽象范畴与经验指涉之间保持一定的张力。对女性（同时是理想意义上与经验意义上的女性）的根本性的思考，感受到女性不能为同一性所同化，而具有独立的存在及意义，领悟到爱的本质并非合而为一，而是真正地成其为二，这为列维纳斯的她者哲学提供了特殊的灵感与启发。他称女性为"她性概念的源头"，其深意即指向现实生活中的女人。因此，列维纳斯所谓的女性起始于经验层面上的女人，确切地说，他并非将她者概念"运用于"女性，相反，他从对女性的思考中汲取了开启与建构她者哲学的资源，在此意义上，我们可以把他关于女性的书写称为"女性现象学"。

然而遗憾的是，从《总体与无限》（1961）开始，列维纳斯的思想显现出一种令人迷惑的含混性；至其《于是上帝创造了女人》（1972），他几乎完全摒弃其早期思想，而提出符合传统犹太教教义的"女人的女性恰在于其最初的'创造于人之后'"的说法。在其第二部巨著《别于存在或在本质之外》（1974）中，女性是绝对的她者因而不能统摄于同一之总体这样的主题完全消失了，女性不再与爱欲联系在一起，代之出现的是没有任何爱欲色彩的受苦的生育母性的形象。

列维纳斯的思想转机是如何出现的？为什么会出现？本文将致力于探究这一系列问题，笔者将通过对《总体与无限》的有关章节，以及《犹太教与女性》（1963）、《于是上帝创造了女人》等著作与文章的诠释来尝试解开这个谜团。本文的基本观点是：由于从中期开始受到犹太教思想的强烈影响，列维纳斯把与邻人的关系界定为最为原初的本真的伦理关系，把女性的她性视为从与邻人的关系中所派生出来的，女性不再是绝对的她者。并且，列维纳斯在原则上否定了他早期的思想，即：以爱欲为基点而建立的夫妇关系是本真的伦理关系的事件发生。与此同时，列维纳斯尝试把女性的角色约简到其以伦理学为核心的哲学范式中的存有论层面，然而，他所说的女性所起到的"存有论功能"亦是含混的，这种功能所起到的作用是通过栖居从而柔化阳刚的存有论原则，因此，女性也并未构成存有论的最初基石。列维纳斯关于女性的思想徘徊于伦理学与存有论之间，最终未能为女性提供明确的哲学论述。

一、《总体与无限》中"爱欲现象学"之含混性

在 1989 年一次访谈中，列维纳斯坦言：

> 在我的《时间与她者》这本小书中，我以为女性质素是这种她性的模态——这"另一种（other genus）"，我以为性象谱（sexuality）与情色（eroticism）即是这种相对于她者的非差异（non-in-difference），不可被约简为一个集合体中的项之形式的她性。如今我想有必要再做进一步的追溯，这种揭示、这种裸露、这种他人的脸所具有的"绝对命令"构成了女性质素所预设的她性的模态：邻人的切近即是这种非形式的她性。①

我们注意到，列维纳斯把他出版于 1947 年的《时间与她者》称为"我的小书"，同时撤回了他早期关于女性是典型的她者、爱欲关系是伦理关系的事件发生的思想，宣称他人的脸与邻人的切近提供了与她性关系的前原发关联的具身化的场所。列维纳斯不再把女性保留为其他者哲学的核心，而是重新给女性指定一种第二位的、派生的角色。

在 1961 年出版的《总体与无限》的"爱欲现象学"一节中，尽管《时间与她者》中的某些表述在一种令人迷惑、复杂难测的话语中再次出现，

---

① Emmanuel Levinas, *Is It Righteous to Be*? edited by Jill Robbins, Stanford: Stanford University Press, 2001, p. 115.

但赋予女性的角色显然已经发生了重要的变化。当列维纳斯再度引用柏拉图的《会饮篇》中阿里斯托芬讲述的关于爱情是之前的一个存在者整体的两半重新合而为一的神话之时，列维纳斯不再坚决地反对旨在于克服匮乏、满足需求的那种爱情观，相反，他提出这种爱情具有两面性，其中所涉及的需求"预设了她者、所爱者的全然的超越外在性"①。

正如爱情的事件处于内在性与外在性的界限之上，女性的显现也体现出一种含混的结构。在《总体与无限》中，列维纳斯把女性称为"所爱者"（l'aimée），她显现在脆弱性中。脆弱性不是任何一种属性的低等程度，也不是某种特定性质的相对欠缺。它先于任何一种属性而规定着她者的她性。列维纳斯写道：

> 所爱者（即女性）的显现不是某种附加于预先存在的客体的东西，也不是在没有性别的中性中所发生的现象。所爱者的显现是在她的温柔之乡。温柔之道即是极剧的脆弱性。它在存有与非存有的边界显现，它是一种犹如存有解散为光耀的温软。这种极剧的脆弱在一种"没有仪式""没有遁词"的生存、一种"非指涉"的生硬的稠密、一种极度的超级物质的边缘上。……这种脆弱的同时性或者说是含混性，以及这种比无形的现实更加沉重的非指涉之重，我们称为女性。②

列维纳斯的话语异常地含混，女性显现于存有与非存有的边界，而不是简单的存有或非存有。与他早期确凿无疑地宣称女性即是典型的绝对的她者相比，在"爱欲现象学"中，列维纳斯对女性的书写显示出另外一种风范，女性被描绘为某种类似于 il y a 的超级物质，没有任何主体性与客体性，缺乏指涉性，缺乏意义，莫可名状。应该如何理解此处列维纳斯真正的用意？我们在前面提到，早期列维纳斯在经验意义上的女性那里看到

---

① Emmanuel Levinas, *Totality and Infinity*, translated by Alphonso Lingis, Pittsburgh: Duquesne University Press, 1969, p. 254.

② Ibid., pp. 256-257.

"她性概念的源头"，而非简单化地将其他者哲学运用于女性。相应地，笔者认为，列维纳斯在晦涩难解的"爱欲现象学"中关于女性的思考同样把哲学洞见与对社会现实的观察结合起来。

在上述引文的数页后，列维纳斯提到，女人可以是对话者、合作者，甚至是"超级智慧的"主人，"在她所进入的男性文明中她经常超过了男人"①。这般的溢美之词使我们不禁联想到：当年轻的列维纳斯在斯特拉斯堡学习的时候，是派菲（Gabrielle Peiffer）——一位女性学者——首次把胡塞尔介绍给了列维纳斯；而后来也是派菲与列维纳斯合作把胡塞尔1929年在巴黎的讲稿《笛卡尔的沉思》翻译为法文，并且在1931年首次以法文出版②。在《时间与她者》的再版序言中，列维纳斯以赞誉的口吻提到了波兰裔瑞士女哲学家赫舍（Jeanne Hersch，1910—2000，其主要哲学工作是考察自由的概念）③。与这些知识女性的交往一定使得列维纳斯对女人的智性水平确信无疑。

然而在另一方面，女人又"必须依照文明社会不可能规范的原则而被当作女人来对待"④，此即对限制了女人的行为与社会活动领域的传统准则的否定。"女人作为女人"指向超越了文明社会规范的肆无忌惮与从心所欲的向度。《时间与她者》中的"赤裸裸的物质性"已然暗示着这一向度⑤，这在上述《总体与无限》引文中所谓的"极度的超级物质"中得到呼应。对以上这两个方面的关注构成了列维纳斯在《总体与无限》中关于女人的书写的背景，如此并举这两个方面说明列维纳斯深刻地感受到女人的智性水平所能达到的高度与其社会角色所受到的限制以及她对此现实的某种反抗方式之间的张力，把握其间的张力有助于我们恰切地理解列维纳斯的"爱欲

---

① Emmanuel Levinas, *Totality and Infinity*, p. 264.

② Edmund Husserl, *Méditations cartésiennes: Introduction a la Phénoménologie*, traduit par Gabrielle Peiffer et Emmanuel Levinas, Paris: A Colin, 1931.

③ Emmanuel Levinas, *Time and the Other*, translated by Richard A. Cohen, Pittsburgh: Duquesne University Press, 1987, p. 49.

④ Ibid., p. 264.

⑤ Ibid., p. 86.

现象学"的高度含混性。

　　经过一个世纪的女性主义运动，现在，至少在原则上人们认可女人有权利去寻求以前唯属于男人特权的社会职业及职务，但这在 20 世纪早期及中期尚属于罕见。在那时候，如果女人要反抗男人以及她们自身的思想观念中把女人束缚于家庭小天地的那些貌似不可违背的准则，其采取的方式更多是间接的、不自觉的，尤其是诉诸某种"温柔的**方式**"，这种温柔由一种极度的脆弱或者说一种可被伤害性所构成。列维纳斯铺陈道：所谓温柔的方式即是一种解个体化，它通过退回到缺乏意义的超级物质性从而消释掉存有之重。这种纯粹的超级物质性即是裸露的女人身体的奢华的、放荡的在场，它亵渎着，同时也遭受着亵渎。由此，把自身呈现为"不负责任的动物性"的所爱者放弃了她作为一个人、作为一个存有者的身份。"面容消遁了，…… 与她者的关系在嬉戏中发生；与她者嬉戏，犹如与一只幼兽嬉戏一般。"[①]

　　列维纳斯对于亵渎的描述准确地反映出女人没有被当作人对待，她也不把自己当作人对待的现象。女人受到了贬低，同时她也在自我贬低，以至于沦落为一种动物一般的客体。具有讽刺意味的是，这种降至动物性的现象构成了针对文明社会的一种抗议行为。亵渎亦具有双重性。列维纳斯先是列举了面容的指涉性，通过它，"汝不可杀人"的伦理原则闪现出来，然后将之与温柔的女性质素所产生的含混性做对比。指涉性意味着可言说性，意味着意义，而温柔的女性质素则至多只能企及一种静默的语言。列维纳斯称，"女性质素的脆弱性令人对那在某种意义上尚未存在的东西心生怜悯，对那在缺乏谦逊中展示自身但却并没有出于这种展示而被发现的东西 —— 即亵渎 —— 心生鄙夷"[②]。

　　在"爱欲现象学"中，放荡的此岸（即在世界而在这一面）隐约地提示着亵渎与女性质素的彼岸（即可能的超越那一面）。这是因为"鄙夷以面

① Emmanuel Levinas, *Totality and Infinity*, p. 263.

② Ibid., p. 262.

容为前提"①。在某种意义上，充满情色的裸露提供了猥亵的隐射线端；但在另外一种意义上，恰是出于其过分的展示，裸露在否定性的意义上开启出规范社会礼仪的道德视域。亵渎中既有暴露的，也有隐秘不示的东西，**"那本质性地隐藏着的东西朝向光而抛掷自身，但并未成为指涉"**②。隐蔽与光亮、脆弱与放荡之间的双重性构成了女性质素的本质。女性孕育着"处于现在之中的将来"，拥抱着不仅是**"不复存在的东西"**，还有**"尚未到来的东西"**。在接续"爱欲现象学"的下面一节，列维纳斯把"尚未到来的东西"解释为繁育。

我们需要注意，列维纳斯在此处所试图传达出来的超越观显然相异于《时间与她者》中的超越观。在《时间与她者》中，列维纳斯抵制把女性当作满足需求的物质的柏拉图式的爱欲观，提出把女性视为不可约简的她性这种爱情哲学；而在《总体与无限》中，列维纳斯则试图以柏拉图式的爱欲观为出发点来表述另外一种不同的女性超越性。由于女人被局限于爱欲关系，她总是处于将自身封闭于内在性之中的边缘上，然而这种情况以超越为前提，并且指向超越。这样的超越只有当孩子诞生出来才成为可能，因为孩子可以干预闭锁于超级物质性之中的非社会性的二元。

伊丽格瑞（Luce Irigaray）等女性主义哲学家批评列维纳斯把女性局囿于爱欲现象学的界限之中，从而把她排除在他的伦理形上学之外。③这一批评是否中肯依赖于列维纳斯在《总体与无限》中赋予女性的可能的超越性是否本真的，在何种程度上是本真的。这个问题充满着模糊性，不可能有直截了当的答案。但有一点是明确的：女性并没有如同在《时间与她者》之中那样被直接呈现，等同为她性本身。但是，女性也没有被刻意地安排在附属的地位。列维纳斯的爱欲现象学充溢着令人深思的含混性。

---

① Emmanuel Levinas, *Totality and Infinity*, p. 262.

② Ibid., p. 256.

③ Luce Irigaray, "The Fecundity of the Caress: A Reading of Lévinas' *Totality and Infinity*, 'Phenomenology of Eros'", in *An Ethics of Sexual Difference*, translated by Carolyn Burke and Gillian C. Gill, London, New York: Continuum, 2004, pp. 154-179.

　　伊瑞格瑞对列维纳斯把女性等同于"所爱者"以及"不负责任的动物性"等措辞提出了批评，因为她认为这些措辞是贬低女人的。然而，我们应当注意，这些措辞的贬义只反映了女性在世界而在（Being-in-the-world）之此岸的一个面相，即其可以亵渎、可被亵渎的一面；并且，这些措辞的用意是**描述**这样的可能性，而非**证成**这样的可能性。在另一方面，令人费解的是列维纳斯为何没有把女性的可能的超越性之彼岸与在其"爱欲现象学"中仅是惊鸿一现的评语联系起来，即女人作为对话者、合作者，甚至是"超级智慧的"主人①。最终，繁育成了女性获得超越可能性的唯一途径。然而我们知道，爱欲与繁育之间具有很大的区别，爱欲并非一定导向繁育，繁育也并非一定以爱欲为前提条件。超越具有多种形式与模态，其中的一种重要形式是智性的超越。列维纳斯把繁育当作女性获得超越的唯一途径，从而间接地否认了女性也有可能通过其他形式获得超越，尤其是智性的超越。

二、犹太教的思想资源

　　在《总体与无限》中，除了"爱欲现象学"一节之外，列维纳斯对女性的描绘也出现在"栖居"一节。他把女性描述为栖居中的"欢迎"。他写道："在亲密性中欢迎着的她者不是在某种高度中显示自身的面容之'您'（vous），而恰是熟悉性之'你'（tu）。"②在女人不能被视为智慧的对话者之"您"而是被视为真正的她者（尽管正如列维纳斯所确认，女人并没有智力上的问题）的那种年代，她通常是在栖居的熟悉性中扮演着一个"你"的角色。

　　列维纳斯把居所与其他可以给人们带来生活便利的器具的使用相比拟。正如钉钉子的钉锤和用于书写的笔，居所使得人能够免于气候的无情和敌

---

①　Emmanuel Levinas, *Totality and Infinity*, p. 264.

②　Ibid., p. 155.

人的迫害。然而，居所是一种特殊的器具，别的器具的目的与使用这些器具所带来的愉悦或者痛苦无关；而居所的特殊之处在于，它不是人们生存活动的目的，而是其条件，在此意义上，也是其起始。居所使得自然成为可以被表述以及人们在其中活动的世界，人们是从居所这一私人领域接近世界的。我们不能说居所存在于客观世界，而应当说客观世界由于与我的居所的关联而得以存在。居处（habitation）的温柔即是女性的在场，女人完成使家园可亲的任务，女人准备了栖居（inhabitation）的条件。

列维纳斯关于栖居的书写从犹太教那里汲取了原始资源。他早年获得过一定的宗教教育，在20世纪40年代后期，他在寿沙尼（Chouchani）的辅导下开始精心研读《塔木德》。从1957年起，他在犹太教论坛上持续解读《塔木德》。正如列维纳斯在其塔木德释经文章的导言中所解释：《塔木德》包括两部分。一部分是拉比哈那西（Hanassi）在2世纪末所编纂的圣人语录，这部分与希腊思想有所接触；另一部分是对未被哈那西所收录的圣人言语的评论，并与前者相比较，对前者进行阐释，拓开新的视域。这部分在5世纪末时被编纂成书，并由后来一些评论所补充。① 列维纳斯认为，塔木德中的故事和箴语具有哲理性，为哲学构思提供了丰富的思想资源，它包含着思想的斗争和对最为缠人的问题的勇敢的探询。他主张，在阐释经文时需要思想的勇气、自由和非教条主义。②

写于1969年的《犹太教与女性》一文清楚地反映出犹太教对于列维纳斯关于女性的思考的深刻影响。列维纳斯引用塔木德中的话："家即是女人"，并对其进行哲理分析。他认为，除了心理学和社会学的意义之外，在拉比传统中，这一论断被经验为一个基本真理和道德模式；更为重要的是，它具有存有论的基础："单独一个人不是一件好事"被视为创造宇宙的上帝的十句话之一。经书所列举的女人对男人所提供的帮助的例子是：男人把玉米和亚麻带回家，女人则碾磨玉米，纺织亚麻。列维纳斯认为这样的例

① Emmanuel Levinas, *Nine Talmudic Readings by Emmanuel Levinas*, Bloomington and Indianapolis: Indiana University Press, 1990, pp. 3-4.
② Ibid., pp. 4-5.

子并不是确定女人的侍从地位，他力图发掘其存有论意义：玉米和亚麻都是从自然界中收割来的，它们标志着自发生活的结束和精神生活的开始。然而，这种为征服型文明所主宰的世界是不可栖居的，它是冷酷的、缺乏人情的，它既不会给缺衣的人蔽体，也不会给饥饿的人哺食。列维纳斯称，这种精神的实质是男性的，"**它生活在野外**"①，任凭风吹雨打，并且异化于自己的生产所获。女人把玉米做成面包，把亚麻织成布匹，列维纳斯赋予女性的这些作用以存有论层次的重要性。他写道：

> 使得失明的眼睛重获光芒；普遍性之阳刚与征服一切的逻各斯最终导致了异化，它们笼罩着本来可能荫护它们的阴影；使得异化得以克服，归于平衡，应当是女性的存有论作用，是那"目的不在于征服"的人的使命。②

女性即是那流溢到僵硬的无限和冰冷的世界之温柔。列维纳斯指出，女性不是温柔与善良在个体的女人中的化身，而是温柔与善良本身。列维纳斯对夫妇关系也加以存有论的阐释，它不仅是一种社会纽带，也是存有者自我认识、自我发现的时刻。列维纳斯引用经书上的话来支持他的论点："没有女人，男人不懂得善良，不懂得援助，不懂得喜悦，不懂得祝福，不懂得谅解。"③ 在《犹太教与女性》中，除了上述论理之外，列维纳斯还谈及曾经在历史的卷帙上扮演过特定角色的妇女，例如《旧约》中的雷贝卡、萨拉和塔玛等。他赞誉道："没有她们清晰的洞察力、坚定的决心，以及她们的计谋与牺牲精神，圣经中的历史性事件就不可能发生。"并且，他把这些"母亲、妻子与女儿"的存在描述为"处于不可见的边缘的隐秘存在"。④

---

① Emmanuel Levinas, "Judaism and the Feminine", translated by Seán Hand, in *Difficult Freedom: Essays on Judaism*, London: The Athlone Press, 1990, p. 32.

② Ibid., p. 33.

③ Ibid., pp. 33‑34.

④ Ibid., p. 31.

她们的存在勾勒出内在性的维度，使世界成为适合栖居的场所；没有她们"在现实的深处与模糊之中沉默的步伐"①，世界就会有不同的结构。

可以看出，列维纳斯试图赋予女人在居所中通常扮演的角色以更多的重要性，从而纠正传统上对于女人的偏见。他写道："倘若女人成全男人，这种成全并非一个部分成全另外一个部分从而成为一个整体，而是宛若两个全体相互成全——这究竟是社会关系的奇迹。"②这令人想到早期列维纳斯所谓的夫妇关系不是合而为一，而是真正地成其为二，从而成就本真的伦理关系（两者的区别是在早期列维纳斯那里，夫妇关系是通过爱欲关系而建立起来的；而在此处是通过栖居而建立起来的）。在《犹太教与女性》中，女性的位置是含混的，列维纳斯在文中曾经把女性的角色描绘为"存有论功能"③，这似乎是把女性置于存有论的层面，不过，"温柔与善良"的用语显然又带有伦理学的意味，但女性并没有被呈现为开启了伦理超越的绝对她性；此外，无论列维纳斯在特定维度上赋予女人多大程度的存有论的意义，这种重要性总是以男人的重要性为前提的：首先要由男性把玉米与亚麻带回家。

西方传统哲学从来就没有女性的位置，列维纳斯试图打破这种局面，然而，他似乎发现无法为女性找到一个合适的位置。由于从中期开始受到犹太教思想的强烈影响，他把与邻人的关系界定为最为原初的本真的伦理关系，把女性的她性视为从与邻人的关系中所派生出来的，女性不再是绝对的她者。并且，列维纳斯在原则上否定了他早期的思想，即：以爱欲为基点而建立的夫妇关系为本真的伦理关系的事件发生。与此同时，列维纳斯尝试把女性约简为其以伦理学为核心的哲学范式中的存有论层面，然而，他所说的女性所起到的"存有论功能"亦是含混的，这种功能所起到的作用是通过栖居从而柔化阳刚的存有论原则，因此，女性也并未构成存有论的最初基石。女性就如同一个影子，一丝游絮，总是要依附于男性的角色，列维纳斯再也不能为她提供明确的哲学论述。

---

① Emmanuel Levinas, "Judaism and the Feminine", in *Difficult Freedom: Essays on Judaism*, p. 31.

② Ibid., p. 35.

③ Ibid., p. 33.

三、《于是上帝创造了女人》

在列维纳斯后期的巨著《别于存在或在本质之外》（*Autrement qu'être ou au-dela de l'essence / Otherwise than Being or Beyond Essence*，1974）中，女性不再与爱欲联系在一起，取而代之的是没有任何爱欲与感性色彩的母性形象，她代表着责任、受苦，以及负荷世界的沉重。母性，特别是母亲的身体，被当作伦理关系的新喻体。为什么在后期列维纳斯的著作中不再有关于爱欲的书写？为什么爱欲不再在他的哲学思想中扮演任何角色？在《于是上帝创造了女人》中，我们可能会找到一些线索，从中看出列维纳斯的基本关怀与思路。这篇文章最初是列维纳斯在 1972 年在世界犹太人协会法国分区组织的法语犹太知识分子讨论会上所发表的一篇关于塔木德的释经演讲。[①] 到目前为止，大多数学者只征引过其中女人（Isha）出自男人（Ish）的提法，尚未对这篇文章的主要内容作充分的探讨。

在文章开端，列维纳斯明确地表明，这篇塔木德经文讲述的主题是女人。针对"上帝用从男人身上取下的肋骨造了一个女人"的经文，拉伯（Rab）与塞缪尔（Samuel）两位圣人提出了不同的解释。一个把肋骨理解为面容，一个理解为尾巴。列维纳斯认为，两位圣人的共同观点是：女人不只是男人的相反性别，她在本质上是人，因为她一开始就是从属于人的东西中创造出来的。在拉伯看来，女人与男人是同时出现的；在塞缪尔看来，女人的产生是一个新的创造。

两位圣人的不同观点是：对于把肋骨理解为面容的拉伯而言，女性与男性是完全平等的关系，围绕两者而发生的所有事件具有同等程度的尊严，上帝创造人是在一个人中创造了两个具有同等程度尊严的存在，因此，性别差异是人之本质的基本内容。而对于把肋骨理解为尾巴的塞缪尔而言，

---

① 这篇文章最早发表于 *L'autre dans la consigne juive: Le sacré et le couple: Données et débats*, Paris: P. U. F., 1973, pp. 173-186。

女人的诞生是一个真正的全新的创造事件，而不是一个进化事件。从创造亚当和创造女人这两个创造事件中所产生的两个存在者之间的关系是个人关系，即：这种关系没有存有论意义，女性的特殊性是第二位的。这并不是说女性本身是从属的，而是说与女性的关系是从属的。不同于拉伯的理解，塞缪尔认为男性与女性的关系不是人本质的基本内容。除了谈情说爱之外，男人与女人同样作为人担负着不同的任务，这是生活的基本内容。[1]列维纳斯把塞缪尔的观点与《箴言篇》中这样的段落联系起来：女人是男人的家园，女人提供了男人生活的基本条件。然而，男人有在家园之外的公众生活，他服务于普遍性。尽管没有家园的亲切，他不能够完成任何事情，但他并不局囿于家园的内在性。

《创世纪》中有两段经文似乎互相矛盾，成为释经学上的疑难问题。一段经文是："并且造男造女。在他们被造的日子，神赐福给他们，称他们为人。"[2] 另一段是："神造人是照自己的形象造的。"[3] 第一段经文暗示男人与女人是同时被创造出来的，第二段则意味着男性优先。列维纳斯认为，这是具有多种可能性与意义的同一股思想流泉，问题在于：男人与女人共有相同人性的说法与这样的论点——神性是男性的，而女性不是与男性平等的另外一位，而是其衍生——如何协调？进一步说：性别平等如何能够从男性优先中产生出来？根据把肋骨理解为尾巴的拉比阿巴胡（Abbahu）的解释：上帝意图创造两个存在者：男人与女人，然而最后却根据自己的面相创造了一个存在者。

列维纳斯发挥阿巴胡的解释说，上帝的创造活动没有完全实现其起初意图，甚至可以说，他所意图的超过了自己的面相。根据他的意图，他想创造两个独立的存在者，并且两者之间从一开始就是平等的，女人不是后来从男人那里被创造出来的。列维纳斯在此发表重要的评论：然而，这是

① Emmanuel Levinas, "And God Created Woman", translated by Annette Aronowicz, in *Nine Talmudic Readings by Emmanuel Levinas*, Bloomington and Indianapolis: Indiana University Press, 1990, p. 169.

② 《圣经·创世纪》，5：2。

③ 同上书，9：6。

不可能的，上帝不可能同时创造两个独立的存在者。这是因为，两个平等的独立存在者之间必然发生战争。"上帝必须把其中一者置于另一者之下，必须有一种不影响平等的差异，即性别差异，因此，也必须有一种男性的优先和作为人的附属后来被创造出来的女人。"①

根据列维纳斯的观点，我们不可能想象遵循两种完全不同的原则的人类，不涉及任何从属关系的抽象的平等是不可能的，社会不可能建立在纯粹的神性原则上；如果是这样，世界将不能持续。必须有从属、有伤口、有受苦，才能形成能够把男性和女性两者联系起来的纽带，才有可能把"平等的和不平等的联合起来"②。我们根本不可能想象完全平等的人类第一对夫妇会是什么样的情景。列维纳斯强调："女人之所以为女性，恰恰在于她最初是'在人被创造之后才被创造出来的'。"③

列维纳斯说男女完全平等的观念是抽象的，没有存有的基础。这是因为他认为，男性与女性具有根本性的差异，两者的完全平等意味着存有论意义上的两种不同原则具有同等程度的有效性而两者之间没有内在的联系，这必然会带来冲突与战争。列维纳斯同时又表示，我们不能说女性从男性那里被创造出来，而要说男性与女性的区别从人中产生出来。"上帝创造人"这个说法中的"人"是尚未具有性别区分的普遍人类。在20世纪90年代与女性主义学者李荷滕伯-艾亭格（Lichtenberg-Ettinger）的一次交谈中，列维纳斯始终坚持性别差异应当置于男性与女性在同等程度上所共同拥有的并对之负同等责任的人性之下。④

列维纳斯自认为，他对女性的论述超越了传统上男性与女性互补的观念，超越了把女性视为男性的相反面的幼稚观点。他认为，把性别差异的产生看作是来自前后关系并不影响男女平等。列维纳斯没有详细解释在何

---

① Emmanuel Levinas, "And God Created Woman", in *Nine Talmudic Readings by Emmanuel Levinas*, p. 173.

② Ibid.

③ Ibid.

④ Emmanuel Levinas, *What Would Eurydice Say? / Que Dirait Euridice?* (Bilingual Text), Paris: BLE Atelier, 1997, p. 22.

种意义上男女平等没有受到影响，但他的意思似乎是：女性从作为普遍人性的男性中被创造出来，这种解释避免了相互冲突的双重原则，使得两性之间由于血肉的纽带而具有天然的契合与合作的关系。性别差异的派生性最重要的意义在于它意味着"社会性统治着爱欲"[1]。在《犹太教与女性》中，列维纳斯尝试把女性约简到存有论的层面，而在《于是上帝创造了女人》中，这样的约简导致对女人的附属地位的证成，导致"女人的女性恰在于最初的'创造于人之后'"这种令人震惊的说法。

列维纳斯不情愿把性别差异归于人的原初本质还有另外一个原因。在他看来，西方现代文化轻视家庭、主张解放禁锢的里比多的思想倾向之理论基础恰在于把性别差异看作是人的本质中占据首要地位的特征。一些西方人认为，只有在性层面上才能实现人的真正解放。[2]针对这种看法，列维纳斯强调性别差异是派生的，两性关系是偶然的，因此文化不是由里比多所决定的。因此，女性不可能是构成人的原初本质的精神之一端，相应地，在诗歌与文学中十分普遍地被描绘的爱情不应等同于精神。

在《时间与她者》中，列维纳斯试图对弗洛伊德的里比多说进行内在的批判，把爱欲作为伦理的光辉闪耀于其中的场所。在《总体与无限》的"爱欲现象学"中，列维纳斯对爱欲关系的描绘表现出了深刻的含混性，而在《于是上帝创造了女人》中，列维纳斯似乎最终接受了把爱欲视为简单盲目的里比多的弗洛伊德式的观点。这正是他把性别差异置于派生地位的真正原因。

伴随着爱欲角色之黯淡的是女性重要性的式微。在第二次世界大战期间在俘虏营中劳动时所做的思考笔记中，列维纳斯批评柏拉图没有把女性纳入关于爱欲的话语之中。[3]然而自《总体与无限》始，爱欲对他来说不再是真正的伦理关系发生的场所，同时女性亦不再是绝对的她性。最终的结

---

[1]　Emmanuel Levinas, "And God Created Woman", in *Nine Talmudic Readings by Emmanuel Levinas*, p. 168.

[2]　参见 Ibid., p. 170。

[3]　Emmanuel Levinas, *Carnets de captivité et autres inédits*, IMEC: Bernard Grasset, 2009, p. 76.

果是：在列维纳斯的第二部巨著《别于存在或在本质之外》中，这两个主题同时消失了。

在为法国学者夏利尔（Catherine Chalier）的《母权统治：萨拉、雷贝卡、拉切尔与利亚》（1991）一书所做的序言中，列维纳斯在提到他另外一部著作《女性的形象》时写道：

> ［《女性的形象》这部著作］与当代女性主义者不遗余力……的努力有许多共同之处，即：反对把女性限制在某种与她们相隔绝的、属于男性的人类最高等使命之外，不论这之外的位置可能是如何的尊贵。正如对诸如小说家与诗人等把女性的实现限制在爱情的漩涡之内的批评，对把女性描绘为不逾越炉灶的守护人——即居家的妇女——的抗议也体现在现在这部著作中。①

尽管列维纳斯表面上是在谈论夏利尔的著作，但由于夏利尔的著作基本上都是对列维纳斯思想的阐释，他在这段话中所表达的关切也适用于他自己的论著。这段话的前半部分与《总体与无限》中列维纳斯关于女人可以是对话者、合作者与超级智慧的主人这种言论一脉相承；而在这段话的后半部分，列维纳斯表示不赞同完全把女性与爱欲、爱情相等同，以及尊敬地把女性限制在炉灶之间的做法。

从我们的分析来看，列维纳斯后来不再把女性称为绝对的她者，一部分原因是他未能给这样的观点提供一个合适的存有论基础（或者说场域）。此处的存有论不能被理解为列维纳斯哲学意义上的与伦理学相对立的存有论。这种情况所导致的结果是：当爱欲不再在列维纳斯哲学中占据重要位置，女性的重要性也几近被消释掉了。

---

① Emmanuel Levinas, "Preface", in Catherine Chalier, *Les Matriarches: Sarah, Rebecca, Rachel et Léa*, Paris: Les Éditions du Cerf, 1991, p. 8.

结语：跨文化思考的重要性

列维纳斯关于女性是差异性质素本身、是她性概念的起源的思想在西方哲学史上具有重要的开创性意义。然而遗憾的是，列维纳斯最终却放弃了他早期关于女性即是她性自身的思想，这是因为他未能给这样的观点提供一个合适的存有论基础／场域。早期列维纳斯通过爱欲米书写女性作为绝对的他者的显现事件，他赋予爱欲一种伦理学的光辉。而在《总体与无限》的"爱欲现象学"中，女性被描绘为某种类似于 il y a 的超级物质，没有任何主体性与客体性，缺乏指涉性，缺乏意义，莫可名状；女性已不再是绝对的她者。il y a 是早期列维纳斯存有论的核心术语，那么女性的位置是否真落到了存有论的层面呢？

列维纳斯在相关于"栖居"的主题中对女性的书写体现出相似的含混性。他赋予女人在居所中通常扮演的角色以存有论的功能，同时把这种功能（实际上兼具伦理学意义）限制在对以男性特质为基本特征的存有论之辅助性修订的范围之内。有关女性在栖居方面所起到的"存有论功能"具有一种与"爱欲现象学"中的话语相似的含混性。在列维纳斯的笔下，自然世界是艰险、敌对、未加驯服、不可栖居的。男人通过收获玉米与亚麻而征服自然世界，这种生活形式保留了自然世界的粗糙，并且"被湮没在所给予的自然的直接性之中"[1]。女人把玉米做成面包，把亚麻织成布匹，玉米可以为饥者果腹，亚麻可以为裸者蔽体，从而使得栖居成为可能。女性是"大地上所有的温柔之起源"[2]。尽管列维纳斯在字面上把女性在家庭中的作用限制在存有论的层面，上述的文字却折射出自然与人伦的对立，这种对立与男性与女性的对立大致相应。"温柔"一词在这里具有明显的伦理学特征，它在列维纳斯所描绘的前栖居的艰险的自然世界中是不存在的；它

---

[1] Emmanuel Levinas, "Preface", in Catherine Chalier, *Les Matriarches: Sarah, Rebecca, Rachel et Léa*, p. 32.
[2] Ibid.

是后起的、间接的、通过女性的中介性作用而产生的。显然，在后期列维纳斯哲学中，女性实际上处于存有论与伦理学的分界之处，她的位置是一种"无"位置。

由于从 20 世纪 40 年代后期起，犹太教开始对列维纳斯的思想产生深刻的影响，除了帮助男性达至伦理生活这样的说法之外，他未能够赋予女性以重要的哲学意义。甚至列维纳斯自己也意识到犹太教传统中"男性统治"的余风①，他指出，犹太教传统中缺乏歌德所说的"永恒女性"主题②，在犹太教中，女性"永远也不会获得神性的维度"③。

列维纳斯未能坚持他早期关于女性是她性自身的观点警示着我们在哲学思考中要避免把自己拘围于唯一一种传统的危险，它从反面说明了跨文化思考应当是哲学反思的出发点。与列维纳斯相反，道家关于女性的思想植根于一种在其中存有的方式是雌柔的存有论。自然世界体现出女性 / 雌柔的存有方式，而非男性的存有方式，或者列维纳斯式的"有（il y a）"所体现出来的一种兽性（monstrosity）。女性 / 雌柔不仅仅是诸如"温柔"等人类伦理价值的源泉，亦是整个世界以及世界万物的起源。体现在水之道中的自然之道并不忤逆于人类世界之道，相反，它们是人类应当遵从的伦理范式，例如：谦卑处下，忍让不争，不施强迫。而人类世界则相反经常是凌厉无情、强者为王的情形，尤其是当人忽略了自然之道的时候。④

---

① Emmanuel Levinas, *Is It Righteous to Be?* p. 162.

② Ibid.

③ Emmanuel Levinas, "Judaism and the Feminine", in *Difficult Freedom: Essays on Judaism*, p. 37.

④ 笔者在下面这篇文章中对《道德经》中的雌道形上学做了初步的探索：Lin Ma, "On the Dao of the Feminine (or *ci* [雌]) in the *Daodejing*", in *The Bloomsbury Research Handbook of Chinese Philosophy and Gender*, edited by Ann A. Pang-White, London: Bloomsbury, 2016, pp. 229-248.

马里翁论笛卡尔

思想会做梦吗？三个梦，抑或哲学家的觉醒[*]

让-吕克·马里翁
（巴黎第四大学、芝加哥大学）

1. 触发的意识之梦

　　笛卡尔教给我们的事情之一就是意识能够被理性之外的某物触发：首先并且最重要的是，意识是触发性的，或者更恰当地说，它是**被触发的**。换言之，它在产生思想之前先接受思想。这里不存在悖论，因为笛卡尔是先从混乱的晦涩性中获得了理性的自明性之后，才勾勒出一幅特别的理性图景，这幅图景后来被视为"笛卡尔式的"。隐晦吗？一点也不，因为我们在此讨论的是三个梦。但无论这些梦投射出什么样的光，这光只在黑暗幕布的映衬下才变得清晰，它给了光不可或缺的背景。实际上，在已知的笛卡尔文本中，有一个对梦（事实上是三个梦）的描述，它即使不是最早的文本，也是最早的之一。它有一个奇怪的标题：奥林匹亚（Olympica）。需要注意的是，这位清楚明白思想的倡导者并没有止步于这种思想，因为他

---

*　本文译自：Jean-Luc Marion, *Cartesian Questions: Method and Metaphysics*, Chicago and London: The University of Chicago Press, 1999, pp. 1-19.——译者

以思考清楚明白思想这一方面而开始，同样地，他或许将以思考到这种思想之外去而告终。30 年后，仿佛是（探讨）明证的另一块拓荒地，他奉命而作的另一部作品《和平的诞生》（*La Naissance de la Paix*）——剧中"黑暗的女儿"与明证一起嬉戏——呼应了《奥林匹亚》的梦："我所需者仅一幻境／一梦或一光之阴影／我将其送入众生所思。"[1] 在梦境与诗歌之间，如同在黎明与黄昏之间，明证之光短暂地照耀——朝向在这个居间区域中仍然受到理性触发的意识。即使是在理性主义的情况下，意识仍然是受触发的。理性施加在意识上的触发行为有助于将理性同其他两种触发行为区分开，即梦境与诗歌。如果理性胜出，它是作为优于其他两种触发行为的触发行为而胜出的。换言之，笛卡尔只是在梦中并且对抗着梦，才把理性建设成一种具有特殊地位的触发行为。这是否意味着理性主义只有通过梦——一种醒着的梦——才能进入哲学呢？我们不应该像有些人做的那样，将这个悖论视为一个可笑的不连贯而加以摒除。[2] 对不连贯的批判假设了批评者知道理性主义和梦的本质，以便能够对它们进行比较，但是区分理性主义和梦的标准以及建立这一区分的计划难道不正是笛卡尔工作的核心吗？难道我们没有从笛卡尔本人那里学会如何区分梦和思想吗？难道我们假装惊讶于梦和思想最初的共性，不会因此忽略了笛卡尔的历史贡献吗？

为了按照"理性的标准"（*Discourse*, AT VI, 14, line 1）来评判一切思想，从而驳斥梦的要求，理性必须作为一个标准出现——这也是笛卡尔给自己定下的任务。在 1619 年，理性尚未达到这一高度；因此我们必须

---

① René Descartes, *La Naissance de la paix*, AT V, 619, II. 6-9. 这个芭蕾舞剧（我们根据 G. 罗迪斯-刘易斯 [G. Rodis-Lewis] 的 *Descartes: Biographie* [Paris, 1995, p. 349] 一书，将它归于笛卡尔，尽管有 R. A. 沃斯顿 [R. A. Waston] 的文章 "René Descartes Did Not Write *La Naissance de la paix*" [*APA Proceedings* 62, 1989] 和 "Descartes n'est pas l'auteur de *La Naissance de la paix*" [*Archives de Philosophie* 53, no. 4, 1990]）在 1649 年 9 月演出，大约是在梦境之后的 30 年。这两个日期涵括了笛卡尔全部的严格哲学工作。

② 因此，J. 马里坦（J. Maritain）说："不可否认，在近代哲学的起源处发现一段'脑插曲'——用奥古斯特·孔德（Auguste Comte）的话来说——是非常恼人的，它会在学者那里引起最令人不安的神经病理学的诊断，倘若他们在某些虔诚的要人的生活中发现这段插曲的话。"（J. Maritain, *The Dream of Descartes, Together with Some Other Essays*, translated by M. L. Andison [New York, 1944], pp. 15-16.）

反转理性同梦的关系，以便能够诠释梦。我们不应当以尚未建立起来的标准 —— 理性 —— 的名义取消梦的资格。相反，我们应该追踪思想被一个梦加冕就位的过程，这个梦是促使它自己服从于理性的媒介。由于时间顺序上的连续 —— 首先是梦，然后是理性 —— 这里不会出现单纯的平和的共处：笛卡尔对于哲学的重要性恰恰源于这样一个事实，即：他在这一运动 —— 作为结果，它不是时间顺序上的，而是准现象学的 —— 中解决了理性的本质的问题。我们在这里讨论的是心灵的形象，一个做梦，然后中断做梦开始按照"理性的标准"思考的心灵。因此，在 1619 年的三个梦中，问题不可能仅仅是故事上的分析，以及之后的假想主体 "Renatus Descartes, Picto." [1] 的影响。弗洛伊德或荣格的精神分析解释 [2] 毫无疑问是合法的，但它们不能确立这些梦的哲学价值，它只有在同哲学的关系中才能显现。现在，不必用无意识和"清楚明白的意识"去解决哲学的本质的问题：我们的任务不是诠释笛卡尔的梦，而是要理解这些梦与他自己的哲学的关联。同样，让我们从一开始就意识到，有关梦的文献中对可能成为案例的先例的最博学的研究所要阐明的 —— 它们并不要求做更多 —— 仅仅是梦的预示结构，而非其哲学地位。[3] 再次强调，我们在这里关注的既不是 1619 年的梦作为精神分析解释的原材料所扮演的角色，也不是它们在文学传统中的地位，而是把它们完备地写进那个本质上由它们发动并旨在废止它们的（笛卡尔的）哲学大全（corpus）之中。换言之，对指引心灵的规则和恰当

---

① AT X, 54, I. 3ff.

② 弗洛伊德在他的 *Briefe an Maxime Leroy über den Traum des Descartes*（载 *Gesammelte Schriften*, vol. 12, Vienna, 1934。法文译作首次发表在 M. Le Roy, *Descartes, le philosophe au masque*, Paris, 1929, vol. 1, pp. 89ff.，后来发表在 F. Pasche, "Metaphysique et Inconscient", *Revue française de psychanalyse,* 1981）中非常谨慎。我们不仅在他本人那里，而且还在 D. 卢因·伯特伦（D. Lewin Bertram）的 *Dreams and the Uses of Regression*（New York, 1958）中，或者（对于荣格的方法）M. L. 冯·弗朗兹（M. L. von Franz）的 *Der Traum des Descartes, Zeitlose Dokumente der Seek*（Zurich, 1952）中，也找到了一个有关这一问题的重要例子。

③ 参见 G. Poulet, "Le Songe de Descartes", in *Etudes sur le temps humain* (Paris, 1951), vol. 1, pp. 63ff.; J.-M. Wagner, "Esquisse du cadre divinatoire des songes de Descartes", in "Descartes et le Baroque", *Baroque* 6, 1973; J. Barchilon, "Les songes de Descartes du 10 novembre 1619 et leur interprétation", *Papers of French Seventeenth Century Literature* 20, 1984。

地引导一个人的理性的方法的寻找 —— 也就是说，对真理的探寻 —— 如何能从梦中起源（这些梦被梦到它们的哲学家视为在哲学上是相关的）？[①]这一问题的重要性，只有当在笛卡尔的梦上"投下哲学的目光"（*Discourse*, AT VI, 3, l.15），即诠释者关联着笛卡尔自己的哲学来思考它们时，才会变得显明。梦和哲学的关联规定了这个难题：按照"理性的标准"（来评判）梦和哲学。鉴于笛卡尔对这两个术语的意识，因此，（关联着哲学来思考梦）这一点对笛卡尔本人呈现得必定最为清楚。笛卡尔不像一个接受分析的病人，他仿佛是站在一个比他的诠释者更好的位置上来诠释他自己的梦，因为他只是用心灵中的思想来诠释它们，以便将它们转化到哲学中去。

哲学的梦吗？并不完全是，因为阿德里安·巴耶（Adrien Baillet）记录的三个梦所揭示的内容，实际上并没有任何一点可以被恰当地、直接地、准确无误地视为是理论性的。奇怪的是，触动哲学家的梦并没有向他揭示任何哲学的东西。一些事实也暗示了这一点。

（1）这三个梦并非是在灵感和热情的影响下发生的。诚然，笛卡尔声称他感受到了强大的热情："X. Novembris, cum plenus forem Enthousiasmo"（AT X, 179, ll. 17-18），巴耶将它翻译为："（1619 年 11 月 10 日，）**满怀着他的热情**上床睡觉（*s'étant couché tout rempli de son enthousiasme*）"（AT X, 181, ll. 11-12）。但这种热情远远不是做梦状态的一个特征，热情在做梦之前，它属于入梦之前的清醒时刻。热情不支配梦境；毋宁说，清醒引起热情，由于热情由最具活力的一类清醒引起，因而它就愈发具有活力 —— 它

---

① J.-M. 瓦格纳（J.-M. Wagner）质疑："笛卡尔真的做梦了吗，还是他假装他做了？"（"Esquisse du cadre divinatoire des songes de Descartes", in "Descartes et le Baroque", *Baroque* 6, 1973, p. 89）。这个质疑在此似乎并不相干，因为至少有三点理由：（1）一再得到不同批评者支持的真实性的判断。参见 AT X, I. 175; H. Gouhier 和 F. Alquié, *Descartes: Oeuvres philosophiques*, (Paris, 1973), vol. 1, p. 61, 等等；（2）这些梦的特征：它们的重要性不在它们自身，而在于对它们的概念诠释（见下文）；（3）传统。对我们而言，其一致性决定了应当在笛卡尔大全的框架内来诠释《奥林匹亚》。此外，他们的拒斥也使得研究笛卡尔成为必要。因此，这些梦的可能作伪的性质并没有解开笛卡尔对它们的诠释的难题。参见 G. Simon, "Descartes, le rêve et la philosophie au XVII° siècle", *Revue des sciences humaines* 211, no. 3, 1988, 他明确强调这些梦及其地位在笛卡尔的发展进程中逐渐被取消其资格。

由科学的发现，实际上是由对一门奇妙的科学之基础的发现引起的："cum plenus forem Enthousiasmo et mirabilis scientiae fundamenta reperirem"，等等（AT X, 179, II. 17-18），巴耶非常准确地将其注译为："**满怀着他的热情上床睡觉，完全被当天发现了这门奇妙科学之基础的想法所占据，在这同一天夜里，他连续做了三个梦。**"（AT X, 181, II. 11-14）人们预计的常规模式 —— 超常源头的热情 / 人类心灵的启迪 / 深奥或新奇真理的洞见 —— 统统在这里消失了。事实上，完全相反：热情不是梦的原因，因为它的出现远远早于梦。当时笛卡尔非常清醒，而且根据巴耶的说法，热情比梦境持续的时间更久（"他的热情在几天之后离开了他"［AT X, 187, I. 10］）。但是热情在梦中没有达到它的顶峰，也没有达到它的充足。相反，它是靠笛卡尔对奇妙科学的惊讶来滋养：这种 "*mirabilis* scientiae fundamenta（**奇妙科学的基础**）"（AT X, 179, I. 18; 181, I. 12）产生了一种激动喜悦但却冷静地保持着理性的心灵状态。

这导致了两个结论。首先，热情同梦之间的分离①，热情的原因（即科学）阻止我们接受热情作为梦的原因。因此，我们必须从一开始放弃任何关于遭遇 "来自神圣启示的……梦"（托马斯·阿奎那）或是 "上帝赐予的一场非凡的梦，一件神圣的事物"（戈克莱纽斯［Goclenius］）的想法。② 所以，无论这些梦可能拥有什么决定性的价值，这种价值都不归功于它们的起源，它绝不是神圣的；我们已经意识到，它们的重要性将源于对它们的诠释。因此，这些梦的价值与其说是 *a priori*（**先验的**），不如说

---

① F. 阿尔基耶（F. Alquié）在 *Descartes: Oeuvres philosophiques*, vol. 1, p. 52, n. 3 中支持 M. 德科尔特（M. de Corte）的 "La dialectique poétique de Descartes", *Archives de philosophie* 13, 1937, p. 125（反对 G. 米约［G. Milhaud］的 *Descartes savant* [Paris, 1921], pp. 59ff.）和 H. 古耶（H. Gouhier）在 *Les premières pensées de Descartes* (Paris, 1958) 中的观点："不是一种宗教经验，而是一种对经验的宗教解释"（H. Gouhier, *Les premières pensées de Descartes*, p. 53）。

② 分别参见 Thomas Aquinas, *Summa theologiae*, IIa IIae, q. 95, a. 6 和 Goclenius, *Lexicon philosophicum* (Frankfurt, 1613), p. 1063. 相似的有，柏拉图所说的 *mania*（**狂热**）的形式（Plato, *Phaedo*, 244b-245c），以及德谟克利特所说的热情（"met enthousiasmou khai ierou pneumatos", *Fragmente der Vorsokratiker*, edited by H. Diels and W. Krantz [1966], vol. 2, p. 146, 68 [18]）；或是西塞罗说的："我常听闻，没有激动（他们说，在德谟克利特和柏拉图作品中激动被抛弃了），没有受感召的狂热，优秀的诗人将不复存在"（Cicero, *De oratore* II, 46）。

是 *a posteriori*（后验的），并且不是因为它们模糊的神圣起源，而是因为它们的被合理地建立起来的意义。于是，我们得出了第二个结论：如果理性没有迈出决定性的一步，清醒本来不能引发热情。因为笛卡尔在这里说的无非就是一门被发现的科学；或者恰当地说，一门奇妙的科学；甚至更恰当地说，一门在其总体中展示自身直至其基础的科学。基础：这个术语在梦中反复出现，像是处在一个强迫性的追问中："plures, opinor, et magis plausibiles [sc. rationes] ex nostris *fundamentis* deduci possunt（我相信更多以及更令人敬佩的［理性］可以从我们的**基础**中推导出来）"（*Compendium musicae*, AT X, 134, II. 4-6, in 1618）；"XI. Novembris 1620, coepi intelligere *fundamentum* Inventi mirabilis（1620 年 11 月 11 日，我开始理解一项奇妙发现的**基础**）"（*Olympica*, 179, II. 7-8; 7, 25）；"Anno 1620, coepi intelligere *fundamentum* Inventi mirabilis（在 1620 年，我开始理解一项奇妙发现的**基础**）"（*Cogitationes privatae*, AT X, 216, II. 20-21）；"Ut autem hujus scientiae *fundamenta* jaciam（当时我正在为这门科学奠定**基础**）"（同上书，220, I. 5）。笛卡尔甚至把对基础原则的探求扩展到玫瑰十字会（Rosicrucianism），因为"对他来说，藐视所有的科学将是不恰当的，在那些科学中间也许有他忽视了的原则"（*Studium bonae mentis*, 193, I. 32-194, I. 2）。因此，在 1619 年 11 月，一种持续的且真正意义上的热情诞生了，不同于单纯的理智满足，因为这一发现涉及基础，并进而不单牵涉到一项难题，甚或牵涉到一门科学。这些基础比起结果更值得称赞。只有当科学向下达及基础，它才是 *mirabilis, penitus nova*（**神奇的、全新的**）（156, I. 8）。因而，它不是终点而是一个起点："一项令人难以置信的雄心勃勃的计划。然而，穿过这门科学令人困惑的黑暗，我已经瞥见了一些光亮，借助于这些光，我想即使是最厚重的晦涩朦胧，我也能将其驱散。"（致比克曼［Beeckman］，1619 年 3 月 26 日，AT X, 157, I. 21-158, I. 2）因此，热情可以被视为一种后果（显然不是一种原因）、理性原因的结果，或者更恰当地表述为，由理性追求原因而生成的原因的结果。我们由此得出了第一个结论：对这些梦的诠释无需求助于热情。它们之所以重要是因为它们所暗示的或所说明的东西，而不是因为它们的起源，那只不过是自然的。

（2）但是，还有：第二个论证阻止我们授予这些梦以理论的地位。很明显，前两个梦并没有教给笛卡尔任何东西。第一个梦被描述得很详细，它涉及一个"恶魔"（AT X, 182, I. 4；参见 185, I. 20）。这个恶魔阻止笛卡尔直立行走，并强迫他向左弯着腰前往学校的教堂（AT X, 181, I. 29），笛卡尔想在那里寻求庇护。一种简单的生理学解释（当人朝左侧躺下时，体重会压在肝脏上）——事实上这是从柏拉图①那里借来的——说明了这一现象，没有援引超自然的权威，或是得出结论说，这个梦在理论上是有价值的。至于"向上帝的祷告"（AT X, 182, II. 6-7），其目的只是普通的道德宣泄。②第二个梦在不借助任何清晰的、想象的表现的情况下，描述了一种"恐惧"（182, II. 17, 27）；这种恐惧只有作为"火焰的火花散落在房间里"（182, I. 18）时才被觉察到。这里再次表明，来自上天启示的假设得不到支持。"来自哲学的原因"（182, II. 23-24）不应当误导我们。因为这里的**哲学**一词意为"自然哲学"（即我们所说的物理学），对现象的解释完全是生理学的："在他轮流睁眼、闭眼并观察那呈现给他的东西之后"（182, II. 25-26）。因此，这种现象并非特别，在之前已经发生过（182, II. 20, 19），而且可以通过物理学在生理学中的运用来理解。此外，在 1637 年，《屈光学》（*Optics*）将通过发展知觉中的差异原则以及把光喻作"行动"和把眼睛喻作一套透镜来说明这一现象："你将很容易同意这一点，如果你注意到人们在眼睛被击中时似乎看到了无数的火花在他们眼前闪烁，即使他们闭

---

① Plato, *Timaeus*, 71a-72c.

② 我们禁不住将这种"向上帝的祷告"同著名的晚祷的赞美诗相比较："在白日终结前向你 / 创世的主，我们向你祷告 / 你布下一如既往的恩惠 / 那是我们如今的庇佑 / 于一切梦中守护我们的视线 / 于畏惧和恐怖的夜里 / 不把我们交给可怕的敌人 / 我们可能不知犯下了何种罪过 / 噢，父神，我们所被要求做的 / 通过耶稣基督，你唯一的圣子 / 他与圣灵和你同在 / 生活与统治，直到永远。"这首赞美诗是如此出名以至于为但丁所引用。据 F. J. E. 雷比（F. J. E. Raby）在 *The Oxford Book of Medieval Latin Verse*（1974, pp. 455ff.）中所言，它是来自公元 6 世纪的匿名作品。另一方面，A. 施韦尔德（A. Schwerd）将其归于大格里高利（Gregory the Great）（A. Schwerd, *Hymnen und Sequenzen* [Munich, 1954], pp. 44-45, 94-95）。类似的沉思参见 J. Fontialis, *De Idea mirabili Matheseôs de Ente* (Paris, n. d.) 各处。

上眼睛或者待在一个非常黑暗的地方；因此这种感觉只能被归因于击打力，它导致视神经纤维运动，就像耀眼的光所做的那样。"①

因此，这两种在另一个时代也许有资格被当作梦的现象，现在被降到普通的物理效应的层面，并通过适当的措施被排除了。它们的微不足道使得它们没有产生任何结果。笛卡尔再次入睡（182, I. 13），或者更恰当地说，"他相当平和地再次入睡"（182, II. 27-28）。我们应当注意到，即使在由第三个梦所施加的重估之后，对前两个梦的再解读依然非常有限。对伴随着这两个梦的恐惧（185, II. 14-15）的关注仅导致了一个严格来说是道德上的结论：在第一个梦中，是一个"恶魔"在起作用，一个 *malus Spiritus*（邪恶的灵魂）（186, line 1），在第二个梦中，它突然被"真理的精神"（186, I. 10）所取代。我们找不到一丁点儿理论上的收获和启示。尽管令人恐惧（182, I. 30），但严格来说，前两个梦是无关紧要的。

但是，正如那些支持传统分析的人所认为的那样，第三个梦仍然需要解释。只有它抓住了笛卡尔的注意力 —— 仿佛让人想起《圣经》里的一个片段：年轻的撒母耳在寂静的避难所里睡着了，他只回应了耶和华的第三个呼唤（Samuel, 1:3）。为什么1619年的第三个梦以这种方式享有特权呢？它的特殊地位可能会让读者感到惊奇，但这种惊奇本身才令人惊讶：最后的一个梦之所以是独特的，更多是由于它不寻常的地位，而不是它非同寻常的内容。甚至在 *a posteriori*（后验的）诠释之前，从一开始它就表现为一种诠释性的活动，就像文本训诂。在他的梦中，笛卡尔遇到了一些需要诠释的文本：首先是一本**字典**的标题，然后是一本 *corpus poetarum*（**诗集**）的标题，接着是诗文"Quod sectabor iter？（我应追随何种道路？）"，最后是来自奥索尼厄斯（Ausonius）的引言，即"是与否（*Est et Non*）"（182, I. 30-184, I. 10）。根据这四重任务，第三个梦凭借其双重理论意义将

----

① René Descartes, *Optics*, VI, AT VI, 131, II. 10-17, 可能还有在 *Studium bonae mentis* 中对 *espèces* 一词的使用，参见 AT X, 201, 1. 9ff.。这种联系（尽管同《屈光学》没有什么关系）由 G. 西巴（G. Sebba）在 *The Dream of Descartes* 中做了概述，该书由理查德·沃森（Richard A.Watson）进行手稿收集和编辑（Carbondale, III, 1987, p. 23）。

自身同先前两个梦区分开来：文本本身的理论意义以及对它们的诠释的理论意义。这个梦并不令人恐惧（182, II. 29-30），因为它的目的不是培养道德感，而是为了扰动理智。因此，理论意义存在于预计将出现的文本诠释学中：第三个梦或是四个文本需要一个诠释者；受灵感启发的梦必定预备了它的诠释者，那么，在哪里可以找到这个诠释者呢？新的惊奇在于，没有超自然的幽灵在这里说话，甚至没有一个确凿无疑的受灵感启发的人。梦中仅有的参与者是笛卡尔本人和"一个人（a man）"（183, II. 4, 10, 12; 184, II. 4, 10），后者也被称为"一个人格（a person）"（184, I. 6）。笛卡尔倾听着并徒劳地试图去理解他，然而这个"人（man）"依然是一个无名、无知、含糊的中介。（什么和什么之间的中介？即使是这一点也尚不明确。）梦的理论合法性因此仍然完全是潜在的——等待着一种权威的诠释，这种诠释既不是梦的接受者也不是它的传达者能够提供的。这种预期没有实现，因为梦尚未开始揭示其自身的意义便已终结："正是在这个时候，那些书和那个人都消失了。他们从他的想象中消失了，尽管他们并没有弄醒他。"（184, II. 10-12）梦的终结如同其开始一般：等待着一个诠释者，无知者的梦面对着尚未破译的文本。这个梦没有揭示任何东西就结束了。现在，在《奥林匹亚》（184, II. 10-12）中，我们遇到了三个梦的难题以及笛卡尔在这些预示之梦中经验到的悖论：没有什么东西被揭示，无论是直接地（受启发的言说）还是间接地（破译了的文字或权威的诠释者）。笛卡尔之所以是独特的，不是因为他经历了梦——预示的或者别的什么方式的，而是因为他在一开始便将它们视为完全微不足道的。

2. 自我诠释的形象

但是，梦得到了诠释，笛卡尔也由此获得了决定性的自信。为何之后又声称梦是微不足道的呢？事实上，这不是一个悖论。这些梦本身并未揭示任何东西。它们最终变得有意义是通过笛卡尔本人的介入，通过他透彻清醒的思考，而非通过它们本身的自明性或是权威诠释者的作用。梦的意义不在其自身中（也不在它们的最终诠释的预示结构中），而是在"纯粹的人"对梦施加的掌控中被找到（*Discourse*, AT VI, 3, I. 22 及 8, II. 16-17；参见笛卡尔致沃埃特斯［Voetius］的信，AT VIII, 2, 91, I. 28）。"纯粹的人"虽然在睡眠中，但停止了做梦，并开始思考。这是一个奇怪的时刻，在这些梦境之外，虽然仍在睡觉，但是在睡眠中梦却变成了思想的对象，它是被思想到而不是被梦到，而这个思想既不是睡觉了也不是清醒着。这里"最为引人注目的东西"（184, I. 12）显然不是源自梦，实际上是源自同梦保持距离的动作，源自使梦从不能穿透的（无意识的）意识状态转变为被思考着的意识所理解的对象的动作。怀着独特的确信，巴耶指出"引人注目的东西"正是"当他在怀疑刚刚所看到的是一场梦还是一种幻觉时，他不仅在睡着时断定这是一个梦，而且他在醒来前诠释了它"（184, II. 12-15）。这里提到的由笛卡尔所做的两个决定指出了我们分析的一个新方向。首先，笛卡尔将他的梦描述为纯粹的梦而非幻觉。此外，梦只要不被诠释，它就依然是无意义的。这个决定，除了能够证实我们先前对梦的无意义本质的假设外，还强调了一个至关重要的前诠释：笛卡尔在诠释他的梦之前，并且为了能够这么做，他假定梦是需要诠释的。在诠释对诠释的需求时，笛卡尔通过使意义服从于原始可能性的条件，也就是说，通过把诠释当作意义的唯一处所，预先掌控了一切潜在的意义。

但是任何诠释都包含诠释者，这个人被假定为高于被动且愚钝的梦的接收者，并且只有他知道意义。通常的诠释模式包括梦、诠释者以及梦的接收者，并在三者之间建立一种等级。但是笛卡尔在这里却将自身树立为他自己的梦的诠释者。他叠合了诠释者和接收者这两个角色；更确切地说，由于这些角色被赋予了矛盾的特性，他使自己从（被动且愚钝的）接收者的角色下解放出来，接着在粉碎预示结构的行动中把自己提升为诠释者，即意义的权威制造者的角色。此外，如果诠释者不是知道意义并且由此已经掌控了意义，那么他就不能提供一种权威的意义。笛卡尔还借助于将自身树立为自己梦境的诠释者，实际上把自己提升到灵感的层次。他成为他自己的灵感。最终，这种自发灵感（self-inspiration）将导致新的热情理论（184, II. 19-28），但这种灵感立即通过多方面的自我诠释得到了应用。通过重新审视在此之前仍无意义的第三个梦的所有成分，诠释者笛卡尔向接受者笛卡尔阐明意义。我会试图在这里证明，这意义宣告了那些我们在笛卡尔随后的哲学中，简言之，在哲学家笛卡尔中发现的命题。笛卡尔分别佩戴着诠释者、意义和梦的接收者三张面具，他戴着面具进入自己的梦境并说道："演员们被教导不让任何尴尬的表情流露在脸上，他们戴上面具。我自己也会这样做。到目前为止，我一直是世界这个剧场的观众，但是现在我将要登上舞台，并且戴着我的面具一同上前。"（*Cogitanones privatae*, 213, II. 4-7）他避开了"公众"的凝视（AT I, 23, I. 24），尤其是来自他自己的凝视，仿佛他对自己已经带有的光视而不见。因此，笛卡尔首次向自身揭示了他自己的思想，这个思想从隐藏（首先是对他自己）在无意义之梦的面具下的状态中显露出来。通过把这些梦诠释为有意义的 —— 在一种笛卡尔哲学的意义上 —— 笛卡尔向自己揭示了作为思想者的自身。

让我们一步步地来追溯这条诠释的路径。

（1）"他**判断**这本**字典**只是意味着所有的科学被集中在一起"（184, II. 15-17，查阅 182, I. 32 中的难题）。在此我们不应把它理解为简单的陈词滥调（堆积起来的知识的总和），而是应该参考《探求真理的指导原则》首倡的论题："必须承认，所有的科学是如此紧密地相互联系在一起，以至于把它们汇总在一起学习要比把它们一个个分开来学习容易得多……；这些科学都是彼此既相互联系又相互依存着的"（361, II. 12-18）。这一重要的论题事实上在 1628 年之前就已经出现了，例如在《个人沉思》（*Cogitationes privatae*）中："如果我们能够知道不同的科学是如何联系在一起的，我们会发现，将它们记在脑海里并不比记住一串的数字更难"（AT X, 215, II. 2-4）。它还出现在可能与《常理考察》（*Studium bonae mentis*）同一时期的片段中："我所要谈论的事物是如此紧密地结合在一起，相互联系，以至于它们中的每一个都是从其他事物产生的"（204, II. 10-11）；以及在另一个由普瓦松（Poisson）提及的片段中："因为所有的科学都是联系在一起的，以至它们中就没有一个能在没有其他科学的伴随下被完全掌握，并且百科全书的整体被同时一起理解"（255），这里"百科全书（encyclopedia）"的提法似乎在呼应**字典**的提法。我们应当尤其注意这里提到的两个对照物的日期：它们都先于《探求真理的指导原则》，因而可能要追溯到 1619—1620年。梦的诠释跟随着与观念发现相同的（理论上的）路径。①

（2）"他判断……为 *Corpus poetarum*（**诗集**）命名的诗人的这本选集以一种特定的、更清楚的方式表现了哲学与智慧的联合。"（184, II. 17-19,回应182, II. 33-37）② 在 1619 年的文化环境中，哲学和智慧的同一既不是自明的也不是常规的，出现这种情况至少有以下两个基本原因。第一，哲学只享有一种相当松散的统一性，因为它根据它的研究对象（伦理学、逻辑学、物理学、形而上学）③ 被划分开，而且不得不在一些抽象科学的严格性和审慎知识的不精确性之间有所取舍：这种统一性的缺乏阻碍了哲学被称为智慧。第二并且相关的是，智慧被文艺复兴时期的怀疑论者或赫尔墨斯神智学的（hermetic）暗流认为是反科学的（因此也反哲学），它极其崇高

---

① F. 阿尔基耶在 *Descartes: Oeuvres philosophiques*, vol. 1, p. 560 中提出这种关联。其他论述科学统一性的笛卡尔和非笛卡尔的文本，参见让-吕克·马里翁在 *René Descartes: Règles utiles et claires pour la direction de l'esprit en la recherche de la vérité* (The Hague, 1977), pp. 98-101（特别是 AT X, 193, I. 12 和 217, II. 23-24）中的注释。

② 这里，*Corpus poetarum* 对应的是 P. Brossaeus（Pierre de La Brosse）的一本诗选标题的缩写，即 *Corpus omnium veterumpoetarum latinomm* (2 vols., Lyon, 1603; Geneva, 1611)。笛卡尔从拉弗莱什（La Flèche）时期开始把它当作引语的来源使用，正如 J.-R. 阿莫加特（J.-R. Armogathe）和 V. 卡罗德（V. Carraud）所说，参见 "Bulletin cartésien XV", *Archives de philosophie* 50, no. 1, 1987。模糊在这里带来了问题，因为第二个诠释出现在之后的几行："通过选集中收录的诗人，他理解了启示与热情，他对自己受惠于启示和热情不感到绝望。"（184, II. 35-37）这种差异是否源自第一个诠释发生在睡眠期间（184, II. 35-37），而第二个诠释发生在笛卡尔清醒之时（184, I. 34）这一事实？并非如此，因为我们将看到，这一差别并不重要。分歧也不来源于"诗集（Recueil de Poésie）"和"诗人们（les Poètes）"之间的区别：没有什么能支撑这一点，相反，一切"沿着同一路线"发生（184, I. 34）。因此，我们应该从"启示"的视角按照《谈谈方法》来理解这一顺序："我敬畏我们的神学，并衷心渴望同其他人一样能够升到天堂"（AT VI, 8, II. 8-9），这是在应和"他对自己受惠于启示和热情不感到绝望"以及"为了对它们进行检验并获得成功，我需要来自上天的非凡相助并且不仅仅成为一个人"（8, II. 15-17）。这些是站在思辨神学的两种不同立场上的相似表达。

③ 让我们来回忆一下在 Scipio Dupleix, *Logique, Physique, Ethique et Metaphysique* (Paris, 1600-1610)，或是 Eustache de Saint Paul, *Summa philosophica quadripartita, de rebus dialecticis, moralibus, physicis et metaphysicis* (Paris, 1609) 中的哲学的四种本质。从《尼各马可伦理学》起，智慧（道德学）已属于"质料"和尘世的不确定性，这样一来它就同科学的抽象严格性对立起来。

（神圣、神秘），极其寡学（道德、禁欲）。① 但是，在建立了科学的哲学统一性的原理之后，笛卡尔想，并且现在也能够，设定（统一的）哲学和智慧的同一性原理。这种融贯性明确地出现在他的著作中：从《良心之学》（*Studium bonae mentis*）（"思考我们对知识的渴望，思考科学，思考心灵从事学习的合适倾向，以及思考我们为获得智慧必须遵循的秩序，这就是科学加上美德，通过结合意志的作用和知性的作用。他的计划是要开出一条新的路径。"［191, II. 4-9］）到《哲学原理》的法文译本的前言部分（"最终习得全部哲学的完美知识，并达到智慧的最高水平。"［AT IX, 2, II. 18, 20-22］）。这种不断的探求在理论上建基于原则一，后者也建立了科学的统一体。科学是统一的，因为它们起源于 *mens Humana*（人类心灵），因此智慧就包括认知、培育和发展人类心灵："作为整体的科学只不过是人类智慧，无论智慧被应用于多么不同的学科，它都不会改变，自始至终保持如一，它不会被这些学科所改变如同阳光不会被它普照的万物所改变。"（360,

---

① E. Gilson, *Commentaire du Discours de la Méthode* (Paris, 1967), pp. 93ff. 例如，见沙朗（Charron）："他们的第一条箴言是追求智慧要比追求科学与艺术好得多……然而，这个世界却恰恰反过来在追求艺术、科学、知识……这世上还有什么事情比不羡慕天生的智慧反倒去羡慕那些科学、知识或记忆力更为愚蠢？然而，不是每个人都是在同一种精神的指引下犯这种愚蠢的错误：一些人只是被习惯所引导，认为智慧同科学并没有太大区别……这些人应当接受教育……这两者不仅是完全不同的，而且……它们几乎从未一起被发现……每一个通常都阻碍另一个：博学的人几乎不明智，明智的人并不博学。这里确实有一些例外，但它们相当罕见。"随后："科学是他人贡献的伟大堆砌，它是人们对自己的所见、所闻以及从书中所读到的内容的仔细收集。"（Charron, *De la sagesse*, III, 14 [Bordeaux, 1601; Paris, 1604; Paris, 1986], pp. 685-687）或者还有："科学实际上是一种精致装饰……但不是每个人都同意如何对它进行分等……我将它排在……智慧之下"（I, 61; ibid., p. 365）。同样地，对蒙田（Montaigne）而言："我们可以凭借别人的知识成为学者，却只能靠我们自己的智慧变得明智"（Montaigne, *Essays*, I, 25），以及"说实话，知识是最有用的、伟大的成就。那些轻视它的人十足地表明了他们动物般的愚蠢。但我并不认同它值得被某些人赋予极端的价值，譬如哲学家厄里路斯（Erillus）就赋予知识以至善（Supreme Good）的价值，他认为是知识的力量让我们变得有智慧并获得满足。我不相信这些，也不相信其他人所说的那些：知识是一切美德之母，而所有的罪恶都出自无知"（Montaigne, *Essays*, II. 12, "An Apology for Raymond Sebond", p. 489）。帕斯卡尔（Pascal）将会持这种反对观点："耶稣在一贫如洗和没有任何外在的知识表现的情形下，依然持有其自身神圣的律令……带着如此华丽又奇妙壮观的行列，他进入能够理解智慧的心灵之眼中"（Pascal, *Pensées*, Br. § 793, L. § 308; translated by A. J. Krailsheimer [New York, 1966], p. 124），（下面这一句话）明显指的是笛卡尔："写出来用以反对那些对科学做了过深探索的人。笛卡尔"（Br. § 553, L. 360 I; trans., p. 220）。

II. 7-12）人类心灵以哲学的方式统一了知识；由此产生了尽管是人性的，但在定义上却是普遍的智慧。因此智慧仅是"对思维 —— 普遍智慧 —— 予以思考（de bona mente, sive hac universalissima Sapientia, cogitare）"（360, II. 19-20）[①] 的问题；智慧发源于同一个统一了科学的 *mens*（**心灵**）。这里没有对这两个主张进行详细说明，我们只是指出，它们除了同前两种自我诠释相关之外，主要还涉及原则一，并由此为最后一个梦的前两个成分提供了坚实可靠的契合性。

（3）"笛卡尔先生继续在睡眠中诠释着他的梦，他认为，这首以'我应该追随何种人生道路？（Quod vitae sectabor iter?）'开头、关于人应当选择何种生活的不确定性的诗，代表了智者甚或是道德神学的金玉良言。"（184, II. 28-32）这两个可并存的观念性论题似乎是切实可行的。在一个更为有限的诠释中，对人生道路的探寻只关乎伦理领域，即如下意义上的"道德神学"：1637 年写道，"学会区分真与假的诚挚愿望"的最终目标是"在行动中心明眼亮，一辈子满怀信心地前进"（*Discourse*, AT VI, 10, II. 9-11）。[②] 在这一假设中，最令人满意的观念性论证来自现成可用的道德规范，它的第一条准则（选择最适度的意见）使得一个人能够"在原来可能走错路的时候 —— 倘若我在应该继续走其他道路时选择了一条极端道路 —— 更少地偏离正确的道路"（*Discourse*, 23, II. 29-31）。然而，探寻人生道路的隐喻超出了严格的伦理领域，实际上像是一个更加宽泛的自我指引之尝试的特殊例子：用思想指引自己的生活，或者更准确地说，用生活本身的经验在思想中指引自身。我们可以提出，用"把生命献给真理（veritati impendere vitam）"这一表达来总结"献出我全部的生命来培育我的理性，按照我

---

① 我们在这里遵循了莱布尼茨的说法（参见 Jean-Luc Marion, *René Descartes: Règles utiles et claires*, p. 96）。*Sapientia*（智慧），尽管很少遇到，但仍可在 AT X, 375, 1. 24 的"智慧之学（Studium sapientiae）"以及 442, I. 7 的"更高的智慧（altior sapientia）"中找到。

② 这是 F. 阿尔基耶在 *Descartes: Oeuvres philosophiques*, vol. I, p. 577 中的诠释。可对比失落的旅行者这一主题，参见 *Discourse*, 16, I. 30-17, II. 4 和 24, II. 18-25。这给洛雷托（Loretto）的朝圣之旅计划增添了一种非比寻常的观念上的尊严（AT X, 186, I. 34-187, I. 2; 217, I. 25ff.），因为它是一条由神学所决定的通向道德的路径。参见 S. 布雷东（S. Breton）在"'Egarés en quelque forêt...': Le problème du commencement"中的评论，载 *Libres commentaires* (Paris, 1990) chap. 1.

为自己规定的方法，尽全力增进真理的知识"（*Discourse*, 27, II. 9‑12）这一渴望。在这条路径上前进意味着朝真理逼近，也意味着一个人遵循他为自己规定的方法。此外，在原则四中，漫无目的的游走是缺乏方法的症状，"一种愚蠢的寻宝渴望，使得他不断在街头游走，看一看他是否能够找到任何可能被路人遗落的宝物"（371, II. 7‑10）。在原则五中，方法被定义为对秩序的偏好以及获得这种秩序的手段，它有助于停止现代忒休斯们（Theseuses）的游走，他们在不可靠的科学中迷失了自己的道路。对路径的探寻的确对"**人生之路**（*iter vitae*）"产生影响，但首先和主要的是对**正确的真理之路**（*rectum iter veritatis*）和**真理之路自身**（*via veritatis*）①的影响。在 *iter*（**道路**）问题上的扩展是其自身视域深入的产物：关键不是仅仅为了发现真理，甚至是偶然地发现真理，而发现真理。我们必须准确地（也就是说，按照方法）来识别它，按照方法选出 *via veritatis*（**真理之路**），也就是说，根据指导探寻的**方法**（*methodos*）找到 *odos*（**路径**）。这条路径遵循着路径的路径，这种重复使得 "Quod vitae sectabor iter?（我应该追随何种人生道路？）"听起来像是对方法上的路径本质问题的扩展。这里，我们确实还没有达到《探求真理的指导原则》的高度，尽管我们已经觉察到以后的原则四和原则五的回音。

　　（4）"借助诗节'是与否（Est et Non）'，也就是毕达哥拉斯（Pythagoras）的'是与否（Yes and No）'，他**理解了人类的理解认知与世俗科学中的真理与谬误。**"（184, I. 38‑185, I. 2）这里不去评论对那位著名数学家的暗示②，让我们将讨论限定在这个文本的纯粹笛卡尔式的明证上，尤其是限定在文本从笛卡尔角度来处理（自）明性（[self‑]evidence）的范围内。**是与否**之

---

① 关于 "rectum veritatis iter（正确的真理之路）"，参见 AT X, 366, I. 6；关于 "veritatis via（真理之路）"，参见 360, I. 24；399, II. 22‑23；401, II. 23‑25；405, II. 15‑16；425, II. 10‑12。关于这一主题在《谈谈方法》中的情况，参见 Jean-Luc Marion, "A propos d'une sémantique de la méthode", *Revue internationale de philosophie* 103, no. 1, 1973。（也参见 G. 克拉普利 [G. Crapulli] 的评论以及我在 "Bulletin cartésien IV" [*Archives de philosophie*, 38, no. 2, 1975, pp. 280‑285] 中的答复。）

② 对毕达哥拉斯（Pythagoras）的这一回忆很可能与对《新约圣经》中其他著名文本的回忆相混淆，比如：Matthew 5: 37, 2 Corinthians 1: 17‑19, James 5: 12。

间的断裂是截然分明的，并且排除了第三个术语的出现；在梦中事实的基础上，诠释得出了有关"在人类理解认知和世俗科学中"——换言之，在那种10年后将受方法统治的科学中——真理与谬误的关系的结论。但是，准确地说，这一方法是在自明性的基础上来定义真理的，自明性拒斥真与假之间的中间地带："凡是我没有明确地认识为真的东西，我绝不把它当成真的接受。也就是说，要小心避免轻率的论断和先入为主，除了清楚分明地呈现在我心里，使我根本无法怀疑的东西以外，不要多放一点别的东西到我的判断里。"①（*Discourse*, 18, II. 16-23）或者如《探求真理的指导原则》所述："我们拒斥所有这些仅仅或然性的认知，并决意相信只能是完全已知和无可怀疑的东西。（necnisi perfecte cognitis et de quibus dubitari non potest, statuimus esse credendum.）"（362, II. 14-16）以及"因此，我认为，就所有或然意见的情况而言，我们得不到完备的知识（De omnibus ergo quae sunt ejusmodi probabiles opiniooes, non perfectam scientiam videmur posse acquiere）"（363, II. 14-16）。② 面对自明性被当作真理的标准和同义词这一情况，单纯的或然性被降到谬误的领域中，因为在（以自明性为真理标准的）行为主体眼里，它像谬误一样缺少确定性、**直观**（*intuitus*）和心灵的凝视：有一些人对很多事情抱有怀疑（de multis dubitat），他们是不明智的，可能比一些单纯地无知的人还要不明智（indoctior）（*Rule II*, 362, II. 5-7）。换句话说，"我认为必须……把任何我能在其中想象出哪怕一丝一毫怀疑的东西当作十足的虚假排除掉"（*Discourse*, 31, II. 26-28）。因此，最后一个梦的第四个诠释预示了原则二，正如第三个诠释宣告了原则四以及前两个诠释宣告了原则一一样。

　　是否有必要用其他的梦来完成证明呢？显然没有，因为它们并不为理论性的诠释提供任何原材料：它们对于笛卡尔的重要性只在于是一种道德警告。其他的细节，有时显得琐碎（甜瓜），或是过于微妙（如狂风，等

---

① 中译文参见笛卡尔：《谈谈方法》，王太庆译，商务印书馆2000年版，第16页。

② 参见 F. Alquié, *Descartes: Oeuvres philosophiques*, vol. I, p. 586。

等），它们都需要其他知识渊博的研究。[1] 不过，这里，这种通过诠释这些梦的成分而预示（笛卡尔后来的）哲学论题的原理大概也是可以得到支持的。[2] 我们由此得出以下结论：1619 年的梦之所以值得注意，并不是由于它们披露出来的内容，相反，它们的重要性来自对它们的诠释的两个特征。第一，梦的诠释者和接收者在自我诠释的奇特进程中被合而为一了。第二，通过自我诠释获得的梦的意义能够同随后笛卡尔哲学中的理论论题相联系，因而梦中的意义似乎是由笛卡尔（作为思想者）通过自发灵感的奇特进程建立起来的。自发灵感和自我诠释在一个相当独特的诠释学循环中彼此确证：诠释者笛卡尔解读做梦者笛卡尔，以便暗示出哲学家笛卡尔的某些思想的纲要。只要诠释性的思维控制了它们的起源，梦便已经归属于笛卡尔哲学的大全（corpus）。然而这一点又引出了两个困难。

（1）自发灵感支持自我诠释，但也反对它：1619 年的梦失去了它们的直接内容，同时也失去了笛卡尔当时对它们进行第一次理性化所取得的意义，被他后期的权威哲学的文本所取代。我们能否在不采取任何预防措施或是不与现有事实矛盾的情况下弥合这种时间距离呢？此外，由于它抹去了至少 10 年的光景，或预设了它的消失，自发灵感至多（对笛卡尔和他的

---

[1]　关于"甜瓜（melon）"，参见 G. 罗迪斯-刘易斯提出的一连串假设：知识的百科全书（出自 G. Rodis-Lewis, *L'oeuvre de Descartes* [Paris, 1971], pp. 51ff., 452）和全能（出自 G. Rodis-Lewis, "'L'alto e il basso' e i sogni di Descartes", *Rivista difilosofia* 80, 1989, pp. 207ff.）。G. 西巴认为，文本中存在拼写错误的可能性（"melon［甜瓜］"替换了"Mel*un*［默伦］"，参见 G. Sebba, *The Dream of Descartes*, pp. 14, 52）。但是，在拉弗莱什学园（现在被当作一座军事学园使用）一座真实的院落中，也许可以发现对"风"的可能解释：风真的吹过两扇拱形门，它们面对面地立在一个正方形院子的对立的两边，形成强烈的空气对流。穿过院子到学院教堂去的人，确实感受到了这股气流。

[2]　1619 年的"铜版小肖像（little portraits in copperplate）"（184, II. 7-8）拒绝自我诠释，因为它们只是作为至关重要的趣闻进入后者："在一位意大利画家第二天拜访他之后，他不再试图为它们做进一步的解释。"（185, II. 6-8）严格的理论性诠释只出现在 1637 年的《屈光学》中，其中使用了这个例子来说明我在别处称为"走样（defiguration）"的东西："你可以在版画中看到这一点：（版画上的图案）只是由在一张纸上零星散落的一些墨迹构成，它们向我们描述了森林、城镇、人群，甚至战争与风暴：虽然它们使我们在这些对象上想起数不清的不同特征，但它们只是在形状方面有真实的相似之处。"（AT VI, 113, II. 8-15；参见 Jean-Luc Marion, *Sur la théologie blanche de Descartes*, Paris,1981, section 12, pp. 231-263）这里，这个梦似乎成了先兆，不管（而不是因为）其最初的诠释（说了什么）。

读者而言）只能回顾式地现身，却不能规定《奥林匹亚》本身。

（2）自我诠释预设个人在做梦时也能概念性地思考。实际上，弥合这一距离所遇到的困难，与弥合由自发灵感引起的时间距离所遇到的困难是一样的。因此，我们可以提出以下问题：梦是否表现了一种与思想——1619 年的诠释者和此后灵感的来源——相衔接的连续性？因为，很显然，如果笛卡尔假设梦和思想没有联系，他就无法在梦与意义之间的诠释性界限上，从一边跨越到另一边。如果他梦到了思想，他也必定思考他的梦境。

3. 思想（Cogtatio）的觉醒

"有能力思考梦"，我们指的不仅是简单地梦到某种想法，它意味着一个人有能力没有矛盾或例外地从梦转换到思考，并且再转回来。在当下的案例中，被包含在这一过渡中的是何种中项呢？阐述这一问题的活动，比任何梦都更有助于弄清楚是什么构成了《奥林匹亚》的基础性发现。让我们回溯最后一个梦的过程。笛卡尔刚刚经历了它并见证了它的消失。他仍在睡眠中，立即就着手诠释他的梦："怀疑刚刚看到的是一场梦还是一种幻觉，是非常奇异的，他不仅**在睡着时**断定这是一个梦，而且还**在醒来前**诠释了它。"（184, II. 12-15，黑体系引者所加）。我们应当注意的不仅是自我诠释的在场，而且尤其是它的发生背景，即睡眠状态。为了从梦转移至（理性的）意义，笛卡尔不需要再醒来：理性的清醒并不受生理的清醒影响，它同后者无关。我可以睁着眼睛做梦，闭着眼睛思考：就思考而言，睡觉与否无关紧要。我们为此找到的证据是这样一个事实，即相反，醒来的生理活动对诠释性的思考没有影响："于是，无法确定他是在做梦还是在思考，他醒来后平静地继续在同样的意义上［sur la même idée］诠释着梦。"（184, II. 33-35）思考思想，中立于睡着与清醒这两者。

这种双向中立独自使得自我诠释成为可能。早在 1619 年它就预示着，笛卡尔随后的哲学——如果我们对它的概述是成功的话，它将证明自发灵感的合法性——中的一个基础性论题的建立。这一论题是思想（Cogitatio）免于一切意识的触发——除了自明性——的自主性。这种独立性首先在梦的经历中建立起来，只要"我们在清醒时所拥有的思想也可能在我们睡觉时出现"（*Discourse*, 32, II. 9-11），那么梦对于思想就是无关紧要的。"不难理解，我们在梦中想象到的事物绝不应该使我们质疑自己在醒着时所拥有的思想的真理。因为假如某个人碰巧，甚至在梦中，产生了某个非常清晰的观念（比如，一个几何学家想出来一些新的证明），那么，他是睡着的这一点也不会阻碍这些想法是真的。"（*Discourse*, 39, II. 9-17）就思想而言，它的标准是自明性本身，绝不是意识的触发，因为"毕竟，无论我们是清醒的还是睡着了，我们绝不应当使自己被我们的理性的证明之外的任何东西所说服"（*Discourse*, 39, II. 26-29）。只要我们将意识的触发以及它们之间的不同（首先包括清醒与睡着之间的区别）视作决定性的，我们就从根本上误会了思想，因为它同触发毫无关系并且按照理性而活动，即只根据自明性而活动。思想对清醒/睡眠这一对状态的中立构成了《第一哲学沉思集》中的决定性因素；在某种意义上，《第一哲学沉思集》在"恶魔"[①]送入人类心灵的各种各样的梦境中，只是"沿着同一条路线"寻求一种严格的对 *Cogitatio* 的自我诠释。

在一开始，甚至在万能上帝的假设出现之前，我们就遇到思想对一切不是以明证为依据的事物的中立性："不管我是醒着还是睡着，三加二总等于五，一个正方形最多只有四个边。看起来这些显明的真理不可能让人们怀疑它们是错的。"[②]（*Meditation I*, AT VII, 20, II. 27-31）在《第一哲学沉思集》的结尾，在有关明证之基础的争论得出结论之后，同样的中立性又出现了："那么还有什么可说的呢？可以提出我先前对自己提的反对意见吗，即：我也许在做梦，或者我现在思考的一切，就和在睡着的人心灵中出现的东西一

[①] AT X, 182, I. 4; 185, I. 20; 186, line 1. 参见 F. Alquié, *Descartes: Oeuvres philosophiques*, vol. 1, p. 59。我们不明白为什么 1619 年的 "malus Spiritus（邪恶的灵魂）" 同 1641 年的 "malignus genius（坏心眼的精灵）" 之间的联系应该 *a priori*（先验地）是矛盾的。在这一点上，J. 马里坦（J. Maritain）在 *The Dream of Descartes, Together with Some Other Essays* 的第 15 页中认为："它有任何可能成为 '《第一哲学沉思集》的狡猾的精灵（*Mischievous Genius of the Méditations*）' 的远亲吗？" 尽管这是一个孤立无关的评论，但内容却相当中肯。

[②] 中译文参见笛卡尔：《第一哲学沉思集》，徐陶译，中国社会科学出版社 2009 年版，第 7 页。

样，是没有什么真理性的？**然而即使是这一点，也改变不了任何事情。因为**即使我也许在做梦，但是，如果有任何对我的理智来说是明白的东西，那么它也就完全是真的。"[1]（*Meditation V*, 70, I. 28 - 71, I. 2）[2] 当意识中立于自己的触发 —— 当它拒斥自身是触发的并且主要是被触发的意识 —— 并且把自明性作为唯一的标准加以接受时，思考就开始了；触发无关紧要，只要明证 —— 思想的唯一原因 —— 发挥了主导作用（即使它 [在名义上] 缺席）。

在 1619 年的梦中出现了启示，虽然不是出现在假定会出现启示的预示结构中（也就是说，不是在梦的内容和意识的触发行为中）。它也没有出现在自我诠释（以及自发灵感）中；相反，它出现在使它们成为可能的条件中 —— 也就是说，出现在思想对于一切不是根据自明性标准而得到确定的事物的中立中，而且首先并且首要的是，（鉴于是在梦中出现这一启示的事实）自相矛盾地，对于清醒与睡眠之间差异的中立。因此 1619 年梦中的启示导致了 *Cogitatio* 的觉醒。根据随后概念的定义，梦单纯地且仅仅被理解为 "*Cogitationes*（**诸思想**）"："通过 '思想' 这一术语，我把我们意识到的**每一事物**理解为发生在我们之中，只要我们对它有意识。（Cogitationis nomine, intelligo omnia, quae nobis consciis in nobis fiunt, quatenus eorum in nobis conscientia est.）"（*Principles of Philosophy*, I, § 9）或者也可以说："思想。我用这一术语来涵括一切以我们直接意识到它的方式内在于我们之中的东西。因此，意志、理智、想象以及感觉的一切运作都是思想。"（*Second Set of Replies*, AT VII, 160, II. 7 - 10）*Cogitatio* 不是由某种特定的想法或是心灵的某种特定类型的活动或触发所组成；相反，它是对意识所经验的**每一事物**的处理，并且把它变成了再现的对象、一种 *modus Cogitatio*（**思想模式**）。通过解释的方式，*Cogitatio* 将意识所经验到的每一事物都作为对象来对待。我们几乎可以谈到一种还原，虽然不是现象学的还原（因为恰恰是现象**在此**必须得到还原），而是思的还原，它把全部思想，不管它的起源与

---

① 中译文参见笛卡尔：《第一哲学沉思集》，徐陶译，第 67 页。
② 黑体为引者所加。见 AT VII, 461, II. 21 - 28 中对意识的同样的中立。

特性，还原为心灵在其追求自明性的活动中的对象层级。这种思的还原消除了思想之间的差异；它并不承认起源，因为"当我们反思……我们拥有的内在于自身的观念时，我们看到它们中的一些，就它们仅是思维模式而言，*彼此之间没有太大差别*"（*Principles of Philosophy*, I, § 17; 参见 AT VII, 40, II. 5-10）。早在 1619 年，做梦和清醒、做梦和睡眠，诠释和演绎彼此差异不再悬殊，因为它们都已被视作 *Cogitatio* 的模式。因此，在 1619 年，通过诠释对于清醒和睡眠的区别的中立，我们见证的恰是 *Cogitatio* 的觉醒。这也许是和发现奇妙科学之基础同样有价值的发现。

矛盾的是，如果 1619 年的梦表明的是对其一切触发行为加以冷静还原的纯粹 *Cogitatio*，那么我们可以做出三个附加的评论。

（1）以 *Cogitatio* 作为既定条件，我们能否推断出 "*cogito, sum*（**我思，我在**）" 的要点呢？事实上，在 1619 年，它的两个成分已经出现了，尽管是以一种分离的方式出现的。一方面，我们认出了 *ego*（**自我**）的要点，它在自我诠释（以及自发灵感）的实行中控制着自己心灵的领域，获得了对它的思想的几乎完全的掌控，并已经意识到 "除了我们的思想，根本没有什么在我们能力范围之内"（*Discourse*, AT VI, 25, II. 23-24; 参见致梅森〔Mersenne〕的信，1640 年 12 月 3 日，AT III, 249, II. 4-13）。另一方面，尽管这种能力是通过诠释思想来实行的，但是它同自我的确定性并不一致。自我确实保持着它的首要地位（自我诠释等），也确实发现了思的还原，但它尚未在 *Cogitatio* 的实际运作中经验到它的确定性。自我虽然施加了控制并进行了 *Cogitatio* 还原，但是自我的介入尚未成为思的还原，后者也尚未在存在的自我中达到极点。1619 年出现这种差距并不让人惊讶，尤其是考虑到在 10 年后的《探求真理的指导原则》中它依然没有被弥合；而且也许在《谈谈方法》（*Discourse on the Method*）[①] 中，它也没有被弥合。

① 在笛卡尔的文本大全中，*cogito*（**我思**）的历史有待书写（参见 Jean-Luc Marion, *Cartesian Questions: Method and Metaphysics*, chapter 5, § 2）。只有到那时才有可能评估 F. 阿尔基耶关于 1637 年的 *cogito* 和 1641 年的 *cogito* 之间的形而上学距离的分析（参见 Jean-Luc Marion, *Cartesian Questions: Method and Metaphysics*, chapter 2, §1）。

（2）除了它们的双重且严格的概念诠释之外，如果 *Cogitatio* 还是三个梦的中心，那么，热情又扮演什么角色呢？我们可以毫不犹豫地说，热情至多扮演着一个作用非常有限的角色。首先，因为它没有启发这些梦。其次是因为它在一段看起来为其祝圣的段落中（184, II. 19-28）受到了一次彻底的批判："热情的神性"（184, II. 23-24）——假设这种表达确实出自笛卡尔，因为这里由巴耶注释的文本仅提到"热情"（217, I. 19）——介入其中，不过是为了解释更多是由诗人（"甚至是诗人中最平庸的人"[184, II. 20-21]）而非哲学家所表述的"沉重的句子（graves sententiae）"。事实上，"智慧的种子"（184, I. 25）或是"semina scientiae（知识的种子）"（217, I. 20）支持这些不完整和不自主的成果；它们必须且（多亏了方法）能够确定适当的概念处理，这将是《探求真理的指导原则》（AT X, 373, II. 3-24; 376, II. 8-20）的哲学任务。事实上，哲学分析成功地将热情降到恰当的地位，即想象的地位："通过热情和想象的力量（per enthusiasmum et vim imaginationis）"（217, I. 19）；"热情的神性和想象的力量"（184, II. 23-24）；"这最终的想象无疑有一些热情的成分"（186, II. 12-13）。在异常热情的现象中，想象是如此激烈地影响着意识以至于后者不再能将想法还原到 *Cogitatio*，因而无法避免它们成为"幽灵（spirit）"幻觉的牺牲品。当巴耶使人联想起"唤起他［他即为笛卡尔］热情的幽灵"（186, I. 19），我们必须牢记对笛卡尔而言苏格拉底的幽灵或精灵（the Génie de Socrate）[1]意味着什么——也就是，遵循他内心意愿的方式（AT IV, 530, II. 5-6, 13）。甚至梦"与人类心灵无关"（186, II. 21-22）这一有争议的陈述似乎也为笛卡尔所反对，因为对他而言，只有客观被揭示了的神学才"需要来自上天的特别援助并且不仅仅成为一个人"（*Discourse*, AT VI, 8, II. 16-17）。换言之，热情并不激发梦境，也不会让它们有意义或是具有权威性，相反，它删减了它们的一些成分。因此停止将热情描述为《奥林匹亚》的中心问题是合理的。

---

[1]　参见 J. Deprun, "Descartes et le 'génie' de Socrate (Note sur un traité perdu et sur une lettre génigmatique)", in *La passion de la raison: Hommageà Ferdinand Alquié*, edited by N. Grimaldi and J.-L. Marion (Paris, 1983), pp. 135ff, 也参见 *De Descartes au romantisme: Etudes historiques etdogmatiques* (Paris, 1987)。

（3）还剩下最后一个困难。如果这些梦"在理性层面"取得了一些确保理性之自主性（自我诠释、自发灵感、*Cogitatio*）的概念结果，那么我们该如何解释它们仍然启发了显然是宗教性的结论（"真理的精神"）和态度（前往洛雷托的朝圣）呢？同神性之间的关系在自我诠释的进程的最后并作为其结果被建立起来："由于对所有这些事情的诠释是如此成功地吻合了他的喜好，他足以大胆地说服自己，是真理的精神（上帝）借由这个梦想向他打开了关于所有科学的宝藏。"（185, II. 2-5）让我们说得更确切些。就笛卡尔自身而言，他以支持他自己（后来）哲学的方式来诠释他的梦：每当他面临困境时，他都可以从自身寻求有意义的答复。这四重的成功构成第一个——诠释性的——结果。在第二个诠释——它像第一个诠释那样被自主的思想所控制——中，他在第一个结果的基础上来推断神性在他的第一个诠释中启发了他。我们要注意，第二个诠释同第一个一样源于自我诠释，尽管现在笛卡尔大胆地暗示出"真理的精神"。因此，神性既没有通过热情来启发这些梦，也没有启发对它们的诠释。相反，它是一个在新的自我诠释的终点所得出的结论，作为一种保证。这一点早在1619年时就变得清楚，因为神性只从外部介入并且只作为调解者（作为一种保证），（抽象且没有内容的）意志成为上帝和笛卡尔之间唯一恰当且可能的关系模式。一旦梦结束，笛卡尔就"求助于向上帝祷告，这样一来上帝也许会将自己的**意志**传达给他，启发他，并在他对真理的探求上指导他"（186, II. 25-27）。或者，就意志而言的同一件事是，他"许愿"（186, I. 34）徒步从威尼斯到洛雷托去朝圣。事实是，（没有内容的）保证只能是靠从意志到意志构成的——从神圣的善良意志到人类追求真理的意志。这尤其如此，因为不像热情——它在这里被剥夺了它虚假的神圣威望，自由意志是上帝的真正奇迹之一："主创造了三大奇迹：无中生有；自由意志；以及作为人的上帝"（*Cogitationes privatae*, 218, II. 19-20）。"**奇妙**科学的基础（*mirabilis scientiae fundamenta*）"产生了热情，但是它们要求并最终获得神迹的保证，也就是说，得到了自由意志的保证。思的明证的自主性以及借由意志而来的神圣保证：笛卡尔将不再质疑这种二元性——或者，也许是二分法。

　　Cogitatio 在 1619 年的梦中被唤醒。尽管**自我**在梦中姗姗来迟，但是我们已经可以从中认出《探求真理的指导原则》的伟大理论论断：它们已经必须被上帝批准，并且也已经通过意志来理解同上帝间的关系。简言之，他的意识从触发中被解放出来，笛卡尔在他的梦中如是思想到。

俞雪莲（中山大学哲学系）译
林逸云（中山大学哲学系）校

自我使他人变质吗？*

——我思的孤独与他我的不在场

让-吕克·马里翁
（巴黎第四大学、芝加哥大学）

1. 从自身（moi）的自我主义（Egoïsme）到自我的首要性

"自身是可憎的……如果我憎恶它是因为它是不公正的，它位于一切的中心，那么我将一直憎恶它。"① 布莱兹·帕斯卡尔（Blaise Pascal）这句突兀的宣告常常没有得到应有的概念上的思考。无疑，人们可以在其中发现一种伦理学家或神学家的思考，但这限制了它的意义；因为就算人们还不至于谴责它是某种"悲观主义"——这种悲观主义可能源自于传统（convention）的"奥古斯丁主义"，人们也只承认这个论点在实践理性领域中的某种有效性。帕斯卡尔这里似乎合理（尽管可能有点过分）地谴责了自身的自我主义（égoïsme，或译为：利己主义），后者将自己当作爱

---

* 本文译自：Jean-Luc Marion, *Cartesian Questions: Method and Metaphysics*, Chicago and London: The University of Chicago Press, 1999, pp. 118-138.——译者

① Blaise Pascal, *Pensées*, translated by A. J. Krailsheimer, New York: Penguin Books Press, 1966, p. 597.

的中心。现在，帕斯卡尔宣告的全部力量相反来自于，它不是一种在自由选择中被设定的道德态度，（仿佛）这种自由选择可以被一些利他主义的方式扭转；出于好意，帕斯卡尔事先表明：这样一个扭转将会抑制"厌恶（incommodité）"，但不会抑制"不公正"。自身使不公正的要求——成为每个人的爱的焦点——变得不那么让人生厌（incommode），但是，相反使它变得更真实了。自身越想要无约束地借助魅力被所有人爱，它所造成的不公正就越多——因为它明显不值得被所有人爱，它如此有限、不完美、可憎，等等。自身永远是不公正的，即使它可能不再让人生厌；对于自我主义，自由选择只会改变厌恶与否，而不会改变不公正；换句话说，自身并不能完全自由地从它自己的自我主义中解放出来：在道德上，它可以克服利己主义（égoïsme，或译为：自我主义,）的可恶——这就是说，他人目光下的外在呈现（在这种目光的尺度下，它是真实的）——但不能克服它的不公正，此不公正乃是：自身通过它自己实现的亲密构造（并且据此，它呈现给自己）；相对的、道德的自我主义掩盖了一种绝对的自我主义——在这个术语的超乎道德（extra-moral）的意义上。自身不可避免地总是同时忍受和享受原初的、超乎道德的、先于道德的、非有意且建构性的自我主义，我们"总是"可以斥责它，因为它"总是"先于单纯道德的谴责。我是自我主义的，这种自我主义是不公正的；在这一点上，我是不自由的，内在于我的自身也是不自由的。因为如果我本来不是自我主义的，我就根本不会是自我主义的，这是由于我只能通过自我来存在。帕斯卡尔强调，自身的自我主义并不只是，或首先不是"主体"的次级选择和"道德"选择的结果，而是根本上等于作为"主体"的人的定义，或者更准确地说，（因为远非领导了这一革命"主体"，而是它经历了这一革命）作为自我的人的定义。如果一个人把自身规定为一个持续地通过其思维（cogitatio，或译为：认知行为）与自身发生关联的自我，那么他必定规定自身为所有可能世界的唯一且必然的中心。"所有世界"当然首先意味着一个现已统一的科学之对象的世界，但它也是被假定的"诸主体"的世界，更经常地被称作"被爱对象"的世界。简而言之，自我我思（me cogitare rem）的自身指称的建立不只是单纯相关于知识的理论领域（如笛卡尔所明确发展出来的那样），它也是承认他人和被他人承认的所谓实践领域（事实上它可能同样也是理论的）的仲裁者。通过上文所引的突兀且被低估的宣告，帕斯卡尔将通常世俗和道德意义的自我主义引回其当代的、笛卡尔式的基础：人作为一个自我的规定从一开始就规定了他的所有行为，而且，如果它在理论领域确保了 Mathesis universalis（普遍数学）的统一性，那么它也在实践领域强加给人一种原则（principiel）的自我主义。简言之，道德自我主义必然源于一个超乎道德的规定；帕斯卡尔的谴责针对的不是被扭曲的自由，而是一个形而上学的必然性。事实上，形而上学在帕斯卡尔的眼中并不保持为无可怀疑的中立性：自我主义，如果它源于作为人之定义的自我的理论建构，就妨碍了通向如此这般的他者的可能性。（如笛卡尔所构想的）自我的形而上学使自我主义激进化，并且，通过把自我主义和不可通达性从道德自由转移到第一原则的超乎道德的必然性，它使他人更加无法通达。自我主义深入形而上学基础的超乎道德的程度并没有取消价值论的合法性；相反，这样呈现的形而上学基础服从于一个新权威的检验。按照帕斯卡尔自己的术语，应该说，作为第二等级而被理解的形而上学 —— 从 cogito（我思）的自我形象出发被组织的精神 —— 发现自己要由作为第三等级的仁爱（charité）来揭示。

我不会在这里概述帕斯卡尔和笛卡尔之间的复杂关联。但是，通过帕斯卡尔关于任何一般自我的观点，有可能达到一个这样的理论位置：在那里有关主体中诸意识之交流的问题将变得明白可解和正确。这个问题或许可以表述如下：如果自我（我思）独自和决定性地保证"确定且不可动摇的……事物"①，因而如果一切其他确定知识 —— 作为受到已经是先验的主体性支配的 cogitationes（所思）之一 —— 依赖于沉思着的自我，那么其他心灵依然对具体的自我保持为一般可思议和可通达吗？或者换个方式问：无可争议地确保了认识论和形而上学优先性的自我，承认其他的"主

---

① AT VII, 24, II. 12-13.（AT 表示亚当［Adam］和塔内里［Tannery］编的《笛卡尔全集》[Oeuvres complétes]。——译者）

体"（这些主体并不像如此之多的"对象"那样直接依赖于它）吗？总之，帕斯卡尔对自身所提出的指责，即：它通过成为一切的中心而造成一种极端的不公正，不是完全在**自我**（这个自我原则上规定自身为那些从此作为它的对象而还原和建构之物的核心）的情形中被证明了吗？因为，要使心灵（mentes）之间的交流得以可能，它们必须如此显现，这就是说，其显现先于且彻底区别于它所认识和建构的任何对象；如果它在适于直接可见的单独对象的共有明见中并不立刻消失，那它就是 mens（心灵）的显现；心灵在表象（représentation）的光线中保持为不可见的，恰恰是因为它运用并产生这一光线，以把对象带到视野中。对于自我来说，进入他人的心灵（mentes），意味着它超出直观（intuitus）的通常光线，以便超越可见者，在对所有客观表象来说晦暗的光线中，通向其他的被如此观看的心灵，也即通向也这样观看着的心灵。用更贴近笛卡尔的术语来说，我们想知道自我（我思）是否和如何看到其他的心灵（如果不是其他的自我）。为了提出这个问题并且尝试去回答它，我们采取一个非常简单的方式：沿着《第一哲学沉思集》的论证顺序（ordo rationum），研究自我（我思）是否承认并遭遇了他人的心灵；因而我们需要再一次重读《第一哲学沉思集》，当然不是追随它自身所设定的目标，而是根据（依其定义）超出了客观性——心灵的他异性、其他人的心灵——的目标。

2. 其他人的还原

　　《第一哲学沉思集》明确地为自己规定了证明上帝存在和 mens humana（人的灵魂）不朽（至少是它与身体的实在区分）的目标；这个广为人知的标题一开始就因为一个疏漏而为人所注意：这就是被分离的理智（intelligences séparées），它常常在特殊形而上学的当代讨论中出现；现在，这些被分离的理智也代表了其他的心灵和天使；为什么笛卡尔在《第一哲学沉思集》的标题中清除了一条如此清晰的通达主体间性的通道？事实层面的回答立刻给出来了：笛卡尔正确地拒绝了形而上学（Metaphysica）（它意味着被分离的理智）的标题，而改用第一哲学（Prima Philosophia）为标题，因为按照他的想法，第一哲学"不再特别探讨上帝和灵魂，而是一般地处理所有人们能以哲学的方式认识的原初事物"，并且，他明确指出，"依照顺序来研究哲学"。① 然而，这个回答只是重复了问题：如何理解分离的他人理智（从身体分离，如同人的心灵）的存在事实上并不属于"人们能够以依照顺序研究哲学的方式认识的原初事物"？因而，他人的存在在第一哲学的优先阵营中没有自己的位置。这一悖论的激进性，在尝试消解它之前，首先需要得到文本的佐证。毕竟，似乎很难想象，《第一哲学沉思集》会完全忽略他人的存在 —— 其他自称自我的主体的存在。事实上，异于自我的心灵的确实在《第一哲学沉思集》中出现，特别是在第一沉思中；但它的显现只是为了在极端怀疑作用下尽快地消失。他人首先以精神失常者（nescio qui insani）的面貌出现，很快又作为疯子（amentes）被拒绝：不像痴呆者（demens）误用他们受损的心灵，他者并不展现能与我的心灵（它保持为独一无二）相提并论的其他心灵。他人和后面提到的那些画家（pictores ipsi）一起出现吗？不，因为它只涉及一个认识论模型，使之可以指向笛卡尔的感知学说，而绝不指向建构他我（autres ego）的一个实存观察。他人在那些人（nonnulli）—— 他们喜欢通过承认任何次级的准则而非无所不在的上帝来避免夸张式怀疑 —— 中显现吗？显然不，因为在这里，它有关不同论题之汇编（doxographic）的源头，而不是一个实存的假设。无论如何有一些犯错的人，事实上的确犯了错的人："其他人在他们认为自己有完美知识的地方弄错了。"② 然而正是他们搞错了，特别是他们还不知道自己搞错了，以至于他们对于自己确信看到的东西和他们所是的东西，完全丧失了确定性；从今以后，他们如此彻底而决定性地从由怀疑和约束所开启的理论视野中消失。第一沉思谈到了他人可能具有的四个形象，但每次只是为了否定它们；他人被清点统计，只是为了将他们清除出去。在我之外，不存在"心灵（nullas mentes）"。

---

① 分别参见 1640 年 11 月 11 日致梅森（Mersenne）的信，AT III, 235, II. 15-18 和 239, I. 7。

② AT VII, 21, II. 8-9。

　　然而，人们会反对说，如果第一沉思清除了他人，它难道不是一个暂时的否定，为他人在将来的恢复做准备，就像自我（在第二沉思中）、上帝（在第三沉思中）、数学真理（在第四沉思中）和物理世界（在第四沉思中）依次受益于该恢复那样吗？这将会是最精致和最令人满意的假设；但它唯一的缺陷在于缺少文本支持。第四沉思尽管建立了一个关于错误的学说，这个学说以我的理解的有限性为理据，却没有勾勒即便是粗略的关于真理的交互主体性定义：谈及"整个世界"绝不预示世界的一个交互主体性构造。至于第六沉思，它本可以重建他人，如同重建被第一沉思所废黜的可感世界和知觉，然而，对于以怀疑他人心灵存在的方式被废黜的那些情形，它保持了令人惊讶的沉默：疯子、犯错误的人们，甚至画家都没有被提及；无疑它讨论了水肿病人的情形，但只是在一般地体现一个人身体的范围内被讨论 ——"人的身体（hominis corpus）"[①]、"水肿的身体（corpus hydrope laborans）"[②]。人的固有身体是自明的，但另一个人绝不是；另一个心灵因为完全缺席而如此醒目。如果诸理性的秩序以理性的方式恢复它一开始通过怀疑所废除的东西，那它也没有恢复所有东西；至少，有一个事物最终消失了，即那个唯一恰恰不能被称为一个事物的东西：如此这般的他人，作为心灵而非自我的他人。他者只失去了心灵，当他被假定完全与心灵无关的时候，他者就完全丧失了。第一沉思对 amentes（疯子）的排除，不仅体现了"疯子（fous）"潜在地被排除在今后的理性领域之外，它也有关他人心灵（另一个自我）的理性秩序所提及之物的消失。不单纯只是"疯子"，"他人"也失去了精神（esprit）。Amens（疯狂）是自我我思赋予他人的唯一名字吗 —— 自我我思把 mens humana（人的灵魂）还原为单数主格，以此独占了人的灵魂？换言之，第二组答辩警告道："在我的《第一哲学沉思集》中……我的假定是：没有其他人有待被我认识。"[③] 这难道不是描述了一个所有他异性不可逆转地被悬置掉的最终情形，而不只是一个临时的插曲吗？

---

① AT VII, 84, II. 19-20.

② AT VII, 85, II. 18-19.

③ AT VII, 142, II. 26-28; 参见 361, II. 16ff; 法文本参见 IX, I, 112, II. 15-17。

要证明笛卡尔拒绝他人作为另一个心灵，只能通过对一些文本的检验，在这些文本中，笛卡尔间接地遭遇了他人的面孔，并将之作为一些其他询问的答案。这些文本很少，但都朝向同一主题。分述如下：

（1）第二沉思在所有感知中确立了 inspectio mentis（心灵的明察）对于感性知觉的优先性；在关于蜡块的著名分析之后，笛卡尔增加了第二个实验："这将会使我立即做出结论：蜡块知识来自于眼睛所见，而不只是来自于心灵的审查。但是如果我向窗户外面看，看到了人们正穿过广场，如我刚刚碰巧做的那样，通常我会说，我看见了那些人本身，正如我说我看见了蜡块。然而我看到的比似乎隐藏着自动装置的帽子和外套更多吗？我断定他们是人。因而我认为我正用眼睛在看的这些东西，事实上只是被我心灵中的判断机能所把握。"[1] 自我看见了一些人，"一些真正的人"；我们应该断言它承认他异性的在场吗？出于一些理由，答案是否定的。首先，由于看见人（homines respicere）在这里与看见蜡（ceram vision oculi）是严格平行的，广延物和有生命物之间的差异绝不影响看这同一个行为，自我在人和非人那里以相同方式完成该行为。其次，特别是，"看见人"和认出他们是人，并不源自其他意识的他异性 —— 真正的他者 —— 在可见领域中的显现，因为他们本身是自我，并且不可还原为看着他们的自我的意识。相反，仅仅通过自我独自做出的判断，并且自我单方面地认出这些人，这些人才被假定为他者；这些人是人，不是因为他们使自己被自我认识为人，而是因为自我为了他们且在无须他们的情况下做出了这样的判断，依据这些相同程序，自我也确定了蜡之是其所是。对于自我的目光来说，这些人就像蜡 —— 没有广延的蜡。或毋宁说，这些人和蜡在自我关于它们的决定中得到呈现。

第三，更坦率地说，人们可以这样评论笛卡尔对这些"人"的还原：完全可塑的蜡刚刚顺从于自我；自我用蜡来再一次思考这些"人" —— 恰恰好像它用蜡塑造了一张脸，为了造成活生生的人的错觉，在这个人体模

---

[1]　AT VII, 32, II. 4-12.

型上增加了自动装置。蜡和衣服：这些事实上就是展览馆用来展示假人的手段；在这些有着像人一样面孔的人体模型、这些蜡人和布娃娃面前，的确需要我们用判断去重建真理——它们不是"人"。让我们揭露它是蜡人的东西，也使得自我得以判断这些蜡的服装的确是"人"的服装。人性在理性的法庭，被一个专断且可逆转的判决所裁定："我判定他们是人。"人性的确就在于对这些人的认可，但这是以他们的他异性为代价，因为自我在一个把他们转换为类似于蜡的对象的判断中，赋予他们以 proprio motu（自动性），因而拒绝承认他们内在的和不可还原的他异性。他人的确得以进入 intuitus（直观）视线的范围中，并且发现人性在那里被证明了；但他不得不接受与自我的所有可能对象相同的处理：让自身接受"这一心灵本身，也即……我自己"[①]的评判，以便让他们以"脱去衣服"和"裸体"[②]的方式展示。人获得"真实的人"[③]的称号，因为自我不仅剥去了他们的外套和帽子，尤其剥去了他们的他异性；进入直观领域之后，他们变成了对象，获得了他们的同一性而失去了他们原初现象的主动性（initiative）——借此他们发现自己成了被给予的样子。他们的人性是借来的（emprunt），租来的（concession），复原的（restauration）——如同一个蜡做的脸被呈现给目光，但却不能去看。这些人不比蜡的脸孔的内容更多。这是一个他者性向客观性的还原，在那里他者甚至变得更不可见，因为它被自我判断的客观性的明证所掩盖。人们可以在不需要被他者所承认的情况下认识他者吗？人们可以在不失去认识的控制的情况下被承认吗？笛卡尔一刻也没有面对这一问题，这就是为什么帕斯卡尔的抨击触及了问题的关键。

3. 他者的构造——毫无困难（Nulla Difficultas）

但是自我如何能以这种方式窃取这一把他者之他异性还原为一般客观性的权利（droits）呢？笛卡尔看起来似乎从未提出这个权利的问题，这是

---

① AT VII, 33, II. 1-2.
② AT VII, 32, II. 25-26.
③ AT IX = I, 25, 20.

因为他忘记了这个问题，还是毋宁说因为他把权利问题混淆和包括在了事实问题之中：自我是否意识到自己——在不承认丝毫他异性的情况下，因而在不改变独一无二的自我的自足性的情况下——产生他人观念的理论上的能力（pouvoir）？简而言之，他异性向客观性的还原意味着在不承认他异性的情况下再造他者的能力（如果不是权利）。

　　（2）还有一个文本明确地表明了这个能力。事实上，在重复了之前的怀疑后，第三沉思按照明证的揭示的顺序的要求，试图在与前面相同的范畴的情况下清点自我的 cogitationes（所思）；在那些适合（proprie）享有观念之名的事物中，出现了人的观念、其他人的观念："当我想到一个人，或者吐火兽、天空、天使、上帝"①；因而一个著名的论点试图考察，自我是否在每个情形中都足以作为充分原因，为如此被清查的每个观念生产出形式和客观的现实；换句话说，是否自我可以在不求助于任何他者，因而丝毫不改变他异性的情况下，生产出他者自身，他的每个 cogitationes（所思）？我们将不着重关注这个结论——只有上帝的观念超出了自我的因果能力——也不关注其他观念产物的细节，我们将只关注唯一一点：人的观念，另一个人的观念如何发生，如果没有自我对任何差异性存在的承认？笛卡尔首先指出，除了自身呈现给自身的观念之外（"它给予我一个我自己的表象"②）——笛卡尔以非凡的现象学的自信保证，这个观念不会遇到任何困难（"在这一语境中不会造成任何困难"）——其他观念则表现无生命事物、天使、有生命物，"最后，其他像我自己那样的他人"③。简略提一下，笛卡尔将所有他异性显现都完全置于相同层次上：无论是否具有一个灵魂，是不是具有肉身，有限还是无限。他异性只在最低程度上被考虑：他者是不能归结为自我及其所思的东西；他异性归结为普遍心灵目光下的多样性，对它来说一切不是它的东西都属于 res、res a me diverse（事物、不同于我的事物）的现实性。对于如今变得清楚的这些观念的原因问题，笛卡尔提供了

———————

① AT VII, 37, ll. 5-6.

② AT VII, 42, ll. 29-30.

③ AT VII, 43, ll. 3-4.

一个简单粗暴的谜一般的回答："至于涉及表象其他人或动物、天使的那些观念，我理解起来毫不困难，它们是可以由我关于我自己、物质性的东西和上帝所具有的其他一些观念混合而成的，即使世界除了我之外没有其他人，没有动物，没有天使。"① 这个论证可以如此表述：我所有的关于自己的观念，足以作为他人（事实上是我的）的观念、有生命的存在的观念（无论是低于我的动物、等于我的他人，还是高于我的天使）的形式和客观之现实的动力因。作为纯粹的自我，我通过组合那些源自我自身的观念、（无生命的）物体观念和上帝观念的东西，生产了它们。然而，仅当自我实际地具有这三个受它支配的必要要素（这里尚没有讨论这一构造的合法性本身），这一论证才是有价值的。让我们来考察一下。我自己的观念可以与他者的观念组合起来，以造成一个新的观念吗？这是完全不确定的。首先是因为，这一观念是表述性的，并且，除了其表述的东西之外，并不提供任何东西供思考，按照尼古拉·马勒伯朗士（Nicolas Malebranche）的观点，我们并没有关于自己灵魂的清楚观念；其次，由此导致 ego cogitans（思维自我）的观念并不与其他的 cogitata（被思）观念属于同一类型，由此不能与后者结合而只能使它们成为可想象的。然而，笛卡尔不是不顾我们阐释的疑虑，实际上做了这一结合吗？他的确这么做了，但乃是通过把自我阐释为一个实体（"自我作为实体"）；在这一新名称下，我自身的观念与三个要素中的第二个（物体性事物的观念）有了共同点：有形物体事物的观念；因为广延和思想两者在作为实体这点上是相互一致的 ——"在'实体'这个类别上它们是一致的"②。然而另一个人的观念保持为 mei similis（类似于我），因为它由实体性组成，这个实体性是另两个自我可支配的观念所共有的，它自身的观念（思维 [pensant]）和有形事物的观念（被思 [pensées]）在实体的名称下汇聚。还有第三个要素 —— 上帝；它的观念如何可以加入那两个先例中以构成他者的观念？这个观念是无限的，而那两个先例是有

---

① AT VII, 43, II. 5-9.

② AT VII, 44, II. 27-28.

限的，在所有可证实的构造中有一个不可还原的不可共通性。但笛卡尔怎
么能在这里调用它，尤其在他尚没有认识到它特殊的独特性的时候？或者，
我们应该假设，在他者观念的构造中，有待被发掘的上帝观念的性质已经
潜在地起作用了。让我们检查这一假设：他者的观念一方面包含了实体的
观念（为自我的观念和有形物体的观念所共有），另一方面包含了稍后将
考察的上帝观念。上帝观念给类似于我的另一个人的观念引入了什么？适
合于自我和人性的属性，例如理智和实体的能力，也适合于无限性和独立
性（"一个无限、独立的实体"[①]）。通过其基于上帝的构造，他者的观念作
为对自我来说有限的对象，将包含两个恰恰否定其依赖性的规定；甚至通
过追随笛卡尔用以建立自我的论证，能够构造另一个人的观念，而不用真
的知道或承认任何一个 ——"即使世界上没有任何人在我旁边"[②]—— 相反，
我们应该达到如下悖论，它同样对笛卡尔是破坏性的：或者这一构造不可
能，因为上帝观念是无效的；或者构造可以实现，因为上帝观念已经获得，
但那时它要求在（另）一个人的观念中，确实地承认一个独立于我的他者，
在一个类似于我的人的观念中，承认一个无限类似于我的他者。简言之，
如果笛卡尔所提出的论证 —— 把他者还原为自我关于它的构造 —— 是令人
满意的，那么它通向的不是他者对自我的服从，而是他者的反抗，他者保
持为无限和独立于自我。为什么笛卡尔没有看到他的论证的最终结果？也
就是说，为什么笛卡尔不懂得，该论证阻止另一人的他异性被还原为所思
（ses cogitationes，或译为：自我的思维内容）中的一个他者通过自我所完
成的构造，不懂得相反它要求承认，每个他者都拥有独立性和无限性的荣
耀 —— 此独立性和无限性构成了上帝的观念？

　　在承认笛卡尔在这里有一个真正的不一致时，我们也必须认识到，我
们的异议本身预设了这样一个论断：他人的他异性可以奠基于上帝的他异
性之上，而且不是与上帝的他异性相背离，而是加强了它：换言之，上帝

---

① AT VII, 45, II. 11 - 12.

② AT VII, 43, II. 8 - 9.

的无限特征包括了其他所有他异性，甚至有限的他异性；简言之，"全然他者"的他异性保证了所有他者，赋予它们以资格。笛卡尔同意了这一预设吗？

（3）第三沉思的最后一个文本。这是少有的一次提及自我之外的人——它的父母；自我承认有一个父亲和一个母亲，还是它会像新麦基洗德（Melchizedek）那样拒绝所有血统？这个问题事实上被明确提出来了："我将从谁那里引出我的存在？有可能是从我自己，或我父母，或一些不如上帝完美的其他存在者那里。"[①] 由于我的不完美，积极的自存性（aséité）的假说很快被排除了。笛卡尔保留了后面两个，这相当于是对其他真实且不可还原为自我的人的一次仅有的承认："也许我是我父母或其他不如上帝完美的原因所造就的。"[②] 它们被一个著名的论证排除了：作为有效和全部的原因，绝对地造我，要求不只是造就我的经验存在（在这点上，这也是可疑的），而首先是造就 res cogitans（思维之物），后者构成了我；现在，这个思维之物在其他观念中，在上帝的观念中思想，因而我的原因应该也能够造就我；只有当我的原因在行为方面和我的上帝观念对我的客观真实呈现同等真实的情况下，它才能够造就我；因此只有上帝才能在我之中造成上帝的观念。亲缘关系的解说只是延迟而没有削弱直接的结论。偶然的父母并不是原因："至于我的父母，即使关于他们我所相信的一切都是真的，也肯定不是他们维持着我；由于我是一个思维之物，他们甚至并没有造就我……因此在这一语境中，我的父母并不会带来任何困难。"[③] 消除他者性——这个他者性要通过生育而成为自我的原因——这不会造成任何困难（hic nulla difficultas），正如自我的观念不包含任何困难（hic nulla difficultas）。

---

① AT VII, 48, II. 3-4.

② AT VII, 49, II. 21-23.

③ AT VII, 50, I. 25-51, I. 2.

4. 自我的孤独

因此，结论将是激进的：《第一哲学沉思集》在概念上拒绝承认具有自我之功能的他人 —— 至少在他人作为另一个心灵的意义上。无疑它至少是潜在地承认，另一个人，甚至另一个灵魂，呈现一个 cogitatio（思维）中所表象的对象；但在这个情形中，他们认可了自我独自进行思维的优先性，而不是一同去思维。然而，我们难道不可以反对说，理性的秩序至少有一次承认了如此这般的他异性？因为上帝存在的证明的确通向了一个他者，甚至是一个卓越的他者，因为表明自身为自我的创造者、他者尤其是在先者，它更有力地强调自己不可还原地独立于自我："我依赖于某个不同于自我的存在"①。即使笛卡尔像埃德蒙德·古斯塔夫·阿尔布雷希特·胡塞尔（Edmund Gustav Albrecht Husserl）一样未能规定他者呈现的条件并承认他者如此这般，他也完全不缺乏他异性，因为与胡塞尔相反，在这一情形中他承认上帝。此外，他做到了这点，还因为他敢于通过一个与原因一致的第二本体论，重复了思维的第一本体论，而胡塞尔没有提供任何等量物。然而，如果承认上帝的存在在理性的秩序中无可争议地引入了一种他异性，那么应该坚决否认它足以（仅仅勾勒地）构成自我对他者的承认。两个论点禁止这样做。

（1）神圣的他异性要能得以标画对一般他异性的承认，必须满足如下条件：笛卡尔在神圣模式下思考有限心灵的位置。现在，这两个难题不仅没有重叠，相反笛卡尔至少有一次把这两者对立起来：或者自我承认父母的他异性（生育），或者它接受上帝的他异性（创造）；他异性只能二者选一：或者一个有限且经验上可通达的他者，或者一个无限且先验上分离的（全然）他者；但他异性并不会在两个情形中无差别地展开。没有哪个笛卡尔的文本假定了神圣他异性允许乃至要求承认有限他异性；在他异性、人格或意识（道德或非道德的）关系中，有限他者既不单义地，也不类比地与上帝一致。

---

① AT VII, 49, ll. 19-20.

（2）无论如何，接下来有待证实的是，上帝作为相对于自我的卓越他者的承认，是否已经实现了与他者的相遇。因为，尽管上帝绝对不同于自我，我们就必须依据第三沉思得出结论说，他构成了自我的他者吗？作为无限的观念，上帝既不是有限观念中的一个，也不是 idea mei ipsius（我自己的观念）中的一个，以作为其连续和同质系列中的最后一项；毋宁说，它显得是每个有限存在者（因而是自我的）先验预设。结果是，无限彻底地规定了自我，以至于给自我打上了一个与无限不可分割的标记，甚至赋予它以一个形式上无限的意志。上帝的他异性开启了一个先验的视域，而不是面向一个这样的真正的他者——"一个类似于我自己的人"[①]；另一个并非我自己的人（他对于我来说也是一个他者；作为一个有限且思维着的他我）的他异性，依然是缺失的。

他者因而依然是缺失的，不是由于暂时的缺失而是由于一开始自我就通过它自身而规定自身。它的孤独绝不是无关紧要的、临时的或表面的。自我通过拒绝所有外在性而成为它自己："我是孤独的"[②]，"独自与自己交谈"[③]。这一返回自身通向一个如此规定自我的圆圈："人的心灵在指向自身的时候，并不感知自身为任何不同于思维之物的东西。"[④]"当心灵理解的时候，它以某种方式转向自身。"[⑤]由此分离出一个孤独和准先验的自我，它规定自我的位置为面向世界（而非在它之中）和上帝的自我："我在世界上不是孤零零的，一些其他的事物……也存在着"[⑥]；"我能容易地理解，作为一个整体来考虑"[⑦]，法文翻译对这句话的注释是明智的："由于我完全孤独地考虑自己，好像只有我在世界中"[⑧]。根据笛卡尔，第一哲学的事业是通

---

① AT VII, 43, I. 3; PW II, 29. （PW II 为 *The Philosophical Writings of Descartes* 第 2 卷的简称。——译者）

② AT VII, 18, II. 1 - 2.

③ AT VII, 34, I. 16; PW II, 24.

④ AT VII, 7, I. 20 - 28, line 1.

⑤ AT VII, 73, II. 15 - 16.

⑥ AT VII, 42, II. 22 - 24.

⑦ AT VII, 61, II. 17 - 18.

⑧ AT IX, I, 49, II. 5 - 6.

过自我且从自我出发而被规定的，以便把所有事物引回自我。因而它要求在任何时刻，他者（有限的和人的）的他异性被还原，或者——这也是一样——完全从自我出发被构造。如果自我显现，那么将只有一个显现；自我是唯一的，或者它并不存在。因而它要么是孤独的，要么并不存在。从根本上说，自我排除了他我。

5. 爱或表象

这个极端的结论可能显得太粗暴而未能持正公允。此外它受到大量相反论证的威胁：如果自我完全排除了对任何一个他我的承认，如果由此先验主体性原则上禁止了任何交互主体性，那么笛卡尔本应不去建立任何爱的学说。然而他不仅提供了一个完备而精细的爱的学说，而且从灵魂的激情出发，因而是从灵魂和自我出发去阐明它。由此交互主体性以主体性为背景而展开，而且自我的确承认他我。如果笛卡尔爱的学说的确通向了一个他我，并且反对自我完全自足的孤独，那么就应当承认这一反驳。我们现在就去检验这个判断。

爱是一种激情（passion）。而激情被定义为"混乱的感觉"、"感觉或者非常混乱的思想"，以及"一些神经的运动在灵魂上所激起混乱的思想"——简而言之，animi pathemata（情感的心灵）和 confusae quaedam cogitationes（一些混乱的思想）。[1] 把这些激情一般地阐释为思想和所思（即使是混乱的），意味着自我也规定了那些它毕竟在经受的东西。事实上，激情尽管是混乱的，它对自我的依赖不少于其他所思，正相反，它加倍地依赖于自我。一方面，激情依赖于自我只是通过它所表象的东西——表象（cogitatum［思维对象］）可能有的混乱绝不能改变这一依赖。相反，不同于自我之对象的不在场加剧了激情对自我的依赖。不仅激情分有了理智（intellection）的被动性——"理解是心灵的被动性"[2]，而且，由于它们是由

---

① 分别参见 1647 年 2 月 1 日致沙尼（Chanut）的信，AT IV, 606, I. 12; 605, II. 20-21; 602, I. 27-603, line 1; 以及 René Descartes, *Principia Philosophiae*, IV, § 190, AV VIII, I, 317, II. 24-25。

② 1641 年 5 月致雷吉乌斯（Regius）的信，AT III, 372, I. 12。

灵魂中"精神的某种运动"所导致的，它们并不依赖于世间的对象（感知 [perception]），也不依赖于身体本身（知觉 [sensation]），而只依赖于灵魂：激情在灵魂中出现，从未离开灵魂且完全消失在灵魂中；因而激情寓居于心灵中，而且它被限制在心灵中以至于不承认其他对象或主体，在这点上它比其他 cogitatio（思维）更甚。因而激情扩大了思维对自我的依赖：激情不仅源自于自我，也"返回（rapporte）"自我。某种特定的激情唤起爱去进一步加强这种之前已被强化的依赖，因为爱被定义为（被爱的）对象和自我依照契合的标准实现的结合："爱是由精神运动所导致的灵魂的情感，这种运动促使灵魂乐意（de volonté）将自身与显得适合它的对象联结。"为什么以这样的方式重新引入意志来定义它严格的对立面——激情？因为这有关对自我的最后之依赖的引入：在作为思维的源头之后，在作为激情的延迟之后，爱最终依赖于自我，由于自我使得它能够与其他对象联结，甚至使它们与它联结，根据这一"同意，借此，我们从现在起，把自己思为与我们所爱的东西结合一起，以如下的方式，即：我们想象一个整体，我们考虑自己仅仅为其中的一个部分，而被爱的事物被考虑为他者"①。通过意志，通过自我和在单纯表象的状态之下处于自我外部的对象，爱在同一个整体中恢复；意志把自我和表象已经带给它的东西结合起来。实际上，爱的定义忠实地遵循了 res cogitans（思维之物）的定义。"思维的事物。它是什么？这个事物怀疑，理解，肯定，否认，意愿或非意愿，而且也想象和有感性知觉"②：思维甚至通过其朝向其他卓越者的开启而重现。"爱是一种精神的运动所导致的灵魂的激动"；意愿／非意愿在"激起爱参与到其自身"的工作中起着作用；"而且也想象"和详细说明了瞄准自我之意志的显现模式（"朝向显现的对象"）；"感性知觉"最终证实了自我对他者中某个对象的选择（"它是合适的"）。③ 爱的规定并不使自我朝一个完全外在于如此这

---

① René Descartes, *Passion de l'Ame*, § 79, AT XI, 387, II. 4, 12；以及 § 80, 387, II. 20-24。也参见 1647 年 2 月 1 日致沙尼的信，AT IV, 603, II. 9-12。

② AT VII, 28, II. 20-23；PW II, 19。

③ René Descartes, *Passion de l'Ame*, § 79, AT XI, 387, II. 3-6。

般 cogitatio（思维）的他者开启，因为，相反，它满足于使唯一 res cogitans（思维之物）的所有可能形象同时发挥作用，此思维之物通过其意向性本身而自我指引。爱并不与思维之物矛盾，而是强有力地协调其所有可能性，由此清楚地表明了它对自我的服从。通过爱，自我并不逾越 cogitatio（思维）及其领域，毋宁说是完成它。这就是为何法语译本给出的描述自我的那个序列是恰当的："Ego sum res cogitans, id est dubitans, affirmans, negans, paucaintelligens, multa ignorans, volens, nolens, imaginans, etiam et sentiens.（我是一个思维之物：也就是说，一个怀疑、肯定、否认、认识一些东西的事物，它对很多事物无知，它意愿，不意愿，也想象和有感性知觉。）"[①] 这句话的法语翻译增加和包含了爱，尽管在拉丁原文中爱是没有的："我是一个思维之物，这就是说，它怀疑、肯定、否认、认识一些事物，它对很多事物无知，**它爱，它恨**，它意愿，不意愿，也想象和知觉。"[②] 爱并不取消思维的优先性，而是使思维的权能提高至完成，最终爱以思维的其他模式的名义在思维中获得一个位置。

结果，他异性的所有爱的经验应该以不改变自我性（égoïté）的方式展开，该自我性以先验的方式彻底地规定爱。此外，这也是笛卡尔能够把爱首先思考为对自身的爱，而后再思考为一个基础的原因："愤怒的确能够使人勇敢，但它的力量借自自爱而不是恨，自爱总是作为愤怒的基础，恨只是伴随它。"[③] 然而这种基础是自我所特有的，形而上学地说，它是原发的。通过爱自身外的他人，自我再次奠基于自身。笛卡尔还进一步通过爱的两个本质性的特征，清楚地确认了爱的学说。

（1）爱意味着自愿（par volonté）与一个对象结合，以便和它形成一个整体。谁去结合，对谁来说有一个对象？自然是对自我来说，它考虑其他对象，首先在于它"考虑自己"，或者独自地，或者包含在一个整体中并

---

① AT VII, 34, II. 18-21.

② AT IX, 1, 27, II. 9-12. 黑体为引者所加。

③ AT IV, 616, II. 1-5.

且想象"它和它们（其他对象）是一个整体"。① 通过把爱阐释为有关一个被思考和被表象之对象的意志行为，cogitatio（思维）——它以先验的方式受到自我的安排——先于并且立刻就支配了所有爱；由此，以重复 cogito, ergo sum（我思，故我在）开端的爱的宣告，仅仅按照欲望的措辞做了转换："想象它……"。这使得贪欲之爱（amour de concupiscence）和仁善之爱（amour de bienveillance）无法区分；因为爱的本质意味着通过在先的自我对爱的"对象"的表象，这时再要求自己的消失似乎是虚幻的或矛盾的，这暗指着，例如奥古斯丁那里的 uti（利用）和 frui（享用）的对立。而且，就它指控在任何爱中——由于表象的首要地位——自我的在先性而言，它使得"爱自己以至嘲笑上帝"和"爱上帝以至嘲笑自己"之对立的悖论变得也无法维持。对笛卡尔来说，仁善和贪欲只涉及"爱的效果，而非它的本质"②——它总是受到自我我思的规定。

（2）从那里就引出了人们可以称之为爱的形式单义性的东西。依据 cogitatio（思维）的立场，"［想一想，比如：］一个胸怀大志的人对荣誉的激情，一个守财奴对金钱的激情，一个酒鬼对酒的激情，一个兽性的人对他想侵犯的女人的激情，一个尊贵的人对他的朋友或情人的激情，一个好父亲对他的孩子的激情。尽管彼此之间不尽相同，然而就它们分有爱而言，它们是一样的"③。它们如何是一样的呢，尽管它们明显彼此对立？因为它们都分有了爱的唯一定义。但是，一个唯一的定义——爱的假定的定义——如何能够涵括如此异质的激情，并且依据什么样的共同点去涵括？因为在所有这些情形中，它都与和一个对象形成整体有关，只不过时而是欲求对它的占有（因而更重视自己而非对象），时而是欲求那些对象的固有利益（因而把对象看得比自己更重要）。在这两种情形中，重视（l'estime），因而也是思维（cogitatio），从自我出发去规定整体的联合应该有利于自我还是它的"对象"；因而甚至是极端的爱之形象的统一体，依然依赖于自我

---

① René Descartes, *Passion de l'Ame*, § 80, AT XI, 387, II. 23-26; § 82, 389, I. 17.

② René Descartes, *Passion de l'Ame*, § 81, AT XI, 388, II. 10-11.

③ René Descartes, *Passion de l'Ame*, § 82, AT XI, 388, I. 24-389, I. 6.

的表象的优先性；由此，从自我的单一视角来看，"诸对象"的抽象成为可能，"这个对象是等于、高于还是低于我们，在这里并无区别"①。此外，为了给如此迥异的、隶属于爱的名称下的激情划分等级，笛卡尔最后引入了对激情的区分，这个区分显然是脆弱的：一方面，四种较低的激情形式被认为是不同的，因为它们瞄准的只是"对象的占有〔……〕，而非〔……〕对象本身"；而另一方面，当涉及维持爱上帝的可能性的时候 —— 无论如何我们对它并无理解 —— 笛卡尔坚持既有的立场，不是作为失败的注脚，而是作为成功的道路："因为尽管我们不能想象作为我们所爱对象的上帝，但我们能想象我们的爱本身。"② 这是令人惊讶的论点，有两个原因。首先，因为它以谴责野心家、守财奴、酒鬼和强奸犯的姿态来规定爱上帝的可能性：爱的不是对象，而是对对象的占有，这表明笛卡尔爱的学说的单义性走到了多么远的地方 —— 尽管笛卡尔显然试图引入对此的一些限制。其次，尤其是因为这一单义性的基础明确表现出如下清晰的可能性：所有爱，尽管是它的"对象"，但依赖于它的表象，因而预设了自我的优先性；不管这个"对象"多么被珍视，也不管虔诚的爱多么地无私，它们总是必须承认对原初自我的尊重；如果自我不能充分地表象它们（通过想象），它至少能够用它的关系的表象（联合、占有，等等）来代替对象；表象如此单义地支配着任何可爱的"对象"，以至于它甚至能用表象的表象（联合、占有，等等）替代对象；去爱等于去意愿人们所表象的东西 —— 一个对象；但去意愿和去表象返回到 cogitatio（思维），后者源自自我。

但是笛卡尔没有明确地承认这一点吗，即：去爱意味着超越孤独的自我，直至到达一个他我？例如，他写道："一个好父亲对他孩子的爱是如此纯粹……〔以至于〕他将他们当作他自身的其他部分，他追求他们的好处（bien）像追求自己的好处一样，甚至更积极。因为他想象他和他们构成了一个整体，在其中他不是更好的部分，所以他经常看重他们的利益

---

① 1647 年 2 月 1 日致沙尼的信，AT IV, 611, II. 3-4。

② 分别参见 René Descartes, *Passion de l'Ame*，§ 82, AT XI, 389, II. 7-8；以及 1647 年 2 月 1 日致沙尼的信，AT IV, 610, II. 5-8。

甚于自己，并不害怕为了保全他们而牺牲自己。"[1] 所有的困难在于唯一一点：这个我们一直在"对象"模式下考虑（considérer）和表象的东西，我们可以称之为真正的他我、"他人自身"吗，而（另一个）自我正是通过考虑、表象的工作，简言之 cogitatio（思维）的工作来刻画自己？如果自我作为一个 cogito（我思）而被规定，那么他我——它总是 cogitatum（思维对象）——能够从一个"变质了的自我"的地位，因而是一个对象化的自我中摆脱出来吗？笛卡尔的爱的学说在我们看来完全证实了对这个问题的否定回答，在对《第一哲学沉思集》中他异性处境的考查那里，这个答案已经给出了。我们这里遇到了一个巨大的困难，它可以暂时冒险表述如下：对这种不可能性的历史证明，可以很容易地在巴鲁赫·德·斯宾诺莎（Baruch de Spinoza）那里找到，他把他者的观念还原为我关于自身的固有观念的单纯变样；也可以在马勒伯朗士（Malebranche）那里找到，他通过单纯的"与自身的关系"来定义所有爱；在莱布尼茨（Gottfriend Wilhelm Leibniz）那里同样，爱被阐释为孤独的单子的变化。但最非凡的证实可能来自胡塞尔，来自他建立起我们必须像他那样称为交互主体性的东西的那个时候；他我之被还原和屈服于自我从未更基于此时："然而，第二个自我不是彻底和以自身特有的方式呈现；毋宁说他作为'他我'而被构建——这个自我借助他我这个表达而作为一个要素被指明，乃是我自己在我的属性中是其所是。"而且，"正是在我自己中，我经验和认识他者，正是在自我中他者得以构建自身——以镜式方式共现地被看到，而不是作为一个原物"[2]。从自我出发，他我从不会作为原物在其原初状态中被触及。因而应该指责这个思索和构造着的自我的优先性，以通向原初的，因而本真的他我吗？应该在自我和他者之间做出选择吗？我们必须返回到帕斯卡尔，并把自我看作可憎的（按其字面意思）吗？可憎在这里意味着，当它与爱他者或只是通向他者相关时，自我失去了第一个被爱的优先权，甚而，它

---

① René Descartes, *Passion de l'Ame*, § 82, AT XI, 389, ll. 10-20.

② Edmund Gustav Albrecht Husserl, *Cartesian Meditations*, translated by Dorion Cairns, The Hague: Martinus Nijhoff Publishers, 1960, vol. 1, § 44, p. 125; § 62, p. 175.

成为最后一个令人喜爱的，因为它第一个禁止爱。当莫里斯·梅洛-庞蒂（Maurice Merleau-Ponty）引用并且以现象学的方式（尽管以胡塞尔为背景）批评"人走过广场"[1]的笛卡尔式疑难时，他难道不是回到了帕斯卡尔的异议吗？"对置身于纯粹视线、俯视全景的哲学来说，遭遇他人变得不可能：因为目光占支配地位，它只能支配事物，如果它落在人身上，它就把它转换为只能通过弹簧而运动的人体模型。"[2] 对笛卡尔的影射是显而易见的：目光伸出"窗外"，人们可能被还原为"自动装置"。同样这里无非是有关自我的颠倒，梅洛-庞蒂说："视线，只有在近处才不再是唯我论者，当他者将我已经接收的光线束转而对向我时，……把我吸引到我为他准备的牢狱中，并且只要他在那里，就使我不可能孤独。无论如何，在唯我论中，如同在异化中，我们如何才能在我们的目光尽头发现一个精神、一个不可见者？……他人只能通过撬门而入的方式进入看者的世界，好像一个痛苦和灾难；他不是在看者面前，在观景场中呈现，而是从侧面进入，像是完全作为问题。由于他只是纯粹的视线，那么看者就不可能遭遇一个他者，这个他者将会转变为被看的事物；如果他走出自己，那么他只能通过视线的翻转，使视线回指自身；如果他发现他人，那只能通过他自己被看。"[3] 梅洛-庞蒂开启通向他者道路的这个非凡尝试——这个尝试不使他者事先服从于表象的前提，因而服从于自我对他的统治——以倒转它的方式标明了笛卡尔以及他之后的也许所有先验哲学的根本疑难——自我越认识他者，就越使他者变质。他我变质为自我：自我保持为唯一的，所有他者都发生变质。

然而，这个结论仍面临两个矛盾。它更多地应该作为有待展开论证的可能性而非真正的驳斥，或者说，作为未来研究的方向而非已经得出的结论的争辩。

---

[1]　AT VII, 32, I. 7.

[2]　AT VII, 32, II. 6-7.

[3]　Maurice Merleau-Ponty, *Le visible et l'invisible*, edited by C. Lefort, Paris: Librairie Gallimard, 1964, p.109.

（1）笛卡尔难道不是有时也尝试触及不作为被表象对象的他者（一个改变了其固有他异性的他者），而是实际地作为一个原初主体的他者？也许，因为他的确有时候按照因果性的不可还原的起因的形象来定义另一个人："当我们尊重或鄙视其他主体时，我们把他们考虑为自由的原因，能够行善或作恶，尊重成为崇拜，单纯的鄙视成为嘲讽。"[1] 承认"每个人"[2] 而不只是自我是自由的原因，意味着使他人得以摆脱了表象对象的功能，因而类似于，或至少可以类比一个真正的他我 —— 由于进行表象而成为不可被表象的，因而可被确定为纯粹原因。他人不再面对自我的 cogitatio（思维），起一个单纯的客观思维对象的作用（被动），而是必定与自我产生的因果性平行，处于原因的行列（主动）且不再是一个效果（被动且可被表象的）。从此，这个接纳了他人的新行列意味着重新阐释后期笛卡尔的所有道德和激情学说，从因果性的本体-神学-论视角出发（如我们一直这样做的），而不再从 cogitatio（思维）的本体-神学-论视角出发。唯有一个深入的工作能够衡量出这样的假说是否可能正确。

（2）在与沃爱特（G. Voet）的争论中，笛卡尔至少勾勒了仁爱（charité）的主题，这个主题为他人从作为被表象的对象颠倒为作为一个"自由的原因"而被承认的他人辩护。他如此定义仁爱：仁爱（借此我们寻求上帝）促使我们，缘于上帝本身，也寻求所有的［其他］人；我们爱其他人，只是我们知道上帝给予他们以爱的结果和对这个爱的模仿。因而，爱其他人不是自我和他们之间的直接关系所导致的结果，因为，如我们已经知道的，这一关系服从表象的逻辑，该逻辑把他者还原为一个单纯被表象的，因而异化了的对象，并且禁止了严格意义上对他人的爱。[3] 爱他人源自经过上帝中介的、自我与他们之间的间接关系：自我爱上帝且知道上帝爱他人，因而通过对上帝的模仿，自我也爱这些他人。我们现在应该不会太惊讶于笛

---

① René Descartes, *Passion de l'Ame*, § 55, AT X, 374, II. 5-8.

② René Descartes, *Passion de l'Ame*, § 152, 445, I. 13.

③ 致埃爱特斯（Voetius）的信，AT VIII-2, 112, II. 21-29。

卡尔求助于仁爱作为所有社会和政治关系的本质概念。[①] 我们应该强调其理论功能：他人能够被爱，仅当自我放弃直接地表象它，并且愿意仅仅通过卓越的不能被客观化者（即上帝）的迂回来指向它。在如下严格范围内自我去爱他者：依次地，首先自我放弃表象它，尔后爱不可理解者（上帝），最终通过不可理解者的爱而回到他人。由此，仁爱使得自我超越 cogitatio（思维）的本体-神学，以便最终触及如此这般的他者。

这两个论证可能至少表明了笛卡尔的道德学说，作为一个必不可少的部分，尚有待被理解。而且特别是，它严格的形而上学处境还有待被确定。——去表象还是去爱，我们应该做出选择。最终，笛卡尔多少预感到了两者的对立吗？

阙如颖（中山大学哲学系）译

黄旺（温州医科大学社科部）校

---

① 致埃爱特斯的信，AT VIII-2, 99, I. 23; 114, II. 6-7; 116, I. 29; 130, I. 27。

自因*

——答辩一与答辩四

让-吕克·马里翁
（巴黎第四大学、芝加哥大学）

> **先天地**证明一件事情的人，也以动力因（la cause efficiente）对之给出理由。
>
> ——莱布尼茨《神义论》，第 59 节

1. 单一性（*La singularité*）

自因（*causa sui*）概念 —— 如果自因也算是概念的话 —— 在［《第一哲学沉思集》］答辩一与答辩四中的出现引起了许多难题，而所有这些难题都非同一般。应从这些难题中列举出三个首要的难题。（1）首先是一个历史问题：［自因］这一语段（syntagme）的发明应归功于笛卡尔吗？（2）其次是一个逻辑问题：问题如何才不在于［自因］这一术语中［所具有］的简单矛盾？不管怎样，为何这一矛盾并不足以导致自因［概念］的

*　本文译自：Jean-Luc Marion, *Questions Cartésiennes II: Sur l'Ego et Sur Dieu*, 2 édition, Presses Universitaires de France, 2002, pp. 143 - 182.

取消？（3）最后是一个形而上学问题：一方面，**自因**这一历史概念与人们命名为**形而上学体系**（le système de la *metaphysica*）之物的演进之间维持着什么样的关系？以及，另一方面，**自因**这一历史概念与形而上学的存在-神-逻辑学机制（la constitution onto-théo-logique de la métaphysique）——根据海德格尔，它本质性地标画着形而上学的特征①——之间维系着什么样的关系？然而，这三个问题本身依赖于一个事先的却也全然令人生畏的问题：它事实上假定了笛卡尔确乎创始了**自因**［概念］，假定了他也克服了**自因**的显而易见的矛盾，假定了他由此而为被构建为形而上学的整个哲学确定了一种不可避免的特征——总之，如果随着对**自因**的阐明，笛卡尔完成了他［思想中］的最高的形而上学角色，那么，人们如何去解释：这一确切的概念从未出现在《第一哲学沉思集》中，也未出现在《谈谈方法》的第四部分中，也未出现在《哲学原理》，甚至是任何一封关涉形而上学的书信中，而仅仅是出现在了两篇答辩里？无疑，我们知晓另一个例子，一个著名且重要的论题——永恒真理的创立——也是被边缘化于主要文本之外。②但恰好，悖论的重叠仅仅只是使得悖论被强调了：如何能够不从这两个论题在文本中的边缘性［境况］推断出它们在理论上的次等性［地位］？无疑，我们能够推翻这一论据，并在其中发现那保持为秘传的学说的迹象，恰恰因为它显露了笛卡尔哲学的核心。然而，甚至且尤其是在这一策略中，有待确立更加困难的东西：**自因**确乎标定着笛卡尔形而上学的中心（或焦点之一），正如人们为了永恒真理的创立而最终已经表明的那样。

我们的任务因此清晰地显示出来：问题首先不在于系统性地集聚起自因的诸分散要素③，而是在于在相关于笛卡尔形而上学体系（或准-体系）的

---

① Heidegger, *Identität und Differenz*, Pfullingen: G. Neske, 1957, S. 51, 64. 关于这一比较的介绍，参见 Jean-Luc Marion, *Sur la théologie blanche de Descartes*, § 7.

② 我在别处（*Sur la théologie blanche de Descartes* 中有好几处）已经指出，而且在本书（第 3、5 章和第 7 章第 7 节）中，我们也已看到了：这另一个边缘化仅仅只是表象。

③ 对于一般而言的自因的展现并不太多（参见 P. Hadot 的文章，s.v.，载 J. Ritter, *Historisches Wörterbuch der Philosophie*, vol. 1, Basel: Schwabe, 1971, col. 976sq.）。至于笛卡尔［关于一般而言的自因的展现］，参见 E. Gilson, "Une nouvelle idée de Dieu", en *Etudes sur le rôle de la pensée médiévale dans la formation du système cartésien*, Paris, 1930, 以及我的研究 *Sur la théologie blanche de Descartes*, § 18, p. 427sq.

尽可能中心性的情境中建立起**自因**［概念］。只有当自因的构成性角色被确立与思考时，**自因**［概念］才能够面向概念历史、逻辑学以及在存在–神学中而得到评估。

2. 一个不可思的论题

然而，我们要通过一个探讨诸概念之历史的双重附论 —— 就它们允许我们更好地勾勒出自因概念这一论题所固有的陌异而言 —— 来开启我们的研究。首先要来询问谁第一个对自因［概念］做了肯定而又独断的使用。

与靠不住的教条相反的是，斯宾诺莎并非是［第一个对自因概念作了积极而又教条的使用］，这出于至少两个理由。首先是《伦理学》［一书中］中对于这一论题的应用。无疑，恰当说来，自因概念开启了这整本书："自因（causa sui），我理解为这样的东西，它的本质（essentia）即包含实存（existentia），或者它的本性只能设想为实存着。"（*Ethics*, I, def. 1; *Works*, 1: 408）①；但这一定义恰恰并未定义一个自因概念；它局限于在所必须要思考的，即**自因**的假定概念（这是一端）与［它的］本质或"本性"中的实存之蕴涵（这是另一端）之间设置（显然并未能够加以论证）了一个简单的等同；而这一蕴涵 —— 它仅仅在介入了所谓"本体论"论证的神圣本质的情况中才被证实 —— 并非就原因（也并非就结果）而言得到阐明；且因此，它也不能 —— 至少不能直接地且带有一个定义之权威性地 —— 等同于**自因**。总之，斯宾诺莎这一次像代数学家一样行事，因为他在已知者（包含着实存的本质 [essence englobant l'existence]）与未知者（**自因**）之间建立了一个等同；而这，远未表示他思考了自因，而正表示了相反的：他对待自因概念就如同代数学家使用一个未知的数量 —— 就好似他知道一般，却因此处于不知之中。此外，这一对未知者的假定 —— 就如同它是已知的 —— 从这一术语在《伦理学》中的仅有的另一处重要出现中找到了一个显著的确证："简单说来，神既可成为自因，在这意义下也可以称为万

---

① 中译文参见斯宾诺莎：《伦理学》，贺麟译，商务印书馆 1963 年版，第 3 页。译文有改动。——译者

物的原因"（*Ethics*, I, prop. 25, schol.; *Works*, 1: 431）。① 为了解释一个已知概念 —— 肇始万物的上帝（Dieu cause des choses）—— 斯宾诺莎引入了一个未知的且不可理解的概念 —— 自因。当然，相关于"万物"的神圣因果性本身便提出了一个困难，因为形式因必须叠加于动力因之上；那么，阐述的原则理应会变得更加明白 —— 而［当前］这一情形显然并非如此。我们并不回应说：斯宾诺莎在提出"实体不能为任何别的东西所产生，所以它必定是自因（Substantiam non potest produci ab alio; erit itaque causa sui）"（*Ethics*, I, prop. 7, dem.; *Works*, 1: 412）② 时，给出了自因的一个确定定义。事实上，不出自于任何别的东西（*ab alio*）而存在仅仅导致"出自于自身（*a se*）"而存在，而绝不导致因为自身（如同因为一个动力因）而存在（être par soi）—— 这是在严格意义上来言说自因。况且，如果自因并不等同于出自于自身（*a se*），它当然会变得明白易懂，却也［因此而］变得无用。由此，斯宾诺莎极为少见地 —— 应当给他这个公道 —— 使用了一个他从未定义的概念。③

他并未定义它，然而这是出于一个很好的理由：他认为自因概念已然被其他人所解释与建立了。《知性改进论》（*De Intellectus Emendatione*）中的一个段落毫无歧义地显示了这一点："假如那物是自在之物，或者如一

---

① 中译文参见斯宾诺莎：《伦理学》，贺麟译，商务印书馆 1963 年版，第 27 页。——译者
② 中译文参见斯宾诺莎：《伦理学》，贺麟译，第 6 页。——译者
③ P. 普瓦雷（P. Poiret）明确地指责了斯宾诺莎没有定义自因，而仅仅只是定义了必然性："'自因，我理解为这样的东西，它的本质即包含存在，或者它的本性只能被设想为存在着'，这个定义是错误的（也就是说，斯宾诺莎以此方式错误地理解了自因概念）、强词夺理的、有许多缺点的……他定义了必然性，而不是自因。即便自因这样一种东西应该存在，这种看法也是错误的，即：由于本质牵涉存在，所以自因的形式观念就在于"应该存在"。自因这一观念在于：它对于它自身而言是单独地充足的。原因存在于与结果的关系中，也就是说，［此处］有着对原因的一个接受。因此，当某物在其自身中就拥有它单独地通过它自身去寻求 —— 在一种最充足的意义上 —— 的东西时，我们就能够说它是一个自因。在这个意义上，它并非从别的地方通过一个不同的原因所接受来的一个作品。"与斯宾诺莎相反，普瓦雷将自因识别为自因的自足性 —— 如同独立于其他事物的指导机制，并且最终，将自因识别为一种绝对的必然性（从其本性中自因不可能不存在）(P. Poiret, *Cogitationes rationales de Deo, anima et malo*, Amsterdam, 1677 年第 1 版，引文根据 1685 年第 2 版，第 842—843 页）。关于这一论争，参见 Gianluca Mori, *Tra Descartes e Bayle. Poiret e la Teodicea,* Bologne, 1990.

般所说，是自因之物，则必须单纯从它的本质去认识它。"（§ 92; *Works*,
1: 38-39）[1] 存在于自身（être en soi）由此也就是通过它的唯一的本质而
被理解，而这惯常被命名为自因（cause de soi）；"如一般所说（ut vulgo
dicitur）"［这一语段］由此就将这一概念的使用归之于通常；而这一接受
性的使用预设了它的先在的发明。简而言之，斯宾诺莎并未声称发明了自
因概念，他也并未声称定义了它——他使用它，仅此而已。

　　那么，斯宾诺莎所依赖的这一通常用法回溯到何处呢？无需费力便可
发现路标。首先是托马斯·阿奎那，他当然承认"自由乃是那为自身之故
者（Liberum est quod, causa sui est）"，但他仅仅是［将之］作为对亚里士
多德的翻译："我们把一个为自己、不为他人而存在的人称为自由人。"[2] 而

---

[1]　中译文参见斯宾诺莎：《知性改进论》，贺麟译，第 52 页。——译者

[2]　Thomas d'Aquin, *Contra Gentes*, II, 49, 引文取自亚里士多德《形而上学》（中译文参见苗力田主
　　编：《亚里士多德全集》第 7 卷，苗力田等译，中国人民大学出版社 1993 年版，第 31 页），A.
　　2, 982 b 25ff。参见 Thomas d'Aquin, *Contra Gentes*, I, 72: "liberum est quod sui causa est（自由乃
　　是那为自身之故者）"。当普罗提诺在回应反对意见——自因，"如果它产生它自身"，那么，它
　　要么先于自身存在，要么当它已经存在时它就不存在——时，他立即避开严格的因果关系，而
　　是提出太一"没有两个，只有一个"，由此而隐喻了自因（*Ennéades*, VI, 8, 20）。相反，普罗克
　　鲁斯（Proclus）似乎明确地说明了"原因出于它自身"（*Elementatio Theologica*, § 46, éd. E. R.
　　Dodds, Oxford: Oxford University, 1963², p. 46）。至于"所有实体是它自身的原因"这一论题，
　　它所关乎的乃是作为本原的实体，而非作为动力［因］的实体。（*Liber de Causis*, § 189, éd. P.
　　Magnard et al., Paris, 1990, p. 76）此外，我们注意到，圣托马斯·阿奎那在评述这一文本时，仅
　　仅谈论了一个形式因（*Librum de Causis Expositio*, § 414, éd. C. Pera, Rome, 1955, p. 131）。
　　　　让-马克·纳尔博纳（Jean-Marc Narbonne）"Plotin, Descartes et la notion de causa sui"（*Archives
　　de Philosophie*, 56, no. 2, 1993, pp. 177-195）这篇文章细心地讨论了我们此前关于这一主题的分析
　　（Jean-Luc Marion, *Sur la théologie blanche de Descartes*, § 18, 以及 *Sur le prisme métaphysique de
　　Descartes*, § 9），认为在普罗提诺和普罗克鲁斯那里发现了笛卡尔的先驱。虽然他提出了论证，
　　然而我还是认为必须要坚持笛卡尔的绝对的源初性。［即便］假定——这对我似乎仍然是可疑
　　的——普罗提诺与普罗克鲁斯的表达字面上能够先于笛卡尔的那些表达，他们依然缺失两个决
　　定性的要点：（1）自因的动力性的特征；（2）自因被包含于一个原则（理由——不久后［被
　　称之为］充足理由——之原则）中。因为笛卡尔的革新首先并非仅仅是词汇上的，而是概念上
　　的：它关涉到使得神圣本质与实存服从于——即使只是在形式上——一个原则的（动力性的）
　　理由。我不明白，普罗提诺或普罗克鲁斯的太一如何能够容忍这样的臣属。此外，说到普罗提
　　诺，正是让-马克·纳尔博纳本人为我提供了论证：他不仅仅识别出了是否"普罗提诺是自因的
　　发明者"（Jean-Marc Narbonne, "Plotin, Descartes et la notion de causa sui", p. 189），即"在相近的
　　语境上［发明自因］"（Ibid., p. 183）——同样也谈论了他并没有在字面意义上发明自因，而且
　　识别出了"奇怪的是……第一位辩护与评论了这一命题的作者也是第一位质疑它的作者"（Ibid.,
　　p. 189）——同样也谈论了普罗提诺陈述自因仅只是为了拒绝它，如同他之后的所有中世纪思

当事关自因的严格意义时，他的批评 ——"一件事物不可能是它自己的原因"[1]——未再给出丝毫歧义，而且在几个清晰的要点中得到了表达。首先，自身的原因不得不先于它自身，并由此而遭受时间上的矛盾："在我们所知的任何情况下，都找不到一件事物是它自身的动力因。而这在事实上也是不可能的。因为倘若如此的话，它就会先于它自身而存在了。"自身的原因必须在时间上先于它自身。[2] 此外，笛卡尔必须对这一反驳予以重视，他仅

（接上页）想家。至于［对］普罗克鲁斯［的看法］，让-马克·纳尔博纳主要依照于约翰·惠特克（John Whittaker），后者的研究 "The Historical Background of Proclus' Doctrine of the AUYUPO-STATA"（载 Heinrich Dörries [éd.], *De Jamblique à Proclus. Entretiens sur l'Antiquité classique*, XXI, Genève: Fondation Hardt, 1975, pp. 193-237）的确是权威性的。但这一作品也支持了我的论点，因为它准确地表明了这一表达式（1）仅仅只是一个"哲学上的残留"，（2）它只能被应用于已经产生的存在者，（3）它从不能应用于太一，太一"无论在内部还是在外部都没有来源"，而且是"非受造的"（John Whittaker, "The Historical Background of Proclus' Doctrine of the AUYUPOSTATA", p. 218）。J. 惠特克甚至着重指出，普罗克鲁斯在这一点上"像基督徒一样"思考（Ibid.），因此预知了中世纪思想家［的观点］——这是我所肯定的。在接续这篇文章的讨论中，有两个赞成这篇文章的结论的学者补充了两个对于我的论点很重要的论证：（1）让·特鲁亚尔（Jean Trouillard）："第一原则并非自身构成的，因为自身构成意味着一个（内在化的）过程、一次分流／衍生，一种从属／依靠。此外，普罗克鲁斯的否定神学禁止他将自因概念归给太一 —— 普罗提诺在 *Ennéades* 第六卷第 8 页中以图形的样式与他相一致。根据普罗克鲁斯，所有自身构成本质上都是双重的"（Ibid., p. 234）；（2）韦尔纳·拜尔瓦尔特斯（Werner Beierwaltes）："自因作为一个关于上帝的绝对存在的陈述在这个语境中不能被理解为祂自身的一个动力因。"（Ibid., p. 235）

[1] Thomas d'Aquin, *Summa theologica,* Ia, q. 19, art. 5 ad resp. —— 参见 q. 45, art. 5, ad 1："因为一个个别的人不能够是绝对的人之本质的原因，因为那样的话，他就会是他自己的原因。"笛卡尔在 1641 年保留了这些表达的回响："最后，我没有说过一个东西不可能是它自己的动力因；因为，虽然人们把动力的意义限制在与其结果不相同或者在时间上在其结果之先的那些原因上这一点显然是正确的，可是在这个问题上它好像不应该这样限制它。"（AT VII, 108, 7-12; CSM II, 78）（中译文参见笛卡尔：《第一哲学沉思集》，庞景仁译，商务印书馆 1986 年版，第 112 页。—— 译者）或者："这并不是一个真正的动力因，这我承认。"（AT VII, 240, 10-11; CSM II, 167）（中译文参见笛卡尔：《第一哲学沉思集》，庞景仁译，第 242 页。—— 译者）（中译文参见托马斯·阿奎那：《神学大全》，段德智译，第一集第 1 卷，商务印书馆 2013 年版，第 361 页。—— 译者）

[2] Thomas d'Aquin, *Summa theologica,* Ia, q. 2, art. 3 ad resp., 第二条路［上帝存在证明］。—— 参见 Thomas d'Aquin, *Contra Gentes*, I, 18："祂（上帝）不能够构成祂自身，因为无物是自己的原因，因为它会先于它自身，而这是不可能的"；*Contra Gentes*, I, 22："依循而来的就是，某物是它自己存在的原因。这是不可能。因为，在他们的概念中，原因的实存先于结果的实存。那么，如果某物是它自己存在的原因，它就会被理解为先于它自身而存在，而这是不可能的"。（中译文参见托马斯·阿奎那：《神学大全》，段德智译，第一集第 1 卷，第 35 页。—— 译者）

仅是避开了它，而并没有认真解决它（VII，240，6-8）。其次，上帝不容许任何原因："上帝不拥有一个原因"。事实上，上帝无法行使第一因 —— 真正的第一因 —— 的作用，因为祂自身并未铭刻在那反过来也被引起的原因链条里："上帝乃是第一因且别无它因。"[①] 此外，如果第一因持留在原因链条里的话，通过原因链条而达及神圣存在的整个第二条路径，会立即变得无效，［因为］上帝是且只是在首先例外于因果性的意义上才是第一［因］；事实上，正因为因果关系把一个存在者连接于另一个存在者之上，它才指示着它们的相对性、依赖性以及（因而）有限性。简而言之，与其说因果性产生可理解性，不如说因果性标志着有限性。其三，值得注意的是，托马斯·阿奎那此处并未瞄向一般而言的因果性，而是瞄向动力因："在我们所知的任何情况下，都找不到一件事物是它自身的动力因。而这在事实上也是不可能的。因为倘若如此的话，它就会先于它自身而存在了。然而，这是不可能的。"[②] 这一点有着特殊的重要性：如果托马斯·阿奎那把自身的一个明确的动力因驳斥为自相矛盾的，那么笛卡尔应该 —— 为了建立起自因 —— 首先就动力而言为自因进行辩护，而不是 —— 比如说 —— 逃向形式因。我们知道他并未采用这一路径。还有一点很重要：对自因的假设为托马斯·阿奎那所知，且被他讨论，但只是为了将其驳斥为自相矛盾的，且甚至有害于对上帝的认识。

然而，这是决定性的一点，它所关乎的根本不是一个孤立的或仅只专属于托马斯主义的立场，而是一个为所有倾向上的中世纪思想家们所认可的原则上的决定。（1）安瑟伦已经强调过："这至高的本性既不能够被它自身也不能够被别的东西所创造出来，它自身以及其他别的任何东西也都对

---

① Thomas d'Aquin, *Summa theologica,* Ia, q. 7, art. 7 ad resp.; *Contra Gentes,* I, 22.

② Thomas d'Aquin, *Summa theologica,* Ia, q. 2, art. 3, ad resp. —— 参见 *De Ente et essentia* 第五卷："存在本身不能够由事物的形式或实质所造成（'被造成'的意思是通过一个动力因产生），因为如果是这样的话，那个事物就会是它自己的原因，就会产生它自己，这是不可能的。"（*Opuscula Omnia,* éd Pierre Mandonnet, I, p. 157）因此结果就是，托马斯·阿奎那并不属于 —— 在其精确的意义上 ——形而上学；参见我的研究 "Thomas d'Aquin et l'onto-theo-logie", *Revue thomiste,* 1, 1995.（中译文参见托马斯·阿奎那：《神学大全》，段德智译，第一集第 1 卷，第 35 页。——译者）

它不能产生……帮助。"① （2）由此，托马斯·阿奎那仅只在更加亚里士多德式的术语中认可它。（3）邓·司各脱坚决地维护这一论点："最初产生之物简单来说是无原因的……如果最初之物并非产生而来，并因此是无原因的，那么［自因］就是这种情形，因为它不能够是有限的、质料性的或形式上的。"② （4）至少在这一点上，奥卡姆与他的对手相一致，既然他将上帝定义为一个 "不朽的、不可腐蚀的、非创生的或无原因的存在者"③。（5）更加让人印象深刻的是，尽管苏亚雷兹（Suárez）常常倾向于上天的治理，此处他［依然］明确地保持了对于早期经院哲学传统的忠实："上帝不具根据，也不具原因"。［他保持这一忠实］以至于他确乎确认了以下论证，即加泰鲁（Caterus）与阿尔诺（Arnauld）［用以］反对笛卡尔所引入的积极的自存性（l'aséité）［概念］的论证："因为据说存在出于它自身，且从它自身而来，即使这一存在被视作是肯定的，尽管如此［也只是］在这一存在者之上添加了否定，因为一个存在者不能够通过一个肯定的起源或发源而从它自身而来……而当一些圣人在说及上帝是祂自己的存在、祂自己的实体、祂自己的智慧的起因时，他们［恰恰］是以［上述那种］展示方式在行进。"④ 从安瑟伦到苏亚雷兹，有着对于一个被接受的与共有的原则

---

① Anselm, *Monologion* VI, éd Franciscus S. Schmitt, Edimbourg-Rome, 1938-1961, t. 1, p. 19. 因此："haec essentia prior seipsa non est（这一本质并不先于它自身）"（Ibid.）。（中译文参见安瑟伦：《信仰寻求理解：安瑟伦著作选集》，溥林译，中国人民大学出版社 2005 年版，第 25 页。——译者）

② John Duns Scotus, *Ordinatio* I, d. 2, p. 1, q. 1-2, n. 57, *Opera omnia*, t. 2, p.162sq.

③ Ockham, *Sententiarum Lib.* I, d. 3, q. 2, *Opera philosophica et theologica*, éd. S. Brown, G. Gal, St. Bonaventure, NY.: Cura Instituti Franciscani, 1970, t. 2, p.405.

④ Suárez, *Disputationes Metaphysicae*, I, s. 1, n. 27, in *Opera omnia*, t. 25, p. 11. —— 也可参见 XXVIII, s. 1, n. 7："此外，那据说是来自于自身或基于自身的，尽管似乎是积极的，仅仅是在存在本身上添加了一个否定，因为存在不可能通过一个积极的本源或发源而从自身而来。"自存性仅仅表示 "它自身的本质即包含着实存本身"。而且，如果说 "圣人们" 已经能够谈论自因（"当他们说上帝是为了祂自身的祂自己存在的原因时"），那么，尽管如此，"所有这些谈论都应当以一种消极的方式被解释"。这些例子引用自下述圣人：（1）拉克坦提乌斯（Lactantius）："但是，因为任何事物都只能在某个时刻开始存在；所有事物都是一个结果，因为没有什么先于上帝，祂自身在所有事物之先从自身开始…… '上帝自身创造自身'。"（*Divinae Institutiones*, I, *De falsa religione*, 7, *Parologia Latina*, 6, 152a, 或 P. Monat [ed.], *Source Chrétiennes*, Paris: Cerf, 1986, p. 90）最后一句话引自 Sénèque, fgt. 3, éd. Nisard, Paris, 1877, p. 521。（2）圣杰罗姆（Saint Jérôme）："上帝如何

的一致同意："无物可以导致它自身"①。当笛卡尔写信给梅森（Mersenne）时，他所考虑的当然就是这一苏亚雷兹式的表达："由于经院的共有公理：'无物可以是自己的原因'，'从它自身而来'尚未在恰当的意义上得到理解。"②笛卡尔的前辈们由是将**自因**看作是不可思的；故而，像后来的斯宾诺莎一样，这些前辈们并未尝试去思考**自因**。当然是出于相反的动机：并非因为它被充分地思考了，而是因为它并未提供任何可思的根据。简而言之，一直到苏亚雷兹，**自因**都还是不可思的，而自斯宾诺莎起，自因也不再有什么可思考的了。它由此［只］是在苏亚雷兹与斯宾诺莎之间被思考，而且仅仅是被笛卡尔所思考。我们以此回应我们在起始诸问题中的第一个问题。

将**自因**［概念］的发明归功于笛卡尔乃是授予他一项模棱两可的荣誉。因为要么自因等同于消极的自存性，由是笛卡尔就只是发明了这个词（自因）来指代别的东西（自存性）；要么它就等同于一个积极的原因——而这显然是笛卡尔所坚持的——由是就涉及术语中的矛盾，因为无物能够先于自身。中世纪哲学家们并非仅有的表达出这一反驳与困境的人；叔本华

（接上页）宣称实体的共同名称对于祂自身而言乃是特殊的？理由在于，如我们已经说的那样，其他事物通过上帝的沉思接受实体，而上帝——永远存在，不从其他来源中获得祂的开端，而是祂自身就是祂自身的本源以及祂自己的实体的原因——不能被理解成具有一些从另一个来源中获得实存的东西。"（*Commentaire de l'Épître aux Éphésiens*, II, sur III, 14, *Parologia Latina*, 26, 488c - 489a. 苏亚雷兹提供了一个不准确的参照［出处］）最后，（3）圣奥古斯丁（Saint Augustine）："因此，这个是那个的原因，所以它是真理，这个是那个的原因，所以它存在"（*De Trinitate*, VII, I, 2, éd. Marcellin Mellet et T. Camelot, p. 514）；以及"所以，永恒的真理的自己的原因是永恒的上帝"（83 Questions, c. 16, in *Œuvres de saint Augustin*, éd. Gustave Bardy et al., Paris：Desclée, 1952, p. 66）。在这些表达中，苏亚雷兹因此没有理由仅仅只看到消极性的陈述——可还原为原因在上帝中的缺场。阿尔诺在他［对笛卡尔］的反驳中似乎很可能想到了这些文本，它们被卡鲁特斯所采用（en VII, 208, 12sq. Gilson [*La philosophie au Moyen Age*, Paris：Payot, 1944, t. 1, p. 121sq., 148]）。阿尔诺的反驳也可回溯至一个并不那么"圣人化"的作者阿里乌斯派的坎迪杜斯（Candidus l'arien）："什么是上帝自身的原因？其实，祂是第一因与祂自身的原因"；但这是错误的，因为它关乎一种消极的自存性："在自存性中祂并不是说不同于其他事物，而是祂在祂自身中是自己，因为祂是祂自身的原因，正如祂是祂自身。"（*Liber de generatione divina*, III, *Parologia Latina*, 8, 1015b）

① Suarez, *Disputationes Metaphysicae*, XXIX, s. 1, n. 20, *Omnia Opera*, t. 26, p. 27.

② 1641 年 3 月 18 日笛卡尔致梅森的信, AT III, 336, 17sq.

会再次提出它（奇怪的是，他是针对斯宾诺莎）："在我看来，**自因**不过是要粗暴地割断永恒的因果链条的一个自相矛盾的词，一个前后的颠倒，一种对我们的无理要求。"[①] **自因**悬挂在自身之上，如同明希豪森男爵（Baron Münchhausen）[②] 通过抓住自己的头发来把自己拉拽起来。尼采将重现这一比较与批评："自因是到目前为止被构思出来的自我矛盾的最佳样本，是对逻辑的一种违反和歪曲。"[③] 至少在这一点上，安瑟伦与尼采、托马斯·阿奎那与叔本华、邓·司各脱与奥卡姆确乎达成了一致 —— 自因等同于逻辑的自相矛盾。笛卡尔对于这一困难当然有着清醒的意识 —— 他承认这一困难是显而易见的："谁不知道同一的东西不能与其自身不同，也不能在时间上先在于它自身？"（AT VII, 108, 13-14）[④] 那么为什么[既然]承认了[自因概念]这一显然的自相矛盾，他还要将这一反驳作为"微不足道的问题"（AT VII, 108, 12-13）加以遗弃？何种理论上的急迫要求使得他去接受 —— 更确切地说，是要求 —— 那种他明知（他与他的大多数前辈和后辈一样明知）是包含着明显矛盾的东西呢？简而言之，为何笛卡尔否认了这一[自因概念之自相矛盾的]明见性？

当然，因为另一种明见性压倒了前一种明见性，即自相矛盾的明见性。然而这一涌现出来倾覆这一传统的是怎样的新的明见性呢？问题不再是知道笛卡尔是否是思考自因的第一人（明白无疑他就是），而在于去理解，为什么他会冒险去维持这样一个术语中的矛盾。对第一个问题 —— 历史问题 —— 的回应[将我们]引向了第二个问题 —— 逻辑问题。

---

① Arthur Schopenhauer, *De la quadruple racine du principe de raison suffisante*, II, § 8, en *Werke*, éd. Arthur Hübscher, Wiesbaden: E. Brockhaus, 1972, t. 1, p. 9.（中译文参见叔本华：《充足理由律的四重根》，陈晓希译，洪汉鼎校，商务印书馆 1996 年版，第 17 页。——译者）

② 德国乡绅，善于讲述夸大得难以置信的冒险故事和传说。参见叔本华：《充足理由律的四重根》，陈晓希译，洪汉鼎校，第 17 页："'自因'说的真正标志乃是明希豪森男爵，他骑着马落入水中时，就借助于'自因'的箴言，用腿夹住了他的马，并抓住了自己的辫子就把自己连同马一齐提了出来。"——译者

③ Nietzsche, *Par-delà le bien et le mal*, § 21, en *Œuvres philosophiques complètes*, éd. Colli et Montinari, Paris: Gallimard, 1968-1997, VI, 2, p. 29sq., trad. franç., t. VII, Paris, 1971, p. 38sq.（中译文参见尼采：《善与恶的彼岸》，梁余晶等译，光明日报出版社 2007 年版，第 28 页。——译者）

④ 中译文参见笛卡尔：《第一哲学沉思集》，庞景仁译，第 112 页。——译者

3. 理性指示了什么?

　　诸答辩三次引入了全称陈述（un énoncé universel），它们具有原则之地位（rang de principe）。让我们来引用这三处文本。（1）第一组答辩:"不过，自然的光明当然告诉我们没有任何东西是不许问它为什么存在，或者不能追寻它的动力因的，或者，假如它没有动力因，那么问它为什么不需要动力因。"（AT VII, 108, 18-22 = IX-1, 86, 19-23）① （2）第二组答辩:"没有任何一个存在着的东西是人们不能追问根据什么原因使它存在的。因为，即使是上帝，也可以追问祂存在的原因。"（AT VII, 164, 28; 165, 1 = IX-1, 127, 28-30）② （3）第四组答辩:"对动力因的考虑是我们用来证明上帝的存在性所具有的如果不说是唯一的方法的话，那么至少是第一的、主要的方法，我想这是人人皆知的。"（AT VII, 238, 11-14 = IX-1, 184, 20-22）③ 这些会聚在一起的陈述具有好几个共同的标记:原则之特征（le caractère de principe）、全称性（l'universalité）、实存之统治（la régence de l'existence）。

　　如同"自然的光明当然告诉我们"（AT VII, 108, 18-20）④ 这一表述所标志的，上述陈述首先关乎的是为原则所支持的全称陈述。自然之光告诉［我们］——［这一表述］也即是说颁布与表达一个原则。在笛卡尔的几处法文文本中，它另外也是指示的理性（la raison de dicter）［所具有］的特性:"理性并没有向我们发出指示，说我们这样看到或想象到的就是真相。可是它却明白地指示我们:我们的一切观念或看法都应当有真实的基础。"⑤

---

① 中译文参见笛卡尔:《第一哲学沉思集》，庞景仁译，第112页。——译者
② 中译文参见笛卡尔:《第一哲学沉思集》，庞景仁译，第165页。——译者
③ 中译文参见笛卡尔:《第一哲学沉思集》，庞景仁译，第240页。——译者
④ 中译文参见笛卡尔:《第一哲学沉思集》，庞景仁译，第112页。——译者
⑤ René Descartes, *Discours de la Méthode*, AT VI, 40, 6-8. 书中接着讲道:"理性又指示我们:我们的思想不可能全都是真实的。"（中译文参见笛卡尔:《谈谈方法》，王太庆译，商务印书馆2000年版，第33页。——译者）注意到这一点是很有趣的，即在1644年的拉丁文翻译中，

[自然之光所颁布的]这一命令，这一诏令（diktat），确乎依据它的明见性而得以确立 —— **显明于所有人**（*omnibus manifestum*）；由此，它应当使得它的普遍性得以理解。这也是为什么笛卡尔仅只在部署上帝[问题]时才将这个诏令扩展至上帝：在文本（1）中，原则要么要求实存的原因，要么在上帝这一情形中要求（postulare）知晓"它为什么不需要动力因"（IX-1, 86, 23 = *cur illa non indigent*, VII, 108, 21）①；文本（2）明确提出，上帝本性的无边广大就是"原因或理由（causa sive ratio）"（VII, 165, 2）—— 为此祂不再需要一个原因②；最后，文本（3）考虑了 —— 一旦上帝的实存被证明 —— 将上帝从对祂的动力因的调查中"豁免出来（exciperemus）"（238, 17）③。笛卡尔的策略在所有的情形中都保持为同样的：上帝的本质当然使得上帝免除了动力因，但也因此，上帝的本质就承担了上帝的角色，并由此满足了原则。

因果性因此只是作为实存的原则而普遍地介入，以至于因果性与实存成为可以互换的："问它为什么存在，或者追寻它的动力因。"（108, 21-21）④ 原因本质上就是 **"为什么存在之原因（*causa cur existat*）"**（164, 29）⑤。所有的实存都是被引起的（toute existence se cause），原因将实存作为其结果而实现出来（la cause effectue l'existence comme son effet）⑥：因此，这就是笛卡尔通过这一原则而展开的本体论。但当这一原则必须以**自因**的名义

（接上页）艾蒂安·德库塞尔（Etienne de Courcelles）恢复了诸答辩中的[这一]术语："Ratio enim nobis non dictat ea quae sic vel videmus, vel imaginamur, idcirco revera existere. Sed plane nobis dictat, omnes nostras ideas sive notiones aliquid in se veritatis continere."（AT VI, 563）这一语段在其他地方的出现，参见："因为，当我们不再惊叹于一个对象的伟大或渺小时，我们就只做理性指示（dicte）我们应当做的，既不对之增添一分，也不对之减少一分。"（René Descartes, *Passions de l'âme*, § 150, AT XI, 444, 13-16）。在笛卡尔这里，它适合于指示的理性，亦即，规定与指定的理性。（中译文参见笛卡尔：《谈谈方法》，王太庆译，第 33 页。——译者）

① 中译文参见笛卡尔：《第一哲学沉思集》，庞景仁译，第 112 页。——译者
② 中译文参见笛卡尔：《第一哲学沉思集》，庞景仁译，第 165 页。——译者
③ 中译文参见笛卡尔：《第一哲学沉思集》，庞景仁译，第 241 页。——译者
④ 中译文参见笛卡尔：《第一哲学沉思集》，庞景仁译，第 112 页。——译者
⑤ 中译文参见笛卡尔：《第一哲学沉思集》，庞景仁译，第 165 页。译文有改动。——译者
⑥ 注意文句中的结果（effet）与实现（effectue）之间的词源关系，以及它们与动力因（la cause efficiente）中的 efficiente 一词的词源关系。——译者

将上帝本身囊括时，它就引发出一种存在-神学（une onto-théologie）——我们在别处通过与**我思**的第一存在-神学（une première onto-théologie de la *cogitatio*）相对比而将之命名为原因的存在-神学（l'onto-théologie de la cause）。① 这种比较也使得我们能够解决一个令人生畏的困难：诸"答辩（les *Responsiones*）"在确立诸"沉思（les *Meditations*）"中所缺席的自因时，不就变得与"沉思"互不相容了吗？情形并非如此。因为，尽管**自因**[概念]在"沉思"中是缺席的，那一会在诸答辩中引起自因[概念]的原则——所有的实存都由一个原因所产生——却在诸沉思中已然以同样粗鲁的暴力出现了。甚至，这一原则恰恰出现在第三沉思的著名篇章中，笛卡尔在此引入了三个决定性的概念，这些概念在此前都是缺席的：**原因、实体、客观实在性**（*causa, substantia, realitas objectiva*）。在对诸理由之秩序（l'ordre des raisons）的语词的与概念的再采用——笛卡尔在这里特许自己如此采用——中，笛卡尔如此陈述了这一原则："现在，凭自然的光明显然可以看出，在动力的、总的原因里一定至少和在它的结果里有同样多的实在性。"（VII, 40, 21-23 = IX-1, 32, 10-12）② 在这些表述之间，有两个共同点是很清晰的：（1）显明的明见性（l'évidence manifeste），它作为第一原则是自-证的，并因此脱离了先前的诸理由之秩序；（2）原因（因此是结果[l'effet]）与存在（l'*esse*）之间的直接的关联。[然而]一些重要的区分并不少见。首先，在第三沉思中，它关乎原因或结果的存在，而非直接关乎被视作结果的存在（或实存）的原因——以此方式，它出现在诸答辩中。但这一区分事实上并不重要：对原因或结果之存在的思考预设了——至少暗含性地——从原因到结果的关联被阐释为本体论的，因此也预设了不仅仅是对于结果，而且也对于那依据于原因的结果之存在，原因[都]扮演了终审（dernière instance）的作用。那么，真正重要的区分位于何处？

在这里，同一个原则以更加限制性的方式被应用在第三沉思中，而在

---

① 参见 Jean-Luc Marion, *Sur le prisme métaphysique de Descartes*, en particulier chap. II et infra, chap. IX, § 6, p. 241sq.。

② 中译文参见笛卡尔：《第一哲学沉思集》，庞景仁译，第 40 页。译文有改动。——译者

"答辩"中，这一原则展开了它的全部可能性。事实上，仅是在一种双重的限制下，第三沉思才为所有存在者引入了对一个原因的要求 —— 所有的存在者被视作原因的结果。（1）结果之存在只能从诸观念中来理解，因为，在夸张怀疑的支配中（en régime de doute hyperbolique），除了**自我**（l'ego）以外，唯有**自我**的诸观念存在（rien n'existe que les idées de l'ego）；确切地说，因果性原则尚不能处理实存［问题］，因为实存被界定为思维之外的存在；此外，在这一点上，第三沉思为了便于讨论**实在**（realitas）与**是**（esse），而避免谈论**实存**（existentia 或 existere）。由此，只有非常有限的一个存在者区域（诸观念）才落入因果性原则之中。那个著名的表述"或者在那些观念里（etiam de ideis）"（VII, 41, 3）① 不应被理解为一种添加（un ajout），而应被理解为 —— 尽管"etiam（还、此外、或者）"一词字面有添加的意思 —— 一种剩余（un résidu）—— 这就是当"具有现实的或形式的那种实在性的那些结果"（40, 2-3）② 避开了因果性时，那剩余给因果性的。（2）我们可以从第一个限制中轻易地推断出第二个限制：第三沉思将因果性原则施行于诸观念之上（观念被视为具有优先性的结果），而且特别施行于上帝的观念之上（被视为诸结果中的一个非凡的结果）。人们也将这一证明正确地称为基于结果的证明（une preuve par les effets）了吗，或者依然称之为一个**后天的**（a posteriori，或译为：**由果溯因的**）证明③？④ 然

---

① 中译文参见笛卡尔：《第一哲学沉思集》，庞景仁译，第 41 页。拉丁词 etiam 是 et（and、also）与 iam（now already）的合写，表示"也、还（also、too）""而且、此外（futhermore、besides）"等义。——译者

② 中译文参见笛卡尔：《第一哲学沉思集》，庞景仁译，第 41 页。译文有改动。——译者

③ 所谓"先天的证明"，是指从事物的性质推论到它的蕴涵，从条件推论到结论，或从原因推论到结果；所谓"后天的证明"则相反，是从结论到条件，从结果到原因。中译文参见斯宾诺莎：《神、人及其幸福简论》，洪汉鼎、孙祖培译，商务印书馆 1987 年版，第 137 页。——译者

④ 对于上帝实存证明的要么**先天**要么**后天**的命名，我们可以回溯到托马斯·阿奎那："可以用两种方式进行证明：其一是由原因出发，即所谓'先天'证明。这是从绝对在先的事物出发予以证明的。另一种是由结果出发，即所谓'后天'证明。这是由仅仅对于我们相对在先的事物出发予以证明的"；随后而来的当然是：上帝只能"从我们所认知的祂所产生的结果中"证明出来（Thomas d'Aquin, *Summa theologica*, Ia, q. 2, art. 2, resp.［中译文引自托马斯·阿奎那：《神学大全》，段德智译，第一集第 1 卷，第 32 页。——译者］）。此外，这一命名并不稳固。首先，因为这一表达没有出现（据我所知）在《第一哲学沉思集》**本身**的文本中。其次，因为，甚至是

而，被作为**终极因**（*causa ultima*）（50，6）而达到的上帝施行着这一最终的因果性，而祂自己却并没有让祂的实存服从于这一因果性。在第三沉思中，因果性原则仅仅被施行于诸观念之上（接着施行于受造的与有限的存在者，即自我之上），但从未被施行于上帝的实存本身之上。上帝肇始实存，但祂自身不具原因而存在：笛卡尔保持着托马斯·阿奎那的立场，只是将第二路［证明］（la *secunda via*）[①] 从一般意义上的有限存在者限制到特殊意义上的自我的诸观念中。相反，诸答辩将实存的因果性原则一路推向其最终的可能性：不仅仅"没有任何东西"（108，19＝164，28）不具原因而存在，或者说"一切"（238，16）[②] 都基于一个（本体论的）原因而存在，而且甚至且尤其是，"即使是上帝，也可以追问他存在的原因"（164，29）——即使对于上帝的实存（etiam ipsius Dei）（238，16）[③] 而言，原因也被要求（神学）。自因概念的出现表明，自此之后，实存之因果性原则（le principe d'une causalité），或者甚至是作为所有实存的（充足）理由的原因原则（le principe de la cause），都不再允许任何例外。这一原则不仅仅组织起本体论，而且组织起了存在-神学。

　　由此，我们能够回应——尽管依然抽象——我们最初诸问题中的另一个问题：在第三沉思与诸答辩之间，笛卡尔保持了同一个原则的连贯性，但他彻底修正了这一原则的意义。笛卡尔从神圣实存对于因果性

（接上页）最清晰的文本——第二答辩——也依然是含糊的：如果笛卡尔确实把基于无限观念的证明称作是**后天的**，那么他就忽略了（这是有意的吗？）把所谓的"本体论"论证——无论如何，他将之置于第一序列——互反地称作是**先天的**（AT VII, 167, 12, 以及 AT VII, 166, 20）；而且，当这两个称谓为了区分分析法与综合法而明确地起作用的时候，它们依然会相互混淆：综合法虽然"好像是后天的（tanquam a posteriori）"，但尽管如此，也会产生比分析法——"被认为好像是先天的（tanquam a priori inventa）"——所产生的"更加先天的（magis a priori）"证明（AT VII, 156, 6-7 和 AT VII, 155, 24）。尽管如此，这一困窘并不关乎**先天**本身，因为另一处文本单义地将之界定为从形而上学与（理性）神学中引出的论证的特性："理由……与实体的形式相反……起初就是**先天的**形而上学或神学的。"（1642 年 1 月致雷吉乌斯［Regius］的信，AT III, 505, 8-11）

① 指阿奎那"上帝的五路证明"中的第二路（la secunda via）：世界万物都有起因，而必有一最终因，即为上帝。——译者
② 中译文参见笛卡尔：《第一哲学沉思集》，庞景仁译，第 140 页。——译者
③ 中译文参见笛卡尔：《第一哲学沉思集》，庞景仁译，第 141 页。——译者

的例外 —— 上承托马斯·阿奎那 —— 过渡到了上帝本身对于因果性的从属 —— 下启莱布尼茨。在与加泰鲁（因此，间接地与托马斯·阿奎那）的争论中，**自因**的涌现 —— 好似是突然地 —— 指示出更具决定性的一个事件：充足理由律在其本体论功能中的出现，直至演进为形而上学的存在-神学机制。此外，C. 沃尔夫 —— 他在第二组答辩的**指示**（le *diktat*）中辨识出了充足理由律 —— 似乎确认了这一点："他（即笛卡尔）将拥有关于理由的清楚观念（rationis notionem claram），这一点是不应被怀疑的。他还留意到，他甚至使如下之点自明地清晰起来：首先，上帝的实存以及心灵与身体之间的区分会以几何学的方式得到证明 —— 作为有争议的《第一哲学沉思集》[一书] 的主题……而且确实，他说道，'没有任何一个存在着的东西是人们不能追问是什么原因使它存在的。因为，即使是上帝，也可以追问祂存在的原因……因为祂本性的无边广大性本身就是原因，或者是祂不需要任何原因而存在的理由'。他模糊地识别出了原因与理由之间的区别（discrimen inter causam et rationem）。"[①] 在这场看起来似乎是次要的争论当中，一个原则却产生了：在其充足性中的理由（la raison en sa suffisance）。如果说笛卡尔背负着**自因**[概念] 如此显然的逻辑矛盾，如果说他冒着 —— 他始终是如此谨慎，即使且尤其是在第一与第四组答辩中 —— 明确地反对一个已然确立的传统的风险，那么这乃是因为他的形而上学的存在-神学的实现对他而言要比一次争论 —— 即使是与最伟大的中世纪思想家的争论 —— 更具不可估量的重要性。自此，我们必须接近第三个问题（确切说来是一个形而上学问题）：具有如此大的决定作用的原因的存在-神学究竟实现了什么东西，以至于笛卡尔坚持**自因**到这样一个地步，使得上帝都服从于**自因**？

---

① C. Wolff, *Philosophia prima sive Ontologia,* Francfort / Leipzig, 1730; éd. J. École, Hildesheim, 1962, § 71, p. 50. —— 普瓦雷也坚持这一点："因此，上帝以此就是由自身而来，作为实存着的理由或原因，祂是先于所有其他事物的原因，是第一因与彻底因，所有其他事物的实存都从祂那里产生，即使是通过其他原因而产生的事物也是诉诸上帝的。"（P. Poiret, *Cogitationes rationales de Deo, anima et malo*, p. 277.）

4. 先天地证明上帝

通过历史的与文本的诸论证，我们能够确认自因概念的引入等同于原因 —— 作为所有实存的充足理由 —— 的存在–神学机制吗？

为了试图确认这一点，我们将选择苏亚雷兹（作为经院哲学的最后地标、作为笛卡尔的间接的导师与直接的对手）作为向导。因为是在苏亚雷兹的视域中，自因［概念］的笛卡尔式革新 —— 如同许多其他［笛卡尔式的革新］—— 才变得可以理解。事实上，苏亚雷兹通过一篇庄严的序言开启了他的关于"一般存在者的诸原因（causes de l'étant en commun）"的论辩。这一序言先于正式的讨论，并且确立了他的基本立场："这个因果性就像是存在者的一个特定属性；于是：没有什么不具有原因之理由"①——因果性并不表示一种简单的关联，而是表示着存在者的一种普遍属性，以至于没有任何存在者不相关于因果性。这被概括为一个简洁的二选一［命题］："无论如何，没有什么东西［可以］既不是结果，也不是原因。"②——"是"，［便］就"是"一个原因或"是"一个结果（être, c'êst etre une cause ou un effet）③。帕斯卡尔将之译为："一切事物都是被造者与造因（Toutes choses étant causées ou causantes）"④。我们在此辨认出两个笛卡尔式的立场：因果性的普遍性，［以及］它的本体论地位。然而，当涉及上帝的因果地位的界定时，苏亚雷兹更是笛卡尔的先驱。一方面，遵循支配性的中世纪传统，苏亚雷兹明确地将上帝从因果性中排除出来："上帝不具有原因，而除了祂，所有其他事物都具有原因。"——这预示了第三沉思。另一方面，无论如何，他［还是］试图将上帝切线式地含括在因果性的帝国里："尽管上帝并不具有一个真正实在的原因，然而，我们［还是］设想着上帝［存在］的某些理由，好似它们是其他理由的原因。"⑤确实，上帝［存在］的某些

---

① Suárez, *Disputationes Metaphysicae*, XII, Prologue, *Omnia opera*, t. 25, pp. 372-373.

② Suárez, *Disputationes Metaphysicae*, XII, Prologue, *Omnia opera*, t. 25, pp. 372-373.

③ 此处译文的三个引号为译者所加，以示强调。——译者

④ Pascal, *Pensées*, éd. L. Lafuma, Paris: Seuil, 1962, § 199 (B. § 72), p. 525.（中译文参见帕斯卡尔：《思想录》，何兆武译，商务印书馆 1986 年版，第 34 页。——译者）

⑤ Suárez, *Disputationes Metaphysicae*, XII, Prologue, *Omnia opera*, t. 25, pp. 372-373.

理由可以被解释为"好似"它们引起了上帝［存在］的其他理由。或者甚至，依循另一处文本："尽管我们承认，存在者，作为存在着的，在最初的含义上并不具有严格意义上的原因，然而它具有它的属性的一些理由：而在这个意义上，我们在上帝中同样能够发现这一类型的理由；因为从上帝的无限的完满出发，我们返回到了原因［理由］。"① 存在者，从逻辑上来说，并不具有原因；而这并不阻止［我们］去承认证成着存在者的诸属性的诸理由：这些理由由此取代了原因；这在不具有原因的上帝那里也是同样的：由上帝的无限完满所提供的理由取代了特别是为了上帝之统一性的原因。在此，我们毫不费劲地辨识出"答辩"中最具创新性的三个立场：（1）原因的"也在上帝中（*etiam in Deo*）"的扩展要早于笛卡尔的"即使是上帝（*de ipso Deo*）"（VII, 164, 29）②、"就连上帝［也不例外］（*etiam ipsius Dei*）"（238, 16）③。（2）将上帝（无限者）的一种属性阐释为一种理由，以及将这一理由阐释为一种准原因（quasi [*ac si*] cause），预示了一种类似的笛卡尔式转换："不是由于他需要什么原因使他存在，而是因为他本性的无边广大性本身就是原因，或者是他不需要任何原因而存在的理由"（VII, 165, 1-3）④；"在上帝里边有一个如此巨大、如此用之不竭的能力，以致他不需要任何帮助而存在"（236, 9-10）⑤；"包含在他的观念里的广大无垠的、深不可测的能力……这种能力就是他为什么存在以及不停止存在的原因，除了这个原因以外不能有别的原因"（110, 26-29）⑥。

最后且尤其是，（3）在［上述］两种情形中，神圣本质（祂同样也以无限为特征）仅仅是在祂被解释（这种解释是从因果性的统治出发的，这种统治被假定为普遍的）为一种**作为存在的存在**（*ens in quantum ens*）的最高特性的情况下，才与一个理由，进而是一个免去了所有外在原因的原因

---

① Suárez, *Disputationes Metaphysicae*, I, s. 1, n. 29, *Omnia opera*, t. 25, p. 12.
② 中译文参见笛卡尔：《第一哲学沉思集》，庞景仁译，第165页。——译者
③ 中译文参见笛卡尔：《第一哲学沉思集》，庞景仁译，第141页。——译者
④ 中译文参见笛卡尔：《第一哲学沉思集》，庞景仁译，第165页。——译者
⑤ 中译文参见笛卡尔：《第一哲学沉思集》，庞景仁译，第238页。——译者
⑥ 中译文参见笛卡尔：《第一哲学沉思集》，庞景仁译，第114页。——译者

相类似。由此，上帝不再被排除于所有存在者的因果存在之外：当在 1630 年，"深不可测的能力（puissance incompréhensible）"施行了一个它自身并不服从的**动力与总体因**（*causa efficiens et totalis*）——这是第三沉思仍然以**终极因**［之名］所保持着的——时[1]，诸答辩就第一次将上帝完全地铭刻在"**形而上学的对象**（l'objet de la métaphysique）"之中了。这一［前后的］连贯性的代价是：对上帝的解释，因此是对无限的解释，开始于因果性，并因此开始于那即将被称之为充足理由律者。根据充足理由来思考的无限，应当被归结为一种无限的能力（une puissance infinie）。无限仅仅作为能力（puissance）才赋予自身理由：这一修正没有**自因**的突然出现那么显眼，然而却交付出自因的真理和确保着自因的可能性。如果笛卡尔果断地超越了苏亚雷兹的诸立场，那么这当然是多亏了**自因**［概念］的引入，但尤其是多亏了从因果性出发的对上帝的果断阐释。

但是对苏亚雷兹的考察能够在笛卡尔式进展的真正意义之上投射出一道甚至更加清楚明白的光线。事实上，我们必须指出，尽管苏亚雷兹依循他的前辈们的共识而在原则上排除了**自因**，［但］他却多次地讨论了**自因**，而且并未满足于**自因**的不可能性，就好像他仅仅只是很不情愿地放弃了**自因**。[2] 不过，在对自因之假设的最为重要的诸提及中，有一个出现在一个更加广大的总体中：论辩二十九，"至于上帝，［作为］第一存在者与非受造的实体，祂自身能够被自然理性知晓为实存着的"[3]。总而言之，这一讨论涉及对上帝之实存的理性认知，第三与第五沉思以及第一与第四答辩也将引领向这一讨论。苏亚雷兹在三个切面中着手这一讨论。首先，通过考察证明任何非受造的存在者之实存的可能性，而通向了这样一个存在者——独立的第一因。[4] 其次，

① 分别参见 AT I, 150, 22（参见 AT I, 146, 4，以及"上帝是无限的与全能的"，AT I, 152, 11）；AT I, 152, 2 与 AT VII, 50, 6。关于上帝的形而上学本质的诸种规定之间的间隔，参见我的分析：*Sur le prisme métaphysique de Descartes*, chap. IV, § 19-20, p. 257sq.

② 关于向自因的积极含义让步的苏亚雷兹式引诱，参见如下例子：Suárez, *Disputationes Metaphysicae*, I, s. 1, n. 29, *Omnia opera*, t. 25, pp. 12, 29, s. 1, n. 20, *Omnia opera*, t. 25, p. 27.

③ Suárez, *Disputationes Metaphysicae*, XXIX, titre, *Omnia opera*, t. 26, p. 21.

④ Suárez, *Disputationes Metaphysicae*, XXIX, s. 1, *Omnia opera*, t. 26, pp. 22-34.

通过展示非受造的存在者是独一的，苏亚雷兹探究了是否"能够后天地证明上帝实存"；这一探究抵达了一种基于自身而为必然的存在者（un étant nécessaire par soi），这样的存在者乃是**受造物的源泉与动力因**（*fons et causa efficiens rerum creatarum*）①；我们在此毫不费力地辨识出了**后天**［证明］路径（la voie *a posteriori*）中的作为**终极因**（VII，50，6）与**真理源泉**（22，23）的上帝的特性，这一特性不论是在沉思一与沉思三中，还是在 1630 年的论永恒真理的创造的书信中，都［同样］被遵循。直到此时，苏亚雷兹，以及笛卡尔，依然停留在十足地托马斯主义的视域中，［亦即这样一种视域：］通过上帝的结果来认识上帝，这种认识把上帝视作本身不被肇始的原因。

　　余下的第三个切面询问是否"能够以某种方式先天地证明上帝实存"。一些令人惊奇之物在此一下子就浮现了：苏亚雷兹甚至并没有明确指出对于上帝实存的**先天**证明有什么要求，就基于上帝不是**自因**这个事实着手去展示这一证明的严格意义上的不可能性。他的论证如下："上帝不能够以**先天的**方式被证明为实存着的。因为上帝不具有祂的存在的原因 —— 通过这一原因，祂可以被**先天地**证明。或者，如果祂确乎拥有这样一种原因，那么上帝也并未被我们如此准确而又完满地知晓，以至于我们能够从祂的本己的原则去追随祂（姑且这么说）。在这个意义上，狄奥尼索斯在《论神圣的名》的第 7 章中说，我们不能够从上帝的本己的本质来认识上帝。"② 这一全然决定性的文本引致几个评述。

　　（1）**自因**在此直接地部分关联于**先天的**知识，同样，**终极因**（la *causa*

---

① Suárez, *Disputationes Metaphysicae*, XXIX, s. 2, n. 4, t. 26, p. 35.

② Suárez, *Disputationes Metaphysicae*, XXIX, s. 3, n. 1, *Omnia opera*, t. 26, p. 47. "上帝不具有祂的存在的原因"这一表达本质上并不区别于**自因**，除了在彻底化它的本体论特征的方面：它不仅仅关乎它自身的原因，而且关乎它的存在的原因，是的，存在，因为根据托马斯·阿奎那，它代替了上帝的**本质**。至于苏亚雷兹在此处所影射的狄奥尼索斯的表达，它位于 *Noms Divins*, VII, 3 中："我们依据上帝的本性认识上帝，而这是未知的。"（Suárez, *Patrologia Gracca*, 3, col. 869d）让我们引用苏亚雷兹的另一处文本 —— 也将他与原因在上帝中的使用之论证的先天性联系起来："但我不明白为何他要（Fonseca）先天地表达一个不可能的推论，因为它并非来自于原因，而是来自于外在的中介。"（Suárez, *Disputationes Metaphysicae*, III, s. 3, n. 9, *Omnia opera*, t. 25, p. 114） *ultima*）使得**后天的**知识得以可能；由此，从第三沉思向诸答辩的过渡就等同于**后天**秩序向一个**先天**秩序的翻转。此外，这是第二答辩的按几何学秩序的附录通过将因果规定（不仅仅是一般而言的所有实存的因果规定，甚至尤其是神圣实存本身的因果规定）置放于第一原理 —— 因此是卓越的**先天** —— 的序列中而相当清楚地确证了的。对一个"原因或理由"（165, 3）的要求 —— 因此是对一种因果的**先天**（un *a priori* causal）的要求 —— 首先在上帝的实存之上产生影响。由是，惯常被称为"本体论论证（argument ontologique）"的第五沉思的［上帝存在］证明并不在严格意义上配得上完全的**先天**之名，因为它错过了因果性（以及**自因**），而因果性界定着笛卡尔在上帝之上［所揭示］的第一**先天**［**性**］。斯宾诺莎非常懂得这一点，［因为］他确实努力地力图去将这一［上帝存在］证明与**自因**视为同一的。①

（2）苏亚雷兹完全看到了［上述］秩序的翻转，但他未能实现它，这无疑是因为他坚持将严格的**自因**［概念］视作一个自相矛盾的概念（笛卡尔再次思考了这一点），但尤其是因为他拒绝了**自因**［概念］的形而上学前提：从一种先于神圣本质的**先天**出发来解释神圣本质。事实上，即使上帝有（si haberet）一个祂存在的原因（*causa sui esse*），即简言之一个**自因**②，上帝也依然并不完全为我们所知，因为由是就需要从上帝的本己的诸原则（ex porpriis principiis）出发去对上帝进行认知；而依循狄奥尼索斯所确立的神圣之名的标准教义，上帝的诸原则与本己的本质最终是不可知的。苏亚雷兹看到了基于**自因**［概念］的先天［证明］之可能性，［然而］至少在这里，他拒绝了它。

---

① 参见我的研究 "Spinoza et les trois noms de Dieu", in R. Brague et J.-F. Courtine (éd.), *Herméneutique et ontologia: Hommage à Pierre Aubenque,* Paris, 1990；或 "The Coherence of Spinoza's Definitions of God in *Ethics* I, Proposition 11", in Yirmiahu Yovel (éd.), *God and Nature: Spinoza's Metaphysics,* Leiden: Brill, 1991。

② 自身存在的原因（*causa sui esse*）与自因（*causa sui*）之间的等同性不能减轻如下困难：对笛卡尔而言，上帝乃是祂的存在（AT VII, 383, 15 = AT III, 433, 9），如同起初对于托马斯·阿奎那而言（Thomas d'Aquin, *Summa theologiae,* Ia, q. 12, a. 2c），因此也是对于苏亚雷兹而言；因此，自身引起（se causer）或造成某物的存在（causer son être）在任何情形中都确切地返回到同一个事物。

（3）苏亚雷兹提出了一个弱化的替代［方案］来当作［对上帝的］**先天认知**：不是以一个强加于上帝之上的原则（实存之因果性），而是从任意一个属性（只要它对于一般的存在者而言是共同的）出发，以便由此通向神圣本质，进而通向神圣本质的实存："从一个特定的属性（这一属性事实上就是上帝的本质，但被我们认作是非受造的存在者［entis non causati］的一种样式）出发，另一个属性被推断出，以此方式我们得出结论说，那一存在者就是上帝。"①被以准**先天**的方式推断出的属性保持着绝对**非受造的**（*non causatum*）、外于因果性（hors casalité）的存在者的样式。神圣的超越性要求放弃普遍因果性的严格的先天性。例如，从广大无边性（l'immensité）推断出永恒不变性（l'immutabilité），由此，推断出单一性（l'unicité），以及最终，推断出必然实存。在此，我们能够大胆提出，第五沉思的证明（也许还有斯宾诺莎的所有那些证明）准确地阐明了这一弱化了的先天性的方法。

如果我们留意到笛卡尔的许多同时代作者［对于先天地证明上帝］的一再提防，笛卡尔施加于关于上帝的知识的诸条件之上的粗暴会更加清晰地凸显出来。（1）首先要提及的是 F. 瓦斯凯（F. Vasquez），他是苏亚雷兹的耶稣会竞争者，且比苏亚雷兹［在提防先天地证明上帝这一点上］要更加坚定："上帝的存在不能被**先天地**证明，因为，上帝的存在属于上帝［自身］——凭借上帝通过祂自身而知晓的命题；尽管如此，上帝的存在能够被**后天地**证明，或者通过上帝存在［所引起］的结果而得到证明"；由于神圣实存仍然是一个对于我们而言并不显而易见的命题，因此对于祂的认识就会是后天的，并且在显明性上要次于数学命题。②（2）我们也不应忽视笛卡尔对之保持敬意的圣-保罗·厄斯塔什（Eustache de Saint-Paul）所采取的立场："因此，就让如下之点成为第一断言：上帝的存在不能够被**先天地**证明，因为神圣的存在如同上帝的本质以及所有神圣事物的根本属性

① Suarez, *Disputationes Metaphysicae*, XXIX, s. 3, n. 2, *Omnia opera*, t. 26, p. 47.
② G. Vasquez, *Commentationrum ac disputationum in Primam Partem S. Thomae*, Ingoldstadt, 1609, respectivement, d. 29, q. 2 et q. 3, pp. 91, 95.

一样，没有原因或理由能够造成它们 —— 即使是基于我们的**先天的**理解模式。"我们不能说得更清楚了：神圣存在与本质以及本质在上帝中所建立的诸属性相混同起来，因此，祂越出了我们能够陈述的先于本质以及不具有本质之时的所有原因或理由；因此，就必须止步于一个**后天的证明**。① （3）但最为重要的作者似乎是西皮翁·迪普莱（Scipion Dupleix），因为他［说得］最为清楚，他的形而上学无保留地支持"**后天的认识**，也就是说，基于从后天的事情中所提取的证据而进行的认识。因为上帝并不依靠于任何更高级的或在先的原因，而且祂也不能通过任何在先的原因 —— 我们在拉丁文中称之为 *a priori*（先天的）—— 而被知晓"。甚至更加明确的："必须否认，既非自然，也非理性，也非人类意志会是绝对原则以及上帝的原则" —— 而先行于上帝的原则的这一缺失因此就禁止了任何**先天的认识**："上帝是完全不能通过先行的原则来认识或证明的，因为不存在先行于上帝的原则：拉丁人称之为 *a priori*（先天的），而与之相反……没有什么比上帝本身更能通过**后天的 / 由果溯因**的方式显明和认识，即通过祂的神迹与作为［而显明与被认识］。"［上述两种］秩序之间的这一差异甚至规定了比所有存在论差异（différence ontologique）更为重要的创世的差异（l'écart de la création）："对于所有其他事物，我们能够基于诸原则与在先的诸原因而获得被本己地命名为**科学**的完美知识 —— 逻辑学家在拉丁文中将之叫作 *demonstrare a priori*（**先天的证明**）；但是对于上帝 —— 祂是诸原则之原则，是所有其他事物的第一与最高因 —— 我们不能够拥有知识……除非这一知识是**后天的 / 由果溯因的**（*a posteriori*）。"② （4）在［荷兰］联省［共

---

① Eustache de Saint-Paul, *Summa Philosophiae: Quarta pars quae est Metaphysica*, IVe partie, d. 3, q. 2: "Utrum Deum esse demonstrari possit et quomodo", Paris, 1609¹, cité d'après 1611², p. 115.

② Scipion Dupleix, *La Métaphysique*, Paris, 1610, 根据 l'éd. R. Ariew 版本引用，分别引自 IV, IX, 3, p. 703; IV, IX, 4, p. 717; IV, X, 1, p. 762. 也可参见朱斯特·利普斯（Juste Lipse）的一种完全不同的风格："我只确信如下一点：上帝的意志乃是先于所有原因的原因；在上帝之上去寻找另一个原因的人忽视了神圣本性的动力与能力，因为每一种原因都先于它的结果且比它的结果更伟大，但没有什么先于上帝和祂的意志，也没有什么比上帝和祂的意志更伟大，因此，上帝没任何原因。"（Juste Lipse, *De constantia*, II, chap. XII, p. 91）

和国〕（Provinces-Unies），特别是在莱顿（Leyde）——处于像 J. 雷吉乌斯（J. Revius）那样的据称是反笛卡尔主义者的权威之下——对于笛卡尔的革新的一个〔与前述反对〕相类似的反对得到肯认，几个力图彻底地批评自因〔概念〕之引入的论题得到支持。我们将只引述其中一个论题，即安托万·多伯格（Antoine Dauburgh）（d'Alcmar）在 1647 年 2 月所支持的那一论题；它相当清楚地肯定了我们重构了其展开的那一论证："上帝不能被**先天地**证明，因为祂根本不具有一个原因，〔而〕通过这个原因祂〔才〕能够被**先天地**证明。"上帝不容许（n'admet pas）**先天的**证明，因为祂的存在不容许原因；一个本质或一个实质（une essence ou une quiddité）（在笛卡尔的主题中乃是〔作为〕一个形式因）也不能取代这一缺失的原因，因为在上帝之中，本质的问题并不先于实存的问题，因此，上帝的实质乃是无法认识的（reste inaccessible）："上帝的存在也不能够像其他首先基于一个理由的事物那样通过上帝的本质与实质得到证明，因为如同托马斯在区分一（*Dinstinctia* I〔错误。应为：*Summa Theologiae*, Ia〕, q. 2, art. 2, ad 2）中所正确地指出的那样：'某物是否存在？'的问题先于'某物是什么？'的问题"；从这里他返回到了古典的立场："上帝能够通过祂〔引起的〕结果而被**后天地/由果溯因地**证明。"[①]（5）然而，最出人意料的肯认来自于斯宾

---

① Antoine Danburgh, *Analectorum Theologicorum Disputatio XXXIII De Cognitione Dei III*, 在 J. 雷吉乌斯（J. Revius）的主持下，1647 年 2 月，分别引自：chap. III et IV [pp. 2, 3]。它关乎的并非一种孤立的情形；事实上，不久后——1647 年 3 月 20 号，通过 Jean d'Appeldorn（of Daventer），J. 雷吉乌斯支持了一些明确地反对笛卡尔的观点（上帝由自身而存在 [De Deo ut est ens a se]）："关于神学家们的这一解释（上帝在消极意义上由自身而来），他从未怀疑。只有笛卡尔的解释是不同的（据评论，他的〔怀疑的〕方法服务于他的思想），即：〔他认为〕上帝的存在并非消极地，而是积极地由祂自身而来。"（*Analectorum Theologicorum Disputatio* XXV, *De Deo ut est a se*, II, chap. IX）此外，这些判断似乎非常肯定：笛卡尔在此确实与所有先前的神学家相决裂了，而且他为了在上帝身上应用他的方法，确实向上帝中引入了动力因果性。通过〔反对〕E. Spiljardus，J. 雷吉乌斯〔对笛卡尔〕的攻击在 1647 年 3 月 27 日依然继续进行着。E. Spiljardus 通过主张"上帝的存在积极地由自身而来，而且必须免于动力因——作为神学的区分"（thèse XVII et dernière）而总结了他的关于上帝属性的观点。因此，这关乎一场有意识、有组织的反对笛卡尔**自因**概念的矛盾的新颖性的战斗。多亏泰奥·韦贝克（Théo Verbeek）（Université d'Utrecht）的博学与友谊，我知晓了这些相当有教益的文件。

诺莎本人；事实上，《简论》（*Korte Verhandeling*）尽可能清晰地提出了笛卡尔所面对（与裁决）的二难困境中的诸端项："由上述一切清楚可见：我们既能先天地同时又能后天地证明神的存在。固然，先天的证明更好，因为用后一种方式被证明的种种事物必须通过它们的外因才能得到证明，在这两种方式之中，它显然是不完善的，因为事物不能通过它自身来认识自己，而仅能通过外在的原因。然而，神因为它是万物的第一因，并且也是其自身的原因，故神能通过它自己来认识自己。因此人们无须太注重托马斯·阿奎那的断言，即认为神不能先天地被证明，因为神的确是没有原因的。"[1] 因此，对于斯宾诺莎而言，一种关于上帝实存的**先天**证明需要对**自因**[概念] 的求助，这乃是不言而喻的。这为同一篇论文中的另一段落所肯认："此外，他们还认为，神绝不能**先天地**被证明，因为它没有任何原因，因此只有根据盖然性，或通过神的产物才能加以证明。"[2] 我们不能够更加清楚地确定诸答辩所违反的边界，以及**自因**[概念] 所施加的断裂了：为了从因果性出发证明上帝本身的实存，笛卡尔因此必须使上帝的实存服从于一个先行的原则。

因此，笛卡尔并没有历史性地强行规定**自因**[概念]，因为 [如果是这样的话] 他就会已然清楚地克服了 [自因概念的] 逻辑困难。但他力图去减弱 [自因概念的] 逻辑困难，因为，为了历史性地打破由中世纪思想家

---

① Spinoza, *Korte Verhandeling*, I, 1, § 10. 译文参照查尔斯·阿普恩（Charles Appuhn）的法译本（*Œuvres de Spnoza*, Paris, 1964, t. 1, p. 48），但依据考证版以及菲利波·米尼尼（Filippo Mignini）的意大利语译本（*Korte Verhandeling / Breve Trattato*, L'Aquila, 1986, p. 8）（对我们讨论的这些作者做了极好的注释，p. 454sq）做了修正。（中译文参见斯宾诺莎：《神、人及其幸福简论》，洪汉鼎、孙祖培译，第 136 页。——译者）

② Spinoza, *Korte Verhandeling*, I, 7, § 5, p. 32. 在 *Ethics*, I, § 11 中，斯宾诺莎完美地运用了他的程序，在重复了 ——就好像不顾他自己 [的立场]——笛卡尔的**后天**证明（证明三）之后，他在附释里立刻着手转向一个**先天**证明，与笛卡尔相反，他仅只赋予与几何学秩序的一致以优先权："在前面这个证明里，我是从后天方面来证明神的存在，为的是使人易于了解；这并不是说不能根据同样的原理从先天方面去证明神的存在。"（中译文参见斯宾诺莎：《伦理学》，贺麟译，第 12 页）是否从"同样的原理"而来，我们能够由此在两种不同的秩序中引出两种 [不同的] 证明，这显然是有待去知晓的（参见我的研究："Spinoza et les trois noms de Dieu", n. 30, p. 164）。（中译文参见斯宾诺莎：《神、人及其幸福简论》，洪汉鼎、孙祖培译，第 172 页。——译者）

在关于上帝实存（并因此是关于上帝的本质）的**先天**知识的合法性之上所建立的禁令，他**必须**利用自因概念。只有对这一禁令的打破事实上才会允许将**上帝自身**决定性地且第一次地涵括在形而上学的存在－神学机制中。由此，我们回应了我们最初诸问题中的第三个问题。

5. 类比的返归

　　笛卡尔当然意识到他［对自因］的推进的大胆性。笛卡尔的惯常的审慎使得他不断地想要弱化［自因概念的］暴力，以至于几乎否认／放弃了（renier）自因概念。在 1648 年，［当］笛卡尔一边讨论着雷吉乌斯（Regius），一边回应着雷吉乌斯的一个抨击［时］，他声称他所写的从来只是："**上帝能够被称作祂自身的动力因 —— 不仅仅是消极地**（*négativement*），**而且是积极地**（*positivement*）[①]……如同他（雷吉乌斯）所断言的那样。无论他多么仔细地寻求、阅读与表达我的著作，他都从不会发现类似的东西 —— 事实上他会发现相反的东西。"[②] 对于诸答辩而言，自身的积极的动力因（la cause positivement efficiente de soi）真的就是一个"怪物"吗？[③] 我们不能单义地去回应这一问题，这十分重要。首先，笛卡尔确乎否认自因严格地从属于动力因："自因这两个字怎么也不能被理解为

---

① "积极地／正面地"一词指原因的一种积极／正面的作用。参见笛卡尔：《第一哲学沉思集》，庞景仁译，第 245 页。——译者

② René Descartes, *Nota in programma quoddam*, AT VIII-2, 368, 31-369, 1.

③ René Descartes, *Nota in programma quoddam*, AT VIII-2, 369, 2. 诚然，为了抵抗来自于新教徒（在哲学与神学中比笛卡尔通常的天主教对话者更加保守）的、越激烈数量就越多的攻击，笛卡尔在这里，在诚实允许的范围内，尽可能远地推进了这一矢口否认。但雷吉乌斯也依从于这些事实；因此，由阿德里安·海尔伯德（Adrianus Heereboord）于 1647 年 12 月所主持的辩论"对神的自然知识"（*De Notitia Dei naturali*）主张"并非在消极意义上，而当然是在积极意义上，上帝乃是祂自身的动力因，而且，上帝作为祂自身的原因，通过祂自身的能力保存着祂的存在。"（记载于 *Statera Philosophiae Cartesianae*, Leyde, 1650, p. 245sq., 引自 AT V, 128）。关于这一辩论，参见泰奥·韦贝克最近的梳理 *Descartes and the Dutch: Early Reactions to Cartesian Philosophy 1637-1650,* Carbondale: Southern Illinois University Press, 1992, 特别是在第 3 章和第 12 章第 40 页以下和第 116 页以下，以及 "From 'Learned Ignorance' to Scepticism: Descartes and Calvinist Orthodoxy", in *Scepticism and Irreligion in the Seventeenth and Eigtheenth Centuries*, éd. Richard Pophin et Arie Vanderjagt, Leiden: Brill, 1993。

动力因"（AT VII, 236, 8）①；"上帝不是他自己的动力因"（237, 4-5）②；"并不是个真正的动力因"（240, 10）③。但是，无论如何，自存性（l'aséité）变得和神圣实存（237, 2, 10 et 239, 18）一样是相当积极的 / 正面的（110, 7, 21, 31）。进而，那导向自因的原则至少两次提及了原因的动力性（l'efficience de la cause）（108, 20 et 238, 11）。而尤其是，这一讨论开始于一个更加模棱两可的宣称："我没有说过一个东西不可能是它自己的动力因"（108, 7-8 = IX-1, 86, 7-9）④。事实上，与加泰鲁——他反复讲上帝不能够"从作为原因的祂自身而来"（95, 12）——相反，笛卡尔一开始就否认了这一不可能性以及打开了对立面之可能性；此外，［通过］将双重否定严格对应地转化为肯定，我们几乎能够将之译为："我说过一个东西有可能是它自己的动力因。"⑤ 简而言之，对于打开［对立面之可能性］的宣称已然怀有了之后的**自因**构形的整个含糊性。正因为笛卡尔不带保留地设立了施加于所有实存之上的动力因果性原则（充足理由律），他几乎无限制地部署了**自因**这一单纯有争议的概念。此外，我们会惊讶于加泰鲁与阿尔诺（Arnauld）几乎只将他们的注意力集中于结果（**自因**）上，而没有真正追问那支撑着结果的原则。因此，他们使得笛卡尔得以一边给出着极端妥协的表象，一边去确证他的革新。留待说明的正是这里说的这种矛盾性。

　　［笛卡尔做出了］大量的让步力图使得**自因**［概念］对于反对者而言更加可接受。例如，自因变成了仅仅是"某种意义上的"或准**自因**⑥。在这些

---

① 中译文参见笛卡尔：《第一哲学沉思集》，庞景仁译，第 238 页。——译者

② 中译文参见笛卡尔：《第一哲学沉思集》，庞景仁译，第 239 页。——译者

③ 中译文参见笛卡尔：《第一哲学沉思集》，庞景仁译，第 242 页。——译者

④ 中译文参见笛卡尔：《第一哲学沉思集》，庞景仁译，第 112 页。——译者

⑤ 以此，我们不会像 F. 阿尔基耶一样断然，不过，他仍懂得笛卡尔狡黠的审慎："在这一点上，笛卡尔不够准确。重读一下第四答辩的文本就足以使我们明白，他绝没有主张人们归于他名下的观点，他也绝没有把这一观点视为怪物一般。"（载 René Descartes, *Œuvres philosophiques*, t. 3, p. 819, n. 1）此外，异乎寻常地，阿尔基耶在这里并未给出任何确切的参照，由此而遭受到一些难堪。

⑥ "Quodammodo sui causa（在某种意义上是自己的原因）", AT VII, 109, 6。参见 AT VII, 111, 5, 引自 AT VII, 235, 18 与 22。"Quasi causa efficiens（近似于动力因的）", AT VII, 243, 26。参见 Jean-Luc Marion, *Sur la théologie blanche*, § 18, pp. 432-437。

让步之中，那些笛卡尔从苏亚雷兹所做的对于因果性的分析中逐字逐句重新引述过来的［段落］，我们应当对之赋予优先权。（1）在上帝之中，笛卡尔必须要考虑一个"高贵的原因（causae dignitas）"，而尽管如此又并没有引入"不完满的结果（l'effectus indignitas）"（242, 5-6）①。这些奇怪的表达直接来自于苏亚雷兹［提出］的一个问题——"所有原因都比它的结果更加高贵吗？"——以及苏亚雷兹［对这个问题］的回答："首要的原因从不可能更少高贵性"②。（2）多亏希腊教父的权威，笛卡尔捍卫了在上帝之中对于原因的积极使用。与拉丁教父把本原和原因相对立［的做法］（opposant *principium à* causa）相反，希腊教父不加区别地使用了 ἀρχή（arche，本原）与 αἰτία（aitia，原因）（237, 24 - 238, 6）③。事实上，他由此如实重述了苏亚雷兹对"几位希腊教父的说话风格"的展现，"他们甚至在神圣位格之中也将圣父称为圣子的原因，在其中上帝乃是本原"。④（3）同样，笛卡尔求助于神学上的微妙可能性：圣父也许是［圣子的］本原，而圣子并不因此就是由本原而生的（le Pére soit *principium* sans que le Fils soit pour autant *principiatum*）（242, 7-14）⑤；在这里，他也仍然是几乎复现了苏亚雷兹的说法："因此，虽然他们（神学家们）会说圣父是圣子的本原，然而，他们否认了圣子乃是衍生于圣父这一本原。"⑥笛卡尔因此完美地测度了自因在启示神学中的意涵，因为苏亚雷兹已经为他打开了档案；答辩中的神学暗示没有一个是晦暗的，毫不重要的，或可以忽略的。（4）笛卡尔最终承认，自

---

① 中译文参见笛卡尔：《第一哲学沉思集》，庞景仁译，第 244 页。——译者

② Suarez, *Disputationes Metaphysicae*, XII, s. 1, titre et n. 5, *Omnia opera*, t. 25, pp. 916, 918. 在此为何不考虑关于这一论题的雨果版本？"结果哭泣着，并且不停息地询问原因"（*Les contemplations*, "Pleurs dans la nuit"）。

③ 中译文参见笛卡尔：《第一哲学沉思集》，庞景仁译，第 240 页。——译者

④ Suárez, *Disputationes Metaphysicae*, XII, s. 1, n. 1, *Opera omnia*, t. 25, p. 373. 也可参见 s. 1, n. 8: "Et ad hanc verborum proprietatem videntur alludere Sancti, cum dicunt Patrem aeternum esse principium, fontem et originem totius deitatis. Non enim ita loquuntur quia Pater sit principium ipsius naturae divinae, quia juxta fidem Catholicam divina natura non habet principium, quia a nullo procedit." (*Omnia opera*, t. 25, p. 375). 以及 Thomas d'Aquin, *Summa theologica*, Ia, q. 33, a. 1 (已被 E. 吉尔松注意到，*Index scolastico-cartésien*, § 74)。

⑤ 中译文参见笛卡尔：《第一哲学沉思集》，庞景仁译，第 244 页。——译者

⑥ Suárez, *Disputationes Metaphysicae*, XII, s. 1, n. 32, *Opera omnia*, t. 25, p. 383.

因并不隶属于简单的动力因，而是属于一个"对于动力因与形式因而言都是共同的［原因］概念"（238, 24-25）①；尽管有［如下的］模型——有无穷多边的多边形朝向一个圆的连续转化——［作为参照］，我们还是可以合法地质疑此处所关乎的是否是一个本真的概念而非一个空洞的命名。不过恰巧，苏亚雷兹确实已经系统考察了四因之间的兼容性，察看了它们彼此之间的相互作用；由此，形式因与质料因、目的因与动力因、质料因与目的因整体而又相互地作用着；但是依然有两处不兼容性："动力因与质料或形式之间无法具有相互的因果性"②。简而言之，由笛卡尔所阐明的这一具有褶皱的立场当然并非自相矛盾的，而且是富有意义的——富有苏亚雷兹所讨论与阐明的意义，但却仅仅是一种假性的反驳。而再一次地，甚至是在反对苏亚雷兹的时候，笛卡尔所说的也仍然处在苏亚雷兹的语义之中。

但是，在所有让步——笛卡尔把理由律对实存的普遍支配夹带在这些让步之中——之中，最具症候性的让步在于对类比的出人意料的求援。在对阿尔诺的反驳的回应中，笛卡尔最终的策略在于**自因**的因果性与严格的动力因果性之间引入一个间隔（un écart）。这一间隔有时化身为一个介于动力与形式之间的"共同的（commun）"（AT VII, 238, 25）③或"中间的（intermédiaire）"（239, 17）④概念，但这一变化是带有困难的，因为苏亚雷兹明确地拒绝了这一可能性。这一间隔很快也会展露为一个类比：以动力因果性类比**自因**。依次地：（1）神圣本质所变成的**积极的原因**（la *causa positiva*）"可以被认为和动力因相类似"（240, 12）⑤，而且能够通过与动力因的类比将自身关涉于动力因。（2）"所有这些与动力因有关和相类似的说法，对于引导自然的光明，是非常必要的。"（241, 16-18）⑥（3）"使用

---

① 这一原因概念囊括动力因与形式因。如果某个事物是由别的东西而存在，那么就可以说是由动力因而存在；如果是由自己而存在，那么就可以说是由形式因而存在。中译文参见笛卡尔：《第一哲学沉思集》，庞景仁译，第241页。——译者
② Suárez, *Disputationes Metaphysicae*, XXVII, s. 2, n. 19, *Opera omnia*, t. 25, p. 957.
③ 中译文参见笛卡尔：《第一哲学沉思集》，庞景仁译，第241页。——译者
④ 中译文参见笛卡尔：《第一哲学沉思集》，庞景仁译，第242页。——译者
⑤ 中译文参见笛卡尔：《第一哲学沉思集》，庞景仁译，第242页。——译者
⑥ 中译文参见笛卡尔：《第一哲学沉思集》，庞景仁译，第243页。——译者

同动力因的类比来解释属于形式因的东西，也就是说，属于上帝的本质本身。"（241, 25-27）① （4）"［我们应该说，对于问上帝为什么存在的人，不应该用真正的动力因来回答，］而只能用事物的本质本身，或者用形式因来回答。［由于在上帝身上存在和本质是没有区别的，因此］这一形式因与动力因有着非常大的类比关系，从而可以被称为'准动力因'。"（243, 23-26）② 我们难道不能从这些**类比**的情况（ces occurrences d'*analogia*）中推断出，当笛卡尔将动力因**先天地**应用于上帝时，他在此极其自然地恢复了［动力因］这一术语的神学使用吗？我们难道不是必须要向笛卡尔的步伐／表达（démarche）——所有实存都取决于／依存于充足理由律，［而］充足理由律向所有实存分配／规定了一个动力因，但是在关于上帝的情形中，则有一个类比的保留［即：动力因乃是作为一个类比来说明上帝存在的充足理由］——的逻辑融贯性与神学上的审慎致以敬意吗？此外，苏亚雷兹不是已经展现了一个类似的立场吗？③

然而，出于好几个理由，这一调节性的阐释并不立得住脚。首先，因为一种不同的原因与动力因的类比被假定为是适合于上帝的，一点也没有消除**自因**［概念］的诸困难：（1）原因与结果之间的真正的区分；（2）一个事物（作为原因）对于它自身（作为结果）的在先性（l'antériorité）；（3）为了一个**先天的**证明，［需要］上帝对于一个先于上帝的原则的从属。而笛卡尔从未改变他最初对于回应——"毫无意义的问题（nugatoria quaestio）"（108, 12）④——这些疑难［之要求］的拒绝。其次，且尤其是，此处所考

---

① 中译文参见笛卡尔：《第一哲学沉思集》，庞景仁译，第244页。——译者
② 中译文参见笛卡尔：《第一哲学沉思集》，庞景仁译，第245页。译文有改动，方括号中补充的是引文相较于原文所省略的部分。——译者
③ 对于本原概念的一个经典的类比阐释仍然是在苏亚雷兹的哲学之中遭遇到的："此外，本原的观念不仅仅连结于就受造物而言的因果性，而且和属于受造物一样也属于上帝。基于这一理由，根据属性的类比，本原的观念可以被说成是关乎上帝与受造物的。基于圣言的恩典，可以类比性地谈论上帝与受造物，亦即，本原之存在乃是动力性的，并非只基于比例／相称（proportio），而且也基于一个实在的与真正的关联，无论如何，这一关联包含一个类似的属性，正如我们会在下文论关于上帝与受造物的存在类比的章节（*Disputationes Metaphysicae*, XXIXsq.）中要解释的那样。"（Suárez, *Disputationes, Metaphysicae*, XII, s. 1, n. 15, *Opera omnia*, t. 25, p. 379）
④ 参见笛卡尔：《第一哲学沉思集》，庞景仁译，第112页。——译者

虑的类比将会是 —— 假设我们能够接受它作为一个崭新的概念装置（un dispositif conceptuel nouveau）—— 一个反-类比（contre-analogie）。[让我们]坚持于这决定性的一点。在神学的（与托马斯主义的）出色的精确性中，**比例/相称**或参照的类比（l'analogie de *proportio* ou de références）在诸类似项（analogués）与一个享有特权的端项 —— 第一类似项（le premier analogué）—— 之间被构成；但第一端项并不作为一个[其他诸项的]共同参照物（如同健康之于那些相关于健康的事物）支配其他类似项，这个共同参照物作为一种抽象原则起作用；第一类似项保持为[诸类似项之]系列中的一员，而且被这个系列整体所关联（如同医学的事项之于健康的身体）；因此，**比例/相称**之类比（l'analogie de *proportio*）将这一系列中的所有有限的端项参照于这同一系列中的无限的与非受造的端项。[①]明确地说，要么动力因果性单单返溯到上帝，而所有其他的存在者将只是类比地使用它 —— 而关于实体，笛卡尔也是这样去谈论（ne raisonne pas autrement à propos de la substance）：在上帝中[实体一词的使用]乃是严格意义上的，而对于有限之物则是类比意义上的（*Principia* I, § 51）[②]；要么动力因果性严格地属于有限的存在者，而上帝则会被排除在外 —— 这是中世纪思想家所坚持的[立场]。此处剩余下由笛卡尔所考虑的假设：动力因果性在严格意义上用来言说有限的存在者，在类比的意义上用来言说上帝；但它[由此]产生了一个惊人的翻转：仅只是通过类比于（因此是参照于）有限因果性 —— 单独地、严格地是动力因的，上帝才根据动力因且作为动力因被言说；简而言之，依循笛卡尔的类比，上帝（无限）通过对有限存在者的类比与参照而被言说，然而根据神学上的类比，有限之物是通过参照于上帝才被言说的。类比确实被运用了，但却被颠倒了：通过参照于

---

① 参见 Thomas d'Aquin, *Summa theologiae*, Ia, q. 13, a. 5; *Contra Gentes*, I, § 29, § 34 et III, § 54; *Compendium theologiae*, § 27；根据 *In Sententiarum*, I, d. 35, q. 1, a. 4, "类比乃是从上帝到造物"，而非相反。我们在此依循贝尔纳·蒙太涅（Bernard Montagnes）的结论，参见 Bernard Montagnes, *La doctrine de l'analogie de l'Etre d'après saint Thomas*, Paris-Louvain, 1963.

② 参见笛卡尔：《哲学原理》，关文运译，商务印书馆 1959 年版，第 20 页。——译者

动力因，上帝被言说且被理解，而动力因仅只在有限之物中才被严格地运用，且自此而立于第一类似项以及参照中心的行列之中。而且，正如托马斯·阿奎那最后的继承者们通过将诸存在者对上帝的参照（la références à Dieu, *proportio ad Deum*）转化为一个也包含着上帝的单义的存在概念而翻转了存在者类比的意义那样，同样地，笛卡尔所使用的类比事实上并未将动力因参照于上帝，而是让上帝参照于动力因。类比，远非［是为了］补偿或缓和充足理由律在自因中的出现，而是在其自身颠倒以及与自己的游戏中，确认了即使是上帝的实存也成切线式地但不可避免地来自于**原因或理由**（*causa sive ratio*）。

　　［由此］我们能够做出结论了。第一个结论：尽管只有诸答辩引入了**自因**，但诸答辩并没有与诸沉思——无论如何都忽视了**自因**概念——相矛盾：二者都遵循同样的因果性**先天**原则（principe *a priori* de causalité），即便它们对于这一原则的应用——是应用于诸观念的有限区域还是普遍地应用于所有实存——有着分歧。因此，**自因**使得笛卡尔形而上学具有更大的内在融贯性。第二个结论：然而，这一第一位的与无可争议的融贯性使得笛卡尔文本中的其他张力显现出来了。（1）当然，论永恒真理的创造的书信确实将上帝界定为一种"深不可测的能力（puissance incompréhensible）"（AT I, 146, 4; 150, 22）——如同答辩一后来所重述的那样（AT VII, 110, 26）——因为书信一上来就将上帝思考为"动力与总体因"（AT I, 152, 2）。但尽管如此，一个显著的差异禁止了这些文本之间的一致性：在 1630 年，深不可测的能力单独固有地界定着神圣本质，而因果性仅只指明着**向外的**创造（la création *ad extra*）；相反地，在 1641 年，因果性同样把神圣本质界定为深不可测的能力："如果我们以前曾经追寻过他为什么存在或者为什么他不停止存在的原因，如果考虑包含在他的观念里的广大无垠的、深不可测的能力。"（AT VII, 110, 24-28 = IX-1, 87, 39sq.）[①] 因果性从神圣属性变成了神圣本质。（2）与 1630 年的书信的比较引起了另一个困难：如果，在

---

① 中译文参见笛卡尔：《第一哲学沉思集》，庞景仁译，第114页。——译者

1941 年，所有的实存都假定了一个**原因或理由**（*causa sive ratio*），那么它关乎一种被创造的永恒真理吗？一个积极的回答将会是困难的，因为它将这一真理限制于有限的受造物，而任由神圣实存既没有根据，也没有理由。但是，一个消极的回答则返回去承认上帝不能够免去充足理由，也不能够免去因果性，因此［也就是］承认上帝并非绝对自由地去创造，也不是绝对无条件的。简而言之，要么笛卡尔在 1630 年忘记了在被创造的真理之中提及实存与动力因之间的对等性，要么笛卡尔在 1641 年通过使神圣本质服从于充足理由律而限定了神圣的超越性。依循这一二难困境，笛卡尔的后继者之间在单义性与理由原则（l'univocité et le principe de raison）上的分歧将会在笛卡尔与他本人之间的悬而未决的张力中获得它的源头。① 第三个结论：纯粹历史性的问题（**自因的发明**）并未受到从对逻辑上的反对的回应而来的任何辩护（自因概念的显然的自相矛盾从未被取消）；它单独服从于一种本己的形而上学必然性：对于构建一种从**原因**出发的无例外的存在-神学的要求，原因以此被提升到**原因或理由**（*causa sive ratio*）的行列中。因此，充足理由律并非通过解决上帝的情形所引起的反对得以建立，而是通过忽略这些反对才得以建立；充足理由律因此便通过忽略其他理由 —— 它们自此以后都是相对的理由了 —— 的情形来证明上帝作为第一理由的权威。我们也注意到，第二种存在-神学（基于**原因**）在第三沉思中仍然没有完全实现，因为，如同在 1630 年，因果性仍然与神圣本质保持着区分；而在诸答辩中，为了［使得］它们最终同一化，笛卡尔必须再越出一步。而因此，奇特的是，以**自因**的方式将上帝辨识为至高的存在者，相较于赢得自我作为最高的第一存在者 —— 根据**我思自身** —— 而言，将会需要一条更加漫长的道路与一场更加艰难的神学论辩，而这一颠倒本应显得很平常：上帝乃是至高无上的，这难道不是当然的吗？有限存在者乃是第一位的，这难道不是成问题的吗？然而，思想的道路对于笛卡尔而言乃是完全不同的；因为一种形而上学的存在-神学的构成规则与一种启示神学的制定规则之间

---

① 参见 Jean-Luc Marion, *Questions Cartésiennes II: Sur l'Ego et Sur Dieu*, VI, § 7-8 et VII, § 3-9。

毫无共同之处。第四个[①]结论：**自因**不仅仅引入了一个最终的与迟来的对于上帝实存的证明；事实上，它构造了形而上学（不仅是笛卡尔的形而上学，而且也是一般的形而上学）从未产生过的上帝实存的第一**先天**证明。这一**后天**（基于观念的证明，观念被把握为结果）向**先天**（基于**理由或原因**的证明）的翻转不仅仅表示神圣本质自此被设定为准-已知（quasi connue）的，而且尤其是表示神圣本质将会服从于一个先于它的形而上学原则。自此，上帝决定性地且最终地进入了形而上学的"主题（sujet）"[②]：远非保持为一个外在的本原/原则（根据托马斯·阿奎那的论述）[③]，还被包含在形而上学的主题之内（根据苏亚雷兹的论题）[④]——在这双重意义上，有一个原则先于上帝而又使它变得可以理解。按照海德格尔的说法，这一最后的结论同时取消与确认了形而上学的解释学。这一确认是显然的：**自因**确实陈述了当上帝进入形而上学时必须采用的名称，因为祂进入形而上学便就服从于**原因或理由**（*causa sive ratio*）的普遍的**先天**，同时停止了作为这样的**先天**施展自身。但是那取消了这一确认的［理由］显得也很清楚：在笛卡尔并未占用上帝之前，也许上帝并未真正进入形而上学，因为仅只是伴随着**自因**，一种不同的首要性——存在-神学的首要性——才征服了不可名状的与深不可测的超越性（la transcendance）。但是，如果情形是这样的话，就必须根本地修正整个中世纪思想的形而上学地位问题：中世纪思想家不仅仅忽略了充足理由律，而且尤其是忽略了充足理由律对于上帝之本质的运用，因此全体一致地拒绝了**自因**概念，［从而］能够——至少是部分地——避免形而上学的存在-神学的建立，以及因此避免一种对于上帝

---

①　原文笔误，应为第四个结论，写成了第三个（troisième）。——译者

②　sujet 既有"主题"的意思，也有"从属的、服从的"含义，打上引号的"sujet"在此暗含了这一双关含义，表示上帝在成为形而上学的主题的同时也要服从于形而上学的"存在-神-逻辑学机制"的基本原则。——译者

③　在形而上学中（与启示神学相反）："神圣事物不仅被考虑为科学的主题，而且被考虑为是服从于本原的。"（*Expositio Boethium De Trinitate*, in *Opuscula omnia*, éd. P. Mandonnet, Paris: Lethielleux, t. 3, p. 117）

④　*Comprehendere Deum, Disputationes Metaphysicae*, I, s. 1, n. 13, *Opera omnia*, t. 25, p. 6; n. 19; n. 26, p. 25, etc. 参见 Jean-Luc Marion, *Sur la théologie blanche de Descartes*, p. 134sq。

的偶像崇拜式的阐释。无疑，忽略一个问题中的一些端项不足以成功地回答这一问题（即使是对于中世纪思想家）；但是，不依靠于精确的概念，就没有任何问题（即使是那些形而上学问题）能够被严肃地提出。笛卡尔的**自因**把它宣称最终克服的东西又释放了出来 —— 这并非笛卡尔**自因**［概念］的最小悖论。

王光耀（南京大学哲学系）译

余君芷（中山大学哲学系）校

何为内于方法的形而上学？*

——《谈谈方法》的形而上学处境

让－吕克·马里翁
（巴黎第四大学、芝加哥大学）

1. 对方法的形而上学谈论：议题

在《指导心智的规则》[①]起始处，笛卡尔制定了一种他即将采用的方法。在《第一哲学沉思集》的结尾处，他获取了一个被视为最终物的形而上学基础。此种双重制作——既关于一种方法，也关于一种形而上学——开启了通向诸多可直接、间接证实之命题的门户；然而，就体系上的需要与迫切而言，它引起了巨大的困难，此困难可表达如下：此方法与此形而上学的相互关系为何？或者，换以两个类似的表述：（1）此方法的建立已经或零或整、或明或暗地运用或预设了某种形而上学吗？（2）反过来，此形

---

* 本文译自：Jean-Luc Marion, *Cartesian Questions: Method and Metaphysics*, Chicago and London: The University of Chicago Press, 1999, pp. 20-42.——译者

① 该书中文版名为《探求真理的指导原则》，参见笛卡尔：《探求真理的指导原则》，管震湖译，商务印书馆 1991 年版。今从王太庆先生译作《指导心智的规则》，以对应外文书名为 *Regulae ad directionem ingenii*。参见笛卡尔：《谈谈方法》，王太庆译，商务印书馆 2000 年版，第 vi 页。——译者

而上学的完成依靠某一方法吗？若如此，这方法与《指导心智的规则》制定的方法相符合吗？易言之，方法和形而上学仅仅作为笛卡尔思想中两个自主的环节一前一后地相互跟从吗？还是相反，它们以种种形式部分地，甚或完全地交叠？这些重要的问题已越出了一项有限研究的范围，其回答既可能动摇，也可能加固笛卡尔的整个体系。① 然而，此疑难或许会变得更可通达，因而更能够得到解答，如果我们以稍许不同的词句来表达它的话：在《指导心智的规则》（因此是方法）和《第一哲学沉思集》（因此是形而上学）之间能够找到一个中项，即《谈谈方法》吗，至少在编年的意义上？《谈谈方法》不只是，或者主要不是，对方法的谈论，而是**经由**此方法对从此呈现为它将规约之领域的谈论。笛卡尔勘绘了其诸区域："因为我主张若没有它（即此方法），诸区域所含之物绝不会被发现，并且，人们可以通过它们明白它价值几何。"他言及的是关于此方法的三篇论文：《折光学》、《气象学》和《几何学》；然而此方法也延展到其他区域，因为笛卡尔"为了表明其方法延展至所有种类的论题，在开始《谈谈方法》时已插入了一定内容的形而上学、物理学和医学"②。于是此处，即使是形而上学也服从于此普遍的和首要的方法，它不容许例外和豁免。因为，正如同时期的一项文本所确认的一样，它是"一般方法"，它使人能够在这些论文的论题之外"阐明一切种类的论题"——在普遍数学（*mathesis universalis*）于"随便什么对象"（AT X, 378, l. 3）③ 中运用自身的意义上，也在此方法（*methodus*）延展至"从任意领域中求得真理"（AT X, 374, ll. 8-9）④ 的意义上。因此，尽管被《指导心智的规则》略去，形而上学仍必须重新融入方法之诸对象的共有王国中。这在《谈谈方法》中得到了非常清楚的表述，因为"为了表明此方法能够运用于一切事物，我在开始谈论时已纳入了一

---

① 我曾试图于 *Sur l'ontologie grise de Descartes*, Paris, 1975, § 30, pp. 181-183 回答这些问题。参见 W. Röd, "L'explication rationnelle entre méthode et métaphysique", in *Le Discours et sa méthode*, pp. 89ff.。

② 1637 年致梅森（Mersenne）的信，AT I, 349, ll. 23-28。

③ 中译文参见笛卡尔：《探求真理的指导原则》，管震湖译，第 18 页。——译者

④ 中译文参见笛卡尔：《探求真理的指导原则》，管震湖译，第 16 页。译文有改动。——译者

些对形而上学、物理学和医学的简要评论"①。

形而上学和方法间的相互干涉问题现在被纳入一个勾画得明确得多的释经问题：在《谈谈方法》的第四部分中方法怎样探讨形而上学？——我们清楚它已探讨。易言之，方法的普遍计划对于形而上学有何种谈论？但对问题的此种表达仍然过于模糊。它意味着我们必须判定第四部分是否遵循与第五、六部分以及其他论文相同的方法论原理，进一步，这些原理是否与第二部分中成形的方法的诸规则相符合——的确是相当棘手的任务。所以我们选择一条捷径，同时它能缩小我们的研究范围。我们考察一些变动，或者偏差，在《谈谈方法》的第四部分方法使形而上学经受了这些变动；这些变动，如果有的话，只能在笛卡尔形而上学表述的典范，即1641年《第一哲学沉思集》的基础上被把握。②简言之，我们将尝试把握在1637年方法如何影响形而上学，后者的确定表述1641年才出现。换言之，通过方法被表述的形而上学与通过其自身被表述的形而上学是相符的吗？

在此语境中，《谈谈方法》，尤其是第四部分，犹如封闭的竞技场，在其中方法和形而上学被驱入一场角力。这一较量只留给我们有限的选项，其中最极端的即为完全否认有较量发生，这是就此方法首次统一起科学，科学因而最终脱离于任何形而上学基础而言。L. 利亚尔（L. Liard）如此

---

① 1637年5月致X的信，分别见于 AT I, 370, ll. 10, 22-23, 25-28。类似的有："在此计划（即《谈谈方法》）中，我解释了我一部分的方法，我试图证明上帝的实存，证明灵魂离于身体的实存"（1636年5月致梅森、莱登 [Leiden] 的信，AT I, 339, ll. 25-27）。更一般的讨论，参见 *Problématique et réception du Discours de la Méthodeet des Essais*, edited by H. Méchoulan, Paris, 1988 中的论文，包括我的"导论"，第9—21页。

② 此假设并不认为《第一哲学沉思集》是脱离某种方法，甚至是脱离该方法而展开的。许多线索则表明恰恰相反，其中包括以下表述："最后，既然很多人都把希望寄托在我身上，他们知道我制定过某一种解决科学中各种难题的方法，老实说，这种方法并不新颖，因为再没有什么东西能比真理更古老的了；不过他们知道我在别的一些机会上相当顺利地使用过这种方法，因此我认为我有责任在这个问题上用它来试一试。"（致索邦 [the Sorbonne] 的信，AT VII, 3, ll. 22-28。中译文参见《第一哲学沉思集》，庞景仁译，商务印书馆1986年版，"致神圣的巴黎神学院院长和圣师们"，第3页。类似地，参见这一说法 "rationum mearum series et nexus（我所讲理由的次序和联系）"（*Preface to the reader*, AT VII, 9, l. 29; 也参见 AT VII, 36, l. 30; AT X, 383, ll. 24-25; AT X, 382, ll. 13-14。中译文分别参见《第一哲学沉思集》，庞景仁译，"前言"第9、39页，《探求真理的指导原则》，管震湖译，第24、25页）。另参见 Jean-Luc Marion, *Cartesian Questions: Method and Metaphysics*, chapter 3, §6。

立论："在笛卡尔的思想中，被置于自身和限于自身范围的科学独立于任何关于万物本质、本原的思量……倒过来，笛卡尔式的形而上学也独立于科学"，因为"刻画其物理学并使之成为全新与空前之物的，正是一切形而上学观念的缺席"。从巴耶（Baillet）到 A. 博伊斯·吉布森（A. Boyce Gibson），许多批评家否认问题能真正地被提出，以此来解决这个问题。①论争于是就不会发生，因为缺少共同的战场。然而，相互干涉的情况是如此之多，并不许此种极端与简化的立场行之久长。

但是，若我们相信方法和形而上学的确在《谈谈方法》中交锋，我们依然能以两种极为不同的方式理解它们之间的较量。或许，我们承认"不断地在《第一哲学沉思集》中寻求《谈谈方法》之注解的必要性"，这是由 E. 吉尔松（E. Gilson）开始的工作，他与 H. 勒菲弗尔（H. Lefèvre）一道，假定了此形而上学是一贯的，并足够难以捉摸，以致似乎"不可能基于作品编年研究（笛卡尔的）思想历史"②。借由此假设，1637 年与 1641 年间的连续性得以强化，以至于《谈谈方法》的任何短处或者对《第一哲学沉思集》中形而上学之最终表述的任何偏离都只反映了暂时的和无关紧要的不完美，它能被接下来的发展所修正，而无需一个关于连续性的解答。③

---

① L. Liard, *Descartes*, Paris, 1882, 分别参见第 223 页和第 69 页。然而，平心而论，我们必须强调指出，利亚尔承认："一种应强调的深层的统一性藏于此二元论之下。"（L. Liard, *Descartes*, p. 274）事实上，这种统一性 —— 形而上学上的对科学的认可 —— 是十分表层的。这正是 A. 博伊斯·吉布森的立场："越出科学的诉求并不过问科学的具体内容。形而上学的认可是一回事，形而上学的干涉是另一回事。"（A. Boyce Gibson, *The Philosophy of Descartes*, London, 1932, p. 8）A. 巴耶可能是最早提出此种解释路线的："人们仍主张笛卡尔给出的只言片语比亚里士多德的《工具论》更宜称为逻辑，称为哲学及其他诸科学的入门，因为它更简单，更少形而上学，似乎更适合那些无任何知识准备的心灵。"（A. Baillet, *La vie de M. Descartes*, IV, 2, Paris, 1691, vol. 1, p. 283）另参见 H. Caton, "The Status of Metaphysics in the Discourse on Method", *Man and World*, 5, no. 4, 1972。

② 分别参见 E. Gilson, *René Descartes: Discours de la Méthode, texte et commentaire,* Paris, 1925, p. 284; H. Lefèvre, *Le criticisme de Descartes*, Paris, 1958, pp. 302-303。F. 布耶（F. Bouillier）清楚地阐述了此命题，他论述道："笛卡尔的全部哲学都以节略的方式在《谈谈方法》中出现了。"（F. Bouillier, *Histoire de la philosophie cartésienne*, 3rd ed., Paris, 1868, vol. 1, p. 61）

③ 布耶这样写道："现在让我们来考察，在第三沉思中他如何通过新的证明发展、强化了在《谈谈方法》中只是加以暗示和草拟的东西。"（F. Bouillier, *Histoire de la philosophie cartésienne*, vol. 1, p. 87; 也参见 p. 67）以相同的视角，G. 罗迪斯-莱维斯（G. Rodis-Lewis）如此强调《谈谈方法》与

　　然而，这种借由连续性的调和受一种值得注意的弱点的困扰，因为它未能将 1637 年与 1641 年间的重要不同纳入考量：较之《第一哲学沉思集》将其"非常轻率的和姑且说是形而上学的怀疑理由"（AT VII, 36, ll. 24-25）[①] 提升至如此水平，以至于人们必须乞灵于一位全能的上帝（即"骗人的上帝"）和邪恶的精灵（*genius malignus*）——简言之，最彻底的怀疑（*summa dubitatio*）（AT VII, 460, l. 3）——《谈谈方法》只确认我们经常处于错误之中这一事实。当我们描画怀疑的边界时，对怀疑的不同接纳水平间的差距便重现了：在一种情况下，怀疑甚至触动了共同的明证、数学的与逻辑的真理，以及所有"外在的"实存；在另一种情况下，只有感觉知识在通常的易错性中摇摆，别无其他。于是，在《谈谈方法》的第四部分中缺少了那些理论性环节，正是它们将《第一哲学沉思集》带入夸张的（hyperbolical），也就是说形而上学的王国。这是不可否认的文本事实，其由费迪南·阿尔基耶（Ferdinand Alquié）决定性地确立起来。此外，笛卡尔自己于 1637 年宣称他"如是怀疑物质性的一切"——从而承认他留下了理智的明证，并未触动。[②]

（接上页）《第一哲学沉思集》间的连续性，以至于 1637 年"论证上的虚弱"可简单地通过"慎重"来解释（G. Rodis-Lewis, *L'oeuvre de Descartes*, Paris, 1971, pp. 220, 228）。也参见 J.-M. 贝萨德（J.-M. Beyssade）最近的贡献，虽然非常精微："最终，反对编年解释的所有支持者，我们坚持早在 1628—1629 年（《谈谈方法》第四部分中所考察的那那一批沉思的时间），笛卡尔就确切地知道我们从形而上学的怀疑中能期待什么，不能期待什么。"（J.-M. Beyssade, "Certitude et fondement: L'évidence de la raison, et la véracité divine dans la métaphysique du *Discourse de la Méthode*", in *Le Discours et sa méthode*, p. 363）。此种解释的源始或可追溯至尼古拉·J. 普瓦松（Nicolas J. Poisson）神父："因此此方法中有许多内容我会暂时忽略，我知道我会在别处遇到它们；在那些地方，笛卡尔先生以更长的篇幅来谈论它们，我也会增加一些觉得必要的解释。"（Nicolas J. Poisson, *Commentaires ou Remarques sur la Méthode de René Descartes*, Vendôme, 1670, p. 121）

① 中译文参见《第一哲学沉思集》，庞景仁译，第 39 页。译文有改动。——译者

② 1637 年 5 月致梅森的信, AT I, 353, l. 14. 尽管 H. 勒菲弗尔（H. Lefèvre, *Le criticisme de Descartes*, p.306, n.1）批评了 F. 阿尔基耶的命题（F. Alquié, *La découverte métaphysique de l'homme*, Paris, 1950, 1987, pp.147-148），我依然追随阿尔基耶，他还得出了一些与 O. 阿默兰（O. Hamelin）（O. Hamelin, *Le système de Descartes*, Paris, 1911, p.116）、E. 吉尔松（E. Gilson, *René Descartes: Discours de la Méthode, texte et commentaire*, pp. 286ff., 290, etc）以及 H. 古耶（H. Gouhier）（H. Gouhier, *Essais sur Descartes*, Paris, 1937, pp. 294ff.）相同的结论，尽管他在 *La pensée métaphysique de Descartes*, Paris, 1962, p.25 中有更改。

　　我们因而必须推出第三种假设来解释这种状况。阿尔基耶给予了这种假设一个著名而极端的表述：如果《谈谈方法》于"骗人的上帝"和邪恶的精灵（genius maligus）处完全沉默，正如不谈及对外部世界之实存和对数学真理的怀疑，但正是它们规定了《第一哲学沉思集》的形而上学起点，那么就必须合逻辑地论定：在 1637 年，笛卡尔尚未形成其形而上学的最终的版本。通常的反对论证——《谈谈方法》并非没意识到此最终的形而上学，而只是限于列其大纲罢了——实际上自相矛盾，因为"由笛卡尔 1637 年在《谈谈方法》中没给出一种精制的形而上学这一事实，我们并不能论定他此时早已精心制作了某种形而上学"。那些对《第一哲学沉思集》中的形而上学而言本质性的主题的不可否认的缺席，阻止我们赋予《谈谈方法》以形而上学地位。此外，阿尔基耶补充道，当《谈谈方法》论及真正的形而上学主题，比如"我思故我在"（DM, 32, 1. 19 = 33, 1. 17）[①] 时，我们必须怀疑它在概念上仍未实现其全部的形而上学职能。因此，"《谈谈方法》的我思（cogito）不是一切真理的基础，而是所有真理中的最确定者。笛卡尔由此得出的诸结论更关涉于科学，而非存在论。"[②] 于是，在 1637 年我们遇到的主题要么不是形而上学的，要么尚未获得形而上学地位，严格的形而上学命题是缺失的。在《谈谈方法》的第四部分，方法绝对地禁止了形而上学的展开——只剩下形而上学之残骸难以辨识的面貌，它为方法科学盲目的确定性所扼杀。

　　现在我们必须借由这三种假设来考察《谈谈方法》的形而上学地位，尤其是借由最后一种，它在三者中最有力，也论证得最好。

---

① 中译文参见《谈谈方法》，王太庆译，第 27、28 页。译文有改动。此处王太庆先生译作"我想，所以我是"，区分了"在"与"是"，详见《谈谈方法》第 27 页注 1。今从俗译作"我思故我在"。——译者

② F. Alquié, La découverte métaphysique de l'homme, pp. 145, 146, 150（也参见 p. 154；或 F. Alquié, Descartes: Oeuvres philosophiques, Paris, 1963, vol. 1, p. 604, n. 1）。在此意义上，表明《谈谈方法》不矛盾于，反面甚至有时预告了《第一哲学沉思集》（J.-M. 贝萨德很好地看到了这点），并不足以证明笛卡尔形而上学于 1637 年与 1641 年间在编年的意义上无变动。

2. 明确的形而上学意图

　　然而，阿尔基耶并未坚持其自有假设的逻辑结果 —— 这构成了一条线索，而并非简单的反常。此假设似乎引向如下结论，即《谈谈方法》将自身排除在**一切**形而上学之外（几乎是在利亚尔的意义上），然而阿尔基耶却在**文末**奇怪地做出了妥协，认为：在其神学的进展中，《谈谈方法》仍部分地是形而上学的，但由于未觉察到真正的我思（*ego cogito*）与怀疑，《谈谈方法》并不知晓形而上学的源始。差距不再是在《谈谈方法》与《第一哲学沉思集》之间，而是在《谈谈方法》第四部分的内部，在自我与上帝这两方面之间："尽管《谈谈方法》的第四部分包含着一种关涉上帝实存证明的完美制作的形而上学，但它……并不包括一种纯粹形而上学的表述，其关涉于怀疑，甚或我思。"[①] 我们如此割裂《谈谈方法》的形而上学旨要正当吗，尤其是在如此短的文本中？这一意外的妥协不正提示着仍潜藏着的困难吗，它或是关涉此解释性的假设，或是关涉《谈谈方法》本身？并且，概而言之，在我们已考察的三个假设的严格框架内，《谈谈方法》的形而上学地位问题能找到其答案的些许萌芽吗？还是我们应该立足于，但也越出于这些假设，而主张一新的且不被化约为异质性、同质性或者缺席的假设呢？

　　此外，迥异于先前诸解释之主张，有一事是明证的：《谈谈方法》明确地主张一项形而上学计划，除其他内容外，它也将自身关涉于"某些形而上学的内容"[②]。笛卡尔的通信不如《谈谈方法》的文本自身明确，其"说明"声言："第四部分，是他用来证明上帝实存、证明人的灵魂实存的那些理由，也就是他的形而上学的基础。"（*DM*, 1, 11. 7-9）[③] 而且，笛卡尔在 1644 年还让《楷模》（*Specimina*）[④] 将此译成拉丁文，作为第四部分的边注："上帝实存、人之灵魂实存因其得到证明的理由，亦是形而上学之基

---

① F. Alquié, *La découverte métaphysique de l'homme*, p. 147.

② AX，1637 年 4 月 27 日（？），AT 1, 370, ll. 26-27；或 1637 年 3 月致梅森的信，AT 1, 349, l. 26。

③ 中译文参见笛卡尔：《谈谈方法》，王太庆译，第 2 页。译文有改动。——译者

④ 此为 1644 年《谈谈方法》的拉丁文译本。中译本《探求真理的指导原则》附录六"笛卡尔生平和著作年表"将其书名译作《哲学楷模，即谈方法》，今将 Specimina 对译为"楷模"。参见笛卡尔：《探求真理的指导原则》，管震湖译，第 156 页。——译者

础。"（AT VI, 557-558）他必须如此，因为第四部分的最初几行明确使用了这个术语："我不知道该不该跟大家谈谈我在那方面进行的第一批沉思，因为那些沉思实在太形而上学、太不通俗了，未必人人都感兴趣。可是，为了使大家能够评判我打下的基础够不够结实，我觉得还是非谈不可。"（DM, 31, ll. 14-20）① 如此，早在 1637 年我们就遇到了形而上学的沉思，它可谓预示了德吕纳（Luynes）公爵于 1647 年对 1641 年 *Mediationes de prima philosophia*② 的（成问题的）翻译。我们也提前遇到了 1641 年之"形而上学的怀疑理由"（AT VII, 36, ll. 24-25）③ 的类似物。在这些文本中，1637 年之计划的形而上学意图就如此地作为意图被证实了。④

支撑着这最初结论的又一事实是：除了《第一哲学沉思集》，《谈谈方法》还借由对"哲学诸原理"⑤（DM, 8, l. 31）⑥ 的讨论预示了《哲学原理》。《谈谈方法》并非只是讨论"其他科学的诸原理"（DM, 8, l. 31）⑦，而是也"怀疑这些原理"（DM, 15, l. 22; 参见 21, l. 31; 70, l. 29; 73, l. 14）⑧——通常

---

① 中译文参见笛卡尔：《谈谈方法》，王太庆译，第 26 页。译文有改动。——译者

② 即《第一哲学沉思集》，法文第一版中德吕纳公爵将其译为《形而上学沉思集》。——译者

③ 中译文参见笛卡尔：《第一哲学沉思集》，庞景仁译，第 39 页。译文有改动。——译者

④ 基于 *Dictionnaire de l'Académie* (1694 edition), vol. 2, p.231, 吉尔松提议此处的"形而上学的"仅意味着"抽象的"，尽管阿尔基耶反对此种还原主义的解释，争辩说："笛卡尔提及的诸沉思正（关涉）本来意义上的形而上学"（F. Alquié, *Descartes: Oeuvres philosophiques*, vol. 1, p. 601, n.3）。实际上，这两种立场间并无矛盾，因为笛卡尔与同时代人一道追随着亚里士多德，首要地将形而上学规定为抽象；"abducere mentem a sensibus（使心灵从感觉中抽离）"即是使形而上学的沉思成为可能的东西（参见 Jean-Luc Marion, *Sur le prisme métaphysique de Descartes*, Paris, 1986, chap. 1, §2 中的补充说明，特别是 pp. 23-33）。如果说此处笛卡尔似乎有些"犹豫"（F. Alquié, *Descartes: Oeuvres philosophiques*, vol. 1, p.602），这并非关于此计划的形而上学特征，而是关于如何提出它。

⑤ 此处法语原文为 principes de la Philosophie, 是从 d'autant qu'elles empruntent leurs principes de la Philosophie 中截取的。此句王太庆先生译作"既然它们的本原是从哲学里借来的"，"de"译为"从"。但本文中 principes de la Philosophie 的英译为 principles of philosophy, 似乎更符合作者此处的用意，故从之译为"哲学诸原理"。另 principe 一词王太庆先生有"本原""原则""原理"等译法，本文中统一译为"原理"。——译者

⑥ 中译文参见笛卡尔：《谈谈方法》，王太庆译，第 8 页。译文有改动。——译者

⑦ 中译文参见笛卡尔：《谈谈方法》，王太庆译，第 24 页。译文有改动。——译者

⑧ 中译文分别参见笛卡尔：《谈谈方法》，王太庆译，第 14、18、55、56 页。译文均有改动。——译者

的诸原理 —— 为的是以"简单、一般的原理",即"（我）找出的那些原理"（*DM*, 64, ll. 27, 29）[①] 来替代它们。关涉知识整体,以一些原理取代另一些,这一抱负自身就足以确立起《谈谈方法》的形而上学合法性,因为它在 1647 年《哲学原理》法译版"序言"中得到了明确回应:"人类知识原理,可以叫作第一哲学或形而上学"（AT IX, 16, ll. 13-16）[②],易言之,"形而上学,其中包含各种知识的原理"（AT IX, 14, ll. 8-9）[③]。然而,需虑及更多:1637 年,笛卡尔于何处展示了"（他）所用的那些哲学原理"（*DM*, 71, l. 7）[④],那些他归于自己的原理、"我的原理"（*DM*, 77, l. 2 = 75, l. 17）[⑤]? 正是在第四部分,在其中,"我发现,'我思故我在'这条真理是十分确实、十分可靠的,怀疑派的任何一条最狂妄的假定都不能使它发生动摇,所以我毫不犹豫地予以采纳,作为我所寻求的哲学的第一原理"（*DM*, 32, ll. 18-23）[⑥]。第五部分重申了第四部分所确立的东西,并以此"决心,即除了刚才用来证明上帝和灵魂实存的那一条原理以外决不设定任何原理"（*DM*, 41, ll. 1-4）[⑦] 来巩固它。此原理向一切科学保证其原理为真,因此正是形而上学的。它也因另一理由而是形而上学的:它明白地关涉着一切特殊形而上学（尤其是笛卡尔 1641 年的特殊形而上学）的两个优先对象,即上帝和灵魂。于是,如果对诸原理的寻求正表明了形而上学的计划,我们必须论定:致力于发现第一原理的《谈谈方法》正当地属于形而上学。

于这些明显的事实外,我们或许还应添上一个奇特的巧合。笛卡尔在陈述其第一原理时写道:"我所寻求的哲学的第一原理。"（*DM*, 32, l. 23）[⑧] 这样遣词造句可理解为被寻求着的是哲学原理,笛卡尔的主要解释者们正是这样解读的。但这种表述同样可理解为是哲学自身被寻求着。在此意义上,笛卡

[①]　中译文参见笛卡尔:《谈谈方法》,王太庆译,第 51 页。译文有改动。——译者

[②]　中译文参见笛卡尔:《哲学原理》,关文运译,商务印书馆 1959 年版,第 xviii 页。——译者

[③]　中译文参见笛卡尔:《哲学原理》,关文运译,第 xvii 页。——译者

[④]　中译文参见笛卡尔:《谈谈方法》,王太庆译,第 55 页。——译者

[⑤]　中译文参见笛卡尔:《谈谈方法》,王太庆译,第 58 页。——译者

[⑥]　中译文参见笛卡尔:《谈谈方法》,王太庆译,第 27 页。译文有改动。——译者

[⑦]　中译文参见笛卡尔:《谈谈方法》,王太庆译,第 34 页。译文有改动。——译者

[⑧]　中译文参见笛卡尔:《谈谈方法》,王太庆译,第 27 页。译文有改动。——译者

尔寻求第一原理时，他寻求着哲学 —— 是哲学自身被寻求。P. 德库塞尔（P. de Courcelles）正是如此理解此文句的，他在《楷模》中将其译作 "primum ejus, quam quaerebam, Philosophiae, fundamentum"，准确地说，即："我所寻求之哲学的第一基础"（AT VI, 558, 11. 27-28）。既然如此，根据第二种解读，我们难道不能从中识别出某物的仿佛回响吗，此物亚里士多德尚未将之命名为形而上学，却有时称之为正被寻求的科学（ἡἐπιστήμη ἡ ζητουμένη）？[①]

现在我们可以于前两个论证外添上第三个了：在《谈谈方法》中，形而上学因隐含的寻求的意图被辨认出，就像因明确地露面而被辨认出。因为，从亚里士多德开始，对形而上学的寻求能够先行于形而上学一词的实际出现，也正是这一寻求才使后者成为可能。

面对这些论证 —— "形而上学"的露面，"原理"的露面，对"被寻求着的科学"的暗示 —— 我们能合理地怀疑《谈谈方法》的形而上学地位吗？大概不能，至少并不绝对。或许，这就是为什么阿尔基耶自己迅速地放弃了对其假设的更极端表达。虽然如此，但依然可能的是：以更温和的方式主张《谈谈方法》的非形而上学特征。为此目的，依然是根据阿尔基耶，我们仅需要做出以下区分：一方面是关涉上帝实存证明的完美制作的形而上学；另一方面是对怀疑，甚至我思的真正形而上学阐述的缺席。经由问题的这种最终形式，对《谈谈方法》的形而上学或非形而上学特征进行研究即意味着考察这两个命题各自的有效性。

3. 关于上帝实存的不完美证明

《谈谈方法》的第四部分提供了一种关涉上帝实存证明的完美的形而上

---

① Aristote, *Metaphysics*, A 3, 982 a3, 也参见 982 b8; B 2, 996 b3-4, b31-33。K, 1059 a35, b 13; 1060 a4, 6 等处可能是伪托的。P. 奥邦克（P. Aubenque）以此话头作为其经典论文的核心主题，他强调 "对于亚里士多德自己，研究作为存在之存在的科学是当作仅'被寻求'的和大概要'持续寻求'的科学提出的"（P. Aubenque, *Le problème de l'être chez Aristote*, Paris, 1962, p. 267）。然而让我们注意，此处提及的文本（Aristote, *Metaphysics*, Z 1, 1028 b2）并非准确地关涉正被寻求的科学，而是关涉被寻求（ζητούμενον）的 ὄν（存在）。另一笛卡尔的说法是 "我与其他热爱者致力追寻的哲学"（致沃埃特斯 [Voetius] 的信，AT VIII, 2, 26, ll. 2-3）。

学吗？的确，《谈谈方法》展开了关于上帝实存的两种证明。首先，如在第三沉思中一样，后天证明以两种版本出现：其一基于"对一个比我自己更完满的存在的观念"（*DM*, 34, l. 13）①，这预示着一般地凭借上帝（*Dei*）观念的证明（*DM*, 33, l. 25 = AT VII, 40, l. 5 - 45, l. 18）②；其二基于依存性（*DM*, 34, ll. 28 - 29）③，这预告着凭借有限自我之起源的证明（*DM*, 34, l. 24 - 35, l. 6 = AT VII, 46, l. 29 - 51, l. 5）④。亦如同在第三沉思，先天证明继而出现：它联系作为"几何家们的对象"（*DM*, 36, l. 5）⑤的观念来考察上帝观念，因而论定：不同于前者，上帝的观念必然包含实存（*DM*, 36, ll. 4 - 31 = AT VII, 65, l. 16 - 69, l. 9）⑥。但《谈谈方法》并未提供任何相当于 1641 年之第三种论证 ——作为自因之上帝的实存证明（*Replies*, AT VII, 108, l. 7 - 112, l. 11; 118, l. 12 - 119, l. 26 ; 235, l. 15 - 245, l. 24）⑦—— 的东西，哪怕是雏形。对于 1637 年所谓的关涉上帝实存证明的"完美制作的形而上学"而言，这无疑是一个重要的例外。一旦人们列举在《谈谈方法》中归于上帝的诸名称，或更确切地说，列举笛卡尔试图从中导出上帝实存的那些概念，这一例外将会被坐实。它们各式各样的露面最终引向两个基本概念。

（1）首先，上帝仅基于完满性 —— 其只是被增至最高（或更经常地是通过比较而至于夸张）—— 被规定。于是上帝被规定为："某个实际上更完满的自然"（*DM*, 34, l. 1）⑧；"一个比我自己更完满的存在的观念"（*DM*, 34,

---

① 中译文参见笛卡尔：《谈谈方法》，王太庆译，第 29 页。译文有改动。——译者
② 中译文参见笛卡尔：《谈谈方法》，王太庆译，第 29 页；《第一哲学沉思集》，庞景仁译，第 43—49 页。——译者
③ 中译文参见笛卡尔：《谈谈方法》，王太庆译，第 29 页。译文有改动。——译者
④ 中译文参见笛卡尔：《谈谈方法》，王太庆译，第 29 页；《第一哲学沉思集》，庞景仁译，第 50—56 页。——译者
⑤ 中译文参见笛卡尔：《谈谈方法》，王太庆译，第 30 页。——译者
⑥ 中译文参见笛卡尔：《谈谈方法》，王太庆译，第 30 页；《第一哲学沉思集》，庞景仁译，第 72—76 页。——译者
⑦ 中译文参见笛卡尔：《第一哲学沉思集》，庞景仁译，第 117—121、126—127、244—253 页。——译者
⑧ 中译文参见笛卡尔：《谈谈方法》，王太庆译，第 28 页。译文有改动。——译者

l. 13）^①；"一个实际上比我更完满的自然，它本身具有我所能想到的一切完满，也就是……上帝"（*DM*, 34, ll. 20-24）^②；"我分有之的完满存在"（*DM*, 35, ll. 1-2）^③；"我能在上帝身上看到的一切完满"^④（*DM*, 35, ll. 12-13）^⑤；"我心里的一个完满的存在的观念"（*DM*, 36, ll. 22-23）^⑥；"上帝，这个完满的存在"（*DM*, 36, ll. 29-30）^⑦；"由于：上帝是或者存在，上帝是一个完满的存在"（*DM*, 38, ll. 19-20）^⑧；"上帝，是十分完满，十分真实的"（*DM*, 40, ll. 10-11）^⑨。

（2）上帝也由无限性来规定，尽管次数上少得多："永恒无限、万古不移、全知全能的存在；（具有）我能够在上帝身上看到的一切完满"（*DM*, 35, ll. 4-6）^⑩；"一个完满的、无限的存在"（*DM*, 39, ll. 4-5）^⑪；"上帝的无限完满"（*DM*, 43, ll. 7-8）^⑫。但是无限的概念我们仅遇到了三次，而完满性的概念则露面了九次；而且，当其鲜有地出现时，无限总是伴随着完满性，似乎是对完满性的说明，而后者是首要的和决定性的。于是，无限自身从未作为本质规定性来刻画上帝 —— 这正是不可把握性这个概念从未出现在《谈谈方法》的原因，它在《第一哲学沉思集》中常用来强调无限（AT VII, 9, ll. 15-16; 55, l. 21; 112, ll. 21-22; 113, ll. 15-17; etc.）^⑬。因此我们必须承认：为了规定上帝并确立其实存，《谈谈方法》赋予完满性以优于无限的特权，

---

① 中译文参见笛卡尔：《谈谈方法》，王太庆译，第29页。译文有改动。——译者
② 中译文参见笛卡尔：《谈谈方法》，王太庆译，第29页。译文有改动。——译者
③ 中译文参见笛卡尔：《谈谈方法》，王太庆译，第29页。译文有改动。——译者
④ 此引文英译文为："all the perfections which I could observe to be in God"，故如此译之。但根据引文信息和法文版引文"toutes les autres [se. les idées marquant une perfection] y [se. en Dieu] étaient"，应译为"凡表明完满的（观念），在上帝那里都有"。——译者
⑤ 中译文参见笛卡尔：《谈谈方法》，王太庆译，第29页。译文有改动。——译者
⑥ 中译文参见笛卡尔：《谈谈方法》，王太庆译，第30页。译文有改动。——译者
⑦ 中译文参见笛卡尔：《谈谈方法》，王太庆译，第30页。译文有改动。——译者
⑧ 中译文参见笛卡尔：《谈谈方法》，王太庆译，第32页。译文有改动。——译者
⑨ 中译文参见笛卡尔：《谈谈方法》，王太庆译，第33页。译文有改动。——译者
⑩ 中译文参见笛卡尔：《谈谈方法》，王太庆译，第29页。译文有改动。——译者
⑪ 中译文参见笛卡尔：《谈谈方法》，王太庆译，第32页。译文有改动。——译者
⑫ 中译文参见笛卡尔：《谈谈方法》，王太庆译，第36页。译文有改动。——译者
⑬ 中译文参见笛卡尔：《第一哲学沉思集》，庞景仁译，第61、121、122页等。或因版本原因，AT VII, 9, ll. 15-16 在中译本中并未找到相应内容。——译者

同时也完全忽略了后来成为自因的东西。仅完满性概念就足以导出关于上帝的"完美制作的形而上学"吗?换言之,仅完满性概念就足以制作一种完美的特殊形而上学吗?

为了回答这些问题——或至少真正地理解它们——我们必须以1641年的最终成果为标准来测度1637年究竟确立了什么。此比较引向以下三个事实。

(1)《谈谈方法》准确地预示了《第一哲学沉思集》中对上帝的第二个规定:如1637年那样,在1641年,所谓的存在论论证建基于绝对完满之存在的概念。此"完满存在"(*DM*, 34, ll. 28-29; 35, ll. 1-2; 36, ll. 22-23; 36, ll. 29-30; 38, l. 20)[①]重获于兹,如:"(上帝)观念,也就是说一个至上完满之存在的观念"(AT VII, 65, l. 21)[②];或"领会一个上帝(也就是说,领会一个至上完满的存在)"(66, ll. 12-13,或67, ll. 9-10)[③];或"此至上、完满的存在存在,或……上帝——唯独其实存属于其本质——存在"(69, ll. 8-9)[④]。然而,这第一点,即:所谓的存在论论证依赖于基于完满性的对神圣本质的规定,立即招致了明显的双重异议,比较之下这种异议清晰可见。

(2)《第一哲学沉思集》将上帝实存的三个证明分别建基于对神圣本质的不同规定。因而,后天证明预设了无限观念:"我对无限的观念,也就是说,对上帝的观念"(AT VII, 45, ll. 28-29)[⑤];"无上完满的、无限的存在的观念"(46, ll. 11-12)[⑥]。然而此无限观念在外延和理解上并不与最完满之存在的观念相符合,正是因此笛卡尔小心地区分了它们,至少在1641年是这样的。但在1637年,无限仅有的三次露面,并且总与完满性联系在一起(*DM*, 35, ll. 4-6; 39, ll. 4-5; 43, ll. 7-8)[⑦]:在《谈谈方法》中,此相同

---

① 中译文参见笛卡尔:《谈谈方法》,王太庆译,第29、29、30、30、32页。译文均有改动。——译者
② 中译文参见笛卡尔:《第一哲学沉思集》,庞景仁译,第72页。译文有改动。——译者
③ 中译文参见笛卡尔:《第一哲学沉思集》,庞景仁译,第73、74页。译文均有改动。——译者
④ 中译文参见笛卡尔:《第一哲学沉思集》,庞景仁译,第76页。译文有改动。——译者
⑤ 中译文参见笛卡尔:《第一哲学沉思集》,庞景仁译,第49页。译文有改动。——译者
⑥ 中译文参见笛卡尔:《第一哲学沉思集》,庞景仁译,第50页。译文有改动。——译者
⑦ 中译文参见笛卡尔:《谈谈方法》,王太庆译,第29、32、36页。——译者

的、单一的神圣本质概念规定和证成了两个不同的证明，即：所谓的存在论论证和通过无限观念的演证，而未能于两者间加以区分。从同一个概念（完满性）两次推导出实存，这是逻辑的怪圈；于是并不奇怪的是：在 1637 年，先天证明已被给予了大致确定的形式（的确，这要归功于传统），而后天证明却仍是不完善的。因为，如果实存也许不是概念的实在谓词，那么从一个单一概念述谓出两重实存显然是不可能的！与之相反，1641 年笛卡尔确立了后天证明的有效性，这是通过配予它一个特别的概念实现的，如"至高无上的、永恒的、无限的……上帝"（AT VII, 40, ll. 16-17）①，"无限的……实体"（45, ll. 11-12）②。正是因为无限概念作为绝对的无条件性出现，所以根据理由间之秩序的推理，无限概念先行于无上完满概念；于是后天证明也左右着先天证明，尽管自然的秩序并非如此。《谈谈方法》并未证成后天证明的居先性，也未合理地将其建基于神圣本质的某一特别概念之上：我们有理由怀疑《谈谈方法》是否真能思考后天证明，尽管它于字句上已表达之，因为似乎它将之建基于其上的那个概念实际上却支配着另一证明。而且，由于模糊化了无限观念，无上完满概念也阻断了此一路径，它本可通往笛卡尔在理性神学上最源初的理论进展。由是，我们必须论定：《谈谈方法》远未提供一种关于神圣实存的完美制作的形而上学，而仅提供了一种关于最完满存在的形而上学，后者将上帝的本质，因而将其实存，限制为其诸多可能性中的一种。

但是还有更多，或者说实际上是更少。（3）因为在 1641 年，"答辩"（《第一哲学沉思集》不可分割的部分）引入了第三条也是最后一条通往上帝的道路，此道路运用因果律而通向自因。③这里没必要强调一种学说对于形而上学之整体的历史性的和历史上的不可估量的意义，若此学说这样

---

① 中译文参见笛卡尔：《第一哲学沉思集》，庞景仁译，第 43 页。——译者
② 中译文参见笛卡尔：《第一哲学沉思集》，庞景仁译，第 49 页。——译者
③ 关于自因的出现，参见 Jean-Luc Marion, *Sur la théologie blanche de Descartes*, Paris, 1981, §18 中的注解。关于它的存在-神-逻辑学功能，见 Jean-Luc Marion, *Sur le prismemétaphysique de Descartes*, §19-20。

实现了形而上学的本质，因而将其引向完满：笛卡尔于此引入了理由律，尽管直到莱布尼茨之前它都是潜在的，但是却已拥有其全部力量。然而在1637 年，笛卡尔完全未谈及任何类似于自因的东西，且更重要的是，他于因果律亦如此，正是后者于 1641 年时在第三沉思中通向自因（AT VII, 40, ll. 21-23）①，并在"答辩"中得以重复（108, ll. 18-22; 164, l. 28-165, l. 3; 238, ll. 11-17）②。此种对因果性的完全弃置可通过一个相当奇特的词汇学事实得到证明：不像《谈谈方法》的其他部分，第四部分从未使用"原因（cause）"一词③；"原因"的缺席是因果性 —— 这种因果性，它被理解为实存之无例外的形而上学原理 —— 在概念王国中缺席的文本线索。更进一步讲，之前注意到的无限之缺席经由因果性之缺席得到了解释和证实。第三沉思引入了上帝之为无限的规定（"至高无上的、永恒的、无限的……上帝"，AT VII, 40, ll. 16-17）④，同时，在同一页提出了关于因果性之明证性的原理（"现在，凭自然的光明显然可以看出，在动力的、总的原因里一定至少有与在它的结果里同样多的实在性"，40, ll. 21-23）⑤。正是在掩盖因果性的同时，《谈谈方法》放跑了上帝的无限性。因此，《谈谈方法》不能提出关于上帝实存证明的完美制作的形而上学，不仅因为在神圣本质中完满性较于无限被赋予了单边的特权，而且也同样因为忽略了作为实存之形而上

---

① 中译文参见笛卡尔：《第一哲学沉思集》，庞景仁译，第 43 页。——译者
② 中译文参见笛卡尔：《第一哲学沉思集》，庞景仁译，第 117、170、247 页。——译者
③ *à cause que*（*DM*, 32, line 1; 38, ll. 19, 27, 29; 39, l. 21[中译文参见笛卡尔：《谈谈方法》，王太庆译，第 26 页，余下 4 处均见第 32 页，中译分别为："既然""由于""因为""由于""因为"。——译者]）的出现并不能构成反驳，因为它们只构成相对不确定的关系，而非是动力（*efficiency*）或奠基。*Effet*（结果）在第四部分只出现一次，意味着"实际上"（*en effet*）（34, line 1[中译文参见笛卡尔：《谈谈方法》，王太庆译，第 28 页。——译者]）。这些数据来自 P. A. 卡内（P. A. Cahné）*Index du Discours de la Méthode de René Descartes*（Rome, 1977）一书中不可或缺的计算机信息处理工作。第四部分中原因（*cause*）一词的缺失必须引起我们的注意，尤其是因为它在此文本的其他部分出现了 21 次（*cause*, 14 次；*à cause*, 7 次）。动词 *causer* 则出现了 3 次（44, l. 8; 55, l. 13; 56, l. 27[中译文参见笛卡尔：《谈谈方法》，王太庆译，第 36 页译为"引起"，第 44 页译为"使"，第 45 页译为"扳动"。——译者]）。如是，在形而上学拒绝因果性时，对因果性的科学上的运用开展着，其自身中的这种矛盾值得研究。
④ 中译文参见笛卡尔：《第一哲学沉思集》，庞景仁译，第 43 页。译文有改动。——译者
⑤ 中译文参见笛卡尔：《第一哲学沉思集》，庞景仁译，第 43 页。译文有改动。——译者

学原理的因果性。此原理可运用于"那些观念"（41, 3）[1]，因而甚至是无限之观念，因之"甚至上帝自身"（PW II, 166）[2]，因此可运用于上帝的观念与实存。简言之，《第一哲学沉思集》列举并结合了神圣本质的三重规定性，《谈谈方法》却对其中之二者（即无限与自因）避而不谈，此二者恰是三重规定中最源初和最有力的。

令人惊奇的是，一些卓越的解释者尽管对于许多重要问题意见不一，却都同意将因果性的使用归于《谈谈方法》，而不顾明显的文本根据。我仅提及两位作者。E. 吉尔松在其评注中坚持认为："笛卡尔通过以一种经院学者不曾知晓的方式使用因果律而进行创新"，笛卡尔的形而上学"完全在于以因果律的方式说明思想的实在内容"。[3] 此评论适宜于《第一哲学沉思集》，却绝非《谈谈方法》。通过混淆——不顾一切编年顺序——1641 年时为真之物与 1637 年所错失者，阿尔基耶完成了这个引领我们至此的说法："一种关涉上帝实存证明的完美制作的形而上学（就像在《第一哲学沉思集》中，上帝在此依次作为它自身之观念的原因而被证明，作为我自身的原因而被证明，就没有它我不能留存片刻而言，最后是通过存在论证明而被证明）。"[4] 事实上，在《谈谈方法》中并未发现关涉于上帝的原因。因此我们应该说：如果像阿尔基耶论证的那样，在 1637 年笛卡尔尚未确立一种真正的形而上学，那么这首先是因为他未觉察到因果律的形而上学尊荣，因而不能由上帝作为无限观念的原因、作为自我的原因、作为他自身的原因来证明上帝的实存。如果我们承认《谈谈方法》形而上学上的不足——跟随

---

[1] 中译文参见笛卡尔：《第一哲学沉思集》，庞景仁译，第 44 页。——译者

[2] 中译文参见笛卡尔：《第一哲学沉思集》，庞景仁译，第 247 页。——译者

[3] E. Gilson, *René Descartes: Discours de la Méthode, texte et commentaire*, pp. 322-323; 也参见 p. 324。

[4] F. Alquié, *La découverte métaphysique de l'homme*, p. 147. 若干年后，同样的判断出现在编辑《谈谈方法》时："上帝观念，高于我而存在着，只能由上帝引起。见第三沉思"（F. Alquié, *Descartes: Oeuvres philosophiques*, vol. 1, p. 605）。又，"此处使用的因果律（*DM*, IV）对笛卡尔而言构成了理性的明证性"（Ibid., vol. 1, p. 606）。这里阿尔基耶做了与吉尔松同样的事，他曾经就此批评过后者，即：基于《第一哲学沉思集》来注解《谈谈方法》，而无视所有的编年证据。我的批评只是简单地重复了阿尔基耶自己的观点。J.-M. 贝萨德毫不犹豫地将依存性（*DM*, 34, ll. 16-17[中译文参见笛卡尔：《谈谈方法》，王太庆译，第 29 页。译文有改动。——译者]）当作因果关系来解释（J.-M. Beyssade, *La philosophie première de Descartes*, Paris, 1979, p. 284）。

着阿尔基耶，我们确是肯认这一点 —— 那么这却是出于与阿尔基耶完全不同，甚至恰恰相反的理由：首先是上帝实存证明的缺乏，继而是无限与因果性的缺乏。遵从某人的教诲并不意味着重复他所说的，而是要通过其他方式来承载其意图，为的是以转换它们的方式来巩固它们。笛卡尔比任何人都清楚其《谈谈方法》中形而上学尝试的不足。他甚至以如下方式承认这不足，即：将其归因于上帝实存证明的失败，而非其他学说。他的诊断几乎是以相同的词句出现在两个场合：与怀疑和思想相关的不确切，无论破坏性如何大，其所以如此尤其是因为它"是使上帝实存证明模糊不清的唯一因素"，即是说，它"使我关于上帝实存的证明难以理解"。又或，"我同意你的观察，在你所见到的作品中存有重大的欠缺，我也没有以一种容易掌握的方式讲清那些论证，经由它们我是主张完全没有什么东西比上帝的和人类灵魂的实存更明证、更确定的了"。于是他向瓦提耶（Vatier）神父坦承："这是真的，我在关于方法的论著中对于上帝实存的论述过于模糊了。我也承认，尽管它是最重要的，但却是整本书中完成度最低的部分。"①我们的确见证了 1637 年形而上学的失败，并且笛卡尔是第一个承认它的，但是它首先和主要地影响到《谈谈方法》第四部分中对上帝实存的演证。我们可推测，正是此失败致使笛卡尔在 1638 年就忍住不再修改他的文章，毕竟它已面世，已成过往；而是在新的基础上重启旧的"计划"（AT I, 339, l. 25）—— 简言之，即着手《第一哲学沉思集》的写作："这不能阻止我尝试着解释我为上帝实存给出的论证，只不过我将用拉丁文写出来。"（AT II, 267, 10-12）于是，尽管《谈谈方法》属于形而上学"计划"，但当它谈及上帝实存之证明时却在形而上学的藩篱前逡巡。然而，我们能说在其诸结论中形而上学完全缺席吗？

---

① 1637 年 3 月致梅森的信，AT I, 350, ll. 1-5；也参见 1637 年 3 月致 *** 的信，AT I, 353, ll. 2-8。在 *Descartes: Oeuvres philosophiques*, vol. 1, p. 587, n. 2 中，阿尔基耶评注道："笛卡尔于是毫不含糊地承认了《谈谈方法》第四部分形而上学上的不足"；的确如此 —— 然而如我们首先提及的，此无可争议的不足首要地关涉上帝之实存，而非第四部分整体。最后，参见 1638 年 2 月 22 日致瓦提耶的信，AT I, 560, ll. 7-11。

4. 关于自我实存的完美证明

为了回答这一新问题，我们将再次跟从阿尔基耶，他坚持认为笛卡尔在1637年没有提供关于怀疑，甚或我思的真正形而上学的阐述。对此清楚、确切的命题，我们应如何思考它呢？首先，我们必须分辨：

（1）无可争辩的是（如在第1节所见）：在1637年，怀疑只作用于可感物与其表象的领域，易言之，"一切物质之物"（AT I, 353, l. 14）的领域。随之，免于怀疑的自我也仅是从其物质性的预设中解脱出来；它"并不需要地点，并不依赖任何物质性的东西"（DM, 33, 5-7）[1]。但仅由于诸数学真理、简单本质和永恒真理不暴露于怀疑之前，我们就能论定一切形而上学的突破都被排除了吗？当然不是；我们仅能合理地论定：如果有某种形而上学出现的话，**在此**被表达的怀疑不能提供通向它的路径。但这并不妨碍这一可能：在1637年，有另一种突破可达至真正的形而上学领域。

（2）然而人们可能反驳说，在1637年的"我思"中自我尚不明显，正如笛卡尔自己向梅森承认的："我没用足够的篇幅来解释我如何知道灵魂是区分于身体的实体。"他承认此种反驳"非常正确"[2]。然而，有两个辩护限制了此种承认的程度。首先，笛卡尔做了个教学法上的辩护：可以说，他本可以演证灵魂与身体间的实际区分，但他担心这会使他的论著过于技术化，将干扰他面向大众的诉求。因而我们能推测并非是理论上的困难将笛卡尔阻挡于此；我们不妨相信他。继而，我们注意到实际的区分并非是在《第一哲学沉思集》中被确立的，毋宁说只是在阿尔诺的反驳之后，笛卡尔才最终说出了它所预设的学说，即关于完全的（尽管非充分的）观念的理

---

[1]　中译文参见笛卡尔：《谈谈方法》，王太庆译，第28页。——译者

[2]　1637年3月致梅森的信, AT I, 349, ll. 29-31 和 350, l. 3; 参见1637年3月致 *** 的信, AT I, 353, line 1-354, l. 15. 让我们再次注意笛卡尔自己在紧接着的信件往来中承认了1637年形而上学的不足；此承认应引起那些注解者的注意，他们试图将笛卡尔思辨上的伟大归因于他不断地坚守。认为笛卡尔比其现代读者更少有批评意识和创新的敏锐，是没有根据的。问题不在于是否接受1637年和1641年的形而上学间存在间距，因为笛卡尔自己已经承认了它，而在于像笛卡尔那样去理解这种间距。

论；而且，该理论使用了一种《谈谈方法》并未掌握的理性神学。① 于是，假使确立灵魂与身体间实际区分的困难将一切形而上学计划都置于疑问中，那么它将不仅作用于《谈谈方法》，也同样作用于《第一哲学沉思集》（在严格的意义上）。对"我思故我在"（*DM*, 32, 1. 19 = 33, 1. 17）② 的形而上学尊荣的这两项主要反驳并未真正中的：一项失之不及，一项失之太过。

因而，我们必须回到文本。我们的问题是：1637 年之表述以何种方式异于 1641 年？《谈谈方法》给出了两个片段："我发现，'我思故我在'这条真理是十分确实、十分可靠的，怀疑派的任何一条最狂妄的假定都不能使它发生动摇，所以我毫不犹豫地予以采纳，作为我所寻求的哲学的第一原理"（*DM*, 32, ll. 18-23）③；"我发现，'我思故我在'这个命题之所以使我确信自己说的是真理，无非是由于我十分清楚地见到：必须在，才能思。因此我认为可以一般地规定：凡是我十分清楚、极其分明地理解的，都是真的"（33, ll. 16-22）④。这两个片段在若干点上都不同于 1641 年的两个表达。

（1）《第一哲学沉思集》采用了另外的说法 ——"我是，我存在"（AT VII, 25, 1. 12 = 27, l. 9）⑤，它排除了词项间的所有逻辑关联，也把思想自身排除在外，只有当现实地在思的思想思着实存之表达时，它才有效，且与之俱始，与之俱终；包含在 1637 年的表达之内的思想将自身排除于 1641 的表达之外。在后者中，就有：自我获得其实存不再是通过构想一个命题，该命题通过可对象化的表达将实存和思想连接起来，而是通过现实地思着它作为思想 —— 简言之，作为一个做着施为性表达的在思的思想 —— 的实

① René Descartes, *Replies* IV, AT VII, 219, l. 10-231, l. 7（中译文参见笛卡尔：《第一哲学沉思集》，庞景仁译，第 229—240 页。—— 译者）在 1637 年和 1641 年之间，下述困难一直留存着："不破坏此秩序的话，我不能在证明上帝实存之前证明灵魂区分于身体。"（1640 年 12 月 31 日致梅森的信，AT III, 272, ll. 3-6）
② 中译文参见笛卡尔：《谈谈方法》，王太庆译，第 27、28 页。译文均有改动。—— 译者
③ 中译文参见笛卡尔：《谈谈方法》，王太庆译，第 27 页。译文有改动。—— 译者
④ 中译文参见笛卡尔：《谈谈方法》，王太庆译，第 28 页。译文有改动。—— 译者
⑤ 中译文参见笛卡尔：《第一哲学沉思集》，庞景仁译，第 25、28 页。译文均有改动。—— 译者

存。① 此施为必须从当下时刻到当下时刻不断地重复，因为只有在其现实地施为的时候，它的理论结果才能被保证。（quamdiu, AT VII, 25, l. 9; 27, ll. 9, 10; 36, l. 16; quoties, 25, l. 12）② 在 1641 年，自我缺少哪怕丝毫的持留性，并在其施为的原子式重复中完成；它以比 1637 年之自我更少的确定性存在着，1637 年之自我不承认任何时间条件。

（2）而且，在 1641 年问题只在于：呈现出笛卡尔审慎地称之为"只一物，无论多么细微（minimum quid），却确定无疑"（24, ll. 12-13）③ 的东西——换言之，一确定无疑的极微（minimum），但亦是极微之物（minimum quid）（26, l. 27）④，如此一来只有当它发生着，它的时间化才能证实它。相反，1637 年的《谈谈方法》有其他目标：由于它忽视了最初之确定性的时间条件，它立即将此极微之物（minimum quid）提升至"第一条原理"（DM, 32, l. 23）⑤ 的地位。在 1641 年，自我的实存是间歇性的极微（minimum），它从未以原理自命，哪怕是暂时的；因而较之 1637 年受原理直接保证的自我所主张的确定性，它拥有更少的确定性。⑥

（3）第三点强化了前两点。我们知道实体（substantia）一词并未出现在 1641 年的前两个沉思中（也未出现在第三沉思的前半部分），只有在被引入上帝实存之后天证明的概念簇之中（AT VII, 40, ll. 12-20）⑦ 后，实体

---

① 参见 Jean-Luc Marion, *Sur la théologie blanche de Descartes*, §16, pp. 378-383 中的分析。参见 J.-C. Pariente, "Problèmes logiques du cogito", in *Le discours et sa méthode*, pp. 229-269 中的说明。

② 中译文参见笛卡尔：《第一哲学沉思集》，庞景仁译，第 25、28、39 页；第 25 页。Quamdiu 意为："当……时候"，中译本《第一哲学沉思集》中各处对译为"只要""多长时间""……多长时间，就……多长时间""只要"；quoties 意为："每当"，中译本对应为"每次当"。——译者

③ 中译文参见笛卡尔：《谈谈方法》，王太庆译，第 24 页。译文有改动。——译者

④ 中译文参见笛卡尔：《谈谈方法》，王太庆译，第 27 页。译文有改动。——译者

⑤ 中译文参见笛卡尔：《谈谈方法》，王太庆译，第 27 页。——译者

⑥ 在 1637 年，作为第一原理的"思"不也矛盾于"上帝的实存是所有可能真理中最初的和最永恒的，所有其他真理都只出于它"（1630 年 5 月 6 日致梅森的信，AT I, 150, ll. 2-4）这一事实吗？在自我的（认识论的和存在上的）首要性和上帝（诸本质和诸实存的创造者）的首要性之间却未有任何调和。N. 普瓦松清楚地指出了"此重要原理，**我思故我在**"的极端本质："他的重要原理，是他发现的最初真理，也是其他所有后继真理的基础"（*Commentaire ou Remarques sur la Méthode de René Descartes*, Vendôme, 1670, pp. 127, 121）。

⑦ 中译文参见笛卡尔：《第一哲学沉思集》，庞景仁译，第 43 页。——译者

才得以定性自我 ——"而且我自己也是一个实体"（AT VII, 45, l. 7）①。我们如何解释自我的这种关涉实体性的迟缓？正是因为在 1641 年我思（*ego cogito*）不持留地延续，也没有原理的地位，所以它非但未能展示任何实体的性质，甚至还明显地与之相矛盾。它只通过思之行为证实其实存，而不能以持留性、独立性，即作为实体，证实之。为了达至实体性，1641 年的自我需要做得更多，而不只是思；它必须首先设定上帝中的实体性，然后通过从无限返回有限，将其在人的心灵（*mens humana*）中推论出来。在 1637 年则正相反，"我思"从开始就主张一种完全和持留的实存，因为从最初的思想起它就完成了最终的实存："因此我认识了我是一个实体，它的全部本质或本性只是思。"（*DM*, 33, ll. 3-5）② 于是，《谈谈方法》给予了自我以形而上学上的名号，尤其是实体这一名号，以致对笛卡尔而言"我思"锚定于一般而言的实体规定性，且是在如下的意义上，即：对亚里士多德而言，实体（*ousia*）表达着对问题 τί τὸ ὄν（"什么是存在？"）的回答。比较而言，《第一哲学沉思集》就明显地不那么形而上学，这是就此而言的：它放弃了自我的实体上的特权，将其让渡给上帝，而代之以极微之物（*minimum quid*）或简单东西（res）（AT VII, 27, ll. 13, 16,《第一哲学沉思集》，第 28 页）③ 的不确定性。④

---

① 中译文参见笛卡尔：《第一哲学沉思集》，庞景仁译，第 48 页。——译者

② 中译文参见笛卡尔：《谈谈方法》，王太庆译，第 28 页。译文有改动。——译者

③ 中译文参见笛卡尔：《第一哲学沉思集》，庞景仁译，第 28 页。——译者

④ Substance（实体）在《谈谈方法》第四部分只出现了一次（其他见 43, l. 26［中译文参见笛卡尔：《谈谈方法》，王太庆译，第 36 页。——译者］，用于天体）；于是"实体"不仅定性了"我思"，而且也不再定性上帝；此处的处境与《第一哲学沉思集》的正相反（Jean-Luc Marion, *Sur la théologie blanche de Descartes*. § 7, pp. 110-119, § 16, p. 395）。笛卡尔将在实体性的这两种可能变化间犹豫很久（参见 Jean-Luc Marion, *Sur le prismemétaphysique de Descartes*, chap. 3, § 13, pp. 161ff.）。同时期的文本坐实了 substance 在 *Discourse*, 33, l. 4（中译文参见笛卡尔：《谈谈方法》，王太庆译，第 28 页。——译者）中的一闪而过，如："我知道灵魂是区分于身体的实体"（AT I, 349, ll. 30-31）；"灵魂是全非身体性的存在或实体"（AT I, 353, ll. 16-18）。吉尔松非常敏锐地指出："笛卡尔获益于实体主义实在论，却使实体概念脱去了那些原本模糊难解地混杂于清楚思想的内容。"（E. Gilson, *René Descartes: Discours de la Méthode, texte et commentaire*, p.304）相反，人们很难理解阿尔基耶对 *DM*, 33, l.4（"我是一个实体，它的全部本质"。——译者）的评注："此处没有存在论的奠基"（F. Alquié, *La découverte métaphysique de l'homme*, p. 150）；因为还有什么比实体（*ousia*）自身更好的存在论奠基呢？

于是，三条趋于一致的事实线索要求我们承认"我思"在 1637 年的《谈谈方法》中比在 1641 年的《第一哲学沉思集》中有更强的形而上学主张：实存的持留性、第一原理的名号，以及第一实体的地位。《谈谈方法》不仅给予"我思"以真正形而上学的阐述（这与阿尔基耶所主张的相反），而且赋予其功能和形而上学规定以多得多的活力，而《第一哲学沉思集》却仅予之以不确定性。吊诡地，就相关于自我而言，《第一哲学沉思集》倒显得不如《谈谈方法》更形而上学。

通过发挥其作用，"我思"巩固了它的形而上学地位，而且它是按照表象形而上学的图式来发挥其作用的。简言之，我们已识别的事实线索仅仅使一种对许多后-笛卡尔主义者（包括马勒伯朗士和贝克莱）而言范例性的形而上学处境在文本中表露出来 —— 此范例在 1637 年得到了更清楚的表述，不像在 1641 年它掩迹于复杂得多的形而上学棱镜的色彩斑斓中。《谈谈方法》清楚地表达了两个命题，它们自身就足以提出一种形而上学，因为它们规定了所有的存在，实在的和可能的。与被"我思"设立为第一原理和第一实体的思想一道，诸存在的存在进入讨论之中 —— 且在双重意义上。

（1）《谈谈方法》的第一个形而上学命题可表达如下：存在等同于思 —— 于在思的思想而言。因为"我思故我在"使我能论定我基于我的思想存在（*DM*, 32, l. 19）[1]，亦使我能就此第一存在确认这一事实：思想被列为实体（而非简单的偶性）。而且，此一段落使得普遍化此种等同成为可能："我发现，'我思故我在'这个命题之所以使我确信自己说的是真理，无非是由于我十分清楚地见到：必须在，才能思。"（*DM*, 33, ll. 16-19）[2]确认我的思想作为实体，依赖于思之行为与我存在之事实间一般的和无条件的等同。（自）思着的思想，恰在此行为中和为了完成它，必须已然存在；易言之，思之行为已展示了在 ἐνέργεια（现实性）中的存在。在现实性

---

① 中译文参见笛卡尔：《谈谈方法》，王太庆译，第 27 页。译文有改动。——译者
② 中译文参见笛卡尔：《谈谈方法》，王太庆译，第 28 页。译文有改动。——译者

（ἐνέργεια）中思的东西亦在现实性（ἐνέργεια）中存在 —— 或许是在如下意义上如此：据亚里士多德，"νοῦς（思想）在其本质性中是活动（τῇ οὐσίᾳ ὢν ἐνέργεια）"①。在现实性（ἐνέργεια）中思着的东西在第一的、无条件的实体（ousia）的完整意义上获得现实性（ἐνέργεια）；因而它应受"第一原理"之名。我不能假装"我不存在"（32, l. 28）②，因为为了假装就必须思，思即存在。假使不依赖于思与存在间之等同这一明见，此推理路线将是无效的。但只有当自我这个中项一举引入两个动词 —— 存在与思③ —— 时，此等同才是可见的。如果不做出我之姿态，无人能思，因而存在首先是基于我而做配合④的。自我首先存在，因为思想是基于表象极，即基于自我而自思的。存在，就像思，只通过自我这个中介才发生，于是此形而上学的第一个命题是通过一种自我的创世论确立的。⑤

（2）《谈谈方法》的第二个形而上学命题可表达如下：被思的思想（之是）等同于存在。这是前述命题的倒转，因为"我思"与"我在"间范本性的等同允许笛卡尔马上在同一段落且"一般地"（DM, 33, l. 12）⑥继续"一般地规定：凡是我十分清楚、极其分明地理解的，都是真的"（DM, 33, ll. 20-22）⑦。我们所理解的 —— 被在思的思想思着的思想之是 —— 是真的，因而刚好存在，因为：对亚里士多德而言，真理表述了存在的意义，在此意义上，为了是真的，思想必须以某种方式已然存在。此处，笛卡尔依然遵从为了思必须存在的原理，只是把它从在思的思想降到了（是）被思着

① Aristotle, *De anima*, III, 5, 430 a 18; *Complete Works*, edited by Jonathan Barnes, Princeton, 1984, p. 684.
② 中译文参见笛卡尔：《谈谈方法》，王太庆译，第27页。译文有改动。——译者
③ 英译为 to be and to exist，当译为"是与存在"，但法文原文为 être et penser，译为："存在与思"。参照上下文，英译或为笔误，故从法文版译为"存在与思"。——译者
④ "配合"原文为 conjugate，指语法中的动词搭配。——译者
⑤ 其在第三沉思（AT VII, 35, ll. 3-15 = DM, 33, ll. 12-24［中译文参见笛卡尔：《第一哲学沉思集》，庞景仁译，第37—38页＝《谈谈方法》，王太庆译，第28页］）中的对应物，并没有从自我的实存推出为了思必须存在，而只是以一种1637年没有的慎重陈述了清楚、分明的知觉的有效性。围绕着"为了思必须存在"这一表达的著名争论几乎都赋予对知识的理论思考以特权地位，而忽略了此表达的存在论领域和形而上学地位。
⑥ 中译文参见笛卡尔：《谈谈方法》，王太庆译，第28页。——译者
⑦ 中译文参见笛卡尔：《谈谈方法》，王太庆译，第28页。——译者

的思想 —— 为了存在，必须是被思的："我尽管假定自己在做梦，看到的、想象到的都是假的，却不能否认我的思想中确实有这些观念"（*DM*, 35, ll. 19-24）[①]；亦见："（理性）明白地指示我们：我们的一切观念或看法都应当有点真实的基础"（*DM*, 40, ll. 8-10）[②]。[③] 为了实现为被在思的思想思着的思想，观念必须使自身被构造，即被对象化；而对象性已一般地规定了世间存在的一种存在方式，如果不是唯一一种的话。于是通过对象化自身，被思的思想完全地存在，即使没有"外在的"实存来证实它。这是因为在任何情况下该实存都将在如此的对象性中呈现和定位自身，此对象性因而规定了所有"外在的"实存的先天条件。于是，1637 年的第二个命题远非只表达了一种知识论，哪怕最基础的那种；它已呈现出某一存在论的影子。

现在我们来归总我们的发现：由"存在等同于思"的命题，《谈谈方法》确立了一种创世学；它也由"被思（之是）等同于存在"这一命题确立了一种拟-存在论。创世学和存在论足以规定一种形而上学，无论是在该词的一般学术意义上，还是在其存在-神-逻辑学的意义上。因此，早在 1637 年笛卡尔就远非只确立了一种关于科学的学说，他实际上制作和构建了一种真正的形而上学。因此，我们应该反驳那种引领我们至今的解释，反对阿尔基耶，而提出下列结论：（1）在《谈谈方法》中确实存有形而上学的计划，作为计划它可与《第一哲学沉思集》中的媲美。（2）1637 年的

---

① 中译文参见笛卡尔：《谈谈方法》，王太庆译，第 30 页。——译者

② 中译文参见笛卡尔：《谈谈方法》，王太庆译，第 33 页。——译者

③ 也可参见这些例子："我心里那些关于在我之外的其他东西的思想"（*DM*, 34, ll. 2-3［中译文参见笛卡尔：《谈谈方法》，王太庆译，第 28 页。译文有改动。——译者］）；"把我心里所想到的东西统统拿来，看看……"（*DM*, 35, ll. 9-10［中译文参见笛卡尔：《谈谈方法》，王太庆译，第 29 页。——译者］）。在 1637 年且只在 1637 年，笛卡尔才相合于 P. 那托普（P. Natorp）（"Die Entwicklung Descartes' von den Regeln bis zu den Meditationen", *Archiv für Geschichte der Philosophie* 10, 1897; *Descartes' Erkenntnistheorie: Eine Studie zur Vorgeschichte des Kriticismus*, 1892）和 E. 卡西尔（E. Cassirer）（*Descartes' Kritik der mathematischen und naturwissenschaftlichen Erkenntnis*, 1899）给出的解释。参见 Jean-Luc Marion, "L'interprétation criticiste de Descartes et Leibniz (Critique d'une critique)", in *Ernst Cassirer de Marbourg à New York*, edited by J. Seidengart, Paris, 1990。

计划远非苦于缺乏对怀疑，甚或我思的真正形而上学的阐述（阿尔基耶），正相反，它恰恰围绕着"我思"组织这种阐述，而赋予"我思"以更多的、《第一哲学沉思集》中从未容许的形而上学特权，即持留性、"第一原理"的地位和对"实体"名号的独占。较于《第一哲学沉思集》中的自我，《谈谈方法》远非是轻看了"我思"，而是在形而上学上对其过度重视了，这构成了理解这两个文本之关系的主要障碍。（3）倒过来，《谈谈方法》远未提出"一种关涉上帝实存的完美制作的形而上学"（阿尔基耶），且就其忽略了神圣因果性和弱化了上帝的无限性而言，它远远滞后于《第一哲学沉思集》，甚至于实际上从未使用实体一词指涉上帝。于是，《谈谈方法》只采用了三个上帝实存证明中的两个，且是基于一个单一的神圣称谓，即"完满存在"，而完成它们的。简言之，在其因形而上学上的不完美而被批评处，《谈谈方法》恰完成了一种真正的形而上学；而在人们欢呼其成功处，它又被发现了最明显的欠缺。

5. 作为过渡的《谈谈方法》

然而，此结果依然因其十足的极端性令人困扰，尽管已有可支持它的论证。因为，当像阿尔基耶这样一个杰出的解释者和谨慎的编订者支持，或似乎支持一个如此弱的解释时，合适的做法是，或者仅仅为慎重起见，也应相信他有着更具启发性和说服力的目的或意图（也许尚未展开）。因此我们必须提出一个新问题：当阿尔基耶谈论——初见之下觉得纰缪地——《谈谈方法》的形而上学不足时，他寻求的是何种真理？答案在其文本中是显见的；依据阿尔基耶，1637年的"我思"由如下事实刻画，即：它"未超出自身"，因而未察觉到"真正的我思，其超越于"客观科学。[1] 易言之，该"我思"未保证自我的超越性。或者，为了避免任何混淆且更忠实地跟随阿尔基耶的意向，我们应该说：在1637年，朝向自身、方法及对象性的自我的内在性阻碍了对自我超越性——此超越性朝向自身，但也朝向上

---

[1] F. Alquié, *La découverte métaphysique de l'homme*, pp. 152, 155.

帝 —— 的形而上学发现，而此发现到 1641 年才得以实现。阿尔基耶试图并
几乎成功地在《第一哲学沉思集》中确立了此自我之超越性，但他想通过
否认《谈谈方法》的形而上学地位来加强他的论证。现在，我们已重新确
立《谈谈方法》的形而上学成就，我们还想展示：吊诡地，它也允许我们
确认阿尔基耶关于 1637 年自我的非超越性和 1641 年自我的超越性的命题。
因为有如下可能：即使在《谈谈方法》中发现了真正的形而上学，《谈谈方
法》和《第一哲学沉思集》间的形而上学间距依然可以保持，或许还会拓
宽；而且，即使阿尔基耶没发现支持其假设的合适论证，他依然可以是正
确的。因而我们试图达至阿尔基耶的结论，尽管是通过其他方法，即适合
于我们已获得之结果的方法。其假设为：自我未超越自身、方法及对象性，
这正是《谈谈方法》不能发现形而上学（于其全体而言）的原因。

　　证实此假设的论证为何呢？（1）首先，有一个已注意到的明显事实：
在 1637 年，怀疑未明确地运用于数学的和逻辑的真理、简单本质及当前的
明证性；因此它不具有作为"形而上学的怀疑理由（*metaphysica dubitandi
ratio*）"（AT VII, 36, ll. 24-25）① 的地位。但是只此事实不能解释任何事情，
实际上它自身需要解释：为什么从一个文本到下一文本怀疑的地位发生了
改变？（2）更彻底地，在 1637 年自我未超越自身是因为它不能亦不可如此。
它不能想象一个超越性的视域，在其中"我思故我在"立即发展成一种完
全的和完成了的形而上学：实际上，一方面"思等同于存在"这一命题创
作了一种创世论，在其中我之存在扮演着无上存在的角色；另一方面，"被思
（之是）等同于存在"这一命题引向一种存在论 —— 或许是一"灰色"的存
在论，但它普遍地适用于可思及的存在。这两个命题足以确立一种存在-神-
逻辑学；自我在其中耗尽自身而发动之，因而不能在其基础上想象或存思丝
毫的超越论视域。然而还有：通过内在于此存在-神-逻辑学，自我受益于不
同寻常的特权，如持留性、"第一原理"和唯一的"实体"，它们通常刻画着
无上存在。超越此存在-神-逻辑学即意味着（设其可能的话）放弃它们，而

---

① 中译文参见笛卡尔：《第一哲学沉思集》，庞景仁译，第 39 页。译文有改动。——译者

反对于 *conatus in sese perseverandi*（努力保持自身）的一切。结果，自我不能也不可超越自身 —— 不是因为如阿尔基耶所主张的，《谈谈方法》未达至形而上学视域，而恰是因为它占据和完成了**一种**完美的形而上学，作为存在的思想的存在-神-逻辑学规定了此形而上学。方法及其存在-神-逻辑学式的谈论在形而上学上的饱和阻碍了自我越出方法和超越自身。

阿尔基耶之命题的第二部分仍有待于证实，即：在 1641 年自我的超越性越出了 1637 年之自我的内在性。这能被证明吗？阿尔基耶给出了一个事实，以肯定此自我之超越的可能性，即：它在 1637 年之前，在那些关于永恒真理之创造的书信中，已然露面。此一论据难道不矛盾于我们的假设：只有**晚于**《谈谈方法》的《第一哲学沉思集》才展示了已完成的笛卡尔形而上学？的确矛盾，但只是在表面上。因为，实际上《谈谈方法》中错失的是什么呢？是对上帝的言及，不仅将其作为“完满存在”言及，而且作为“无限”和“原因”言及，如在《第一哲学沉思集》中发现的那样。但在《谈谈方法》中关于上帝所错失的东西，在 1630 年致梅森的诸信件中已被发现，确是在《第一哲学沉思集》之前。实际上，上帝已被认识为“无限的和全能的”（AT I, 152, l. 11）、“无限的与不可把握的”（150, l. 7），和“（一个）不可把握的权能”（146, ll. 4-5 和 150, l. 22）。此处无限结合于不可把握性出现，即是说结合于某种知识的视域，该种知识不能以把握诸有限对象 —— 也就是说，方法的诸对象 —— 的方式把握无限；无限也结合于权能出现，即结合于思想作为思想而被夺走的东西 —— 即制作的效力。合逻辑地，1630 年的诸信件基于因果性辨识上帝：“上帝是一种原因，其权能超过了人类知性的界限”（150, ll. 18-19）。超越性于此被表达为通过原因的权能而对思想的超出；为了承认上帝为“动力的和总的原因”（152, l. 2），必须超出、超越于“人类知识的界限”，必须逾于纯粹的科学知性而思，逾于已完成和封闭的思想的形而上学而思，此思想已被理解为存在。

另一文本事实强化了这一点。不同于 1637 年《谈谈方法》中未包含上帝作为不可把握的无限（此形容词从未被使用）这一规定，1630 年诸信件将上帝规定为“无限的与不可把握的”（AT I, 146, ll. 4-5），并在 1641 年致索邦的信中得到了回应:"上帝,作为无限的和不可把握的"(AT VII, 9, ll. 16-17)。这表明了一种清楚的进展,特别是当同一"前言"开始于这一承认,即:在 1637 年《谈谈方法》仅"无意深论"(PW II, 6)[①]地探讨了上帝的实存(与灵魂问题)。关于上帝实存证明的形而上学仅在 1641 年得以完成,而非是在 1637 年,因为仅在那时无限和不可把握性才得到完全承认。现在我们对《谈谈方法》的处境有了更好的把握:通过展开单一的"第一原理"——"我思故我在"——的存在-神-逻辑学内涵,它确立了一种循方法的思想的形而上学,但此种描画的"界限"迫使它放弃了,就像绕开一座堡垒而非攻克之,早在 1630 年永恒真理之创造已使其显示的东西:上帝超越了依据方法的科学思想,如同无限和原因超出了把握性的和对象化着的思想。终于,我们来发掘这最后的词汇学事实的思辨作用,即在第 3 节中已注意的事实:关于上帝,《谈谈方法》忽略了——我们现在也许能推测出它是有意的——"原因"一词。现在,我们看到这个词将重新引入关于无限(其在 1637 年无关紧要)、关于不可把握性(在 1637 年被无视)和关于权能(在 1630 年诸信件中)的整个问题域。于是,为避免不融贯,它将要求将思想——思想作为诸存在的存在——的存在-神-逻辑学完全推倒重来;这事,笛卡尔在 1637 年大概还不敢干。

然而,这正是他在 1641 年从事的事业:在承袭于《谈谈方法》的思想的存在-神-逻辑学当中,他重新引入了上帝作为无限,尤其是作为原因的学说,此学说自 1630 年起就一直被搁置着。对于在这些信件和《第一哲学沉思集》之间的、绕开了《谈谈方法》的连续性,我们已掌握其线索,假如不是证明的话。为了达至作为最后原因(AT VII, 50, l. 6)[②]的上帝,第三沉思通过在理由间的第一种秩序中(且反对于它)引入一新的开端——作为原理的原因——放弃了思(cogitatio)的存在-神-逻辑学,此时,它几乎是逐字逐句地重复了第三封信件中对保留给上帝的原因的规定。笛卡尔在 1630 年写道:"你问我上帝以何种因果性确立了诸永恒真理。我回答:

① 中译文参见笛卡尔:《第一哲学沉思集》,庞景仁译,第 7 页。——译者
② 中译文参见笛卡尔:《第一哲学沉思集》,庞景仁译,第 55 页。——译者

以祂创造万物时那样的因果性，即是说，作为万物动力的、总的原因的因果性。"（AT I, 151, line 1-152, l. 2）笛卡尔在 1641 年写道："现在，凭自然的光明显然可以看出，在动力的、总的原因里一定至少有与在它的结果里同样多的（实在性）。"（AT VII, 40, ll. 21-23）① 在 1630 年这两个形容词将原因规定为"动力的"和"总的"，它们重现于 1641 年并非偶然；笛卡尔表示他"有意加上它们"，事实上他在《哲学原理》中保持着相同的表述。②

《第一哲学沉思集》中因果性概念的闯入承继于 1630 年。这证实了我们此前的发现：第三沉思中因果性的闯入（结合于将实体运用于上帝）标志着与思（*cogitatio*）的存在-神-逻辑学（第一、第二沉思）——易言之，思想的存在-神-逻辑学（《谈谈方法》）——的断裂。可以说，《谈谈方法》提出了一种形而上学，它部分地交叠于《第一哲学沉思集》中的形而上学③，但是此形而上学矛盾于永恒真理的创造，也忽视了原因的存在-神-

---

① 中译文参见笛卡尔：《第一哲学沉思集》，庞景仁译，第 43 页。译文有改动。——译者

② 1640 年 12 月 31 日致梅森的信坐实并要求"causa efficiens et totalis（动力的和总的原因）"在 AT VII, 40, ll. 22-23[中译文参见笛卡尔：《第一哲学沉思集》，庞景仁译，第 43 页。——译者]中的出现："这是确定的，在结果中无物不是形式地和卓越地包含在其**动力的和总的**原因中。我有意加上这两个词"（AT III, 274, ll. 20-24；黑体为原著所有）；笛卡尔指向的正是我们讨论中的第三沉思的段落。而且，在 *principles of philosophy*, I, §18 中，为了确立后天证明，这种用词也出现在对因果律的类似表述中："因为我们可以根据自然的光明明白看到，不止任何事物不能由无中生出，而且更完美的事物不能由不甚完美的事物生出（就是说不甚完美的事物不能为较完美的事物的动因和总因）。"（中译文参见笛卡尔：《哲学原理》，关文运译，第 7 页。译文有改动。——译者）因为从 1630 年起上帝自身被规定为动力的和总的原因，这种因果律和因果性的极端形式使由上帝的观念达至上帝成为可能；而《谈谈方法》概念上的无力，在它无能力包融此被给予的存在中显露无遗。关于这种用词的意味，参见 Jean-Luc Marion, *Sur la théologie blanche de Descartes*, §1, pp. 286-289. 关于实体和因果性间的本质而模糊的关联，参见 Norman Kemp Smith, *New Studies in the Philosophy of Descartes*, London, 1952, chap. 12: "'Substance' and 'Causality': The Roles Assigned to Them in Descartes' Philosophy".

③ 除了 dépendance（依存性）（*DM*, 34, ll. 8-9, 16-17; 35, ll. 25, 26[中译文参见笛卡尔：《谈谈方法》，王太庆译，第 29、30 页，分别译为："沾光""沾光""依赖"。——译者]）替代了 effet（结果），dépendre（依存于）（34, l. 29; 33, l. 6; 36, line 1[中译文参见笛卡尔：《谈谈方法》，王太庆译，第 29、28、30 页，分别译为："靠山""依赖""依靠"。——译者]）遮住了 être causé（因于）（参见前注 17["前注 17"在本辑中为：第 308 页注 4。——译者]）。关于笛卡尔的不同上帝概念之间相互冲突的关系，参见 Jean-Luc Marion, *Sur le prismemétaphysique de Descartes*, §18, pp. 253-257（完满性）和 §19（矛盾）。该著作专心于完成了的形而上学，而未试图分析《谈谈方法》；此项研究意图补救这个不足。

逻辑学，后者在第三沉思中多维度地决定了第一种思想的存在-神-逻辑学。《谈谈方法》着意避免原因在形而上学中的使用[①]，未把 1630 年关于神圣因果性的学说整合进来；不像 1641 年令人钦佩且成功的尝试，《谈谈方法》未能通过原因的存在-神-逻辑学同时既重复又批评和修正思（cogitatio）的存在-神-逻辑学。《谈谈方法》既非完全缺乏形而上学，也未完全实现笛卡尔的形而上学。它停留于隔开两种存在-神-逻辑学的边界上，完成了第一种，却拒绝了第二种。于此，自我思着，因而存在，且知道它的思想存在。然而，它未携着对原因的完全知识而思，更确切地，不妨说当其思时，它也并非完全无知于原因。《谈谈方法》标识了在两种存在-神-逻辑学间的过渡 —— 在形而上学之内 —— 尽管，作为对未知的原因的哨探，它并未越过两者间的界限。

在起始时我们询问：在《谈谈方法》中且一般而言，方法是否承载着某种与形而上学的关系？如今，答案大概是明显的：方法自身等同于一种形而上学，就像一般而言的认识论已经勾勒了一种"灰色"存在论。但是，此形而上学仅勾画了一种思想的存在-神-逻辑学，此思想思着或（是）被思着；它忽略了（甚或回避）这种可能性：另一存在-神-逻辑学或将依据作为原因的存在来补充它。笛卡尔的方法因而停留于自身进程的边界上，此边界在思想和原因之间，系于"知性的界限"。

董俊（中山大学哲学系）译

张荔君（中山大学哲学系）校

[①] H. 勒菲弗尔注意到，"《谈谈方法》的演证于是只停留在第二沉思的水平"（H. Lefèvre, Le criticisme de Descartes, p. 312）。但是，除了此种甚至存于同一部分的本质差异外，毕竟人们还须确定为什么《第一哲学沉思集》能被如此"分割"。它被分割且能被分割，只是因为因果律的闯入。

图书在版编目（CIP）数据

法国哲学. 第2辑 / 冯俊主编. — 北京：商务印书馆，
2017
ISBN 978-7-100-15508-3

Ⅰ. ①法… Ⅱ. ①冯… Ⅲ. ①哲学－法国－文集
Ⅳ. ①B565.5-53

中国版本图书馆CIP数据核字（2017）第279451号

法 国 哲 学

第二辑

冯俊　主编

商 务 印 书 馆 出 版
（北京王府井大街36号　邮政编码 100710）
商 务 印 书 馆 发 行
三 河 市 尚 艺 印 装 有 限 公 司 印 刷
ISBN 978－7－100－15508－3

2017年12月第1版　　　　开本 787×960　1/16
2017年12月第1次印刷　　　印张 20 3/4

定价：76.00 元